Friedrich Wilhelm Barthold

Die Geschichte der deutschen Hanse

Erster Band

Friedrich Wilhelm Barthold

Die Geschichte der deutschen Hanse

Erster Band

ISBN/EAN: 9783954273027
Erscheinungsjahr: 2013
Erscheinungsort: Bremen, Deutschland

© maritimepress in Europäischer Hochschulverlag GmbH & Co. KG, Fahrenheitstr. 1, 28359 Bremen. Alle Rechte beim Verlag und bei den jeweiligen Lizenzgebern.

www.maritimepress.de | office@maritimepress.de

Bei diesem Titel handelt es sich um den Nachdruck eines historischen, lange vergriffenen Buches. Da elektronische Druckvorlagen für diese Titel nicht existieren, musste auf alte Vorlagen zurückgegriffen werden. Hieraus zwangsläufig resultierende Qualitätsverluste bitten wir zu entschuldigen.

Coverfoto: Carl-Ernst Stahnke / pixelio.de

Innenansicht des Schifferhauses in Lübeck.

Die Geschichte der deutschen Hanse.

Von Dr. F. W. Barthold

weiland Professor an der Universität Greifswald.

Neue Ausgabe.

Erster Band.

Magdeburg · Leipzig · 1909

Deubach & Lindemann, Verlag.

Erster Band.

Einleitung.

Unter den Völkern unseres Erdteils haben die ein-
wandernden Germanen sich im unbewußten Drange
eine Heimat auserwählt, welche augenfälliger die
Naturbedingungen zu einer vermittelnden Stellung im Gebiete des Geistes und des sittlichen Lebens bot, als zur
Herrschaft durch die Gewalt der Waffen oder des Handels.
Der eigensinnige Genius unseres Stammes und die Macht
der Verhältnisse, außer ihm das Schicksal, haben die
Deutschen in ein Land eingelagert, das seine breitere Ost-
seite ohne natürliche Begrenzung dem nachrückenden Gewoge
jüngerer Völkerschwärme offen läßt, während seine West-
seite der Einwirkung älterer Kulturvölker bloßgestellt
ist; gegen Mittag steigen die Alpen auf, welche die bequeme Verbindung mit dem reichen Süden hemmen und
den Zugang zum Mittelmeere erschweren, welches schon fast
tausend Jahre vor der Ansiedlung der Germanen alle Anwohner seiner gekrümmten Buchten zu den fruchtbarsten
Wechselbeziehungen vereinigte. Ist Deutschland nun von einem
förderlichen Verkehr mit dem Süden ausgeschlossen und im
Osten und Westen einer ebenso gefährlichen als segensvollen
Verbindung offen, so scheint die Natur die Völker Deutschlands wohltätig nach dem Nordwesten und Norden hin entschädigt
zu haben. Alle größeren Ströme unseres Vaterlandes mit
Ausnahme der Donau, die lothringische Maas mit ein-
gerechnet, suchen ihren Weg nach jener Richtung und münden in den Niederungen, welche das „deutsche" Meer und
das baltische bespülen. Aber auch diese Gunst der geographischen Verhältnisse ist durch Hindernisse der Natur
und durch eigensinnige Wendungen der Völkerschicksale ver-
kümmert. Wir deuten zunächst die ersteren an.

Als in der Urzeit eine gewaltige Flut die Kreide-
felsen zwischen Dover und Calais zersprengte, Albion
vom keltischen Festlande trennte und die Nordsee mit dem
atlantischen Meere verband, ließ sie nur eine enge Straße
offen, deren gefahrvolle Strömung abschreckte, und welche leicht
durch fremde Seemächte versperrt werden konnte. Darum
blieb den Anwohnern des germanischen Niederlandes, um sich

mit der lockenden westozeanischen Welt in Verbindung zu setzen, nur der weite Umweg, die Orkaden und shetländischen Inseln zu umschiffen und sich in das finstere Meer des nördlichen Polarkreises hinauf zu wagen. Scheute nun der Altsachsen Seemannsmut solche Gefahren nicht, so waren doch die langgestreckten Küsten von den mäandrischen Mündungen der Schelde, Maas und des Rheines an bis dahin, wo die Elbe ihren Abfluß fand, kärglicher als irgend eine andere mit Häfen und bequemen Landungsstätten ausgestattet. Welche ungeheueren Veränderungen haben sich in geschichtlich bekannter Zeit zugetragen, ehe die Küsten vom flandrischen Zwyn an bis zu den Sandbänken und Düneninseln von Holstein und Schleswig ihre heutige Gestaltung erkämpften oder erlitten? Das Zwyn, einst ein von Schiffen wimmelnder Welthafen, versank in Moor und blumige Wiesen, die Deltabildungen der Maas, des Rheins und der batavischen Insel füllten mit Schlamm und Sand die gewundenen, einst tieferen Rinnsale; wiederum senkten sich fruchtbare Erdfesten ins Harlemer Meer, in den Zuidersee, in den Dollart, wiederum gürteten sich die mühsam gewonnenen Küsten von Friesland mit einer tückischen Reihe brandungsvoller Düneneilande. Endlich riß eine Sindflut oder Sündflut, „die cimmerische", das östliche Friesland von der cimbrischen Halbinsel und überdeckte, nur Helgolands rote Felsen verschonend, die ganze Breite mit morastischen Buchten und labyrinthischen Untiefen. Solche australische Unfertigkeit der Natur an den Küsten unseres Niederlandes Jahrtausende hindurch hat aber den hungrigen Kauken nicht von der fischreichen, aber verräterischen Flut abschrecken können. Der Mangel an geschirmten Häfen und Schiffsstationen, an sicherem Fahrwasser und windstillen, bergenden Golfen, schloß aber das unmündige Geschlecht von der Wohltat seiner natürlichen Lage an der See aus.

So hat uns die Natur karg und widerwillig nach der Seite der Nordsee hin bedacht, die sich dennoch selbst bei fremden Völkern die Benennung „das deutsche Meer" zu eigen machte; seinem zweiten Meere, dem baltischen, konnte der Deutsche auch erst kämpfend etwas ab-

gewinnen. Einmal schreckte dasselbe durch kurzen, krausen Wel-
lenschlag und wechselvolle Winde den waghalsigen Lenker
der ersten gebrechlichen Fahrzeuge, zweitens brach die Eis-
decke einspringender Buchten oft erst im späten April; dann
bot es nur in seinem südwestlichen Umkreise von der wagrischen Bucht bis zu den Mündungen der Oder wenige
sichere, tiefe Häfen, da selbst der Meeresarm zwischen Rügen
und dem Festlande erst in urkundlicher Zeit der Schiffahrt
sich öffnete, und die Abflüsse des Oderhaffs künstlicher Erweiterung und kostbarer Molen zum Schutz gegen Ver-
sandung bedurften. Endlich vermittelten an Wendlands
Küsten nur seichte Flüsse den Zugang zur fischreichen Flut,
und ein seltsam gebildeter Dünenkranz versperrte jenseits der
uralten Hafenstätten von Danzig und Elbing bis Kurland
hinauf die bequeme Verbindung mit der hohen See. Zwischen
den beiden Nehrungen schoß das Samland jäh hinab, und
die Binnengewässer bahnten sich nur an zwei ängstlich
zu behütenden Stellen, Pillau und Memel, einen schmalen
Ausweg. Zur gänzlichen Verkümmerung schon so stiefmütter-
licher Beschaffenheit der germanisch-baltischen Gestade war
das baltische Meer an den Küsten fremder und feindlicher
Völker durch seichte oder gefahrvolle Engen verschließbar,
während die hohen, buchtenreichen Ufer Skandinaviens alle
natürlichen Vorzüge, auch den Schutz vor ständigen Nord-
weststürmen voraushatten. Die Fahrt ins freie Meer um
Jütlands Nordspitze herum mußte deshalb mit ungezählten
Opfern erkauft werden.

Dies sind die natürlichen Hindernisse, welche
sich der Befreundung unserer Vorfahren mit dem überseeischen Verkehre, der Ausbildung einer Seemacht entgegenstellten. Vergleichen wir diese Ungunst unabänderlicher geo-
graphischer Verhältnisse mit der Örtlichkeit anderer Länder,
so springen die unermeßlichen Vorteile ins Auge, welche
diesen die Überlegenheit in Schiffahrt und Handel verbürgten. Abgesehen von den Kulturvölkern der alten Welt,
denen das Mittelmeer ihr Ozean blieb, oder die, wie die Phönizier und Ägypter, leichten Zugang in die tropischen Wasser-
gebiete erspähen konnten, endlich wie die Karthager, die

1*

außerhalb der Säulen des Herkules hinausgelockt wurden, haben die Bewohner der pyrenäischen Halbinsel vor allen europäischen Völkern von der Natur die Aufforderung erhalten, durch überseeischen Verkehr die alte Welt zu beherrschen und eine neue zu entdecken. Von drei offenen Meeren hinter ewig fest aufgebauten Küsten umschlossen, hinter dem Schirm weit ausschauender Vorgebirge, im frühen Gebrauch kostbarer Naturhäfen, überließen Spanier und Portugiesen das winzige, viel ausgebeutete Binnenmeer den Italienern, Griechen und der arabischen Kaufmannswelt. Mit großartiger Gelehrigkeit erfaßten sie ihren Beruf auf dem Ozean. Dennoch vermindern sich die Wunder ihrer Taten, wenn wir die Beschaffenheit ihrer Gestade betrachten und die ahnungsvollen Stimmen vernehmen, welche ihre ewigblauen Meeresflächen in gleichmäßigen Winden herübertragen ließen. Selbst die Vandalen, dem traurigen nordöstlichen Binnengermanien entstammend, wurden an Bäticas Ufer schon im ersten Menschenalter gefürchtete Seefahrer. — Den nächsten Anspruch auf eine Machtstellung als Seefahrer verlieh die Natur den Bewohnern des glücklichen Galliens. Zwei offene Meere breiten sich aus herrlichen Häfen vor ihren Blicken aus; das dritte, das „deutsche“ Meer erschließt sich als breites Tor an ihrer unmittelbaren Grenze. Aber der innere Genius eines Volkes ist mächtiger als die lockende Erbietung der unbelebten Natur, die Franzosen haben nur vorübergehend die Vorteile ihres Landes für Handel und Schiffahrt zur höheren Geltung gebracht.

Großbritannien, die größte Insel der alten Welt, hat vor Spanien den freien Blick in die nordischen Gewässer voraus und teilt mit ihm den natürlichen Anspruch auf die ozeanische Herrschaft, aber das Mittelmeer, dessen Dardanellenschlösser Spanien inne hatte, mußte Albion sich erst erzwingen, um nach jahrhundertelangen Lehrjahren im „deutschen“ Meere Meister aller Wasserstraßen auf beiden Halbkugeln zu werden. Tiefe Flußmündungen und die Gunst zahlreicher gesicherter Häfen nach allen Weltgegenden hin spendete die Natur diesem Inselreiche mit verschwenderischer Hand.

Dänemarks geographische Lage an zwei Meeren berechtigte seine Bewohner solange zu einer Gebieterstellung in
den nordischen Gewässern, als das südliche Schweden und
Norwegen mit ihm eins war. Beschränkt auf insularischen
Besitz und die dürftige Halbinsel, kann es nur durch das
konventionelle Recht der Sperrung fremden Handelslebens
eine erkünstelte Macht behaupten: sonst ist bei aller Gunst
der Natur Dänemarks geringer Länderumfang nur dann befähigt, eine selbständige Seemacht zu tragen, wenn es
entweder in Skandinavien oder — in Deutschland aufgeht.

Die hohen Naturvorzüge der Halbinsel Skandinavien vor unserem Vaterlande — dem es das baltische
Meer schließt, während es dasselbe aus unzähligen Häfen
befährt, und vor welchem es die Nordsee und das deutsche
Meer ungehemmt gewinnen kann — zu schildern, können
wir uns schenken. Die gesamte Geschichte unseres Gegen-
standes lehrt diese verhängnisvolle Überlegenheit. Ungeachtet
der wunderbaren Entwicklung Skandinaviens als Seemacht
haben jene Völker dennoch zurückstehen müssen, als der Wetteifer ihrer südlichen, gesellschaftlich reicher organisierten Nachbarn begann, und Schweden und Norwegen teilen auch bei
geringerer Selbstentäußerung Frankreichs schwächere Erfolge.

Das russische Reich läßt sich nicht in unsern Vergleich
ziehen, da es einen Weltteil mit der mannigfachsten
Gliederung der Naturverhältnisse, nicht aber die natürlich
umgrenzte Wohnstätte eines Volks umfaßt; Rußland dagegen
als geographische Besonderheit betrachtet, erleidet, selbst nachdem Peter der Große durch Bezwingung fremder Volkselemente zwei Meere gewonnen, noch eine ungünstigere Lage
als Deutschland. Seine beiden angrenzenden Meere, das
baltische und das schwarze, sind verschließbare Binnenseen.
Sein weißes und Nordmeer, in den höchsten Breitengraden
an menschenarmen Küsten sich erstreckend, halten an nautischer
und kommerzieller Bedeutung nicht entfernt die Gegenüber-
stellung mit dem „deutschen" Meere aus. Bis auf die dunkle
Warägerzeit, welche russische Flotten an südbaltischen Gestaden und in byzantinischen Gewässern sah, hat sich das
russische Volk vom überseeischen Verkehr abgewandt.

Aber nicht allein die Natur hat den Deutschen im Vergleich zu anderen Völkern reiche örtliche Mittel versagt, um fast unfreiwillig wie die Spanier und Normannen eine erhebliche Rolle als Seemacht zu übernehmen, sondern die Gewalt geschichtlicher Verhältnisse steigerte schon früh diese Hindernisse. Der deutsch-vländrische und der batavische Stamm mit den Friesen als Anwohner von Küsten und Flußmündungen, wo der natürliche Schwerpunkt einer germanischen Seemacht zu suchen war, entfremdeten sich frühzeitig politisch und selbst national dem gemeinschaftlichen Vaterland und traten später den deutschen Bestrebungen sogar feindlich entgegen. Vländern ertrug französischen Einfluß, die friesisch-batavischen Niederlande wurden Burgund. Unserer nationalen Tätigkeit war schon im XIV. Jahrh. der unersetzlichste Raum beengt, im XV. Jahrh. das unschätzbarste Kapital mit den Mündungen der deutschen Ströme entzogen; im XVI. rückte die Nordwestgrenze bis an die Issel zurück.

Mehr ein Mißgeschick als ein Ungeschick unserer Vorfahren war, daß sie die stammverwandten Dänen, welche schon Kaiser Otto I. auf das nördliche Jütland beschränkt hatte, in jenen Jahrhunderten nicht national und politisch in sich aufnehmen konnten, während sie das spröde Wendentum zwischen Saale, Elbe und Oder bis zur Niederweichsel hin fast spurlos überwanden. Das dänische Volk hat sich an Sitte, wissenschaftlichem Geiste und in seinem Kirchentume dem deutschen Wesen anbequemt, aber es hat, seines deutschen Fürstenhauses ungeachtet, ein deutschfeindliches Nationalbewußtsein behauptet und politisch auf die Handelsbestrebungen der Deutschen jenen ungeheuren Druck ausgeübt, zu welchem sein Festlandbesitz und seine Inseln, die das deutsche und das baltische Meer teilten und die Mündungen deutscher Ströme beherrschten, ihm die natürlichen Mittel liehen. Wären Jütland und die Inseln in den Tagen der fränkischen Kaiser, ja noch der Hohenstaufen, Teile des deutschen Reichs geblieben, wäre Burgund deutsch geblieben, so wäre Deutschland als Seemacht an die Stelle Britanniens getreten, indem es eben durch jenen Besitz einen politischen Halt gewonnen hätte.

Eine Tatsache von unermeßlichen Folgen blieb, daß die germanischen Stämme während der großen Völkerwanderung die baltischen Küsten verließen, und die Slaven auf dem freien Raume sich ansiedelten. So wurden unsere Vorfahren zur Zeit der höchsten Kraftentwicklung der Dänen und Normannen von ihrem zweiten Meer ausgeschlossen und gewannen unter den sächsischen und fränkischen Kaisern mit Mühe einen entlegenen Punkt am baltischen Küstenkranze, Schleswig, um am reichen Handel auf dem nordöstlichen Mittelmeere sich kümmerlich zu beteiligen. Es bedurfte eines mitleidlosen Vernichtungskampfes zweier Jahrhunderte, ehe der Deutsche freiwillig geräumte Ursitze seines Stammes wieder erobern konnte. Welch andere Zukunft eröffnete sich dem deutschen Verkehre des Mittelalters, hätte das erwachte Bedürfnis zwischen Elbe, Weichsel und Niemen eine heimatliche, christliche Bevölkerung vorgefunden!

Als eine dritte Reihe der Hindernisse, welche den Aufschwung der deutschen Seemacht erschwerten, zu ungunsten der Naturbedingungen, zur Hemmung durch äußere Tatsachen der Völkergeschichte — im Westen die Lostrennung des Niederlands, im Norden der zähe Bestand des Dänenreichs, im Osten das feindselige Wendentum — kommen nun noch die inneren selbstverschuldeten Schicksale, kommt die wunderbare Verfassung, in welche das Reich sich schon im XIII. Jahrhundert hineinlebte. Als eine Einheit mit politisch kräftigem Willen bestand unser Vaterland nur unter den ersten fränkischen Kaisern: schon die Hohenstaufen gaben, durch das verräterische Italien verlockt, die Ausrundung des unmittelbaren Reichs im Norden auf und überließen Norddeutschland der eigenen, spröden Entwicklung. Keiner der großgesinntesten Kaiser hat den Drang der norddeutschen Bürgerwelt nach überseeischem Verkehr zu würdigen verstanden, und anders als durch abstrakte Gesetze, wie zur Abschaffung des Strandrechts, oder wie Friedrich Rotbart durch einzelne Vergünstigungen und gelegentliche Vertretung dem Auslande gegenüber, oder durch allgemeine Schutzverheißung für das Emporblühen eines deutschen Gesamthandels Sorge getragen. Auf dem deutschen Meer eine Reichs-Seemacht zu gründen, gaben die gleichgültigeren oder persönlich befreundeten Beziehungen der Kaiser zu den nördlichen und westlichen Staaten keinen Anlaß; der Schwerpunkt des Reiches senkte sich nach den oberdeutschen Ländern und den rheinischen Gebieten. Als nun gar Friedrich Rotbart das große Sachsen-Herzogtum zerschlug, das Heinrich der Löwe als wichtigste deutsche Territorialmacht aufgebaut hatte, zersplitterte sich unser Norden von der Oder bis zum Niederrhein in eine Menge kleiner geistlicher und weltlicher Herrschaften, denen Kraft und Sinn fehlte, für die Gesamtwohlfahrt der Nation irgend etwas zu tun. — Der große Hohenstaufe hatte wenigstens das Reichsgebiet im Norden erweitert und dort ein strebsames, freies Bürgertum begünstigt, sein welscher Enkel gab näherer Vorteile seines Hauses wegen dem anmaßungsvollen Könige der Dänen und Vandalen einen für deutsche Kultur blutig errungenen Boden hin. Solche Verzichtleistung wurde von den Nachfolgern auf dem Kaiserthrone mehrmals wiederholt, und selbst der umsichtige, praktischverständige Rudolf von Habsburg konnte, mit der Wiederherstellung der innern Ruhe des Reichs drangvoll beschäftigt, nur seinen guten Willen für jenen übersehenen Zweig der Nationalwohlfahrt zu erkennen geben. Spätere Kaiser, wie die Lützelburger, versäumten entweder gedankenlos die Pflicht, welche sie ihrer Würde schuldeten, oder taten eigensinnig und eigennützig Schritte, welche der Ehre und dem Vorteile des Reichs in bezug auf die unerläßlichsten Interessen schnurstracks widersprachen. Der spanische Karl V. vollzog durch den burgundischen Vertrag und durch seine Erbteilung das Todesurteil an der deutschen Handelswelt und Seemacht, und nur ein später Sproß Habsburgs, Ferdinand II., erfaßte den wahrhaft großen und kaiserlichen Gedanken zur Hebung des überseeischen Verkehrs und Bildung einer Reichsmarine, jedoch erst, als kirchliche Unduldsamkeit ihn der Nation verhaßt gemacht hatte, und unter unseligen Verhängnissen die Kräfte erstorben waren, die selbst noch ein paar Jahrzehnte früher die Ausführung des Plans ermöglicht hätten. So genoß zu keiner

Zeit der Großhandel der Deutschen und ihr Seewesen irgend einer der Sache würdigen Fürsorge von seiten des Kaisers und des Reichs, ja diese suchten oftmals den freiwüchsigen Baum bis an die Wurzeln zu schädigen. Die kleinen Fürsten, unter welche Norddeutschland zerfallen war, begannen zeitig die Macht der Städte, welche unbemerkt sich ausgebildet hatte, zu fürchten, und begünstigten für ihr augenblickliches Interesse den geschworenen Verderber einer unabhängigen deutschen Handelswelt, indem sie freventlich das ausländische Joch auf sich luden. Überdies fesselten sie den Binnenverkehr durch willkürliche Land- und Stromzölle und plagten durch Geleitszumutungen. — Der Landadel, von Hause aus der Neider bürgerlicher Wohlfahrt, hat, unbezähmt durch ohnmächtige Reichsgesetze, Jahrhunderte hindurch alle Mittel angewandt, um durch Wegelagerei, Straßenraub und Gefährdung des reisigen Kaufmanns das Leben des Handels zu unterdrücken.

Und dennoch hat der wunderkräftige Genius eines wesentlichen Teils unseres Volkes es verstanden, erst die natürlichen Hindernisse, seine tückischen Meere, seine bahnlosen Ströme, die Ungunst seiner hafenlosen Gestade, die Zusammenhanglosigkeit seiner Fahrwasser, also die Natur selbst, zu überwinden. Er hat, als das Bedürfnis des gesellschaftlichen Lebens und der Fortschritt des Kunstfleißes zum Aufsuchen der überseeischen Länder trieben, die günstigsten Ausgangspunkte erspäht und die erste Verbindung mit entlegenen Völkern leise angeknüpft. Er hat die Barbaren genötigt, die Sicherheit des Eigentums anzuerkennen, und sich den Gesetzen der Humanität zu unterwerfen. Er hat die nebelverhüllten, durch achtmonatliches Eis versperrten Küsten im hintersten Golf des baltischen Meeres entdeckt, den Produktenreichtum jener Länder erkundet, dem Christentum den Weg gebahnt, und die Kultur der Heimat rohen Wilden aufgenötigt. Ohne Rückhalt auf weltliche Macht, ohne Empfehlung von Hause aus, haben einzelne, kühn und geistesüberlegen, mit den Gebietern des Auslandes, deren Namen nicht einmal zur Kenntnis der westlichen Welt gelangt waren, förderliche Verträge geschlossen, geregelte

Handelsgesellschaften gebildet, schirmende Ansiedelungen ins Dasein gerufen.

Genossenschaftliches Streben hat den Erwerb des einzelnen zum Nießbrauch einer Gesamtheit veredelt, eine Kolonisation, wie sie nur die Welt der Hellenen auszusenden fähig war, und nur die neueste Zeit mit dem Menschen- und Geldkapital eines völkerwimmelnden Erdteils gründen konnte, ging mit Zaubermacht unter geräuschloser Tätigkeit hervor. Einmal seiner Kraft bewußt geworden, hat jener Bestandteil unseres Volkes die politisch-feindlichen Elemente entweder beseitigt, oder, zum männlichen Kampfe zu Wasser und zu Lande gerüstet, den Widerstand des schrecklichen Nationalfeindes des Karolingerreichs gebrochen. Jene so still erwachsene Macht hat, verraten durch Kaiser und Reich, mehr als einmal die Marken des Vaterlandes, welche un-deutsch-gesinnte Landesherren dem Fremdlinge preisgegeben, ruhmvoll verteidigt; sie hat Jahrhunderte über die Kronen des Nordens wie über eine Kramware geschaltet, die gefähr-liche Vereinigung derselben verhindert, sie hat durch Bei-hülfe oder Versagung die Kriege der Könige im Westen entschieden, die Ungläubigen aus ihrer westlichen Vorhut Portugal zurückgedrängt, mit rastlosem Fleiße und unnach-sichtlicher Strenge die Meere vom Raubgesindel befreit. Sie hat ein Recht geschaffen, das ohne herkömmliche Sanktion durch den Kaiser die Wohltaten der Gesittung mit sich führte, wo nur irgend der deutsche Mann sich genossenschaftlich niederließ; sie hielt ihren schützenden Arm über alle Zugehörigen, bewahrte sowohl nachdrucksvoll Ord-nung und innern Frieden, als auch die Freiheit gegen Ver-gewaltigung durch äußere Feinde. Die Meere von Dront-heim bis Island, vom finnischen und bottnischen Busen bis über die Enge von Calais und den Golf von Biscaya hinaus mehr furchtlos und mit gesetzlicher Berechtigung befahrend als anmaßungsvoll beherrschend, hat diese Macht, welche aus einem Bruchteile der Nation hervorging, einer-seits die Bedürfnisse des alltäglichen Lebens und des Luxus im Gesamtgebiete des nord- und mitteleuropäischen Handels befriedigt, andrerseits den Ertrag des deutschen binnen-

ländischen Gewerbe- und Kunstfleißes, sowie die deutschen
Naturerzeugnisse überseeisch verwertet und die Städte
unseres Vaterlandes zu ihrem Reichtum, zu ihrer bewun-
derten Herrlichkeit erhoben.

Jene staunenswerte Macht, deren unermeßliche Tätigkeit
wir anzudeuten nicht erschöpfend zu schildern versucht haben, jene
weltgeschichtliche Geltung des deutschen Volkes, welche ohne An-
regung, ohne Aushilfe, ohne Schutz des Reichs aus der innersten
Tüchtigkeit unserer Nation sich aufrang, ist die „Gemeine
deutsche Hanse". Nur ein so begabtes, kluges, zähaus-
dauerndes, mutiges Männergeschlecht wie unsere Vorfahren,
vermochte, allen Verhältnissen zum Trotz, so wunderbares
zu schaffen. Das Geschaffene mußte so rätselhaft-eigentümlich
sein, daß keine Erscheinung der älteren und neueren Welt
gleiches, ähnliches, kaum vergleichbares bietet. Wie
alles, was das christliche Mittelalter hervorgebracht hat,
zumal das deutsche, trägt die Hanse das Gepräge des nur
einmal möglichen Individuellen. Sie ist, wie die „heimliche Vehme", wie die gotische Baukunst, wie das Ritter-
tum, wie der Ordensstaat in Preußen, wie das deutsche
Reich nur einmal in der Gesamtentwicklung des geistigen
politischen und sittlichen Lebens eines großen, in sich gleich-
förmigen Volkes unter den Bedingungen einer besonderen
Weltstellung zu finden. Die Hanse ist nicht von einem
Kopfe erdacht und gemacht: ist nicht nachgeahmt, sie ist aus
elementarischen Kräften erwachsen, ein Baum mit den selt-
samsten Wurzeln, Säften, den mannigfachsten Wipfeln und
Kronen, Blüten und Früchten. In ihren uranfänglichen
Elementen und in ihrer Ausbildung weckte sie den Forscher-
sinn für geographische Entdeckung, pflanzte das Christentum,
erspähte ferne Straßen und Länder, gab Gesetze, verbesserte
die Schiffahrt, ward unberufen des Reiches Seemacht,
erzog die britische Marine, den britischen Handel. Sie
zähmte die Wut der Normannen, steckte der Herrschsucht
der Dänen ihre Grenzen, erhob die Könige des Nordens
auf ihren Thron, beseitigte oder entsetzte sie nach Gutdünken. Die Plantagenets trugen willig und gezwungen die hansischen Monopole, erkannten und ehrten, wie die Tudors

Einleitung. und die Valois, die Osterlinge als eine unabhängige Volks=
macht. Ehe noch Kaiser und Reich mit den Moskowitern
in irgend eine politische Verbindung traten, waren den han=
sischen Männern Rußlands Küsten und Ströme erschlossen
wie ihr eignes Haus. Der Hanse Werk ist die baltische
Kolonisation, nur mit ihrer Hilfe vermochten die Ritter
vom deutschen Hospitale, das fromme Kauffahrer zuerst
gegründet, ihren Staat in Preußen aufzubauen. Sie pflegte
die Künste. Wer ermittelt die geheimen Fäden, welche zur
Entdeckung der Erdfeste auf der westlichen Halbkugel leiteten?
Als Normannen, die Auffinder Islands, nach Grönland, der
Nordostspitze Amerikas, verschlagen wurden, geleitete vor
Ablauf des ersten christlichen Jahrtausends ein Deutscher den
Sohn Eriks des Roten, erblickte zuerst die Küsten, auf
denen sich über ein halbes Jahrtausend später Boston, die
Wiege der anglo=amerikanischen Freiheit, erhob. Tirker
(Dietrich), am rebentragenden Rheine heimisch, nannte nach
der Ähnlichkeit der süßen Beere, die er vorfand, die Um=
gegend des Flusses Taunton „Vinland." Das zahlreiche
Zwergenvolk der Skrällinger vernichtete die christlichen
Ansiedlungen im Nordosten Amerikas, lang ehe der Genuese
die Atlantis aufdeckte. Ein kühner Pilot von Danzig, der
glänzenden Quartierstadt der Hanse, Johann von Kolno,
i. J. 1476 von dem ersten Könige Dänemarks ausgeschickt,
um Grönland wieder zu erspähen, fand die Küste von La=
brador und die Hudsonstraße, eine Kunde, welche sich als=
bald nach Spanien und Portugal verbreitete. Der sinn=
reiche Nürnberger Patrizier Martin Behaim hatte in An=
torf (Antwerpen), dem vielbesuchten hansischen Markte,
verkehrt (1479), ehe er an den Hof Joao II. von Portu=
gal gelangte. Anderseits war Colomb i. J. 1477 bis in
die Gewässer jenseits der Faröer hinaufgeschifft. Als nun
der Hof zu Lissabon so scharfblickenden Männern die Ge=
legenheit zum Austausch ihrer Kombinationen bot, und die
neuen Vorstellungen vermittelnd einander durchdrangen,
konnte der Deutsche als Gefährte des Admirals Diego
Cam i. J. 1485 die portugiesische Denksäule am Vorge=
birge der guten Hoffnung mit setzen helfen und i. J. 1490

in seiner lieben Vaterstadt den berühmten „Erdapfel" zu-
stande bringen; der größere und glücklichere Geistesverwandte
aus Genua fand einige Jahre darauf, wenn auch nicht wieder
Vinland, das zentrale Amerika. So darf der grübelnde
Mut hansischer Seeabenteurer und der wissenschaftliche
Forschereifer reisiger Kaufleute in der Geschichte der ozeanischen Entdeckungen nicht vergessen bleiben. Livlands
Küste, welche Schiffer von Bremen i. J. 1158 „neu auf-
fuhren", ist eine Eroberung des Geistes, die zu ihrer
Zeit gleich bewunderungswürdig war, als fast drei Jahrhunderte später die Wiederfindung der „Glücklichen Inseln"
mit Hilfe der Magnetnadel.

Wir haben oben behauptet: weder die alte, noch die
neue Welt böte eine gleiche oder ähnliche Erscheinung, als
die deutsche Hanse. Die Verlegenheit, in welcher wir uns
befinden, das Wesen der Hanse scharf zu bestimmen, und
das Vergleichen früherer oder späterer Tatsachen der Geschichte werden unsere Behauptungen erhärten. See- und
Handelsstaaten, wie die der Phönizier und Karthager, der
Milesier, haben ferne Kolonisation gegründet, aber sie
waren unabhängige Sonder-Staaten, und erhielten ihre
Töchterstädte zum Teil als Eroberungen in Abhängigkeit;
sie schufen keinen Bund gleichberechtigter Glieder, wie die
deutschen Kaufmannsgemeinwesen, welche bis auf ein paar
Reichsstädte einer landesherrlichen Hoheit unterlagen, und
daheim gebunden, außerhalb ihres Weichbildes politisch
freie Bewegung anregten. Der kleinste hansische Bürger
einer landsässischen deutschen Stadt genoß auf dem Stahlhofe zu London, am Kaufhofe zu Nowgorod, oder zu
Bergen eine Fülle persönlicher Rechte, ein Maß von Privilegien, welche ihm oft die Heimat versagte. — Die
Staatsgewalt der Punier leitete und schützte die überseeischen Ansiedelungen; eine politisch gebundene Gesellschaft der hansischen Gemeinden handhabte das Oberauf-
sichtsrecht. — Die Seerepubliken des mittelalterigen Italiens, Genua, Venedig, Pisa, haben in Byzanz, am schwarzen
Meere, in der Levante privilegierte Kaufhöfe errichtet, ganze

Stadtviertel ihrem Gesetze unterworfen, Landschaften und Inseln erobert. Aber sie waren und blieben eben die herrischen Mittelpunkte aller Erwerbungen, offenbarten ihre Staatsnatur auch in anderer politischer Tätigkeit als in Handel und Seefahrt. Venedig und Genua, Pisa und Genua, weit entfernt, als eine italienische Handelskonföderation dem Auslande gegenüber zusammenzutreten, verfolgten einander mit grimmigem Neide, führten Vernichtungskriege gegeneinander oder suchten selbstsüchtig einander von Monopolen und Privilegien in der Fremde auszuschließen. Niemals hat Lübeck, Köln oder Bremen eine Bundesschwester zu unterdrücken gestrebt oder andere Eroberung gesucht, als eine Abrundung des unmittelbaren Stadtgebiets. Lübeck sprach auf dem Höhestande der Hanse keine Suprematie, nur eine Oberleitung der Geschäfte an, welche die Glieder ihm auftrugen. Es errang nicht ohne Kampf die Geltung eines Oberhofes in kaufmännischen Streitigkeiten, welcher früher den Aldermännern der deutschen Gesellschaft in Wisby zustand. So oft Spannung und Unfrieden zwischen einzelnen Bundesstädten oder zwischen dem Vororte und andern Gemeinwesen ausbrach, gab die Verletzung bundesmäßiger Pflichten und der Mißbrauch hansischer Befugnisse den Anlaß, und mit unzweifelhaftem Erfolge wurde die „Verhansung" gegen die Ungehorsamen angewandt, das ist die konsequenteste Entziehung aller hansischen Vorteile, eine Achtung im kommerziellen Gebiete, als untrügliches Mittel, den Trotz auch der mächtigsten Bürgerschaft zu beugen. Einer exekutiven Kriegsgewalt hat es niemals bedurft.

Vergleichen wir die holländischen, britischen oder andere Handelskompagnien der Neuzeit in Ost- und Westindien mit der deutschen Hanse, so ergibt sich der Unterschied, daß jene mit dem Kapital einzelner Privatgesellschaften gegründet und an die Staatsregierung gelehnt, zwar Niederlassungen an fremden Küsten errichtet, selbst ganze Länder erobern konnten, sich aber zu deren Behauptung bald mit dem Staate, aus dessen Schoße sie hervorgegangen, identifizieren und so ihre Selbständigkeit an das Mutterland

abtreten mußten. In der deutschen Hanse blieb von Anfang an der privatrechtliche Vorteil mit dem öffentlichen innig verschwistert, und kräftigte nicht eine Zentral-
macht, sondern die einzelnen selbständigen Bundesglieder.

Helfen Vergleiche wenig, um das Wesen des deutsch-
mittelalterigen Handelsstaates zu bestimmen, so war derselbe
von Beginn an etwas so Schwankendes, Freies und Um-
bildungsfähiges, daß ein allgemeiner Charakter sich kaum
je zu einem Zeitpunkte nachweisen läßt. Ohne ein binden-
des Statut, aus allmählich fühlbaren Bedürfnissen entstanden
und vielfachen Einflüssen unterliegend, bald beschränkt auf
eine größere, bald kleinere Anzahl der Beteiligten, indem
Aufnahme oder Austritt keines Gemeinwesens urkundlich
bezeugt ist, kann die Hanse nur im Verfolg ihrer Geschichte
begriffen werden. Sie war und blieb nicht ein freier Verein
politisch frei organisierter Gemeinwesen an der See, um
gemeinschaftlich errungene Handelsvorteile in fremden Ländern
zu sichern und gemeinsam zu verteidigen, denn es schlossen
sich ihr binnenländische Freireichsstädte und landesherrliche Städte ungehindert an. Diesen fehlten sowohl die Mittel, jene Vorteile gleichmäßig auszubeuten,
als sie mit Gewalt zu beschirmen. Die Hanse war und
blieb nicht ein freier Verein zur Sicherstellung von Land-
und Wasserstraßen, denn die örtliche Entfernung der Bundesglieder machte die Erreichung eines solchen Zweckes mit gemeinsamer Anstrengung unmöglich. Binnenstädte, wie sie
etwa nur durch Geldbeiträge für die Friedhaltung auf der
See beitragen konnten, blieben gegen Straßenraub der eigenen Wehrhaftigkeit überlassen. Die Hanse hatte sich nicht
die Aufgabe gestellt, die Verschuldung einzelner Glieder
gegen Fremde solidarisch so zu vertreten, daß dafür an der
Gesamtheit oder an den Unbeteiligten Anspruch erwuchs,
und an ihnen Repressalien genommen werden konnten.
Gegen solche Verpflichtung verwahrte sich im Streite englischer Untertanen mit einzelnen hansischen Städten die große
Tagefahrt v. J. 1450 ausdrücklich: „die Städte seien nicht

ein Körper in solcher Weise, daß um einer Stadt Tat und
Geschichte (Händel) willen die andern Städte beschwert,
angeklagt und arrestiert werden möchten, gleich als wenn sie
einem Herrn gehörten, wie die englischen; sondern sie seien
ein Körper in etlichen Freundschaften und Verbündnissen,
darin sie miteinander übereingekommen." Die Hanse hielt
nicht an dem Grundsatz fest, daß die hergebrachte Rechts-
und Gemeindeverfassung überall nicht gewaltsam verändert
werden dürfe, das konservative Prinzip gewann allein in den
durch das lübische Recht verwandten mittelfreien Städten
seine Geltung, und wurde auch in diesen nicht folgerecht
geübt. Wir finden kein Beispiel, daß der Hansetag versucht hätte, in bürgerliche Umwälzungen der Städte kölnisch-
soestischen oder magdeburgischen Rechts einzuschreiten, so
gewaltsam die Demokratie dort sich auch aufschwang. Die
deutsche Hanse beharrte nicht immer bei dem kaufmännisch-
zahmen Bestreben, allein ihren Gliedern in bezug auf Gefährdung der öffentlichen Sicherheit und den Frieden der
Land- und Wasserstraßen mit den Waffen beizuspringen, sich
aber sonst in die politischen Verwickelungen und Streitigkeiten nicht anders als mit Rat und Verwendung einzu-
mischen. Nahe gelegene Städte wie die wendischen Seestädte und die in Pommern, erweiterten die hansische Gegenseitigkeit zu eigentlichen Schutz- und Trutzbündnissen
für alle Fälle. Andere, wie Soest und Dortmund, wollten
die Verpflichtung der Gesamtheit, ihnen mit kräftigen
Mitteln in gefährlichen Fürstenkriegen zu helfen, als verfassungsmäßig aufrufen und forderten sogar Beistand gegen Be-
helligung von seiten der westfälischen Freigerichte. — Unter
den Wirren der Kirchenreform und durch Anschluß der
protestantischen Städte an den schmalkaldischen Bund veränderte der Charakter des Vereins sich so weit, daß Vorort und Hansetag sich erlaubten, rein kirchliche Zwistigkeiten und Gezänke über die Lehre durch Verhansung zu
schlichten. Der Bund, dem noch entschieden katholische
Gemeinwesen wie die rheinisch-westfälischen angehörten,
gebärdete sich zeitweis als ein protestantisch-orthodoxer. Ja,
unmittelbar vor ihrem gänzlichen Zerfall empfing die Hanse,

durch das Beispiel und die Mahnung der niederländischen Republik aufgeregt, den stolzen Impuls, als ein selbstän diger, politischer Staat sich mit fremden, außer deutschen Staaten zu Schutz und Trutz zu verbinden, und betätigte diesen Willen mit der Heereskraft der Holländer zur Rettung Braunschweigs vor der Gewalt des Landes fürsten. So ungemessen war zeitweise die Vorstellung der Hanse von dem Umfange ihrer Befugnisse, daß sie im großen Kriege gegen Waldemar Atterdag die gesamte deutsche Städtewelt, ja den ausländischen Handelsstand für ver pflichtet erachtete, dem gemeinsamen Zwecke zu dienen, und im Weigerungsfalle mit Zwang drohte!

So echt mittelalterliche Unbestimmbarkeit macht es an schaulich, daß die Hanse selbst zu keiner Zeit ein klares Bewußtsein ihres Wesens in sich trug, und daß Vorort und Hansetag nur in Verlegenheit gerieten, so oft sie die Zahl der Bundesglieder, sowie die Rechte und Verhältnisse derselben zum Ganzen und zur Außenwelt genau angeben sollten. Der Wechsel so unübersehbar vermittelter Zustände läßt sich darum nur in der Aufeinanderfolge schildern, nicht in einer Charakteristik begreifen.

Dieser wissenschaftlichen Überzeugung zufolge wird der Verfasser streng als Faden die Zeitfolge festhalten, und ohne dem endlosen Gewirr der Geschichte der einzelnen Hansestädte nachzugehen, die gemeinsamen Lebensvorgänge des Ganzen, die politische Geschichte der Hanse hervorheben. Solches kann jedoch nicht ohne die Schilderung der historischen Entwicklung und der Schicksale einzelner hervorragender Gemeinwesen geschehen, da der Gesamt ausdruck durch die verschiedenen einzeln wirkenden Kräfte bedingt ist. Die Organisation und die Eigentümlichkeit des Verkehrs, das sittliche, gesellige Gepräge jener wundersamen Welt sollen in ihren bedeutendsten Zügen zur Veranschau lichung des Zeitabschnittes, dem sie eng angehören, dargestellt werden, möglichst ohne die fortlaufende Geschichte zu zer stückeln. Wie aber die Geschichte der Hanse die wichtigsten Erscheinungen des deutschen Bürgertums umfaßt oder dieselben wie den großen rheinischen Städtebund nahe berührt, so ist

Einleitung. sie auch die Geschichte der deutschen Seemacht. So lange es eine kraftvolle deutsche Hanse gab, gab es auch eine gefürchtete deutsche Seemacht, und der Titel unseres Buches ist daher mit dem der deutschen Seemacht identisch.

Erster Teil.

Vom ersten christlichen Jahr-
:: hundert bis 1181. ::

Von der frühesten Befreundung
deutscher Stämme mit dem Meere
und den Anfängen des deutschen
Seehandels bis auf den Fall
Heinrichs des Löwen und die
Auflösung des großen Sachsen-
:: herzogtums. ::

Die ältesten Germanen auf der See und im Handel. Bataver, Friesen, Kauken, Ubier und Sachsen. Die Angelsachsen in Britannien. Auferstehung der Römerstädte am Rhein und an der Donau. Bläminger und Friesen als Kaufleute und Seefahrer. Das Reich Karls des Großen in bezug auf Handel und Seemacht. Vom Anfang der christl. Zeitrechnung bis zum Jahre 814.

Die Germanen mußten, wie in manchen anderen Dingen, auch in der Seefahrt ihre eigenen Lehrmeister werden. Die Kunst, Schiffe zu zimmern und das Meer zu befahren, brachten die Phönizier von ihrer alten Heimat am arabischen und persischen Busen, von Indien her. Die Griechen lernten von den Phöniziern, die Punier boten wie die Tyrrhener den Römern das Vorbild. Sollten nun die Germanen, an deren Küsten früh die Phönizier erschienen, diesen und den Römern als Herren Galliens, Britanniens und des rheinischen Germaniens nicht zu gleichem Danke verpflichtet gewesen sein? Wir möchten es verneinen. Die Phönizier sind wahrscheinlich nicht über die Westküste der kimbrischen Halbinsel hinausgekommen, und die römische Bildung gelangte zu den Natursöhnen der batavischen Insel und der Weser so unvermittelt, war so fremdartig und vorübergehend, daß die römische Schiffahrtskunde sich ihnen nicht empfehlen konnte. Überdies bedienten sich die Römer in der Beschiffung des mittelländischen Wasserbeckens überwiegend der kunstreichen Galeere, des Ruderschiffs, dessen langgestreckter, flacher Bau sich für jene stillen, von ständigen Streichwinden bewegten Gewässer mehr eignete, als für die krause, kurze Wellenbewegung und die wechselvollen, stoßweisen Stürme der Nordsee, und für deren dünenbedeckte, durch Sandbänke begrenzte Uferränder. Die lernfähigen Bataver und Friesen wurden als Zeugen des Mißgeschicks der Drusischen Rheinflotte daher nicht zur Nachahmung gereizt. Die Germanen mußten erfinden und haben gewiß früh eine eigene Art der Seemannskunst erdacht, weil der Verkauf oder der Umtausch des Bernsteins als Brennstoff durch die gotischen Ostgermanen an die benachbarten Teutonen nicht ohne Schiffsverbindung denkbar

Schiffahrt der Germanen.

Römer in Deutschland.

ist, und das Volk der Suionen schon von Tacitus als seemächtig erwähnt wird. — Die Bataver, Friesen und Kauken, von der Natur angewiesen, die Träger der deutschen Seemacht und des deutschen Seehandels zu werden, bildeten ihre erste Geschicklichkeit mehr kühn als erfolgreich unter dauernden Kämpfen mit den Römern aus. Auch die Kauken sahen die tausend flachen, mit Ruder und Segel versehenen Schiffe des Cäsar Germanicus in den Schrecknissen des germanischen Ozeans zerschellen, lernten jedoch auf ihren ausgehöhlten Baumstämmen, in Kanots (Koräkles) von geflochtenen Weiden, mit schwachem Kiele, Seitenbedeckung von Tierhäuten und Segeln von Fellen, so waghalsig den Weg zu den reichen gallischen Küsten, daß sie bereits um die Mitte des ersten christlichen Jahrhunderts als Seeräuber gefürchtet wurden. Ohne Zweifel verstanden schon die Gefährten des Kaninefaten Gannask, des ersten namhaften Admirals aus dem nördlichen Teile der Batuve, durch die schiefgestellten Segel ihrer bis zu dreißig Männern tragenden Fahrzeuge die Winde zu überlisten und mit scharfgespitztem Vorderteile die Wellen zu durchschneiden. Im batavischen Freiheitskriege werden schon die buntgefärbten, wahrscheinlich mit Öl und Ocker getränkten Segel erwähnt, mit welchen die empörten Germanen auf engem Gewässer den Kampf mit den römischen Triremen bestanden.

Kölns alte Schiffahrt.

Eine ruhigere Zeit, welche in Niedergermanien folgte, begünstigte die Schiffahrtskunde bei den raschzivilisierten Anwohnern der Rheinmündungen. Es erhob sich im Gebiete der arbeitsamen, friedlichen Ubier die herrliche Pflanzstadt der Agrippina, der Tochter, Schwester und Gattin Cäsars, die Colonia Agrippinensis, und sie, die Mutter des heiligen Kölns, eine römische Hauptstadt, oft der Sitz der Weltimperatoren und eine Wiegenstätte der Gewerbe und eines geordneten Bürgertums, begrüßt die Geschichte der deutschen Hanse und der deutschen Seemacht als den frühesten Lichtpunkt. Auch oberhalb Kölns erblühten prangende römische Kolonien, vor andern das goldene Mainz. Der Rheinstrom, durch römische Anlagen an beiden Ufern bis unterhalb der Lahn und Mosel gesichert, trug bereits die Erzeugnisse der Natur und des Kunstfleißes auf- und abwärts vom Lande der früh gewerbetätigen Moriner und Menapier bis zum römischen Zehntlande an Helvetiens Grenzen. Londiniums wird schon in den ersten Zeiten der gemeinsamen römischen Herrschaft am Schlusse des ersten christlichen Jahrhunderts als „belebt von der Fülle der Kaufleute und mannigfacher Einfuhr" gedacht. Wer konnten die zahlreichen Kaufleute und Schiffer sein, welche das britische Emporium am Ausflusse der Themse in das germanische Meer besuchten? Sie kamen gewiß aus östlich gelegenen Landen, von der Maas und vom Rhein, schwerlich von den nördlichen Barbarenküsten, auch nicht aus Gallien oder Hispanien, da für den Handel mit Mitteleuropa die Häfen an der Südküste Britanniens sich günstiger öffneten. Deshalb mag sich denn die am Schlusse des X. Jahrhunderts urkundliche Ansiedlung deutscher Kaufleute am „Strande" der Themse auf eine uranfängliche Zivilisation zurückführen lassen, und vielleicht schon vor der Eroberung Albions mag durch Sachsen, Friesen und Jüten, der sächsische Kiel vor der Stelle des „Stahlhofes" eingelaufen sein.

London.

Denn die Altsachsen, an dem Westrande der kimbrischen Halbinsel zuerst heimisch, erscheinen mit den Franken schon im dritten Jahrhundert als verwegene Räuber an den Küsten Belgiens und Galliens. Im Lande Hadeln und Stade, im Bardengau zu Bardewiek, mag schon das weltverbindende Bedürfnis des Handels sich geregt haben. Sachsen, Friesen und Kauken, falls letztere von den erstgenannten verschieden sind, haben die Kunst, am „Winde" zu segeln ausgebildet. Ihre kleinen, scheinbar so gebrechlichen, aber doch so widerstandsfähigen Fahrzeuge, auf einem Kiele von knorriger Fichte mit schwanken Rippen, durch zusammengeheftete Tierhäute verbunden, durch Segel bewegt, — das Ganze so leicht, daß es tief in die Flüsse eindringen und weit über Land geschleppt werden konnte, — durften auch bei ungünstigem Winde die Anwohner der römischen Küste in Schrecken setzen. „Armorikas Strand erwartete den sächsischen Seeräuber, dem es ein leichtes Spiel war, auf einer Haut das

Seeraub der Sachsen.

batavische Meer zu durchfurchen und auf genähtem Kahne die bläuliche Flut zu durchschneiden." Britannia, das Lob des siegreichen Vandalen Stilicho preisend, spricht: „Seiner Sorgfalt danke ich, daß ich am Ufer geborgen nicht nach dem Sachsen auszuspähen brauche, welcher bei zweifelhaftem Winde herannaht." — Von den 32 Strichen, mit welchem die Windrose uraltdeutschen Namens die Winde bezeichnet, lernte der Sachse mit je einem nach zwanzig verschiedenen Richtungen segeln, und darum schirmte vor seinem räuberischen Besuche selbst nicht der Wind, welcher vom Lande ins Meer blies. Ohne Magnetnadel, bei geringer Kenntnis der Gestirne, welche der nebelvolle Himmel so oft verdeckte, fand der Waghals den Weg von der Mündung der Elbe, Weser und Ems bis zum Golf von Biskaya, bis zu den Orkaden hinauf. Ein noch wunderbareres Abenteuer setzte gegen Ende des dritten Jahrhunderts die Römerwelt in Staunen. In der Verwirrung des Reichs vor Aurelian (270) hatten Franken, (d. s. Stämme zwischen Rhein und Ems), Hispanien zu Schiffe heimgesucht, die Säulen des Herkules erkundet und Tarragona geplündert: Kaiser Probus, der Retter Galliens, hatte darauf die dem Rhein zunächst gesessenen in die fernsten römischen Provinzen bis nach dem Pontus verpflanzt. Von Sehnsucht nach der nordischen, freien Heimat ergriffen, bemächtigten sich jene „Franken" einer Anzahl Schiffe, warfen sich auf das unbekannte Meer, schreckten die Küsten von Asien, Griechenland und Afrika, plünderten Syrakus und erreichten, nachdem sie Hispanien, Lusitanien und Gallien umfahren hatten, das karge Vaterland.

Die Sachsen, mit denen das Geschick der deutschen Seemacht und des Seeverkehrs Hand in Hand geht, erhielten die römischen Küsten in dauernder Furcht. Eine gedehnte Küstenstrecke von Bononia bis zur Mündung der Schelde hieß das Saxonenufer. Konstantinus Chlorus vermochte um 298 v. Ch. das batavische Gestade wieder sicherzustellen, aber selbst der Neubegründer des Reichs, Konstantin der Große konnte den Drang der Sachsen, eine neue Heimat zu gewinnen, nicht in ihrem Blute ersticken. Der starke Valentinian I. sah Raubschiffe der Sachsen wiederum an

Das Segelboot.

Franken zur See.

Galliens Küsten, und Theodosius der Ältere, des Augustus Vater, mußte sie in heißen Seetreffen bei den Orkaden von Schottlands Gestaden abwehren. Dennoch erfüllte sich erst um die Mitte des fünften Jahrh. das große Geschick der Angelsachsen, als die westlichen Provinzen des römischen Reichs längst die Sitze anderer germanischer Brüder geworden waren. Das Brüderpaar Hengist und Horsa landete i. J. 449 an Albions südöstlichster Spitze, sei es gerufen als Helfer der wehrlosen Briten gegen die nördlichen Nachbarn, durch innere Fehde aus der Heimat vertrieben, oder infolge jenes rastlosen Suchens nach schöneren Wohnsitzen, welches gleichzeitig die Ufer der Garonne und Charente erbeben machte. Jene drei „Ciulen", lange Schiffe mit geschwelltem Segel, führten die unermeßliche Zukunft der Seeherrscherin Britannia mit sich. Jene drei Schicksalsschiffe waren aber nicht mehr gehöhlte Baumstämme oder Koräkles mit geringer Bemannung, sondern lange Kriegsschiffe, nach alter Angabe einzeln 150 Mann fassend, nicht durch Ruder bewegt, sondern durch „gebauschte Segel", wohl schon mit hohem Vorder- und Hinterkastell, also Beweise mächtigen Fortschritts seit den Tagen des Gannask. So entstanden die angelsächsischen Königreiche, indem eine größere Menge Landsleute den glücklichen Abenteurern nachzog. Aber merkwürdigerweise erschlaffte in den Landkriegen mit den Briten der Seefahrermut der Ausgewanderten, und nur eine dunkle Erzählung eines unzuverlässigen Byzantiners weiß von einer englischen Flotte von 400 Fahrzeugen mit nicht weniger als 100,000 Streitern(!) zu berichten, welche eine beleidigte Königsjungfrau in die Mündung des Rheins führte, um ihren Verschmäher, den König der Warner, zu strafen. Erst König Alfred der Große als sinnreicher Meister im Schiffsbau weckte im verzweifelten Kampfe gegen die Dänen wiederum das Vertrauen seines frommen Volkes zum Seekriege. Noch auffallender ist, daß mit jenen Sprößlingen Wodans, den Jüten, Angeln und Sachsen, Lust und Fähigkeit zum Seeabenteuer auch Altsaxonia ganz verließ, und daß seine Küstenbewohner, einst der Schrecken des fernsten Galliens, vor Normannen, Dänen und Wenden das heimische Meer räumten. Erst

Angelsachsen in Britannien.

sieben Jahrhunderte später, nahm die sassische Hanse
unter veränderter Weltlage den Wetteifer mit den fern
angesiedelten Stammgenossen wieder auf und überflügelte
wunderbar die Macht und die kaufmännische Rührigkeit
des normännischen Englands.

Mit der Gründung germanischer Reiche auf römischer
Erde erloschen schnell die Überlieferungen der römischen
Kultur, und es trat eine Verdumpfung, ein Stillstand aller menschlichen Kenntnisse, eine Verengerung auch des geographischen Be-
wußtseins ein, welches nur lückenhaft durch die römische Hierarchie und fromme Wallfahrten vermittelt wurde. Der
Süden und Norden unseres Festlandes, zumal als die Araber
in Spanien eindrangen, blieben getrennt, und begegneten
sich erst nach sieben Jahrhunderten in den Kreuzzügen, um
durch Austausch der Gedanken und äußeren Verkehr die
spröde gesonderten Zustände der abendländischen Nationen zur
mittelalterlichen Gesamtbildung umzugestalten.

Ältester Handel.
Bis auf Karl den Großen und Alfred den Angelsachsen
liegen die Verkehrsverhältnisse unserer Völker unter dichtem
Nebel, gleichsam unter dem Dampfe der Gärung sich ein-
ander durchdringender Elemente. Die fränkischen Beherrscher
Galliens und des westlichen Germaniens waren in wüste
Kriege miteinander zerfallen und kümmerten sich nicht um die
Handelsbedürfnisse ihrer Unterworfenen. Auch die für die
Anknüpfung des überseeischen Handels so wichtige Rheinschiffahrt ruhte. Welche Güter, welche Erzeugnisse des
Gewerbes sollten Franken, Friesen, Alemannen und Angelsachsen miteinander austauschen? Auch im Gebiete der
Atrebaten, Moriner und Menapier, der namhaften Woll-
fabrikanten, stand der Webstuhl und die Walkmühle still,
seitdem ein rohes Gemisch norddeutscher Stämme im jetzt
wald- und morastbedeckten „Vländern" hauste. Erst mußten
die Alemannen und Rheinfranken zum Christentum bekehrt werden,
sich friedlicher Neigung ergeben und ihre Berge mit Reben
bepflanzen, erst mußte der heidnische Trotz der Friesen an
der dreifachen Mündung des Stroms der neuen Lehre und
der Frankenherrschaft sich beugen, endlich Köln aus Trümmern
wieder erstehen, ehe der Fluß die einfachen Handelsbedürf-

niſſe der germaniſchen Reiche befriedigen konnte. Der Verkehr blieb bis zu den letzten Merowingern überwiegend ein
binnenländiſcher und ward bei der Abneigung der acker-
bauenden Deutſchen und ihres rauhen Kriegsadels gegen
kaufmänniſche Beſchäftigung, unter unaufhörlichen Fehden
mit den heidniſchen Sachſen, den Slaven und anderen
feindlichen Nachbarſtämmen, allein von fremden, durch
Romanen, avariſche oder ſlaviſche Zwiſchenhändler betrieben. **Fremde Kaufleute.**
Vereinzelt ſteht jener fränkiſche Kaufmann Samo, welcher
unter Dagoberts I. Regierung (nach d. J. 623) den ſüd-
öſtlichen Wenden einen kräftigen Halt gegen die Avaren bot,
dann zu ihrem Könige erhoben wurde und als ſolcher jenen
kaum merklichen Verkehr mit den Waffen unterbrach.

    Aber unter demſelben Dagobert I. und ſeinem Sohne **Dagobert I. u. die Rhein-**
Siegbert I. veränderten ſich leiſe die geſellſchaftlichen Ver- **ſtädte.**
hältniſſe Auſtraſiens. Die ober- und mittelrheiniſchen
Römerſtädte, wie Straßburg, Worms und Mainz, erſtanden
mit neuen Namen als Sitze reichbegabter Kirchen, deren
Klerus die Anſiedlung der erſten leibeigenen Handwerker
hervorrief und auch des Handels nicht entbehren konnte.
Des heiligen Kuniberts, Biſchofs von Köln und Vormunds
des jungen Merowingers pflegende Hand gründete an fränkiſcher
und ſächſiſcher Grenze die chriſtliche Bauernmark der
„Soſaten“, aus denen im IX. Jahrh. die betriebſame
Gemeinde Soeſts ſich ſammelte, ein ehrenreiches, merkwürdiges **Soeſt.**
Bürgertum, welches das deutſche Städteweſen und die Hanſe
als Wiege verehrt. Ein helleres Streiflicht fällt auf das
ſagenhafte Worms der Nibelungen, eine altfränkiſche Pfalz,
deren Biſchof Dagobert I. die Baſilika des h. Petrus erbaut. Dieſer erwähnt urkundlich auch den Ort Ladenburg, deſſen
Zoll und Markteinkünfte er als Stifter jenem Münſter zueignete.
Dieſe urkundlich ſichere Tatſache lehrt, daß ſich in Worms
neben den Dienſtleuten des h. Petrus und Hofrechtsangehörigen
und freien ritterlichen Grundbeſitzern bereits auch andere
Beſtände der Bevölkerung, ohne Zweifel auch ſchon
Juden eingefunden hatten. So kündigte ſich in Worms **Worms.**
am früheſten der Aufſchwung bürgerlicher Freiheit an. Auch
das alemanniſche Straßburg wuchs aus den engen alten

Mauern heraus und entwickelte in früher Zeit eine Gewerbetätigkeit, die binnen weniger Geschlechtsalter selbst aus-
ländischem Handel zur Grundlage diente. An der Donau
erwachte die alte Augusta, im ersten christlichen Jahrhundert
eine blühend reiche Verkehrsstätte für das thüringische Innen-
germanien, mühsam zu neuem Leben. Regensburg dagegen,
unter dem Gewirr der Völkerwanderung fast spurlos verschwunden, verdankte früher als Passau seinen Heiligtümern
und vielleicht auch dem zählebigsten Reste einer römischen
Kaufmannsgilde seine hohe Bedeutung für den Binnenhandel.

Regensburg.

Die Merowinger hatten nicht vermocht, den heidnischen
Starrsinn der Friesen zu beugen, deren Sitze sich vom
Oldenburgischen bis zur Scheldemündung erstreckten. Erst
Karl der Hammer, mit welchem das königgleiche Ansehen
der Karolinger beginnt, war durch eine Flotte, die erste,
welche die fränkische Geschichte bestimmter erwähnt, ihrer
Meister geworden (734). Von der Mitte des VIII. Jahrh.
ab werden sie wiederum als Schiffsbauer und streitbare
Schiffsführer die Träger eines deutschen Seemacht. Schon
unter König Pipin boten die Mündungen der Seine, Somme
und Schelde, der spätere Hafen am Swyn, bei Sluys, das
Bild eines geordneteren Verkehrs. Ein Diplom Pipins v.
J. 753 gedenkt der Zollfreiheit der Friesen für die Messe
beim Kloster St. Denys im Gau von Paris, doch sind
wohl weder die Ostfriesen, noch die in jener Urkunde genannten Sachsen unsere austrasischen Küstenbewohner, sondern
die deutschen Ansiedler von Bländern und Reste westlich
verpflanzter Altsachsen.

Friesen.

Die Bläminge, ein germanisches Völkergemisch, das
die fleißigen Moriner und Menapier allmählich verdrängt
hatte, verliehen, unter Dagobert für das Christentum gewonnen,
jenem armen waldigen und morastigen Winkel gallisch-
belgischer Erde eine wunderbar reiche Bedeutung für die
Geschichte des mittelalterlichen Bürgertums, der Gewerbetätigkeit und des weltverbindenden Handels. Unbelauscht
von den mönchischen Chronikanten erwuchs seit Dagoberts I.
Tagen aus einem Doppelkloster beim Kastrum Gand ein
städtisches Leben, welches von der Vereinigung der Leye

*Die
Bläminge.*

(Lys) und Schelde und der Nähe des Meeres begünstigt wurde. Das Meer hat freilich seit dem XIV. Jahrh. seine Ufer gänzlich verändert. Ähnlich wie Gents war der Ursprung des weltberühmten Brügge, so genannt nach der hölzernen Brücke, welche früher zwei altrömische Burgen verband. Für eine spätglänzende Zukunft sammelte sich auch oberhalb der Scheldemündung eine deutsche Bevölkerung in Antorf (Antwerpen). Alle drei waren Anfänge von Handelsstädten, die vom Meeresufer sich zurückziehen mußten, da die Gefahr, welche sich im IX. Jahrh. ergab, die Entstehung unmittelbarer Hafenorte nicht zuließ.

Wie durch unvertilgbare Überlieferung erwachte in Bländerns (Frieslands) jungen Ansiedlungen die alte Gewerbelust der römisch-gallischen Vorgänger, besonders in der Wollweberei und in der Bereitung des Leders. Durch die Wut des Elements, welches fruchtbare Niederungen verschlang, durch wachsende Volkszahl und angeborene Wanderlust aus der Heimat getrieben, wurden Bläminge und Friesen die Lehrer des Gewerbefleißes für die neuen deutschen Binnenorte, versorgten als ständige Kaufleute die Märkte bis zum Oberrhein hinauf, bis tief nach Sachsen, ja bis zur österreichischen Mark, und gingen, im überseeischen Verkehr gleich unternehmend, der östlichen Kaufmannswelt in der Bildung von Handelsgesellschaften voran.

Gewerbefleiß der Bläminge.

Der große Karl förderte die langsam und still erkeimten Anfänge im fränkischen Reichsgebiete zu schnellerem Wachstum. Ein politisches Band umschlang jetzt die Stämme Großgermaniens, und dehnte sich auch über undeutsche Völker aus. Der Freiheitsmut der heidnischen Sachsen wurde gebrochen und räumlich die Grundlage für zahlreiche Städte gewonnen. Der Ackerbau blühte gedeihlich auf den Flächen des Urwaldes, und dem unabweisbaren Bedürfnisse fortentwickelter Lebensverhältnisse kam Ordnung für Handel und Verkehr, für neue Bahnen desselben, für Gewerbefleiß entgegen. Es war aber das ungeheure Verhängnis der nächsten anderthalb Jahrhunderte, was so mächtige Fortschritte stille stehen hieß. Wir deuten jetzt die Stiftung christlicher Kirchen im Sachsenlande an, da fast alle für die

Karl der Große.

Geschichte der Hanse wichtig geworden sind, ja die binnenländische Kraft derselben auf ihnen beruhte. Die Kirche
Deutsche Bis- zu Osnabrugki an der Kreuzung mehrerer Straßen i. J.
tümer. 783 gegründet, gab der tüchtigen Hansestadt Osnabrück
den Ursprung, wenn sie auch erst nach einem Jahrhundert
(889) als bischöfliche Markt-, Münz- und Zollstätte bekannt
wird. Minden am schiffbaren Weserstrome, nicht älter
als Osnabrück, gewann durch die Gunst der Örtlichkeit
wieder an Bedeutung für Handel, Gewerbe und für die
Ausbildung als kaufmännisches Gemeinwesen. Werden,
zwischen Minden und dem glücklicheren Metropolitansitze
am Ausflusse der Weser angelegt, mußte begreiflicherweise
hinter beiden zurückbleiben. Gedeihlichere Wurzeln empfingen
Paderborn, Hildesheim und Halberstadt, obgleich
diese nur an Bächen erstanden. Münster dagegen, das
tief im Binnenlande seitwärts der Hauptverkehrsstraßen lag
und ohne Verbindung mit schiffbaren Flüssen aus verschiedenen Meierhöfen und Bauerschaften um das bischöfliche
Münster, das ihm später den Namen gab, als Ortschaft
zusammengetreten war, hat sich durch die Rührigkeit und
den abenteuerlichen Sinn seiner Bürger früh in der ersten
Reihe hansischer Gemeinwesen zu behaupten gewußt. Die
reichste Zukunft dieser Bischofssitze trug der arme kaukische
Bremen. Fischerort Bremon, vielleicht das Phabiranon des Ptole-
mäus, ein Verkehrsplatz der Sachsen, in seinem Schoße,
als Karl, der Sieger Wittekinds, i. J. 788 Bremon zum
Mittelpunkt des Sprengels Wigmodiens und Lorgoes erkor
und den heiligen Willehad mit der geistlichen Pflege dieses
weiten Gebietes betraute. Aber obwohl Bremen zum
Seehandel günstig lag, war doch, seit die Kraft der Altsachsen nach Britannien ausgewandert war, infolge der
Kriege mit den Franken und der räuberischen Herrschaft
der Dänen und Normannen im deutschen Meere, die Lust
der Sachsen der Seefahrt und dem Kaufmannsabenteuer
so abgewandt, daß der neue Bischofssitz, städtisch bedeutungslos, erst unter neuen Weltverhältnissen i. J. 966 die Errichtung eines Marktes, einer Münzstätte, Bann und Zoll-

recht erwirkte und noch bis auf den großen Kirchenhirten
Adalbert von winzigem Umfange blieb.

Während sich die neuen Schöpfungen in Sachsen, Dortmund.
auch Dortmund — die Villa Trutmanni, wo den besiegten Sachsen i. J. 789 ihr alte Freiheit gewährleistet
sein soll — unter hindernden Umständen langsam zur bürgerlichen Bedeutung erhoben, verschwindet Soest, das mit
Dortmund um den Vorzug des Alters seines Stadtrechts
streitet, aber im XII. Jahrh. die kühnsten Handelskombi-
nationen auf den fernsten Meeren rätselhafterweise mit ihm
gemein hat, wieder. Gleichzeitig schwangen sich die Rhein-
und Donaustädte durch Karls Staatseinrichtungen und Erobererzüge zu merklichem Ansehen auf. Regensburg, zur Regensburg.
Zeit der Avarennot des Königs dauernder Aufenthalt, dann
der Mittelpunkt der fränkisch-bayrischen Verwaltung, sah
seinen schönen Strom dem friedlichen Verkehr geöffnet, als
Karl sein Reich über die Enns erweiterte, als deutsche Ansiedler
den Grund zum deutschen Österreich legten und als das
altrömische Faviona, Wien, auch Lorch sich dem Licht der Geschichte wieder erschlossen hatte. So geschirmte Vorlande, der
Zugang zum adriatischen Meere vermittelst des besiegten
Lombardenreiches, ferner die Eröffnung reicher, bis dahin
versperrter Provinzen im Südosten und nicht zum wenigsten
die Anlehnung an Italien wirkten mächtig auf die Königs-
stadt an der Donau zurück, welche Mitteleuropa mit dem
fränkischen Osten und Westen in Verbindung brachte.

Erst der ausländische Handel, der Zug des Verkehrs Binnenhandel.
von außen her, welchen unsere Vorfahren im spröden
Bauernleben oder als rauhe Söhne des Kriegs verschmäht
hatten, weckte die Betriebsamkeit und verlieh dem einförmigen
Gesellschaftszustande wohltätige Bewegung. Wie in den
Tagen Marbods, an dessen Hofe und Kriegslager die
Geschichte römischen Kaufmannstroß nachweist, und zur
Zeit des regen Bernsteinhandels, welcher die Küste der
Ästier über genau gemessene Rasten, zumal über Karnunt,
mit Aquileja und der Weltstadt verband, hatten sich die trägen
Deutschen auch des VIII. Jahrh. wenig um die natürlichen
Vorteile des Zwischenhandels bekümmert. Inzwischen waren

aber die Wenden, deren vielverzweigte Geschlechter sich über den breiten Osten Europas bis tief in Mitteldeutschland hinein bis zur Mulde, Saale, zu den Quellen des Mains und der Tauber, bis um Würzburg in die Täler der Rednitz, und südlich von der Donau bis in die Gebirge der Enns, Mur und Drau erstreckten, die Träger eines Binnenverkehrs geworden. Dieser Binnenverkehr vermittelte den fränkischen Ländern ausschließlich und allein **Die Slaven.** auf längst verschollenen Straßen die begehrten Waren des Ostens über Byzanz, und die wertvollen Erzeugnisse des weiten Slavenlandes vom schwarzen und kaspischen Meere nordwärts bis zur Ostsee. Denn die Araber hielten seit dem siebenten Jahrhunderte das Mittelmeer inne. Das uralte Massilia war aus den Gewässern gewichen, und selbst Karls Flotten konnten nur zur Sicherung der Küsten dienen. Während die Altsachsen ihre frühere Vertrautheit mit dem Meere einbüßten, hatten die wendischen Stämme an der Ostsee gegen die Gewohnheit ihres Volkes, das nur die Slavonier an der adriatischen Küste und auf Morea als Seefahrer aufweist, sich schifffahrts- und handelslustig zu regen begonnen. Wohl zuerst nur als Fischer und Seeräuber. Aber ehe noch Hamburg und Bremen bekannt wurden, ehe noch Magdeburg, Braunschweig und Goslar, später berühmte Verkehrsstätten des sächsischen Binnenlandes, überhaupt ans Licht traten, besaßen die Abodriten im **Rereg.** heutigen Mecklenburg bereits einen Handelsort Rereg, der in der Gegend von Wismar lag. So übertrieben auch die späteren Nachrichten von Julien (Wineta) lauten, bleibt doch gewiß, daß die Wenden den Sachsen jahrhundertelang in Handel und Schiffahrt vorangingen, und diese erst spät die Bahnen jener verfolgten. Die Geschicklichkeit der Ostseewenden, ihre Befreundung mit dem Element, muß hervorgehoben werden, da sie die materielle Grundlage der sogenannten wendischen Hanseverbindung, der eigentlichen Kraft der Gesamthanse, bildeten.

Als nun Karl die Avaren besiegt hatte, und an ihrer Stelle im Südosten die Bulgaren für die Slaven die Zwischenhändler der Güter des Morgenlandes wurden,

Das Gokstadschiff in Kristiania.

Das Osebergschiff in Kristiania.

brachte die unkluge Hilfe, welche die Abodriten und Lutizier
dem Völkerbezwinger gegen die Sachsen geleistet hatten, diese
Wendenstämme an der Ostsee in nachbarliche Berührung
mit dem Frankenreiche. Um nun jenen überlegenen Handels-
völkern die großen Vorteile des Binnenverkehrs nicht allein
hinzugeben, jedoch den Güteraustausch mit den Wenden jenseits
der Elbe und Saale und mit deren Stammgenossen, den
Tschechen und Moraven, als unabweisbares Bedürfnis sicherzustellen, sorgte der volkswirtschaftlich-kluge Kaiser für geeignete Berührungspunkte der slavischen und deutschen Welt
und für örtliche Anordnung des Zwischenhandels.

Auf dem rechten Elbufer auf einer Anhöhe zwischen *Zwischen-*
schirmenden Nebengewässern, da wo Ebbe und Flut sich *handelspunkte.*
zuletzt merklich machen, hatte Karl zu Anfang des IX. Jahrh.
eine Schutzburg für die sächsischen Grenzlande, einen wichtigen
Außenposten für den Krieg, ersehen. Diese Burg hieß
zuerst Hochbucki, oder wenig örtlich verschieden von diesem
Hamburg. Lange vor der Gründung jenes glanzvollen Bis- *Hamburg.*
tums, das die christliche Lehre den skandinavischen Völkern
brachte, wies der Kaiser auf einer Versammlung zu Dieden-
hofen i. J. 805 vom Ausflusse der Elbe bis an die avarische
Mark hinauf eine Kette von Ortschaften an, auf welcher
der Warenzug wendischer- und deutscherseits sich begegnen
und gegenseitig beschränken sollte. „Kaufleute, welche mit
Slaven und Avaren verkehrten", waren in Sachsen auf die
Stapelorte in Bardewiek, das also schon vor der fränkischen *Bardewiek.*
Eroberung bestand, ferner in Scheffel, jetzt einem Dorfe
im Lüneburgischen, und in Magdeburg angewiesen. Letzteres *Magdeburg.*
trug die Bürgschaft künftiger Blüte in seiner glücklichen Lage
und hatte kurz vorher seine früheste Bedeutung als Kriegs-
feste und Elbpaß erhalten. Weiter bog sich die Sperrlinie,
ohne Halle namhaft zu machen, das erst 806 erwähnt wird,
aber bereits im Namen seinen Ursprung von frühbenutzten
Salzquellen verrät, um das Sorbenland herum nach Erfurt,
das den Rang eines Bistums wieder eingebüßt hatte. Die
Linie wandte sich dann, das obere Saaltal, das Thüringen
und wendische Stämme schied, einhaltend über den Franken-
wald nach Hallastadt im Rednitzgau, jetzt ein Gut Halstadt

unweit Bamberg. Dann folgten Forchheim und ein ver-
schollenes Bremberg, das wahrscheinlich zwischen dem
Jahrhunderte späteren Nürnberg und den Abhängen an der
Naab und dem Regen zu suchen ist. Die Schlußpunkte
im Südosten sind Regensburg und Lorch oberhalb der
Mündung der Traun in die Donau.

Für Aufsicht und Sicherheit hatten die Grafen zu
sorgen. Waffen und Harnisch, Erzeugnisse des frühesten
Kunstfleißes rheinischer Städte, zumal Straßburgs, ins
Slavenland auszuführen, verbot der Kaiser; die verbotene
Ware fiel dem Staate, dem Anzeiger und der Behörde

Ausfuhr und
Einfuhr. heim. Wir können aus späteren Angaben nur mutmaßen,
worin Ausfuhr und Einfuhr bestanden, deutscherseits etwa
in Erzeugnissen des frühesten Gewerbes, Linnen, Wollwaren,
Eisen, Salz, vielleicht auch in Wein; slavischer- und
avarischerseits in Spezereien, Bernstein, Seide, Vieh, Fettwaren, Wachs, Pelzen, Häuten und dergleichen Gaben der
nordöstlichen Länder. Es mag uns auffallen, daß jene Zwangs-
stapelorte, ausgenommen Magdeburg, Regensburg, das
früh verödete Bardewiek und Erfurt, bald ihre Bedeutung wieder verloren. Die Slavengrenze wurde schon
im IX. Jahrh. durchbrochen, nur die an Strömen belegenen, oder durch geistliche Verwaltung behüteten Orte
behaupteten ihre Bedeutung.

In Sachsen, Thüringen und Bayern war es die
Satzung des Kaisers, welche die träge Natur der Ostdeutschen
zu kaufmännischer Regsamkeit lockte, gleichsam zwang,
indem er fremden Zwischenhändlern das Betreten des
Reichsbodens untersagte, anderseits jedoch seinen Untertanen
nicht den Weg ins Ausland zu bahnen vermochte. Im
Nordwesten Deutschlands dagegen bedurfte es, um die
Vorteile des Verkehrs aufzuschließen, keiner Beschrän-
kungsmaßregeln. Es war kein undeutsches Volk, dessen
Betriebsamkeit und rüstiger Handelsgeist gefürchtet werden
durfte, ja es konnte bei befreundeten Mächten jenseits der
See eine kaum je unterbrochene Verbindung diplomatisch

Die Friesen
als Kaufleute. geschützt werden. Zur Begegnung mit jenen östlichen und
südöstlichen Bahnen, um die wohltätigen Beziehungen

mannigfacher zu machen und das deutsche Niederland im
weiteren Sinne mit dem Oberlande gedeihlich zu verknüpfen,
bot sich der Stamm der Bläminge und Friesen, jener
Sidonier des Nordens, die in der unsichersten Zeit mit ihren
Waren und einfachen Gewerbserzeugnissen sich überall einstellten, wo Austausch und Verkehr kümmerlich aufzublicken
wagte. Wie in den Tagen der Römer sind die Friesen die
ersten Seefahrer unter den Deutschen des Mittelalters. Sie
wagten sich in wohlgefügten Fahrzeugen nicht allein zuerst
in die Nordsee hinaus, sondern fanden auch zuerst von den
romanischen und germanischen Völkern auf der nördlichen
Seite Europas den Weg in das Mittelmeer, und abenteuerten
bis zum heiligen Lande. Sie belebten die Binnenfahrt und
erweckten den Handelsgeist der Städte am Mittelrhein,
dem Strome durch labyrintische Wasserstraßen zu folgen.
Ihre erste Handelsstadt war Dorestadt, jetzt noch kaum
als Wyk te Duurstede, wo der Leck sich vom trägen Rheine Dorestadt.
absondert, zu erkennen, doch schon dem Geographen von
Ravenna im VIII. Jahrh. bekannt. Wie wir Friesen auf
der Messe bei St. Denys i. J. 753 fanden, liefen friesische
Segelschiffe keck in den Humber ein. St. Luitgar traf
friesische Kaufleute zu York, Northumberlands Hauptstadt,
als er dort den Unterricht Alkuins, des berühmten Meisters,
suchte (i. J. 770). Als Seefahrermut und Geschicklichkeit
zu Schiffe zu kämpfen die Angelsachsen in der Dänennot
gänzlich verlassen hatte, holte Alfred der Wiederhersteller
von den Friesen Baumeister und unverzagte Seekrieger.
Vor anderen Küstenbewohnern des deutschen Meeres und
vor den Bretagnern, welche überwiegend das aquitanische
Meer, den Busen von Biskaya und Englands Südwestküste
befuhren, gedachte darum der vorsorgliche König Karl wohl
zunächst der Friesen in der weitesten Bedeutung des Namens,
als er im Schreiben an Offa „König von Mercia"
(v. 755—794), Gebieter von Mercia, Kent und Ostangeln,
also der Gestade Britanniens am deutschen Meere, „den
englischen Kaufleuten Sicherheit und Gerechtigkeit versprach,
welche die Gegenseitigkeit verlange". Doch mögen auch Sachsen
als südlichere Anwohner des geteilten Rheins unter den Schutz-

befohlenen zu verstehen sein. Dem Auslande gegenüber
mehr als kühne Seefahrer und abenteuernde Kaufleute
geltend, boten Friesen (Bländerer, Walen) dem inneren
Frankenreiche dagegen das Gepräge emsiger Gewerbetätigkeit.
Die Fertigkeit in Wollarbeiten, buntgefärbten Tüchern,
welche besonders die westlichen Friesen sich gleich den „Poorteors"
von Brügge und Gent angeeignet hatten, verschaffte dem
begehrtesten Gewebe, das selbst der Kaiser und seine Großen
Friesen im trugen, die Benennung Fries. Als Frisonen, Walen,
Innern
Deutschlands. zogen die Verkäufer solcher Waren früh den Rhein und
die Maas aufwärts. Frisonen, als Kaufleute und fremde
Handwerker allgemein begriffen, sahen wir schon in Dagoberts I., in der letzten Merowinger und in Pipins Tagen
in Worms. Dort gab es eine ständige Niederlassung der
Friesen, Friesenspeier genannt. Zu Gunsten der Kirche
verlieh Karl und erneuerte Ludwig der Fromme i. J. 830
„den Frisonen, welche bis Worms hinaufkämen," Zollfreiheit an jener Hebestätte, in Ladenburg und Wimpfen.
Besonders finden wir Walen nnd Friesen in Köln, in allen
altsassischen Städten, wie in Soest und Braunschweig, als
Kaufleute oder Wollweber angesiedelt und bis auf den heutigen
Tag Straßen nach ihnen benannt. In ihrer ältesten schriftlichen Abfassung erwähnt die Soester Skrae ihre vorzüglichen Rechtsverhältnisse. Den Straßburgern vermittelten
Seeausfuhr schon im VIII. Jahrh. die friesischen Schiffer den Weg in
der Straß-
burger. die Ferne für den alemannischen Gewerbefleiß. Auf Bitten
des Bischofs Etto verlieh König Karl i. J. 775 den
Leuten der Straßburger Kirche Zollfreiheit zu Quentowich (?),
zu Dorestadt und zu Sluys, dem später weltberühmten
Hafen an der Westmündung der Schelde nördlich von
Gand, einer Station der fränkischen Wehrflotte. Schwerlich mögen die starken, wohlgerüsteten Rheinnachen aus
Straßburgs Nähe den Weg durch die Arme des Stroms,
durch die Maas bis Sluys ins Swyn unmittelbar gefunden
haben; immer aber setzt doch eine Zollfreiheit der Straßburger Gotteshausleute in den flandrisch-friesischen Häfen
oberrheinische Waren, vielleicht Wein, den später die Kölner
und Tieler zur Begründung des weltgeschichtlichen Kauf-

hofes am Strande der Themse auf Londons Markt brachten, zur überseeischen Versendung eine vermittelnde Schiffahrt voraus.

So griff schon in des großen Kaisers Zeit Norden und Süden im Verkehr zusammen. Daß auch der Westen mit dem fernsten Osten damals in Verbindung getreten sei, sagen die dürftigen Chroniken zwar nicht ausdrücklich, leuchtet jedoch aus späteren Tatsachen ein. Das goldene Mainz, der Sitz des kirchlichen Primas in der Nähe der Lieblingspfalzen der Karolinger, blieb gewiß nicht un- tätig, wenn wir auch erst einen Gesandten König Ottos I. im Geleite eines reichen Kaufmanns von Mainz in Kon- stantinopel treffen. Um dieselbe Zeit war ein Gotteshaus- mann der Kirche zu Regensburg, der überreiche Großhändler Adelhard, Vorsteher der Niederlage in Kiew, dem Stapel- orte morgenländischer Güter. Funde an Dirrhems der Abassidendynastie in Oberdeutschland lassen nicht zweifeln, daß die persönlich und sachlich gefreiten Kaufleute vom Main und Rhein ihre klugen Blicke auch östlich richteten. *Mainz.*

Erwachtes Leben der Art begünstigte im Binnenlande die Stiftung von Klöstern, indem diese an den großen Kirchenfesttagen und zur Feier ihrer Schutzheiligen Märkte anlegten, Zoll- und Münzprivilegien erwirkten, und Hochmesse und Markt, als Messe, die gebotenen geistlichen Gerichts- tage, Synoden, als Send, Landmärkte gleichbedeutend machten. Wie Leibeigene, hofrechtshörige Handwerker an kirchlichen Festen der Umgegend des Klosters ihren Kram darboten, bauten größere Kirchen und Klöster zur Bequemlich- keit zusammenströmender Verkäufer und Käufer bereits eigene Kaufhallen oder Gaden. In dieser Weise gingen geistliche und weltliche Geschäfte, Andacht und Gewinnsucht zeitig Hand in Hand, durchdrangen einander. Die heiligsten Stätten, nicht Kirchhöfe allein, auch Kirchen füllten sich mit anstößigem Getümmel. In den Kirchen wurden wohl selbst Waren niedergelegt, wie noch später in den gottgeweihten Räumen der überseeischen Kaufhöfe. Von solcher Benutzung hatte die uralte „Kaufmannskirche" in Magdeburg, die spätere St. Johannis (?), ihren Namen, zur Nachtzeit wurde sie *Messen bei Klöstern.*

durch besondere Wächter bewacht. Der Brauch, die Märkte auf den Sonntag anzusetzen, griff so eng in den Zusammenhang des Zeitalters ein, daß selbst Karls Gesetzgebung nichts dagegen vermochte, und ein Kapitulare v. J. 809 das Ärgernis gestatten mußte, wo es seit alter Zeit im Schwunge sei. Frommer Eifer fand umsomehr Anstoß an solcher Gewohnheit, weil schon beim ersten merklichen Aufkeimen der süd- und mitteldeutschen Städte Juden tätig waren, und der Ausdruck „Jude und Kaufmann" schon unter den Ludolfingern Gleiches bedeutete.

Karls Reichsflotten.

Indem Karl nach so großartigem Zuschnitte sein Reich umwandelte und zuerst den Handelsgeist weckte, mußte er auch für die Sicherstellung des erstandenen Seeverkehrs Sorge tragen, die Häfen und Wasserstraßen von feindlicher Gewalt säubern. An fünf Meere heran reichte die gewaltige Ausdehnung seines Staates. Derselbe berührte vermittelst der bundesgenossischen Wenden im Norden das baltische Meer, umfaßte das deutsche Gestade unterhalb der Mündung der Elbe bis an die Enge von Calais, das atlantische bis nach Bayonne. Von der spanischen Mark bis über Mittelitalien hinaus bespülte das Mittelmeer die fränkische Erde, des Kaiserreichs südöstlichsten Winkel, wo das lombardische Friaul und die bayrisch-avarischen Marken zusammenstießen, streifte den adriatischen Golf, über welchen der Freistaat von St. Markus zeitig die Oberherrlichkeit ansprach. Eine so vielfach vermittelte Stellung zur See veranlaßte ein geregeltes Verteidigungssystem mit einer Flottenausrüstung, einem Heerbann zu Wasser, welche für abweichende Naturverhältnisse sich eigneten. Wegen der Mauren erheischten die Küsten von Languedoc, der Provence, der spanischen Mark und Italiens tätige Aufmerksamkeit. Ein Connetable Burkhard befehligte i. J. 807 eine kaiserliche Flotte, wahrscheinlich Galeeren, in den Häfen der Provence und befreite Korsika von den beutegierigen Gästen. Im Jahre 813 nahm Irmingard, fränkischer Graf von Ampurius in Katalonien, bei Majorka maurischen Seeräubern Schiffe und Gefangene ab, nur Nizza und Civita-vecchia unterlagen einmal den Ungläubigen.

Am adriatischen Busen stationierte die fränkische Reichs-
flotte in der Bucht unterhalb Treviso; die des Königs-
reichs Italien beim klassischen Ravenna, beide wohl nur
Galeeren. Mit ihnen focht Pipin, des Kaisers ältester
Sohn, i. J. 809 nicht ohne Glück gegen Paulus, den
Admiral der byzantinischen Flotte und hatte i. J. 810 im
Angriff zu Lande und zu Wasser die Ansiedlungen auf den
Lagunen bereits erobert, als auf den Untiefen des Rialto
und am Verzweiflungsmute des venetianischen Volkes seine Venedig.
Pläne scheiterten. Der Sitz des jungen Staates, auf den
Rialto verlegt, war fortan auf nahe tausend Jahre ge-
schirmt, dadurch aber auch der Ausschritt des deutschen
Austrasiens auf die Adria unmöglich gemacht. Auch zu
Porto-Venere stand an Liguriens Küste ein Geschwader
zum Schutze Korsikas. Was es mit Rutland, „dem Markgrafen des Ufers von Bretagne", für eine Bewandtnis gehabt hat, können wir nicht bestimmen.

Aber der Norden des Reiches war von den gefähr- Dänen und
lichsten Räubern bedroht, den Dänen und Normannen. Diese, Normannen.
durch den fränkischen Eroberer aufgerüttelt, der ihnen
landwärts in Nordalbingien schon so nahe gerückt war,
begannen jene furchtbare Energie auf die fränkischen Gestade
zu richten, die bis dahin überwiegend die baltischen Küsten
und die britischen Inseln empfunden hatten. Schon der
große Karl ahnte die unheilschwere Zukunft. Der Mönch
von St. Gallen erzählt, als der Kaiser in einer Seestadt
des ehemaligen Gothiens, vielleicht zu Maguelonne, beim
Imbiß saß, seien vor dem Hafen Schiffe erschienen, welche
einige für jüdische (?), andere für maurische oder bretagnische
Kauffahrer hielten; doch Karls scharfes Auge erkannte sie Karls Sorge
am Bau und an der schnellen Bewegung und rief aus: v. den Dänen.
„Das sind keine Kaufleute, sondern Seeräuber!" Nun eilte
sein Gefolge wetteifernd zum Hafen, worauf jene Fahrzeuge
das Weite suchten. Trüb die kommenden Ereignisse ermessend,
vergoß Karl am östlichen Fenster stehend helle Tränen,
und als niemand ihn um den Grund zu fragen wagte,
sagte er: „nicht aus Furcht, daß mir jene mit ihrer Neckerei
schaden könnten, habe ich geweint! Mich betrübt es, daß sie

sich bei meinem Leben an dieses Ufer gewagt haben, und mit
Schmerzen sehe ich das Verderben voraus, welches sie
meinen Nachfolgern und ihren Untertanen bringen werden."
— Vom Frühling des J. 800 an ließ der bange Seher
der Zukunft an allen Flüssen, welche aus Frankreich und
Deutschland nordwärts münden, Schiffe bauen. An allen
Häfen und Flußmündungen wurden Wachen angeordnet,
um die Landung der Seeräuber zu verhindern. So um-
sichtige Fürsorge bewahrte das Reich während Karls Re-
Angriffe der gierung vor erheblichem Schaden durch die Normannen.
der Dänen. Aber am verletzlichsten war das Gebiet seiner wendischen
Zins- und Bundesgenossenländer. Schon Gotrik, ein jütischer
Heerkönig, überfiel i. J. 806 die Abodriten, legte ihnen
Steuern auf, trieb selbst bei den Friesen den „Klipschild",
einen Tribut, ein und prahlte damit, den Kaiser selbst in seiner
Pfalz zu Aachen aufzusuchen. Im Landkriege ohne Mühe
besiegt, aber nicht auf seinem Elemente, der Ostsee, verfolgt,
wohin die fränkische Flotte keinen Weg kannte, zerstörte der
Däne den merkwürdigen Handelsplatz Rereg und verheerte
Friesland mit 200 Schiffen (810). Karl erwartete mit
seinem Heere die Dänen an der Mündung der Aller in die
Weser, als Gotriks Ermordung durch die eigene Leibwache
den Feldzug beendete.

Karls See- So ging der Sturm an des Kaisers Lebensabend
rüstung gegen noch vorüber, er selbst musterte noch im J. 810 bei Bou-
die Dänen. logne die Flotte, welche er im Jahre vorher zu erbauen
befohlen hatte, stellte den dortigen Leuchtturm, ein altes Römer-
werk, wieder her, und besichtigte im Spätherbst das Geschwader, welches unweit Gand bei Sluys auf sein Geheiß
entstanden war. Ein Kapitulare vom J. 802 hatte bereits
die Rüstung von Schiffen an den Küsten angeordnet und
den freien Bewohnern des Strandes bei Geldstrafe zur
Pflicht gemacht, auf das erste Geschrei von Feindesnähe
gewaffnet herbeizueilen. Ein erneutes Heerbanngesetz v. J.
812 bestimmte, daß bei Aussendung der Flotte selbst die
Barone auf den Schiffen sich einfänden. Wie mag damals das offene Bremen mit seiner Kirche zu St. Peter
widerstanden haben?

Karls Reich, die von ihm geschaffene Seemacht und der junge Handel der fränkischen Welt zerfielen jammervoll unter seinen Söhnen. Die Not vor den Dänen und Normannen und andere Völkerstürme brachten die Anfänge des deutschen Staates um anderthalb Jahrhunderte zurück.

Zweites Kapitel.

Die Normannen und Dänen. Schicksale des fränkischen und angelsächsischen Reichs. Das Erzbistum Hamburg. Kirche und Hafen zu Schleswig. Die Magyaren in Sachsen. Bremen. Regensburg und die Donauschiffahrt. Würdigung der skandinavischen Verdienste um Seeverkehr, Handel und Länderkunde. V. J. 814 bis 919.

Jene nordischen Völker, welche unter Karls Nachfolgern die Keime friedlicher Kultur fast erstickten, eine gedeihliche Entwicklung auf mehrere Geschlechtsalter unterbrachen und das durch Egbert vereinigte Königreich der Angelsachsen ganz über den Haufen warfen, waren die Nachkommen *Die Skandinavier als Seeräuber.* jener Sujonen und skandinavischen Germanen, welche schon Tacitus als ein meervertrautes Volk rühmt. Sie, den deutschen und englischen Küsten als **Dänen**, den Westfranken als **Normannen**, den östlichen Slaven und den Byzantinern als **Waräger** bekannt, vertraten ein halbes Jahrtausend später die Rolle, in welcher die Sachsen dem römischen Gebiete zum Schrecken geworden, nur mit dem Unterschiede, daß günstigere Lage am offenen Ozean, zweckmäßigere Schiffsrüstung zur Raubfahrt, eine vielgespaltene Herrschaft, Unfruchtbarkeit des heimischen Bodens, gesteigerte Wildheit der Sitten, jene Söhne des Nordens zur allgemeinen Geißel christlicher Länder machten. Schon Gregor von Tours weiß 514 von einer Flotte zu berichten, welche Theuderich, Klodwigs Sohn, ausrüstete, um aus den Mündungen der Maas und aus der Umgegend von Geldern einen König der Dänen zu verscheuchen. Dann schweigt die fränkische Geschichte von Einzelheiten in bezug auf den Norden. Welches Ringen und Kämpfen, welche Wut der Zerstörung mag aber der verhüllte Hintergrund bedecken! Jenen

Rückhalt und die Zuflucht, welche der westfälische Häuptling
Wittekind bei dem Dänenkönige fand, mögen nur die
jütischen Herrscher gewährt haben. Unter der Kriegsunruhe
und der Sorge, welche Gotrik erregte, taucht zum erstenmale

Schleswig. Sliesdorp, Schleswig auf. Von dem Inselreich im Osten,
das Regner Lodbrok beherrschte, hat die fränkische Geschichte
keine Kunde. Uneinigkeit unter Gotriks Söhnen und die
Taufe des landesflüchtigen Harald zu Mainz i. J. 826,
seine Rückführung durch den Glaubensboten Anskar auf
einem bequemen Rheinschiffe an Dorestadt vorüber, durch
den Leck und die Maas um Friesland herum ins hohe Meer
hinaus nach Südjütland, schienen gedeihliche Folgen zu
versprechen; schnell aber schwand diese Hoffnung. Unter

Die Dänen an den fränkischen Küsten. dem unaufhörlichen Streite des frommen Kaisers Ludwig
mit seinen Söhnen begannen die jährlichen Verheerungszüge
der Normannen, von denen man die Dänen schwer unter-
scheidet, an den Küsten des zerrütteten Frankenreichs. Sicher
waren es Dänen, welche sich in Bländerns Morästen fest-
nisteten, Friesland zinsbar machten und Dorestadt verwüsteten (837—838), während andere dänische und normännische Wikinger und Seekönige die Geißel für Englands
und Schottlands wehrlose Küsten, selbst für Irland und
die westlichen Inseln wurden. Egberts vereinigtes Reich,
das in fromme Friedenskünste eingewiegt, die Streitbarkeit
zur See zu üben versäumt hatte, übernahm Alfred i. J.
871, dieser sah ein, daß nur Wehrkraft zu Schiffe sein
widerstandslos gemißhandeltes Volk erretten könne. Baumeister und Männer zur Verteidigung seiner Schiffe fand
der Kluge bei jenen Friesen, deren heimische Gestade der
Überwältigung durch die Seekönige unterlagen.

Der heilige Anskar. Unter dem Traume gesicherter Wirksamkeit war Anskar,
der Apostel des Nordens, i. J. 831 auf einem Schiffe
wehrhafter friesischer Kaufleute nach Schweden, dem Sitze
alter Kultur, gegangen. Nach anderthalbjährigem Aufenthalte
in Birka war darauf der eifrige Bekehrer vom Kaiser
Ludwig i. J. 834 als Erzbischof von Hamburg bestellt
worden. Birka war stets von seefahrtkundigen Nachbarvölkern
aufgesucht worden und hatte sich nach der römischen Schil-

derung „von der Suionen Macht an Menschen, Flotten und Waffen" als reiche Hafenstadt bewahrheitet. Wenn Erzbischof Anskar auch zunächst auf den neuen Sprengel Nordalbingien angewiesen war, so war er doch mit dem hohen Berufe betraut worden, das Licht des Christentums über den ganzen Norden zu verbreiten. Aber wie sollte Hamburg mit seiner neuen Kirche, am breiten Ausfluß der Elbe gelegen, ohne Schutzflotte dem Verderben entgehen, da selbst die vländrisch-friesischen Küsten, einst die Stationen für die fränkische Reichsflotte, dem grimmen Feinde offen lagen? Gleichzeitig mit einem Überfalle auf Paris liefen 600 dänische Schiffe in die Elbe ein (845), verjagten den *Hamburg zer-stört.* anfangs unverzagten Erzbischof und verbrannten die städtische Ansiedlung, Kirche und Kloster mit allen ihren Schätzen. Zwar blieben die Sachsen Herren des Festlandes, aber Anskar mußte umherirren, bis ihm Bremen nach dem Tode Leuderichs (847) eine Zuflucht gewährte, und der Beschluß der Mainzer Synode ihm jenes erledigte Bistum zuerteilte. Anskar nahm in Bremen gegen heidnische Überfälle gesicherter seinen erz-bischöflichen Sitz. So wurde die Stadt an der Weser nach Vereinigung der Diözesen von Bremen und Hamburg der Mittelpunkt der Missionen für den Norden, eine Stellung, welche auch für den Handel und Verkehr die reichsten Folgen nach sich zog. Damals aber war Nord-albingien fast nur dem Namen nach christlich. Das Kirchlein zu Schleswig als einziges im Lande blieb jedoch von denk- *Schleswig.* würdiger Bedeutung für unsere Geschichte, da dort schon „Kaufleute von allen Enden zusammenströmten" und zwischen jenem Hafen in der tiefsten Bucht der Sley der Verkehr mit Bremen, selbst mit Dorestadt und den erkeimenden Städten Binnensachsens belebt ward. Mit dem früherblühten Köln in kirchlicher Verbindung hat besonders Soest (i J. 836 als bevölkerte Ortschaft bekannt) früh den Weg nach dem Handelsort am Busen der Schlei erspäht. Denn auch in der sturmvollsten Zeit, als die nordischen Räuber alle Meere durchkreuzten und alle Küsten bis tief ins Binnenland hinein verwüsteten, regte sich kecke Gewinnsucht in den kleinen städtischen Anlagen. Sächsische und friesische

Kauffahrer suchten gleich Freibeutern wie Anskars Gefährten Verkehr an entlegenen Gestaden. Sicher sind Westfalen schon früh bis an die Sley gekommen und haben begehrlich ins baltische Meer hinausgeschaut.

Ausgang der Dänennot. Die Normannen beunruhigten das ganze neunte und einen Teil des zehnten Jahrhunderts hindurch alle Teile der christlich-germanischen Welt. An König Ludwigs des Deutschen Hoflager bei Worms waren i. J. 873 dänische Friedensgesandten angelangt, welche Sicherheit für Kaufleute und Waren aus den sächsischen Landen anboten und gleiches forderten. Dennoch kam i. J. 880 von derselben Seite die schrecklichste Niederlage, welche bisher Sachsen erlitt. Während Ludwig der Jüngere als Teilgebieter des deutschen **Niederlage der Sachsen.** Königreichs an der Sambre mit den Dänen siegreich focht, erlag Ludolfs, des ersten Sachsenherzogs Sohn, Bruno, der angebliche Gründer der ehrenreichen Hansestadt Braunschweig, mit vielen sächsischen Grafen, Bischöfen und zahlreichem Volke unfern den Elbniederungen. In den folgenden Jahren sah nicht allein das Gebiet zwischen den Mündungen des Rheins, der Maas und Schelde, sondern selbst Aachen, Köln, Neuß und Bonn die Verwüstung. Daß die Sachsen sich nicht ermannen konnten, verhinderten die gleichzeitigen Anfälle der Wenden. Dem tapfern Ludwig auf dem Königsstuhle gefolgt, erkaufte ehrlos der unfähige Kaiser Karl der Dicke um ungeheure Summen den Abzug der beutebeladenen Gäste, welche mit Ansiedlungen an Bländerns **Not unter Karl dem Dicken.** und Frieslands Küsten nicht mehr zufrieden, frech die weinreichsten Gauen begehrten, und durch fränkische Hinterlist noch erbitterter wurden. Im J. 885 belagerten andere Dänen, die 40000 Mann stark auf 700 Schiffen die Seine aufwärts gefahren waren, Paris und ängstigten in der Winterzeit das wehrlose Land bis Soissons und Rheims hin. Wiederum erhandelte der unmännliche Kaiser, statt den Verzweiflungsmut der Bewohner anzustacheln, den trügerischen Abzug um schwere Schatzung. Eine ehrenvollere Periode deutscher Waffen kündigte sich erst an, als der kriegerische Arnulf an des elenden Karls Stelle zum deutschen Könige erwählt wurde und i. J. 891 unweit Löwen ohne Schiffsrüstung die Dänen aufsuchte und einen gepriesenen Sieg errang. Zwar hörten in den folgenden Jahren die Dänenzüge im Niederlande nicht auf, sie erreichten sogar i. J. 892 wieder Bonn und schreckten Mainz und Worms, aber allmählich begann sich das Blatt zu drehen, und des Nordens Söhne fanden erklecklicheren Vorteil im Angriff auf England und Irland.

Während nun die edle Beharrlichkeit Alfreds die Ungunst des Glückes überwand, und der Retter Englands jene wirksame Hilfe an den Friesen fand, während das westfränkische Reich nicht anders das Verderben beschwören konnte, als den übermütigen Normannen die schönsten Küsten im Norden einzuräumen (912), sollte Deutschland von einem bisher unbekannten Feinde neue, furchtbare Drangsale erfahren. Um das großmährische Reich, welches als Ver-einigung der östlichen wendischen Nachbarn Deutschlands zu bedenklicher Macht sich erhoben hatte, zu bezwingen, hatte Arnulf i. J. 892 die Magyaren unbedachtsam herbeigelockt. Kaiser Arnulfs Name hielt jene wilden Horden noch im Zaume. Kaum war er gestorben (899), als sie fast sechs Jahre hindurch das südliche Deutschland, die avarische Mark und Bayern furchtbar heimsuchten, ehe das Reich unter dem Kinde Ludwig, dem Letztling der deutschen Karolinger, sich zur Abwehr aufraffte. Ein vom jungen Könige angeführtes deutsches Heer erlitt i. J. 907 unweit der Enns eine schreckliche Niederlage, worauf die Ungarn im nächsten Jahre durch Thüringen und Sachsen streiften und nirgends entschlossenen Widerstand fanden. Als i. J. 911 mit dem ungesegneten Knaben Ludwig der deutsche Zweig seines Geschlechts verdorrte, war unser Vaterland schmachvoll die Beute wilder Nachbarvölker und innerer Gesetzlosigkeit, ohnmächtig und waffenlos in seinen Gliedern. Herzog Konrad aus dem edelsten Stamme der Rheinfranken konnte eine so unheilvolle Zeit nicht bessern. Die Ungarn wiederholten in weiterem Umkreis ihre vernichtenden Umzüge. Als Bayern, Thüringen, Franken ihnen nicht mehr genügten, durchplünderten sie Elsaß, Lothringen und westfränkische Provinzen, wälzten sich sogar über Westfalen

Die Ungarn i. Deutschland.

Die Ungarn in Sachsen.

Ungarn bei Bremen.

hinaus bis zur Mündung der Weser. Selbst Bremen sank i. J. 913 und 916 bis auf seinen steinernen Münster zu St. Peter in Trümmer. Wunderbar wuchs unter so allgemeiner Zerstörung nur Regensburg, ein Bollwerk vor den Ungarn, an kirchlichem Glanze und an kaufmännischem Reichtum und behauptete den Schiffsverkehr auf der Donau, wie mehrere Mautstellen unterhalb des Stromes beweisen.

Donauhandel.

Selbst so grauenvolle Zeiten konnten den Handel nicht entbehren. In vorhandenen Zollsatzungen erscheint Salz als gesuchteste Ware, außerdem sind Lebensmittel, gedörrte Trauben, Wachs, (leider auch Slaven, endlich Juden und Wenden als Kaufleute) erwähnt.

Ehe wir andeuten, wie des sächsischen Herzogs Heinrich Wahl zum deutschen Könige unser Vaterland vom Zerfalle rettete, wie der Ludolfinger im roheren Sachsenstamme die Bildung förderte und wie unter seinem hochgesinnten Sohne Otto I. sich ein Aufschwung des städtischen Lebens auch in fern geknüpften Handelsverhältnissen bemerkbar machte, müssen wir noch einmal erwägen, welche Stellung den Söhnen des skandinavischen Nordens in der Geschichte der Entwicklung des europäischen Verkehrs und des Seewesens gebührt.

Die Nordländer als Seefahrer

Wenn auch der Schimmer der Romantik ihre abenteuerlichen Taten umkleidet, so erkennen wir doch an ihnen das Gepräge einer leidenschaftlichen Unruhe, welche mehr zerstörte, als sich selbst zum Genusse aufbaute; zwar einen instinktmäßigen scharf witternden Verstand, der gleichwohl das zufällig Gefundene nicht als Eigentum veredeln, geistig verwerten konnte. Raub, Mord und Verwüstung folgen überall den Zügen der See- und Schiffskönige, nirgends knüpfen sie wohltätige Bande an. Ruheloser Drang, Verkümmerung ungebändigter Freiheit daheim und besonders

und Entdecker.

der Zufall führte die beutespähenden Verstoßenen an Islands Küsten, dann an Grönlands lockendere Gestade und später an die südlich prangenden Ufer des Festlandes Amerikas. Ein Deutscher, welchen wundersame Abenteuer in die Mitte der Entdecker des heutigen Massachussets verschlugen, erkennt an der edlen Frucht der Rebe den Wert des Gefundenen.

Aber was die Söhne des traurigen Eislandes entdeckt haben, das lockt sie nicht weiter, und ihre armen Ansiedlungen gehen der Wissenschaft spurlos verloren. Denn nicht der kombinierende Geist, nur die Unruhe, der Zufall hat ihre planlosen Unternehmungen geleitet. Ihre waghalsige Geschicklichkeit in der Seefahrt förderte die Nautik nicht. Wer glaubt an die Echtheit jener Abbildung des Kompasses auf den zwei steinernen Wachttürmen, die St. Olav im ersten Viertel des 11. Jahrhunderts am Helgesunde erbaut haben soll? Ihre Seemannstugend blieb todesmutiger Trotz gegen die Natur, welche sie nicht zu überlisten verstanden. Zwar bauten sie ihre Fahrzeuge größer und stärker, mit hohen Kastellen und versahen sie gut mit Waffen. Der Schiffbauer und der Schiffschmied standen in hohen Ehren. Bunte Segel, Vergoldung, phantastische Malerei und Schnitzkunst schmückten die stattlichen Borde, den Stern und die hohe Spitze, mochte auch Bequemlichkeit im Innern mangeln, wie denn König Harald auf der Rückfehr von der Kaiserpfalz die behagliche Einrichtung, die gesonderten Gemächer auf dem Fahrzeuge seines geistlichen Begleiters, dem Geschenke des Erzbischofs von Köln, neidisch bewunderte. Den nordischen Schiffen, mit den Namen wilder fabelhafter Tiere, deren Bild in krausen, seltsam verschnörkelten Umrissen Vorder- und Hinterteil zeigten, fehlte der allgemeine Gebrauch der geistigsten Geschicklichkeit, das eigentliche Leben. Nicht alle und nicht zu allen Zeiten verstanden sie beim Winde zu segeln, sondern nur vor dem Winde zu gehen. Als Other, der wißbegierige Norweger, dessen Mitteilungen Alfred den Stoff seiner schätzbaren Kenntnis des europäischen Nordens verdankt, auf Biramien seinen Lauf richtete, „so weit in den Norden, als seiner Zeit noch kein nordmännischer Walfischfänger gekommen," mußte er tagelang bald auf Westwind, bald auf vollen Nordwind harren. Vielfach ist in den Sagen von Zauberschiffen die Rede, die beladen nur aufgezogener Segel bedurften, um fortzusegeln, ohne daß der Schiffer sich um den Strich des Windes zu bekümmern brauchte. Das geschickte Segelstellen scheint demnach ein Geheimnis zu sein, welches jedoch Abenteurer im westlichen Ozean und im Mittelmeere gewiß gelöst hatten, falls wir nicht annehmen sollen, das sie rudernd oder allein mit dem Winde vom Rücken her so weite Strecken zurücklegten.

Auch waren die Schiffe der Normannen nicht von einerlei Größe und Bauart. Die große Zahl derselben, welche bei einzelnen Unternehmungen genannt wird, z. B. in der Bravallaschlacht mehrer Tausende, ihr Einlaufen in die Mündung nicht tiefer Flüsse hinauf und der vielfach verbürgte Umstand, daß die Räuber ihre Fahrzeuge viele Meilen über das Trockene, über unwegsame Gegenden schleppten, lehren augenscheinlich, daß die Verwegenen auch winzig kleine Schifflein, Holke, (aus einem Stamme gehöhlte Tröge) gebrauchten. Die Nachen, welche die fränkischen Normands zur Eroberung des angelsächsischen Reichs hin-

übertrugen, kennen wir aus den Schilderungen auf den berühmten Tapeten der Kathedrale von Bayeux. Männer, mit den Beinen halb im Wasser, schleppen an Stricken mastenlose, niedrige, galeerenartige Fahrzeuge ins Meer, zum Zeichen, daß man damals in der Normandie die künstliche Vorrichtung der Werften nicht kannte. In der Darstellung der Fahrt selbst sehen wir große und kleine Schiffe, Männer und Pferde tragend, mit geschwellten Segeln dahin gleiten. Die Form ist eigentümlich, die hohen Vorder- und Hinterteile laufen in Spitzen mit gräulichen Tierfratzen aus. Das Steuer befindet sich an der Seite, der Mastbaum ist niedrig, mit einer langen Querstange und schmalem Segel versehen, dessen Ende der Steuermann in der Hand hält. Doch mögen die kunsterfahrenen Stickerinnen dieser Tapeten mehr symbolisch eine Flotte bezeichnet haben als die treue Beschaffenheit derselben.

Was haben nun diese Söhne des Nordens, von deren Heldentaten die Sagas, von deren Zerstörungswut die Chroniken so voll sind, für die Ausbildung der europäischen Schiffahrtskunde, des Seewesens, für den Handel und die Länderkunde geleistet? Andere germanischen Stämme vervollkommneten das Segelschiff zum Meisterstücke. Kompaß und Sternwinkelmesser ersannen andere Völker. Die Wege des Seeverkehrs, die weltveredelnden Bahnen des Handels,

Doppelstatue von Kaiser Otto I. und seiner Gemahlin Editha
im Magdeburger Dom.

fanden friedlich und wehrhaft überlegene Nachbarn. Erst diese schafften das barbarische Standrecht ab. Island versank fast wieder in Nebel. Biarmien sowie die Fahrt um das Nordkap mußten spät die Briten wieder aufsuchen. Grönland, Helleland, Vinland verschwanden dem Bewußtsein der Enkel ihrer Entdecker, und Christian I. brauchte einen hansischen Piloten, um die schandbar vergessene, christliche Kolonie in Grönland wieder zu erspähen. Sein Suffraganbistum Garda hatte der Oberhirt von Drontheim aus den Augen verloren, zur selben Zeit, als westeuropäische Seefahrer auf der anderen Seite unseres Planeten an der Erdfeste schon nicht mehr zweifelten. — Dennoch bleibt den Dänen und Normannen großes Verdienst an der Entwicklungsgeschichte unserer seefahrenden, handelnden Völker, namentlich der hansischen Welt. Als die germanischen Meeranwohner, Altsachsen und Angelsachsen bis auf die Friesen in der Arbeit bürgerlicher Ausbildung und in neuen Zerwürfnissen erschlafft den früheren stolzen Beruf vernachläßigten, war es der Schrecken vor den bösen nordischen Gästen, der sie allmählich aufstachelte, die alten Künste wieder zu ergreifen. Die Normannen flößten ihnen wieder Mut zu neuem Abenteuer in die Seele. Sie erschlossen nun dem gesteigerten Bedürfnisse des Südens ihren Norden mit seinen Gütern und begehrten Erzeugnissen und förderten wider Willen die Gewöhnung an den Handel.

Verdienst der Skandinavier.

Drittes Kapitel.

Verdienste König Heinrichs I. um Deutschland. Fortschritt des städtischen Lebens. Kaiser Otto der Große. Magdeburg. Hamburg. Bremen. Die deutschen Kaufleute in London unter K. Aethelred II. Teilweiser Verfall der Ottonischen Schöpfung. Gent und Brügge blühend i. XI. Jahrh. Der Handel auf dem Rhein. Anfänge der Gewerbe in Sachsen; Polennot. — Das baltische Meer noch verschlossen. V. J. 919 bis gegen die Mitte des XI. Jahrhunderts.

Die Nachfolger Karls des Großen im eigentlichen Frankreich hatten drei Menschenalter nach dem ersten Schrecken schmachvoll dem Abenteurer aus Norwegen, dem neuen Christen Hrolf, i. J. 912 die ganze Küste von

Übersicht um d. Jahr 920.

der Andeille und Eure bis ans Meer abgetreten und einen ungedeih=
lichen Frieden erkauft. Frankreich kränkelte noch zweihundert
Jahre an der Auflösung durch den wildesten Feudalismus fort
und war durch die Araber vom Mittelmeer fast ausgeschlossen.
Das uralte Massilia und die Häfen von Languedoc ver=
mittelten nur einen kümmerlichen Küstenhandel oder vereinzelte
Pilgerfahrten nach den Stätten des Heils. Alfred hatte
England aus schmählicher Unterwürfigkeit gerettet, und an
der Themse wagten wieder friedliche Schiffe mit kölnischen
Weinvorräten sich blicken zu lassen. Unter Gorm dem Alten,
dem Vereiniger des dänischen Festlands= und Inselreichs,
begann es in Dänemark zu tagen. Das Christentum gewann
wieder Eingang, und ein Oberkönig lähmte den trotzigen
Unternehmungsgeist einst unabhängiger Seeräuber. Hethum
(Hedaby, das heutige Schleswig) unterhielt einen lebhaften
Verkehr nach Trauso zwischen den westlichen Wendenländern
und dem Norden. Die Schweden hatten sich vom wilden
Seeleben im deutschen Meere zurückgezogen und wagten nicht
mehr nach Dorestadt zu schiffen, standen dagegen in Birka
am Mälarsee mit den Anwohnern Samlands in Verbindung.
Die Brüder Rurik, Sineus und Truvor hatten sich um Now=
gorod niedergelassen, aber der Sitz des gesamten russi=
schen Großfürstentums war nach Kiew (892) übergegangen,
und der Landhandel der Araber, Griechen und Südslaven
hatte neues Leben gewonnen, indem Oleg, der Großfürst
von Kiew, die Byzantiner zu einem günstigen Handelsver=
trage zwang (907). Tiefe Nacht lag noch über Polen,
und auf das heidnische Wendenland am Meere fallen nur
einzelne Streiflichter. Magdeburg, im ganzen IX. Jahrh.
nur zweimal als Stapelplatz i. J. 847 und i. J. 870
wieder erwähnt, war durch die Ungarn und durch sorbische
Stämme i. J. 906 geplündert und in Asche gelegt worden.

König Heinrich I. Da erschien für das niedergetretene, ohnmächtige
Deutschland der Retter in König Heinrich dem Lu=
dolfinger. Von seiner großartigen äußeren Wirksamkeit
heben wir nur hervor, daß er i. J. 924 die Ungarn, welche
auch i. J. 915 und 919 ihre Raubzüge durch Deutschland
wiederholt hatten, gegen das Versprechen eines Zinses zu

einem neunjährigen Stillstande bannte, den neugekräftigten
Kriegsmut der Sachsen in Zügen gegen die Elbslaven übte,
die Tschechen an das Reich knüpfte und durch die Tat seiner
Grafen bei Lenzen i. J. 929 den unsicheren Grund zur
Herrschaft der Sachsen über die wilzischen Stämme legte.
Dann folgte i. J. 933 in Thüringen der Sieg über die Ungarn, welcher wenigstens das nördliche und mittlere Deutschland vor ihrer Verwüstung sicherstellte. Im J. 934 bän-
digte Heinrich die Dänen, welche durch einen Angriff auf
Friesland gereizt waren. Tief in Jütland eingedrungen,
zwang er Gorm den Alten zu einer Schatzung, stellte die
dänische Mark Karls des Großen wieder her, indem er **Mark**
seinen Markgrafen das Land zwischen Schlei und Treene **Schleswig.**
bis zur Eider hinab zur Verteidigung anvertraute, und
krönte sein Werk, indem er dem Christentum den Eingang
in die nördliche Heidenwelt öffnete.

Solche Taten stützten sich und wurden nur möglich **Heinrich und**
durch das, was Heinrich zur Hebung, Vermehrung und **die Städte.**
Fortbildung des städtischen Lebens ersann, dessen schlimm
versehrte Keime er vorgefunden hatte. Er konnte zwar noch
nichts neues schaffen. Es war genug, wenn er das vorhandene pflegte. Der Karolingischen Burganlagen ungeachtet
stand Sachsen den Anfällen der Wenden und Ungarn
offen, wie letztere denn sogar Bremen kurz vor Heinrichs
Erhebung zerstört hatten. Solange sich noch nicht eine der
Fechtart der Ungarn gewachsene Landwehr gebildet hatte und
der Volksmut gekräftigt war, mußte er für die Sicherheit
der Grenzen und als Zufluchtsort der Bewohner schutzloser
Marken schon vorhandene städtische Orte stärker befestigen
oder neue Burgen aufführen. So notwendige verdienstvolle
Tätigkeit gab aber zu doppeltem Mißverständnisse Anlaß,
indem man einmal den König als Städteerbauer in
Sachsen überhaupt pries und dann ihm sogar die Absicht
beilegte, die Jahrhunderte später und unmerklich erstandene
bürgerliche Verfassung hervorgerufen zu haben.

So erhob sich der alte Ort Merseburg im slavischen
Gebiete hinter neuen Mauern, welche die Kirche, die Pfalz,
die städtische Ansiedlung von Juden und Christen umschlossen;

so entstand Meißen als Landesburg. Wichtiger für unsere Geschichte erstand am nordwestlichen Fuße des Harzes an glücklichem
Goslar.   Straßenzuge Goslar, gewann aber erst Bedeutung durch
die reichen Silberbergwerke. Quedlinburg, Nordhausen,
binnenländische Anlehnspunkte der späteren Hanse, empfingen
in Königshöfen und Kirchen die Anfänge bürgerlicher Gewerbetätigkeit. Alle diese und zahlreiche andere Schöpfungen,
die Ummauerung von Dörfern bis nach Westfalen hin,
hatten jedoch nach Heinrichs Sinne nicht unmittelbar die
Aufgabe, friedliches Leben zu pflegen. Sie dienten zunächst
als Zufluchtstätte der Mark- und Gaugenossen bei Friedens-
not. Deshalb „garnisonierte" in ihnen eine Kriegsbesatzung,
sorgte für Baulichkeiten zur Aufnahme der ländlichen Bevölkerung und ihrer Vorräte. Manche dieser weitläufigen
festen Kriegslager sanken nach dem Verschwinden der Gefahr namenlos in Trümmer, andere schon mehr städtisch
entwickelte, wie Merseburg, Dortmund, Duisburg,
empfingen durch die Ansiedlung besitzloser, räuberischer Gesellen, die als Burgmänner mit Acker belehnt wurden, den
Stamm einer Bevölkerung, welcher später als „Geschlechter",
als bevorzugte Altbürger heraustrat.

Anderseits ist jedoch nicht zu verkennen, daß Heinrich
die Wichtigkeit auch bürgerlicher Anlagen, zumal an den
Grenzen, erwog und zum Wachstum, zur Widerstandsfähig-
Städte   keit derselben beitrug, da ja Besitz und gesteigerter Erwerb
Mittelpunkte
des Lebens. sich selbst zu verteidigen lieben. Deshalb vereinigte er in
ihnen die königlichen Behörden für Zolleinnahme und für
die Münze, förderte den Wohlstand durch gewährte Markt-
freiheit, sowie durch das Gebot, Versammlungen aller Art
in ihren Mauern zu halten und Gelage und Festlichkeiten
zu begehen. Sonst aber ist selbst in den älteren Städten
des deutschen Oberlandes kein Fortschritt der inneren
Verfassung zu bemerken: Bremen und Köln, wie Erfurt,
Magdeburg und Hamburg harrten besserer Tage.

Ottos I. glanzvolle Regierung (936—973) förderte
König Otto I. das deutsche Bürgertum merklicher, trotzdem dasselbe noch
dritthalb Jahrhunderte brauchte, um eine ragende Stelle

neben dem Adel und der Kirche zu gewinnen. Zunächst schuf Otto für sein Erbland Sachsen einen städtischen Mittelpunkt, als welcher Pfalzen, Bischofssitze und Burgen nicht gelten konnten. Magdeburg, der frühere slavische Stapelort an der Elbe mit einem königlichen Meierhofe **Magdeburg.** und einer Grafenburg, war noch ein offener Flecken, größtenteils von Fischern in zerstreuten Hütten bewohnt. Da bewirkte die Vorliebe, welche Ottos Gemahlin Eadgytha (Editha), die Tochter des englischen Königs Athelstan, für den Ort am Strome wegen der Ähnlichkeit seiner Lage mit ihrer Heimatstadt an der Themse gewann, daß sie Magdeburg als ihr Leibgedinge mit größerem kirchlichen und bürgerlichen Leben zu schmücken beschloß. Willfährig stiftete der neue König i. J. 937 ein Benediktinermönchskloster, dort wo jetzt der Dom sich erhebt, und stattete es mit seinem Wohnhofe und allen auf dem rechten Elbufer dazu gehörigen Äckern und Höfen aus. Dazu kam der Elbzoll, die sämtlichen Gefälle der Münze, Güter und Leibeigene in Nordthüringen und die alte Volks- oder Kaufmannskirche. Editha selbst zeichnete den Umfang der Ringmauern vor. Der Schutz des h. Mauritius, des Hauptpatrons, die Vorteile der Lieblingspfalz, die Stiftsschule, die gesicherte Wasserstraße und der Verkehr mit den bezwungenen Wenden zwischen Oder und Elbe füllten bald den Markt und die neugebauten Gassen mit einer Menge freier und halbfreier Menschen, besonders mit Kaufleuten. Als vorzugsweise „königlich" bezeichnet, gewann Magdeburg, zumal als Erzbistum und Domkirche für die so verheißend gegründete slavische Kirche, alle Rechte und Freiheiten, welchen die alten königlichen Städte ihre Wohlfahrt verdankten. Schwer hält es, schon unter den Ottonen die Gesellschaftsverfassung einer gewiß sehr gemischten Bevölkerung zu bezeichnen. Still unter Gunst und Ungunst der Zeiten erwuchs jenes eigentümliche Stadtrecht, und Magdeburg bereitete sich bei früher Gliederung der Zünfte vor, einen hervorstechenden Rang unter den binnenländischen Hanseschwestern anzunehmen, nachdem es bereits die Mutterstadt für neue Gemeinwesen im ganzen nordöstlichen Binnendeutschland geworden war.

Hamburg.

Auch Hamburg erstand unter dem Schutze der Ottonen zeitweise wieder aus seinen Trümmern. Stade, zur Schiffahrt so bequem und vielleicht älter als irgend einer der von Kaiser Karl angelegten Orte, ward bekannt, und die Elbmündung vermittelte einen mäßigen, mehr kirchlichen Verkehr mit dem Norden, bis Harald Blauzahn, Gorms Nachfolger, die sächsische Ansiedlung in Schleswig verwüstete und den Rachezug des Kaisers herbeibeschwor.

Bremens Immunität.

Bedeutender als Hamburg schwang sich unter Adaldag Bremen auf, doch auch mehr als Sitz erzbischöflicher Landeshoheit denn als freier Verkehrsort und bürgerliches Gemeinwesen. Der neue Kirchenhirt (936) bewirkte zunächst für seinen Sprengel, der bis dahin die ärgste Mißhandlung durch den Grafen und die königlichen Beamten der Kammergüter erfahren hatte, die Bestätigung der Immunität, d. i. der Freiheit von den Grafengerichten, von allen weltlichen Lasten und Leistungen an den Staat. Bremen trat erst jetzt in die Reihe der „übrigen Städte", woraus jedoch keine Folgerung früher bürgerlicher Ausbildung zu entnehmen ist. Die Immunität war nur ein schwerer Durchgang, eine neue Fessel für das Aufstreben des Bürgergeistes, indem Bremen aus des Königs Hand unter die priesterliche Hoheit fiel, und zunächst dann aus seiner Mitte ein wehrständiges Altbürgertum, die bischöflichen Ministerialengeschlechter, zu beseitigen hatte. Dennoch ermöglichte jene Gnade des Kaisers, daß Adaldag in Bremen auch das kaufmännische Leben fördern konnte. Als kluger Beobachter der städtisch erblühenden Lande jenseits der Alpen, die er auf Ottos Römerzuge gesehen, und in der Handhabung kirchlicher Suprematie über die neuen dänischen Bistümer, die gleich dem Einflusse auf Schweden nur durch Schiffahrt behauptet werden konnte, erwirkte Adaldag i. J. 966 vom Kaiser einen Freibrief über Marktrecht, Zoll, Bann und Münze, und für alle gewerbetreibenden Bewohner seiner Stadt denselben Schutz, „den die Kaufleute in den übrigen königlichen Städten genössen." So begann denn zuversichtlicher der deutsche Kiel aus der Mündung der Weser die Fahrt in den hohen Norden, fand den Weg

nach England wieder auf und wagte sich, jedoch erst spät,
ohne wendische Piloten in die tiefsten Buchten des baltischen
Meeres. Eine Reichsflotte wie in Karls des Großen
Tagen ließ die Vorliebe der Ottonen und der nächsten
Kaiser für Italien nicht aufkommen; hatte doch Otto i. J.
965 ohne Kriegsschiffe den flottenmächtigen Harald
Blatand, welcher den Tribut verweigerte, durch Eroberung
Jütlands bis zum Ottensunde gezwungen, sein Reich als
Lehen zu empfangen.

Auch in Westfalen, am Rhein und an der Donau *Die Städte unter den Bischöfen.*
mußten die Städte, um zu heilsamerem Zustande zu gelangen,
das Joch der Kirche auf sich nehmen. Als ausschließlich
königliche Stadt, wohlbefestigt und von wehrhaften Insassen
verteidigt, erscheint nur Dortmund und genoß schon um
952 einen leider nicht genauer bestimmten, vorzüglicheren
Rechtsbrauch. Köln dagegen, wie Soest, das um die Mitte
des Jahrhunderts seine Bauernschaften gewerbsmäßiger umgebildet hatte, standen unter der scharf ausgeprägten Landeshoheit
ihres Erzbischofs Bruno, Bruders des Kaisers (954 — 965).
Aber wie Bremen und Magdeburg dankten auch Köln und
die „Hauptstadt der Engern," Soest, dem fürstlichen
Krummstabe freieren Blick in die Ferne. Soest's Friesweber
und Krämer, auf den Landmärkten nicht genug beschäftigt,
schauten nach fernem Absatz aus, und Köln, über die
Weinvorräte fleißiger Uferanwohner stromaufwärts klug
gebietend, verfolgte emsiger die altbesuchten Pfade nach der
Themse und tat den ersten Schritt in eine wunder-
eigentümliche Zukunft.

Ottos Vermählung mit der angelsächsischen Prinzessin
hatte den deutschen Kaufleuten die freundlichsten Verhältnisse
zu England gesichert, dessen König Eadgar als „Lord und
Gebieter des Ozeans rund um Britannien" gefeiert i. J. 959
mit dem versippten, doppelt verwandten Herrscher Altsachsens
und Germaniens ein festes Bündnis schloß, welches, weil
beider Könige Länder durch Meere getrennt waren, sich nur
auf die Sicherheit ihrer reisenden Untertanen bezogen haben *Die Leute des Kaisers in England.*
kann. Daß nun wirklich ein Vertrag die günstige Stellung
der deutschen Kaufleute in England verbürgt hat, erfahren

wir aus einer höchst merkwürdigen Urkunde, die uns zugleich auf die Entstehung des berühmtesten der deutschen Kaufhöfe, des Stahlhofs, hinführt. Aethelred, Eadgars zweiter Sohn und Nachfolger (978—1016), war so sorgsam auf den Schutz seines Reichs bedacht, daß er jedem Untertanen, welcher 310 Morgen Landes besaß, die Erbauung eines Schiffs anbefahl. Er überließ die Stadt London, welche Alfred aus dänischer Zerstörung wieder aufgebaut hatte, ihrer eigenen Obhut, und gewährte den „Leuten des Kaisers", welche in ihren Schiffen kamen, gleiches Recht wie den Einheimischen, während die Leute von Rouen, die Flanderer, die von Ponthieu, aus der Normandie und Isle de France, die von Huy an der Maas, Lüttich und Nivelles in Brabant, welche „zu Lande," also auf fremden Fahrzeugen anlangten, lästigeren Verkehrsmaßregeln unterlagen. Des „Kaisers Leute" durften ihre Einkäufe von Wolle, Fettwaren und lebenden Schweinen am Borde ihrer Schiffe machen, doch den Bürgern nicht den „Vorkauf" nehmen. Sie entrichteten einen gesetzlichen Zoll und brachten am Weihnachts- und Osterfeste als Anerkennungszeichen drei Stück grauen Tuches, eines von braunem, zehn Pfund Pfeffer, fünf Paar Männerhandschuhe und zwei Eimer mit Essig dar; wahrscheinlich der städtischen Behörde.

Die Deutschen in London. Eine genaue Erwägung dieses unschätzbaren Zeugnisses, dessen Abfassung und Einfalt in den Bestimmungen das höchste Altertum verraten, veranlaßt uns zu dem Schlusse, daß schon vor sieben Jahrhunderten eine lose deutsche Handelsgesellschaft an der Themse im Entstehen war, die nach dem Bedürfnisse der Zeit mit eigenem Grundbesitze, einem Landungsplatze, Zollfreiheit, Vereinbarung über das Rechtsprechen, sowie der Verpflichtung einer Geldleistung, endlich der **Der Stahlhof zu London.** Wehrpflicht ausgestattet war. Die Stätte des später bekannten Stahlhofes und die Wehrpflicht seiner Bewohner für die gastliche Stadt weisen auf einen Ursprung selbst über die Dänenstürme hinaus. Günstiger konnte keine Lage gedacht werden als die des deutschen Kaufhofs in der Mitte der Strandseite der alten ummauerten City, gleichweit vom Tower, dem östlichen Ende der Stadt, als von der Mauer bei Ludgate, dem westlichen. Dicht am Stahlhofe stand in der dänischen Zeit das einzige Hafentor, Downgate, mit seinem Bollwerke längs dem Strome. Die alte „Seemannskirche" zu „Aller Heiligen" erhob sich auf Wiesengrund zwischen Grummethaufen und empfing deshalb, ähnlich wie des Merowingischen Soests herrliche Wiesenkirche, den Namen „zum Heu." Unter dem Zusammenrücken der wachsenden Stadt brachten hierher Kölns Kaufleute, welche wohl zunächst als „Leute des Kaisers" zu verstehen sind, ihren heimischen Wein und holten den Ertrag englischer Viehzucht, rohe Wolle und Fettwaren. Ihren starkgefügten Rheinschiffen war die steinerne Londonbrücke noch nicht hinderlich, welche erst um 1200 erbaut wurde. Die gemeinsame Überlieferung jener Symbole der Eintracht am Weihnachtsfeste und Osterfeste und die Einfachheit dieser Gegenstände lassen schon auf eine Art Gilde der deutschen Kaufleute, endlich auf ihr Verweilen an der Themse auch zur Winterszeit, also auf eine bauliche Residenz schließen. Die Darbringung von Tuch bezeugte die Überlegenheit des niederrheinischen Gewerbefleißes. Der Pfeffer vertrat die Stelle des Geldes auch an binnenländischen Mautstätten, jenes indische Gewürz war also bereits ein Handelsartikel der Niederrheinländer. Die fünf Männerhandschuhe hatten entweder eine symbolische Bedeutung zum Zeichen der Traulichkeit und Hilfe, ähnlich wie auf den Denkmünzen der verbrüderten römischen Legionen verschlungene Hände abgebildet sind, oder deuten auf ein begehrtes Gewerbserzeugnis der Darbringer. Bekannt ist, daß dieselben Zeichen von Zollfreiheit und gegenseitiger Handelsvergünstigung noch in den spätesten Zeiten reichsstädtischer Sitte gebräuchlich waren. Gewiß hatten solche bevorzugten Gäste, wie des „Kaisers Leute" in London, — mochten sie auch nur in hölzernen Hallen und Warenschuppen angesiedelt sein, — schon damals die Pflicht, Downgate verteidigen zu helfen. Als jenes Bollwerk am Strande, wie schon längst in Heinrichs II. Tagen verfallen war, übernahmen die Deutschen die Behütung und Instandhaltung des Bischofstors, des nordöstlichsten der sechs Landtore der City, von denen zwei,

Die Wehrpflicht des Deutschen in London.

Creplegate und Aldersgate, der Beschützung der Bürger vorbehalten waren. So ehrenvolle Verhältnisse vererbten die Deutschen auf ihre spätesten Enkel, und Köln, Tiel an der Waal, Lüttich, Bremen treten im spätesten Geschlechtsalter als früheste Teilnehmer derselben hervor. Wir erblicken demnach hier eine Hauptwurzel der deutschen Hanse; nur daß die genannten Städte nicht als Gemeinwesen oder als heimisch gebildete Gesellschaften solche Vorrechte ausübten, sondern einzelne Private als „Leute des Kaisers" von dem allgemein erwirkten Schutze Gebrauch machten. —

Aber die Regierung der beiden folgenden Ottonen sah des bestechenden Glanzes des Kaisertums ungeachtet so gedeihliche Anfänge wieder verfallen. Noch i. J. 975 hatten

Verfall unter den letzten Ottonen. die Kaufleute von Magdeburg im ganzen deutschen Reiche, mit Ausnahme der kaiserlichen Hebestellen zu Mainz, Köln, Tiel an der Waal, jener schiffbaren Verbindung des Rheins mit der Nordsee, und zu Bardewiek, Zollfreiheit empfangen, zum Zeichen, daß der rege Fleiß der Elbanwohner schon so weiten Spielraum suchte. Als Otto II. der Lockung nach Italien folgte und mit seinem Heere den Griechen und Arabern in Kalabrien unterlag (982), empörten sich die arggeknechteten Wenden, zerstörten die neugegründeten Kirchlein und Bistümer. Darauf sank auch Hamburg, welches

Wendenaufstand. unter Adaldags Pflege wieder erstanden war, in Asche. Das WunderKind Otto III. konnte das Verlorene am wenigsten wiederherstellen, zumal auch das neuchristliche Großpolen eine feindliche Stellung gegen das Reich eingenommen hatte. Selbst die nordischen Seeräuber, durch ein schwächliches Christentum ungebändigt und durch keine deutsche Seemacht im Zaum gehalten, regten sich von neuem, erschienen im Sommer 994 mit einer ungeheuren Flotte in der Nordsee, verheerten Friesland und Hadeln, und landeten bei Stade.

Die Aschmänner. Als die Grafen von Stade ein rasches Aufgebot zu Schiffe herbeigeführt hatten, fielen die tapferen Sachsen oder wurden gefangen in die „Aschen" geschleppt, wie die Sachsen jene nordischen Schiffe, die Schiffenden selbst „Aschmänner" nannten. Zwar wurden die Plünderer und ihre Brüder, welche in die Weser eingelaufen waren, durch das Landaufgebot gestraft, und bei Bremervörde ins Moor gelockt, gegen 20,000 Mann erschlagen. Aber Schrecken lag auf der sächsischen Welt, sodaß die Bremer ihre Stadt mit Mauern umgaben, und der Erzbischof seinen Schatz in der Ferne barg. Bremen blieb verschont, doch erst Unwan, Kaiser Heinrichs II. Zeitgenosse, stellte die Kirche in Nordalbingien zeitweise wieder her und rief Geistlichkeit und Volk in das verödete Hamburg zurück.

Inzwischen schwächten sich die nordischen Seeherrscher in den wildesten Abenteuern, wie denn vielleicht nahe einer jetzt deutschen Küste i. J. 1000 der Dänenkönig Swein die Flotte Olaws, Trygges Sohns, bei Svolder in einer riesigen Seeschlacht vernichtete. Dennoch entledigten erst des Siegers Eroberungs- und Rachezüge gegen England in des frommen Kaisers Heinrich II. Tagen Deutschland des ängstigenden Nachbarn. Mit mächtiger Schiffsrüstung, deren prachtvolle Schilderung wir seinem Lobredner zu rechtfertigen überlassen, im Hafen von Sandwich gelandet, erzwang Swein die Huldigung der Angelsachsen und starb bald darauf (i. J. 1014). Die Ausdehnung der Herrschaft seines Sohnes, Knud des Mächtigen, die mißgefügte Zusammensetzung des Kolosses, hatte Entkräftung des eigentlichen Dänemarks und deshalb Sicherheit der deutschen Küste zur Folge. Des Gebieters von England, Dänemark und Norwegen verwandtschaftliche Befreundung mit dem salischen Kaiserhause kann deshalb den deutschen Kaufleuten in England nur ersprießlich gewesen sein. Knud setzte, so viel an ihm lag, den Raubzügen der Nordländer ein Ende, und friedlicher Handelsverkehr durfte auf der Nord- und Ostsee sich betätigen. Freilich blieben solche Unternehmungen noch gefahrvoll genug, und waghalsige Kaufleute bedurften mächtiger Schutzpatrone. So jene Männer von Bremen, welche bald nach Bischof Bernwards von Hildesheim Tode (1023), nach England unterwegs vom Sturme ereilt, den Anker verloren, und dem Tode nahe auf Mahnung eines unter ihnen an St. Bernwards Wunder zum Nothelfer beteten, glücklich den Hafen erreichten und auf kleineren Fahrzeugen an jene Stelle der Angst zurückgekehrt,

Neue Gestaltung des Nordens.

selbst den Anker wieder auffanden. Wohl waren es Schiffs-
gefährten aus Hildesheim, das unter der Pflege seines kunst-
sinnigen und gewerbstätigen Hirten sich unter andern Städten
des innern Sachsenlandes hob. Sie brachten, ihr Gelübde
lösend, am Grabe des Heiligen ein Schifflein von Wachs
und einen silbernen Anker dar.

Ehe wir die allmähliche Veränderung verfolgen, welche
unter dem letzten Ludolfinger begonnen, die frühesten einigermaßen selbständigen Gemeinwesen hervorrief und dem vereinzelten kaufmännischen Streben den Hauch des Lebens
einblies, müssen wir beleuchten, wie die Bewohner der südwestlichen Küste des deutschen Meeres ihren Brüdern zwischen
Ems und Elbe wiederum vorauseilten.

Flanderns
Städte früh
blühend.

Flandern, jener so stiefmütterlich von der Natur aus-
gestattete Boden, welchen Deich und Gräben mühsam der
See, den Morästen und dem Walddickicht abgewonnen haben,
beweist wiederum zuerst eine wunderbare Tätigkeit des menschlichen Geistes. Der grauenvollsten Zerstörung durch Dänen
und Normannen, welche dort den sichersten Schlupfwinkel
und zeitweise Ansiedlung gefunden hatten, durch den tapferen
Arm der Waldgrafen von Harlebeck mühsam entrissen
und durch Balduins Geschlecht geschirmt (863), sah Flandern seine Poorte — Ortschaften, nicht Häfen, — wieder
blühen. Kaiser Otto I. hatte die Grenze des deutschen
Reichs auch über einen Teil des linken Scheldeufers ausgedehnt,
durch einen Graben bei Gent, die sogenannte „Ottengracht“,
gesichert und deutsche Grafen eingesetzt. Aber die Gewerbetätigkeit und der Reichtum der flandrischen Orte sowie die
Entfernung vom Mittelpunkt des deutschen Reichs lockerten
bald den Verband der Oberherrlichkeit, und schon König
Heinrich II. mußte es durch Waffen versuchen, Balduin IV.
Schönbart 1006—1007 zum Gehorsam zu beugen. Gent,
aus den Abteien erwachsen, bildete sich unter ungewissen
Oberhoheitsverhältnissen im XI. Jahrh. als eine organisierte,
von eigenen Erbschöffen regierte, waffenfähige Gemeinde
aus. Brügge dagegen schwang sich schon in Knuds Tagen
fast zum Weltmarkte auf. Noch vor d. J. 1042 heißt
es bei einem Zeitgenossen: „diese Burg, von Vlämingen be-

wohnt, wird als hochberühmt gepriesen, sowohl wegen der
Menge der Kaufleute als wegen der Fülle aller Güter,
welche die Menschen für die höchsten halten." Dort an
jenem Meeresarm, dem späteren Swyn, welchen die Westmündung der Schelde durch ein Labyrinth von Strömen
mit den Ausflüssen der Maas und des Rheins bildet, und
welcher spitz bis Brügge zulief, erstand schon im XI. Jahrh.
eine Schiffsstation, im XII. Jahrh. der Tummelplatz des
Verkehrs aller mittel- und westeuropäischen handeltreibenden
Völker, der Sitz eines damals beispiellosen Reichtums.
Geistliche Stiftungen mit bevorzugten Landmärkten, gräfliche
Burgen, der leichte Absatz der Gewerbeerzeugnisse in jenem
Hafen, zumal in Tuchweberei, im Färben und in der Leder-
bereitung, lockten zeitig auch andere Städte, wie Poperingen,
Ypern, Ordenburg hervor. Kanäle verbanden, das Land
trocken legend, alle städtischen Ansiedlungen zu einem Systeme,
das aus dem Innern Deutschlands, aus den Märkten und
Messen in der Champagne und des mittleren Frankreichs
neue Kräfte zog. Schon i. J. 1110 mühten sich Englands
Könige, deren Landesreichtum besonders in Wolle bestand,
den vlämischen Kunstfleiß lieber in ihre Städte zu ziehen,
als das Rohprodukt den Fremden hinzugeben. In Flandern
ist, wie die Wiege des deutschen Bürgertums, so auch das
am frühesten urkundliche Vorbild der in fernen Ländern
statutenmäßig geschlossenen Handelsvereine zu suchen.
Eine vlämische Hanse in London werden wir vor *Vlämische*
einer deutschen wenigstens genannt finden, wenn sie sich auch *Hanse.*
nicht zu politischer Bedeutung aufrang und eines Kaufhofes, einer Residenz entbehrte.

Leider ließ die frühe politische Entfremdung Flanderns *Früher Abfall*
vom Reiche die Bestrebungen der Westerlinge, wie wir *des westlichen*
die kaufmännisch- und seemutigen Gemeinwesen westlich *Niederlands.*
der Rheinmündung bis nach Dünkirchen hin bezeichnen möchten, sich nicht innig mit der dauernden Kraft der klug-
nachahmenden „Osterlinge" durchdringen; selbst die west-
friesisch-holländischen Gebiete bereiteten früh ihre Lossagung
vom deutschen Mutterlande vor. Dorestadt sank in Dunkelheit
zurück, aber schon Dietrich III., Graf von Holland, wagte

es, die Rechte des Bischofs von Utrecht durch Anlegung der
Handelsstadt Dordrecht und die Erhebung eines Zolles zu
kränken.   Forderten doch auch die Tieler freie Rhein-
schiffahrt bis ans Meer, um ungehindert nach England
Handel treiben zu können.   Der fromme Kaiser Heinrich II.
unterzog sich des Kampfs zu Lande und zu Wasser, um den
Bischof in seinem Rechte zu schützen (1018), allein er ward
in jenen Morästen, worin Rheinschiffe von Nimwegen ihn
getragen hatten, besiegt und Dordrecht blieb dem Grafen der
Westfriesen.   So wandten diejenigen Völker, welchen den
Naturverhältnissen gemäß die Vertretung der Seemacht des
Reiches oblag, schon früh ihre Streitbarkeit gegen uns.
Im Westen löste sich das Niederland allmählich ab, ehe noch
im Osten die baltische Küste wieder erobert war.

  Dennoch genossen jene spröden Westerlinge, sobald sie
sich auf Reichsboden niederließen, nicht allein einen bevorzugten
Rechtszustand, sondern auch billige Verkehrsfreiheiten auf
dem großen deutschen Strome.   Eine Rolle des Zolls,

<small>Älteste Zoll-
rolle am
Rhein.</small>

welcher schon vor 1042 (nach 1018) am Ehrenbreitstein
oder in Koblenz zugunsten des Erzbischofs erhoben wurde,
lehrt uns die Heimat und Art der Waren, wie der Abgaben
kennen.   Die Bürger von Huy an der Maas, welche wir
bereits in Athelreds II. Tagen an der Themse fanden, waren
wegen ihrer Metallarbeiten berühmt und gaben von jeder Ladung
einen ehernen Kessel, zwei Becken und zwei Maß Wein ab.
Die von Lüttich außerdem noch zwei Ziegenhäute.   Schiffe
aus Flandern gaben eine Bockshaut, zwei Maß Wein
und einen Käse, so auch die von Antwerpen und Bommel.
Die von Tiel und Umgegend entrichteten für jede Schiffs-
last einen Salmen und Wein wie die andern, die von
Daventer und Utrecht zwischen Fastnacht und Ostern je
120 Heringe, in der andern Jahreszeit Aale, Salmen und
Wein.   Die von Duisburg, Reuß und Deutz Tafeln Wachs
und Wein, die von Köln vier Pfennige und Wein, im
Herbste noch von je einem Schiffe eine Tafel Wachs.   So
frühes Vorkommen des Wachses als Verkehrsartikels niederrheinischer Orte setzt eine Verbindung derselben mit dem
slavischen Osten voraus, selbst wenn diese Zollbestimmungen

i. J. 1104 bei ihrem urkundlichen Ausweis vermehrt
wurden. — Oberländische Städte bis Konstanz und Zürich
hinauf waren entweder auf Geld oder Wein, oder auf beides
gesetzt. Jedes Schiff mit Kupfer befrachtet zahlte sechs
Pfennige und Wein. Ähnlich die Würzburger, die von
Trier und von Tull. Auch Schwerthändler kommen schon
vor und gaben das zehnte Schwert. Auf jeden käuflichen
Jagdfalken standen vier Pfennige. Wir bedauern nicht
ähnliche Heberollen von den kaiserlichen Zollstätten zu
besitzen, etwa die von Tiel, oder Bardewiek, um auch den
Stromverkehr auf der Elbe zu würdigen.

So war es Anfang des XI. Jahrhunderts im Westen
und im Süden Deutschlands nach der blutigen Heimschickung
der Ungarn stiller geworden, und das Bürgertum schritt
langsam seinen Weg. Auch im Norden trat gedeihlichere **Gefahr der**
Ruhe ein, die gleichwohl König Konrad der Salier mit **Nordost-**
der Hingabe der Mark Schleswig an Knud erkaufte. Die **deutschen.**
Nordostküste dagegen blieb noch immer verschlossen, und ein
anmaßungsvoller Neustaat drohte als Vereinigungspunkt
aller Slaven zwischen Elbe und Weichsel jenes bestrittene
Binnenland der deutschen Einwirkung zu entziehen. Das
innere Polen war durch Otto I. dem Christentum ge-　**Polen.**
wonnen, und der Blick frommer Glaubensboten umfaßte
schon Preußen, das Gestade der alten Aestier. Gidanie,
Danzig, taucht als Ort auf der unglücklichen Bekehrungs-　**Danzig.**
reise Adalberts des Erzbischofs von Prag auf (997). Wir
wissen nicht, ob Danzig eine Anlage gotischer Urbewohner,
ob es slavisch von Beginn an oder ob es eine Niederlassung
meerdurchspähender Dänen war. Mit ihm wird das alte
Elbing am Trauso genannt, das schon Alfreds kluge Seefahrer erkundet hatten. Beide waren wichtige Anlehnungs-
punkte hansischer Bestrebungen. Selbst Salz-Cholberg　**Kolberg.**
(Kolobrzega) am Ufer der Persante wird als Sitz eines
Suffraganen des neuen Erzbistums Gnesen nebst Wratzlav
(Breslau) bekannt. Aber dennoch kostete es noch die
Kämpfe von anderthalb blutigen Jahrhunderten, ehe das
deutsche Wesen den Boden zwischen Elbe und Oder, noch
eines vollen Jahrhunderts, ehe es Preußen sich unterwarf.

Denn Boleslav Chrobry, der neue Polenkönig, suchte seine
Grenzmark bis an die Elbe vorzuschieben, und der fromme
Deutsche Heinrich II. konnte nicht gerade ruhmvoll den Krieg mit
Binnenorte. dem tapferen Piasten beendigen (1018). Zum Ersatz so
unfruchtbarer Mühen gewann dagegen die innere Betriebsamkeit in Sachsen durch die Anlage neuer Märkte, die
Eröffnung neuer Hilfsquellen und die Belebung des Hand-
werks frischere Kräfte. Zwar erscheint Magdeburg, durch
Wenden und Polen geängstigt, schlecht bewohnt und konnte
Goslar. keinen Vorteil von seinem Strome ziehen: aber Goslar,
reich an edlem Metall, das im nahen Harze ausgebeutet ein
„goldnes Zeitalter" verkündete, lockte anderen Verkehr herbei
als den Gewürzhandel. Fremde Kaufleute ließen sich in
der Bergstadt, einer Lieblingspfalz der salischen Kaiser, nieder.
Hildesheims und Quedlinburgs geistliche Gebieter pflegten
kaufmännischen Verkehr. Nur Lüneburg, als Ortschaft
schon vorhanden und im Besitz der reichsten Salzquellen,
und die Burgflecken an der Ocker verharrten noch in bäu-
erischer Tätigkeit und errangen erst Bedeutung, als das nahe
Bardewiek, die königliche Zollstätte, seinen Glanz mit seinem
Bestehen verhängnisvoll eingebüßt hatte. Das slavische
Aldenburg in Wagrien und das dänische Schleswig allein
gaben dem kühnen, umsichtigen Sachsen die Möglichkeit,
des verschlossenen baltischen Küstenkranzes Reichtum an
Naturerzeugnissen und an aus der Fremde aufgestapelten
Waren zu ahnen. Die Ostfriesen und die durch ihre kirchlichen Oberherren begünstigten Bremer richteten ihre Abenteuer überwiegend auf die Nordsee und das Westmeer; ja
in Bezelin Alebrands Tagen (1035—1045) unternahm eine
Gesellschaft friesischer Männer eine Entdeckungsreise in den
hohen Norden über Island hinaus und bestand im undurch-
dringlichen Nebel des starren Ozeans eine Odyssee voll
Schrecken und wunderbarer Abenteuer. Glücklich, durch St.
Willehads Fürbitte behütet, kehrten die kühnen Schiffer von
der ersten Nordpolexpedition heim.

GOSLARIA. Goßlar.

Kailenberg. Kranberg. Herzberg.

Goslar, nach einem Kupferstich von M. Merian.

Goslar, jetzt preußische Berg- und Kreisstadt an der Gose und am Fuß des Rammelsbergs mit 14 866 Einwohnern (1895), ist eine der ältesten und in früheren Jahrhunderten zugleich bedeutendsten Städte Norddeutschlands, der Lieblingssitz der sächsischen und namentlich der fränkischen Kaiser, ebenso bevorzugt von den Hohenstaufen durch Abhaltung glänzender Reichstage, von den Chronisten als „clarissimum regni domicilium" bezeichnet, bis 1802 kaiserliche Reichsstadt. Es hat mit seinen zahlreichen Kirch- und Befestigungstürmen von außen ein sehr altertümliches Aussehen und ist merkwürdig durch seinen Bergbau und seine Baudenkmäler, unter diesen das 1867—80 restaurierte Kaiserhaus (des „rekes palenze"), der älteste geschichtlich und kunstgeschichtlich wichtigste Profanbau Deutschlands. Die reichen Erzlager des durch seinen Bergbau interessanten Rammelsbergs (636 m hoch, l. oben) werden bereits seit 968 bearbeitet. Außer Silber und etwas Gold werden Kupfer, Blei, Schwefel, Vitriol, Schwefelsäure etc. gewonnen. Beschäftigt sind dabei 400 Personen.

Macht und Einfluß der salischen Kaiser Heinrich III. und IV. Erzbischof Adalbert von Bremen und die wendische Kirche. Über die Welthandelsstädte Julin und Vineta. Sturz des nordischen Patriarchats. Der Sachsenkrieg und sein Einfluß auf die politische Mündigkeit der südwestdeutschen Städte. Übersicht der bisherigen Entwicklung des Bürgertums. Friesische Kreuzfahrer.
Vom Jahre 1024—1106.

Die fränk. Kaiser. Von hoher Wichtigkeit für die Entwicklung des deutschen Verkehrs und den, wenn auch noch unmerklichen Fortschritt des Seehandels ist die Herrschaft des geistig reichbegabten, fränkischen Kaiserhauses. Auf dem Gipfel weltlicher Macht angelangt, förderten die Heinriche, obwohl unter entsetzlichen Bürgerkriegen, die Wohlhabenheit der Nation durch fleißigeren Ackerbau infolge neuer, fester Besitzverhältnisse. Sie bahnten dem Christentum und dem deutschen Einflusse wiederum den Weg in das Wendenland und hielten das Gewonnene auch nach dem letzten ungeheuren Umsturze fest. Im weltgeschichtlichen Kampfe des geistlichen und weltlichen Schwertes riefen sie im verachteten Bürgertum eine öffentliche politische Meinung hervor und bedingten unter den mächtigen Impulsen der Kreuzzüge jene Umgestaltung des städtischen Lebens, wie wir dasselbe als gemeinheitliche Freiheit während der italienischen Kämpfe der Hohenstaufen sich aufschwingen sehen. Die neu errungene bürgerliche Verfassung wird dann die Mutter der deutschen Hanse, die ohne freie Beweglichkeit, ohne innere Selbstberechtigung, ohne das gesteigerte Bewußtsein des Bürgers nimmer erstehen konnte.

Hebung des Landbaus. Den fleißigeren Ackerbau, welcher die gesellschaftlichen Bedürfnisse und dadurch Gewerbe und Handel vermehrte, deren Mittelpunkt allein die städtischen Märkte sein konnten, hatte schon König Konrad II. durch die Vererblichung des Kriegslehns im niederen Adel angebahnt. Die Emsigkeit in ausschließlicher Ackerwirtschaft trieb den hörigen Handwerker aus Hof und Dorf in Städte und Marktflecken, deren entstehende Zünfte den Bedarf des ländlichen Grundbesitzers besser und billiger bestritten als der vereinzelte Hofhörige. So durchdrangen sich die verschiedenen Arbeitsrichtungen wohltätig, und so entwickelte sich die Blüte der Nation in den Städten.

Das Christentum im Wendenlande, das ungeachtet der Siege deutscher Waffen kaum Wurzel fassen konnte, und dessen dürftiger Bestand den hierarchischen Prunktitel der Erzbischöfe von Hamburg, Bremen und Magdeburg verhöhnte,

Gottschalk, d. Wenden-Apostel. war zunächst eine Pflanzung des wendischen Fürsten Gottschalks, des Sohnes Mistiwois, der in der Stille des Michaelis-klosters zu Lüneburg sich gerüstet hatte, der Verbreiter der Lehre des Kreuzes unter seinen Sprachgenossen zu werden. So bot Gottschalk sich als das fähigste Werkzeug für jenen hochsinnigen Adalbert, Erzbischof von Bremen (1045), welcher aller seiner sittlichen Schwächen ungeachtet oben-ansteht in der Reihe großer Kirchenfürsten des XI. Jahrh. Indem Adalberts Blick den ganzen Norden bis zu den Orkaden, bis nach Island hinauf als Raum seines kirchlichen Wirkens umfaßte, hielt er zunächst seinen schützenden Arm über jenen frommen Wendenfürsten, welcher in Wagrien und Polalbingien durch eifrige Predigt in der Landessprache so gedeihliches schuf, daß sich in wendischen Orten christliche

Alt-Lübeck. Kirchen wieder erhoben. So tut sich uns ein Alt-Lübeck an der Trave auf, um jedoch auf ursprünglicher Stätte zerstört erst nach vollen hundert Jahren als deutsche Stadt einer glanzvollen Zukunft entgegenzugehen. So erwuchs das kleine Bremen, dem Kaiser Konrad II. i. J. 1035 zwei gefreite Jahrmärkte verliehen, zu einem „Rom der nordischen Völker", und so nahm Hamburg durch bischöfliche und herzogliche Burgen geschirmt seine bescheidene Stelle wieder ein.

Unfälle v. J. 1066. Aber nach wenigen Jahren erschütterten zwei gleich-zeitige, ungeheure Ereignisse die Lage der mittel- und nord-europäischen Völker (1066). Das angelsächsische König-tum wurde durch die französischen Normands überwältigt, ein Schicksalsschlag, welcher feudalistische Trägheit anstelle bürgerlichen Behagens, der friedlichen Verkehrsgewöhnung der Angelsachsen setzte, aber eben dadurch dem überlegenen Handelsgeiste der sächsischen Städte Raum gewährte, auf

Jahrhunderte das Monopol im reichen England zu gewinnen.
Das zweite Ereignis war die furchtbare Empörung der
Wenden gegen Gottschalk, die Ermordung des Apostels in
Lenzen, der Ausbruch heidnischer Wut, welche den wesent=
lichsten Bestand des nordischen Patriarchats vernichtete.
Auch dieser zweite Schicksalsschlag konnte, wie der Sturz
der alten Freunde der Handelsgilde an der Themse, sich
später als Wohltat erweisen.   Hätte sich wie in Böhmen
und Polen ein christlich=slavischer Staat an der
baltischen Küste mit jener überraschenden Vorliebe seines
Volkes zu Handel und Seefahrt ausgebildet, so schwand
die Möglichkeit einer deutschen Hanse, deren Schwerkraft
auf den deutschen Städten am baltischen Gestade beruhte.

Es ist hier die Stelle, jene fast rätselhafte Erscheinung Handel und
Seemacht der
Wenden im
XI. Jahrh.
kritisch zu beleuchten, welche im Dämmerlicht des nordischen
Völkerlebens im X. und XI. Jahrh. dasteht: die frühe Be=
deutung der Ostseeslaven für Handel und Schiffahrt.
Aus dem Innern Asiens war die Völkermasse des slavischen
Stammes wie eine gewaltige Woge herangerollt, hatte den
von Deutschen verlassenen Raum überflutet und sich jene
Vertrautheit mit dem Meere angeeignet, welche die fassischen
Nachfolger an ihrem Gestade unter der örtlichen Gunst
neuer Sitze später kaum betätigten.   Was trieb nun jene
Slaven auf das Element hinaus, dem ihre sonstige Natur,
ihre Liebe zum Ackerbau, ihre ländliche Lebensweise, ihre
handfertige Geschicklichkeit, ihre kaufmännische Schlauheit
sich sonst nicht zuwendet? Wäre es der Anblick und die Nähe
der See allein gewesen, was die Völker kaukasischer Abkunft
zu Seefahrern machte, so müßten die Irländer die ersten
Schiffsgewaltigen der Welt gewesen sein.   Nachweislich hat aber
der Fischfang die slavischen Eindringlinge in die Ostsee=
länder, deren Boden von den Germanen schwerlich urbar
verlassen wurde, zu harten Fischern gemacht.   Der Zusammen=
stoß mit den Dänen erzog sie zu Seeräubern, und die
weitere Ausbildung der Gesellschaftsverhältnisse zu rüstigen
Kauffahrern, umsichtigen Vermittlern der Handelsbedürfnisse
der Nachbarn und zu eifersüchtigen Hütern der Quellen
ihres Verkehrs.

Nur insofern legen wir Gewicht auf die Seekämpfe
und wunderbaren Abenteuer, welche die nordische Saga und
nach ihr Saxo Grammaticus von den Wenden aus einer
vorgeschichtlichen Zeit erzählen, als sie das Volksbewußt-
sein bezeugen: in den frühesten Jahrhunderten seien Dänen
und Wenden sich auf dem baltischen Meere begegnet. Die
prunkvollen Einzelheiten jener dichterischen Schilderungen
sind mit überall wiederkehrenden Zügen aus der skandinavisch-
germanischen Heldensage durchwebt. Aber historischer
Grund und Boden wird um so sicherer, da selbst die älteste
lechische Stammsage, mit jenen nordischen sonst unver-
bunden, in der Überlieferung vom erstrittenen Besitze der
danomalchischen Inseln ein Zeugnis des nationalen Be-
wußtseins der Polen von einstiger Seemacht bewahrt hat.

Ostseeslaven und Lechen (Polen), noch lange nach der
Christianisierung als ein Volk begriffen, und lange unter
einem Herrschergeschlechte, übertrugen gegenseitig die Erinnerung frühester Taten und Schicksale. So priesen die
Zeitgenossen Kadlubeks, deren Hauptsitze Kruschwitz und
Gnesen, am Goplo oder an kleinen Landseen lagen, ihre
Vorfahren als berühmte Seekrieger. Wenigstens als gefürchtete Seeräuber erkennt die Geschichte die Ostseewenden,
so bald sie an das Licht treten, wehrhafter gegen die Dänen
als die sächsischen Anwohner des deutschen Meeres, bald
auch als überraschend handelstätig. Was wissen wir von
einer Schiffsstation im Lande Hadeln, von einem Stade
oder Bremen, als Karls des Großen Erobererzüge schon
eine Seestadt Rereg erreichten? Rettete Wittekind sich zu
Schiffe zum verschwägerten Könige Jütlands? In die
Kriege Karls des Großen gegen die Abroditen, die Liutiker
und andere wilzische Völker spielen Seezüge hinein. Der
Däne, Reregs Zerstörer, verpflanzte die dortigen Kaufleute
nach der Hafenstadt Schleswig. — Noch tagten nicht die
Odermündungen auf, aber die Ranen, Rijanen, Bewohner
der Insel Rügen, angeblich schon in Kaiser Lothars I.
Zeit durch Mönche von Korvey bekehrt und dem heil.
Vitus zu eigen geschenkt, machen sich als kühne Meerräuber
bemerkbar, und die Pommern, die eigentlichen „Maritimi",

Meeranwohner, treten als solche heraus. — Karls des
Großen Siegesspuren verschwanden bald, gleichzeitig als
Dänen und Normannen das fränkische Reich ängstigten.
Das Schwert des gewaltigen Otto I. pflanzte zwischen
Elbe und Oder das Christentum nicht dauernd. Hätten
sie eine sächsische Flotte besessen, so mußte dieselbe sich aus
einem Nordseehafen den Weg durch die Engen der Belte
und des Sundes bahnen. Als nun wiederum der Freiheits-
eifer der Wenden Ottos I. kirchliche und politische Schöpfung
vernichtet hatte, und Dänen und Polen anstelle der
Deutschen in das Wendenland mächtig einschritten, entwickelten
sich Verhältnisse über die baltischen Küsten, welche in den
Schimmer ungeheurer Dichtung gehüllt, traumartige Bilder
herrlicher Blüte des See- und Landhandels, wunderbar
organisierte Seekriegerfreistaaten abspiegeln. Nur folgendes
gehört in die Geschichte der deutschen Seemacht und des
überseeischen Verkehrs, welche jahrhundertelang ihre Kräfte
aus dem südbaltischen Küstenkranze zogen. Jener Harald
Blauzahn, Gorms Sohn, bemächtigte sich der Insel am
Ausfluß des Oderbeckens, welche zur Fischerei und zum
Handel vermittelst des Stromes so wohl gelegen sind. In
Jumne, wie die nordische Sage jene Inseln nennt, bestand
schon früher eine slavische Ansiedlung voll landesüblicher
Tätigkeit als Markt zum Austausch der Naturerzeugnisse
des weiten Wendenlandes. Sie hieß Julin, später bekannt
als Wollin, der erste Sitz des pommerschen Bistums.
Einen mittelbaren Verkehr vom Kaspischen Meere her durch
Chazaren, Bulgaren, russische Slaven von Kiew, von
Nowgorod mit Samlands Strandbewohnern sowohl zu
Schiffe als zu Lande, möchten schon die häufig auf Usedoms
Küsten sowie die am gesamten Ostsee-Gürtel gefundenen
arabischen Dirrhems beweisen, wenn nicht ähnliche Funde
im tiefen Inlande bis zum Rhein hin die allgemeine Verbreitung jener Münzen als Verkehrsmittel vor der Ausbeutung
der Silberbergwerke am Harze und im Erzgebirge bezeugten.
Auch angelsächsische Münzen bis auf Aethelreds II. Zeit
sind in Pommern nicht selten. — Ärmlich genug, den
rohen Zuständen der damaligen deutschen und zumal slavischen

Jomsburg.
Vineta.
Julin.

Welt entsprechend, die nur Holzbauten auf einer Unterlage von Granit kannte, mochte das „nordische Venedig", Julin, anzusehen sein. Zum Schutze seines Besitzes legte der Dänenkönig dort herum eine Burg an, die Jomsburg, deren Stelle wir nicht nachweisen können: vielleicht lag sie unweit des jetzigen Swinemünde. Als Schiffsstation, vielleicht durch eine Sperrkette quer über den Strom gesichert, umschloß sie einen Raum angeblich für 300 große Fahrzeuge. Wir erinnern jedoch an die Beschaffenheit der ältesten, oft winzig kleinen nordischen Schiffe. Die gewaltigen Veränderungen, welche die viel durchschnittenen Uferwände Rügens und des nahen pommerschen Festlandes von Mecklenburgs Grenze bis nach Wolgast hin, Usedoms und Wollins seit einem Jahrtausende durch die herrschenden Nordostwinde erlitten, verbieten einen sicheren Maßstab für die Räumlichkeiten jener Buchten und Meeresarme. Der Phantasie ferner Sagenschreiber und Chronisten verwuchsen Schutzburg und

Palna Toke. Handelsort als ein Wunderwerk der Welt, zumal als Palna Toke, der letzte Held des heidnischen Dänentums in Zerwürfnis mit seinem abtrünnigen Könige nach Jomsburg den Sitz alter, rauher Tugend des Nordens verpflanzte. Die letzte Herrlichkeit der Odinsverehrer verblich hier unter unheimlicher Romantik. In Jumne bei den Wenden starb der vertriebene Harald (um 991), bedrängt von Swein, der aus England zurückgekehrt war. Nur findet sich die Abweichung, daß Adam von Bremen, welcher um 1070 schrieb, und Saxo Grammaticus hundert Jahre später Julin (Wollin) als seine Todesstätte nennen, Helmold dagegen, Adams Nachschreiber, Vineta angibt, die isländischen Sagas endlich, nach ihrer Identifizierung Julins und Jomsburgs, das letztere. Die Verschiedenheit zwischen Julin und Vineta läßt sich nur durch ein einfaches Schreibversehen in der Chronik Adams von Bremen erklären. Helmold las statt der üblichen Form Jumne und Jumneta für Jumnes Hauptort Vineta und brachte dadurch statt eines, nach Maßgabe der Zeit blühenden Emporiums (Julin) ein zweites Vineta in Ruf. Auf dieses Phantom häuften er und seine Nachschreiber alle angeblichen Wunder jenes vorgeschichtlichen

Wollins. Wenn wir in keineswegs urkundlichen Verzeichnissen der ältesten Ratsmitglieder Lübecks Männer aus Julin und aus Vineta nebeneinander aufgeführt finden, so geht daraus keineswegs das Bestehen jener beiden slavischen Weltstädte hervor. Diese Verzeichnisse sind in späterer Zeit verfaßt, als die Ehrbegier herrschender Ratsgeschlechter den erlauchten Ursprung ihrer Körperschaft an fabelhafte Namen, wie auch Karenzas, der Tempelfeste auf Rügen (Garz), sich zu knüpfen bemühten und schmeichelnde Stadtschreiber fanden. Eine leichtgläubige Romantik noch der neuesten Tage suchte an Usedoms Dünen die Spur des versunkenen Vineta und bezeichnete als solche scheinbar regelmäßige Steinreihen, welche ungefähr eine halbe Meile vom Strande bei niedrigem Wasser sichtbar werden. Schon des alten pommerschen Chronikanten Thomas Kantzow wißbegierige Studiengenossen hatten mit Genugtuung diese Stelle untersucht, doch sind beim Bau der Molen von Swinemünde jene Trümmer als ein Steinriff, ein Spielwerk der Wellen, erkannt worden, welches eine ausgewaschene versunkene Düne zurückließ.

Vineta.

Unter Kaiser Heinrichs II. unruhevoller Regierung war auch das Land der Abodriten und Wagrier, wo eine deutsche Seemacht hätte fußen können, verloren gegangen, doch setzt die Vergünstigung, welche Konrad II. den Kaufleuten Magdeburgs im Wendenland verhieß, wenigstens die Möglichkeit des Zwischenverkehrs voraus. Als nun i. J. 1066 das Werk Gottschalks und Adalberts von Bremen, welches durch kirchlichen Einfluß eine Verbindung von Aldenburg und Schleswig aus mit jenem Küstenlande begünstigt hatte, grauenvoll zusammengestürzt war, und der grimme König der heidnischen Ranen die kurz vorher noch christlichen Gebiete seinem Götzen zu Arkona unterwarf, verfaßte der Domherr von Bremen, Adam, sein merkwürdiges Buch und entnahm seine Kunde über das Wendland teils der Erzählung Swend Estrithsons, seines königlichen Gewährsmannes, teils den unsicheren Schilderungen, die er anderweit erhalten hatte. Schon stand aber Jomsburg nicht mehr. Swends Vorgänger, Magnus, dort als Herrscher nicht anerkannt, hatte Jumne

Deutscher Verkehr mit Julin.

um 1042 mit mächtiger Flotte heimgesucht, die Burg erstürmt und mit Feuer von Grund aus vernichtet. Auch Julin ward von den Dänen gestraft, doch fanden sich die Bewohner an der alten Stätte wieder zusammen. So veranlaßte denn der alte Ruf wie die jüngere Handelstätigkeit den Domherrn zu seiner bekannten Schilderung der „größten Stadt Europas." „Sie ist den Barbaren und Griechen der Umgegend ein berühmter Sammelplatz, bewohnt von Slaven und anderen Barbaren. Auch Sachsen dürften dort wohnen, wenn sie sich nur nicht als Christen ausgeben, denn alle sind noch im Heidentum befangen. Übrigens gibt es an Sitte und Gastlichkeit kein anständigeres und gütigeres Volk. Die Stadt ist reich an Waren aller nordischen Völker und enthält mannigfach anmutiges und köstliches." Nachdem der Leichtgläubige diese Angabe mit allerlei wunderbaren, unverständlichen Erzählungen bewiesen hat, kommt er auf geographisch wichtige Bestimmungen. „Von jener Stadt schifft man auf kurzer Fahrt nach Demmin, welches an der Mündung (!) des Peeneflusses liegt, wo auch die Rhunen (Ranen) wohnen. Von dort schifft man nach Samland, welches die Preußen innehaben. Die Entfernung ist so, daß man von Hamburg aus am achten Tage Jumne erreicht. Geht man aber zur See von Schleswig oder Aldenburg nach Jumne, so gelangt man von dieser Stadt mit Segelwind in 43 (14) Tagen nach Ostragard in Rußland."

Adam von Bremen über Julin.

Geographische Wichtigkeit. Mancherlei lernen wir aus diesem Gemisch historisch-geographischer Erkundigungen und handgreiflicher Fabeln. Weder aus der Elbmündung noch von Bremen geht eine Schiffahrt um Jütland herum durch die Engen nach der Mündung der Oder. Man gelangt innerhalb acht Tagen landwärts dorthin, was zur Entfernung von ungefähr 50 Meilen paßt. Die Fahrt von Aldenburg und Schleswig muß eine so bekannte gewesen sein, daß der Chronikant die Dauer derselben nicht anzugeben brauchte. Hundertund-achtzig Jahre früher erreichte Wulfstan, Alfreds Gewährs-mann, das alte Trauso in Preußen von Hedaby (Schleswig) aus in sieben Tagen und sieben Nächten. — Ein merkwürdiges

Zeugnis für die Ausdehnung, in welcher die slavischen See-fahrer von Julin das baltische Meer durchsegelten, ist, daß Adam von Bremen die Fahrt nach Ostragard im tiefsten finnischen Busen genau bestimmt und hieran die Erwähnung Kiews, der Hauptstadt der Rurikingen knüpft, welche (wie Jaroslav schon seit dem ersten Jahrzehnt des XI. Jahrh.) an das warägische Nowgorod viele Freiheiten und selbst das Recht der Selbstwahl des Herrschers abgetreten hatten. In der Äußerung des Domherrn über Ostragard liegt deshalb schon die Handelsverbindung zwischen den westlichen Küsten der Ostsee und Nowgorod angedeutet. Des Chronikanten Griechen sind aber keine Byzantiner sondern Russen, der griechischen Kirche zugetan.

Nowgorod.

Fassen wir den Kern unseres Berichts zusammen, so stellt sich etwa folgendes heraus. Julin war damals eine mäßig große Slavenstadt und erschien dem Gerüchte von mächtigem Umfange, weil alle deutschen Städte des Nordens nur aus geistlichen Stiften, Domkirchen, Pfalzen, mit einem Markte, einer geringen Anzahl hölzerner Wohnhäuser, in enge Mauern eingeschlossen, bestanden. Hierher zog sich der Handel mit den Landesprodukten der Dänen, Schweden, der benachbarten Wendenstämme, der Preußen und der Russen von Nowgorod. In ruhiger Zwischenzeit hatte die Gewinnsucht auch Sachsen nach Julin geführt, aber sie mußten ihre Religion verleugnen, wie noch hundert Jahre später deutsche Kaufleute auf Rügen. Die Waren, welche sich in Julin begegneten, bestanden in Pelzwerk, Häuten, in Wachs und Honig, in Bernstein und Fischen, vielleicht auch in Salz, und wurden gegen grobes Tuch, vielleicht auch gegen Leinwand, Metalle, möglicherweise gegen Bier und Wein vertauscht. Schwerlich fanden unmittelbar die Produkte des inneren Asiens, Indiens feine Spezereien ihren Weg nach der Mündung der Oder, mochten vielleicht auch einzelne morgenländische Artikel sich dorthin verlieren. Jene köstlichen Güter gelangten die Donau hinauf nach Regensburg und auf bekannten Straßen über Goslar nach den deutschen Küsten, oder verbreiteten sich vom Swyn her nach allen Weltgegenden. Besonders aber verlieh der

Resultate.

Baltischer
Fischhandel.

Reichtum der Ostsee an Fischen, deren Verbrauch die Fastengebote ins ungeheure steigerten, die hohe Bedeutung, welche der baltische Handel früh einnahm. Der Hering und andere gesuchte Fischgattungen ließen sich im Frühling und im Herbst in unermeßlichen Zügen an Rügens, Schonens und Pommerns Küste finden und lockten einen so großen Teil der Strandbewohner ins hohe Meer hinaus, daß Dörfer und Städte zur Zeit des Fischfangs volksleer schienen. Die Natur hatte den Küsten Mecklenburgs und Pommerns auch reiche Salzquellen gespendet, und lange vor den Fischern der Nordsee, vor französischen Normands und den Flämingern, ja vor den Holländern verstand der Fleiß der Wenden das der Fäulnis ausgesetzte Geschenk der See zu einem lohnenden Ausfuhrartikel zu veredeln. Das „salzige Kolberg" galt schon vor Ablauf des XI. Jahrh. als Stapelplatz des gesalzenen Herings, und jubelnd sangen daher die Polen, als sie i. J. 1105 jenen Hafenort eroberten: „gesalzene und stinkende Fische brachten einst andere. Ihre Söhne führen jetzt frisch-zappelnde herbei". Wie mögen im XI. Jahrh. jene Heringe als Abgabe zur Fastenzeit in die rheinische Heberolle gekommen sein, falls der Holländer erst so spät die Kunst des Einsalzens erfand? Wäre es unmöglich, daß die Krämer binnensächsischer Ortschaften, von denen Adam von Bremen berichtet, daß sie bei den Preußen, gegen ihre wollenen Gewänder, „Faldones" (Paltröcke, Faltröcke,) kostbare Pelzwerke eintauschten, den gesalzenen Hering in die Elbmündung und so landeinwärts, oder die Bremer denselben nach den niederländischen Strömen ausführten?

Herings-
salzerei.

Dauernde
Kriege gegen
die Wenden.

Rätselhaft, geheimnisvoll lockte das Bedürfnis der mittelalterlichen Gesellschaft den Verkehr im Nordosten hervor, unter greulichen Verwüstungskriegen und religiösem Hasse, wie denn Halberstadts ritterlicher Bischof Burkhard und sächsische Grafen nach d. J. 1066 mit blutiger Siegesbeute vom Tempel zu Redra heimkehrten, und i. J. 1069 König Heinrich IV. verheerend in die Landschaften der Lutizier eindrang. Die westdeutsche Handelswelt hatte nach dem Umsturze des verwandten angelsächsischen Königtums

das gewohnte Band auch mit dem normannischen Eroberer
wieder angeknüpft. London, unter K. Heinrich I. bürgerlich selbständig, voll edler Bürger und reicher Kaufleute
aus allen Landen, besonders aus Deutschland kommender,
blieb wie York der Zielpunkt deutscher Schiffahrt im
Westen. Da entbrannte die Fehde zwischen dem unberatenen Sachsenkrieg.
Salier und den störrigen Großen Sachsens und erweckte
in ihren Folgen um so schneller das politische Selbstgefühl
in oberdeutschen Städten, als der römische Stuhl mit den
Empörern gemeinschaftliche Sache machte. Es entstand
jene mannhafte Freiheit und jenes Selbstbestimmungsrecht
des niedergehaltenen Bürgertums, welches dann seiner eigenen
Tatkraft und seinem klugen Sinnen überlassen, unter Ungunst
und Verkümmerung von seiten des Kaisers, des hohen
Klerus und Reichsadels, Norddeutschland zum weithin
gebietenden Handelsstaate erhob.

Um die allmählichen, langsamen Schritte zu veran- Gang der
schaulichen, welche zur ersten gemeinheitlichen Freiheit führten, städtischen
und ein stilles, oft gehemmtes Erwachsen am fast sprung- Entwicklung.
weisen Aufschießen zu zeigen, fassen wir beim J. 1074 die
dunklen früheren Bildungsmomente zusammen.

Bis über die Karolingerzeit hinaus öffnete sich noch Älteste Vereine ungeheure Kluft zwischen den Rechtsverhältnissen, der fassung der
persönlichen Freiheit und Unfreiheit der Bewohner, welche Städte.
sich in sogenannten Städten zusammengefunden hatten.
Geistliche unter römischem Rechte, ritterlicher Kriegsadel
von Gotteshausleuten und leibeigenen Hofhörigen umgeben,
welche ohne Haussässigkeit für ihre Herren die notdürftigsten
Handwerke trieben oder den Acker bestellten, füllten den
Raum um Kirchen, Klöster und Pfalzen aus. Kaum war
die Gattung menschlicher Gesellschaften vorhanden, die ein
Bürgertum im edleren Sinn, der alten freien Volksgemeinde
nachgebildet, möglich machte. Bewohner von Stadt und
Land waren weder staatsrechtlich noch durch besondere
Formen der Rechtsverwaltung anders unterschieden, als daß
es in beiden nur Freie und Unfreie gab. Wenn nicht
schon in ältester Zeit die namhafteren, aus römischem Ursprunge entstandenen Städte besondere Grafen hatten, so

vereinigte alle freieigenen Grundbesitzer des Gaues das
Gericht der königlichen Grafen, welche aus jenen die Schöffen
beim Rechtsprechen wählten. Alle Unfreien beharrten unter
dem Hofrechte ihrer Herren, des Königs oder der freien
Grundbesitzer, welche als Pfalzministerialen und Schöffen
über alle Pfalzbehörige mit dem königlichen Grafen an der
Spitze zu Gericht saßen, oder über ihre Hofhörigen vermittelst aus diesen gewählter Schöffen das Urteil fanden.
Dennoch drängte sich hie und da in altgeschichtlichen Orten
ein Stand Mittelfreier zwischen diese Kluft, sei es ein
merklicher Rest der alten römischen Bewohner (wie etwa
zu Köln oder Regensburg), welche wegen ihrer kaufmännischen
Unentbehrlichkeit und Gewerbetätigkeit der Knechtung entronnen waren, oder welche das städtische Gesellschaftsleben
hervorgerufen hatte. Mehr sachlich als persönlich frei,
Mittelfreie. sonderten sich jene höheren Gewerbetreibenden gewiß nicht
aus der Mitte der wehrständigen Geschlechter, der freieigenen Hofbesitzer ab, indem kriegerisches Vorurteil und
selbst ein Gesetz König Klothars II. i. J. 615 den edlen
Franken „wucherische Geschäfte", d. h. die gesamte Handelstätigkeit verboten. So bildete sich unter der schmerzlichen
Verminderung der Gemeinfreien infolge des Heerbannes
allmählich aus fremden und einheimischen Bestandteilen im
Kaufleute. Frankenreiche eine abgesonderte Kaste von Kaufleuten und
Gewerbetreibenden, die an Zahl gering unter dunklen Rechts-
formen in Städten wohnten und sich merklich erst vermehrten, als Kaiser Karl die fremden Zwischenhändler,
Slaven und Avaren, vom Reichsboden ausschloß und unter-
nehmende Untersassen zu selbständigem Verkehr lockte. Weil
aber in diesen Kaufleuten entweder die Erinnerung an die
römischen Kaufmannsgilden wieder lebendig wurde, oder in
der Tiefe des germanischen Gefühls die Vorstellung wurzelte,
durch enges Aneinanderschließen als Genossenschaft sich gegen
den Druck mächtigerer zu schirmen, erfahren wir, daß
schon Kaiser Karl aus politischer Furcht vor diesem natur-
rechtlichen Vereinswesen Strafgesetze gegen die sogenannten
Verbot der „Gilden", gegen „Eidgenossenschaft, Verschwörung" erließ.
Gilden. Eine so geheimnisvoll wirkende Bildungskraft im bürger-

lichen Leben sollte das Verbot v. J. 779 ersticken. Aus
Sorge vor staatsgefährlichen Zwecken, welche leicht einem
eidlichen Verbande zu gegenseitiger Unterstützung in den
Wechselfällen des Lebens untergeschoben werden konnten,
belegte Karl i. d. J. 794 und 805 die Teilnehmer mit
schweren Bußen, ja mit Todesstrafe oder Verstümmelung,
„falls ein Übel durch die Verschwörung bewirkt sei".
Selbst, wenn nicht schlimme Zwecke beabsichtigt waren,
sollten die Verschworenen sich untereinander züchtigen.
Gestattet wurden solche Vereine nur, wenn sie sich ohne
beschworene Verpflichtung in Almosenverteilung oder
in Beistand bei Feuersbrünsten, oder beim Schiffbruche
betätigten.

Diese Regung, diesen Grundtrieb im Schoße des
keimenden Bürgertums, bei welchem an politische Um-
wälzung nicht gedacht werden darf, begrüßen wir als Hebel-
kraft für die Veränderung des Gesellschaftsstandes. Die
„Conjuratio" ist schon eine Hanse, eine Form, um
einer Gesellschaft frei zusammengetretener Staatsangehöriger
durch gemeinsame Anstrengung einen wünschenswerten Zustand
zu sichern, freiere Beweglichkeit zu verbürgen, oder sie im
Genusse streitiger Rechte und ehrenhafter Vorteile zu schützen.
Aus dem Streben dieser ältesten Genossenschaften sind einerseits die Gewerbegilden, die Handwerkszünfte in ihren
verschiedenen Richtungen — auf Sicherstellung der Früchte
ihres Fleißes, auf Wehrhaftigkeit als unveräußerliches
Mannesgut und auf gebührenden Anteil am Staate, —
hervorgegangen, anderseits die freie Kommune der
starren Landeshoheit gegenüber, endlich die Befugnis der
einzelnen freien Gemeinwesen, politische Bündnisse miteinander zu schließen, und als Gipfelpunkt in ihrer großartigen Vielseitigkeit am spätesten die „Gemeine deutsche
Hanse". Bedeutsam für den Geist des monarchischen
Staatswillens ist, daß sich im Laufe des Jahrtausends seit
Karl dem Herrscher, seit seinem Kapitular gegen die
„Gildonia", die Versuche der tatsächlichen Obrigkeit immer
wiederholen, um ein Gewächs niederzuhalten, welches seine
Säfte aus der innersten Menschennatur zog. Die Hohen-

Ver-
schwörung.
Hanse.

staufen verfolgten die Kommunen als Verschwörung. Kaiser
Friedrich II. hob durch die Schlüsse von Ravenna nicht
allein das Bündnisrecht der Gemeinen untereinander auf,
sondern auch die Einigungen und Gilden der Handwerker.
Karls IV. güldene Bulle bedrohte das Bestehen der Hanse.
Die monarchische Politik der neuesten Zeit kam selbst wieder
auf das karolingische Kapitulare zurück.

Stillstand im
IX. Jahrh.

Im neunten und in einem Teile des zehnten Jahrh.
stand die Entwicklung des bürgerlichen Wesens still, wenn
es nicht gar zurückging. Der erste Ludolfinger wirkte, wie
wir sahen, für die Belebung von Märkten, für die Zentrali-
sation der Verwaltung und mannigfacher Gesellschaftstätigkeit
an örtlichen Mittelpunkten, tat aber nichts unmittelbares
für die Hebung der Rechtsverhältnisse der zahlreichen
Mittelfreien, die wir jetzt „Königsleute" nennen wollen,

Königliche
Städte.

da der staatsrechtliche Begriff königlicher Städte heraustrat. Ja, Heinrich der „Städtegründer" schadete der stillen
Entwicklung, indem ihn die ernste Pflicht der Notwehr
gegen den äußeren Feind trieb, das wehrständige Element in
den Städten wesentlich zu verstärken. Er siedelte demgemäß
waffentüchtige Grundeigentümer vom Lande und andere
gefährliche Gesellen mit neuem Besitz und anmaßender
Stellung in festen Städten an. So erscheint die friedlichere
Bevölkerung von Duisburg, Eresburg, Saalfeld, Dortmund,
Merseburg, Mainz, Straßburg und anderen Orten ent-
scheidend in Ottos I. Familienkämpfen. Jene rüstigen
Verteidiger ihrer Mauern waren aber nicht die zahmen,
wehrlosen Königsleute und die leibeigenen Handwerker, es

Burg-
mannen.

waren jene Burgmannen, jene eigentlichen Bürger des
Ungarnbezwingers, die er geschaffen hatte, und welche dann
als wehrständige, ritterliche Geschlechter in allen ober- und
westdeutschen Städte das Aufkommen der gemeinheitlichen
Freiheit nachhaltig erschwerten.

Mit kaum nennenswerten Ausnahmen galten bisher
alle sogenannten Städte als königliche. Auch Burgflecken,
welche sich um neue Bischofssitze und Klöster angesiedelt
hatten, empfingen daher ihr Markt-, Münz- und Zollrecht

vom Könige allein. Unter den drei Ottonen erlitt dieser staatsrechtliche Zustand eine wesentliche Veränderung, indem nicht grade unmittelbare Landeshoheit, aber doch die Haupt= regalien in Städten, welche Bischofssitze umschlossen, dem kirchlichen Hirten zugewiesen wurden und die „Pflege" des dermaligen Bürgertums der geistlichen Hand anvertraut wurde. Außer wenigen Anlagen bei Königspfalzen, Frankfurt, Ulm, Goslar, Merseburg, Nimwegen, Duis= burg u. s. w. erstanden fast alle Städte neben und um kirchliche Stiftungen. Landesherrliche Städte gab es höchstens in den ersten Anfängen. Solches Herausheben eines ummauerten Ortes aus der Gewalt der weltlichen Beamten, die Immunität, welche die ältesten Bistum= sitze am Rhein und Main am frühesten erhielten, übte vielfachen Einfluß auf die Fortbildung der städtischen Verhältnisse aus. In manchen geistlichen Orten wie Mainz und Erfurt wuchs die Zahl der bischöflichen Ministerialen aus der Mitte eines übermütigen, friedensfeindlichen niederen Adels, wie wir die noch vorhandenen Reste der einst so zahl= reichen Freieigenbesitzer nennen können, traten anmaßungsvoll den strebsamen Mittelfreien gegenüber. In Köln und Regensburg, wo wir in den bevorzugten Kaufleuten einen Rest der römischen Bevölkerung gelten lassen möchten, war dagegen der Stamm der Königsleute schon so selbständig geworden, oder ein kleiner Bestand einer ursprünglich freien Volksgemeinde hatte wieder so feste Wurzel gefaßt, daß sie durch kaufmännische und gewerbliche Tätigkeit bereichert, wie in Gent und Brügge, sich von wehr= ständigen Geschlechtern' oder bischöflichen Dienstleuten und Burgmannen nicht wie anderwärts die Verwaltung und die Gerichtsbesitzung entreißen ließen, sondern als Schöffen, als eine erste Gewerbegilde, eine Zeche der Reichen zusammentraten. Die Verwaltung des städtischen Eigen= tums und das Gericht, die Leitung und Bevormundung des allmählich haussässig und zünftig gewordenen, aber sonst noch unfreien Handwerkers rissen sie an sich. Diese innere Absonderung der Rechtsverhältnisse, in welchen Köln allen anderen Städten voranschritt, vollendete die Heraushebung

Marginalia:

Bischöfliche Hoheit in den Städten.

Immunität.

Kölns alte
Freiheit.

Weich-
bildrecht.

aus dem Gaugerichte. Für die städtische Ummarkung
trat jetzt das vielfach umgemodelte Weichbildrecht ins
Leben, als formale Einheit dem allgemein gültigen Landrechte
entgegengesetzt, aber keineswegs in seinen Bestimmungen für
alle Einwohnerklassen des Weichbildes dasselbe. Der Bischof
konnte durch verschiedene Richter, Vogte, Schultheißen, Burggrafen, unter anders gebildeten Schöffenbänken, den noch
nicht verschmolzenen ursprünglich persönlichen Ständen zum
Rechte verhelfen. Aber daß der kirchliche Oberherr die
Bestellung des Gerichts mit Ausnahme des Blutbanns
(den ein Bischof als geistliche Person nicht vom Kaiser
als Lehn empfangen, ihn dagegen im Namen des Kaisers
durch seinen Beamten ausüben lassen konnte), über alle
Stadtbewohner als Zeichen seiner Hoheit allein ansprach,
die Schöffen entweder selbst wählte, oder bestätigte, war das
Wesen des neuen Stadtrechtes. Daß der Kirchenherr jede
fremde Richtgewalt, die persönliche des Kaisers vorbehalten,
ausschloß, und daß es jetzt örtlich nur eine Gemeinde gab,
die der Gottesleute, die Familie der Kirche: war wiederum
ausschließlich das Wesen des neuen Stadtrechts.

Innere
Kämpfe in
den bischöfl.
Städten.

Nicht ohne harte innere Kämpfe erreichten die Bischöfe
eine solche Gleichstellung der vorhandenen Elemente. Sie
mußten auch wohl den Rest Gemeinfreier als ein Altbürgertum zu entschädigen suchen, indem sie ihm gewisse Zweige
der Verwaltung, Polizei und Marktaufsicht übertrugen, und
so ihrerseits die erbliche Schöffengewalt begünstigten,
welche als Patriziertum, als die erste Gilde, eine ausschließliche Richt- und Verwaltungsbehörde über die niedere
Gemeinde, die der allmählich haussässigen, zur freien Arbeit
befugten, — Handwerker gewann. — Zahlreiche Mittel
führten und führen bevorrechtete Stände zum Ziele. —
Die Besetzung aller Ämter und alle öffentliche Gewalt
befand sich demnach in den Händen des Bischofs, doch nur
an des Kaisers Statt; er konnte sie nur mit bischöflichen
Dienstleuten besetzen, wie die Stelle des Burggrafen,
des Vogts, Schultheißen, des Zöllners, und der Münzer,
welchen als der ältesten Gilde die Anfertigung und der
Umtausch der Münzen anvertraut blieb.

Obgleich alle Bürger nach Hofrecht dem Bischofe dienstpflichtig waren, so unterschieden sich doch ihre Leistungen wesentlich voneinander. Die Gilde der Kaufleute in Straßburg z. B., dessen älteste Verfassung wir genauer kennen, unterlag einer besonderen Art Frohnde. Vierundzwanzig aus ihrer Mitte mußten je dreimal im Jahr die Botschaften des Bischofs an seine Lehnsmänner, jedoch gegen Vergütung des etwaigen Schadens verrichten. Als Ehrenvorzug, und damit sie den Vasallen desto besser von Person bekannt würden, nahmen sie an hohen Festen, bei der Bewirtung jener Fremden besondere Stühle am Tische ein. Schwerlich haben sie als Königsleute eines freieren Ursprungs schon vor der Immunität der bischöflichen Stadt so persönliche Pflichten zu üben gehabt. Ähnlich waren die Verhältnisse zu Magdeburg, zu Bremen, wo wir indessen eine stärkere wehrständige Gemeinde, ritterliche Gotteshausleute, angesiedelt finden, — und an der Elbe. Einer vollkommneren Freiheit in bezug auf die Altbürger und Schöffenfamilien näherten sich die Zustände nur in Köln.

Nach Art der strengen Hofhörigkeit schien die Lage der niederen Bevölkerung in unseren ältesten Städten schwer lastend und dauerte an vielen Orten bis in das XIII. Jahrh. Die Handwerker, unter dem Burggrafen stehend, bereits nach Weise ihrer Beschäftigung zünftig gegliedert und zu Anfang des XI. Jahrh. haussässig, mußten nicht allein das Feld und das Vorwerk des Bischofs bei der Stadt bestellen, sondern unentgeltlich auch die Bedürfnisse des bischöflichen Hofhalts und seines Gesindes bestreiten, in der Weise, daß ihnen das rohe Material und die Zehrung geliefert wurde. So mußten die Fischer und Müller den geistlichen Herrn auf einem Schiffe an bestimmte Orte fahren. Galt nun der Mangel an freier Arbeit als eine Beschränkung, welche an das strengere Hofrecht erinnerte, und scheinen nur in niederrheinischen Städten die Weber und Wollarbeiter als aus der Ferne gekommen früh eine gewisse Selbständigkeit erlangt zu haben, so steigerten diesen Zustand erstens die Unfähigkeit, Waffen zu führen, zweitens das Besthauptrecht oder das Budteil, vermöge dessen der

(Randnotiz oben:) Bürger zu Hofrecht.

(Randnotiz unten:) Lage der Handwerker.

Herr bei Sterbefällen das beste Stück des Viehes oder der
fahrenden Habe als seine Gebühr den natürlichen Erben
fortnahm, endlich der Heiratszwang zu einer wahrhaft
menschenunwürdigen Dienstbarkeit. Durch die Geschichte
unbezeugt sind die Kämpfe, welche stufenweis jene herab-
gedrückte, mißhandelte Menschenklasse, welche zum Nutzen
ihres geistlichen Oberherrn anfänglich kastenartig nach
Zünften abgeteilt und geschult war, erst zur Selbstver-
tretung ihrer gewerblichen Interessen, dann als engere freie
Handwerker. Genossenschaft zur Abwerfung des schmählichen Jochs des
Hauptrechts und des Heiratsverbotes, endlich zur politischen
Bedeutung erhoben. Wie sich einerseits eine Gemeinheitsverfassung vorbildete, indem der Bischof die Stadtämter
nur Gottesleuten, Hausgenossen erteilen durfte, und aus
diesen in Verbindung mit den Ministerialien ritterlichen
Standes die freie Gemeinde des Altbürgertums sich
aufschwang, war anderseits in den Handwerkern das Element
vorhanden, welches sich in ausdauerndem Ringen jenen
Kölns alte übermütigen „vorzüglichen Bürgern" entgegenstellte. — Als
Verfassung. wichtig für unsere Zwecke müssen wir hervorheben, daß
Köln, die kirchliche Metropole am Niederrhein, entweder am
frühesten fortschritt oder auch unter erzbischöflicher Hoheit
die Merkmale ursprünglicher Freiheit bewahrt hatte. Grund
und Boden des alten Kerns der Stadt erscheinen durchaus
als Eigentum der Bürger. Eine altfreie Gemeinde mit
Schöffen, welche die Stadt regierten, bestand seit unvordenklicher Zeit, und der Erzbischof, obgleich durch König Otto I.
mit der Lehns- und Dienstherrschaft über alle Vasallen
seines Sprengels betraut, galt nur insofern als Stadtherr,
als er die höchste Gerichtsbarkeit in geistlichen und weltlichen Dingen übte. So viel anmaßungsvolle, listige und
gewalttätige Erzbischöfe sich jahrhundertelang mühten, diese
freie Gemeinde mit ihren Schöffen zu eigenen Leuten
herabzudrücken, ist ihnen doch solches nie dauernd gelungen.
Mögen auch einzelne ritterliche und wehrständige Geschlechter
sich in den Stadtverband begeben haben, so trägt dieses
Gemeinwesen doch durchaus ein kaufmännisches Gepräge.
Das kölnische Recht, das Mutterrecht zahlreicher

Städte, bildete sich überwiegend als kaufmännisches
aus. Lebenslängliche Schöffen, 24 an der Zahl, ergänzten
sich durch eigene Wahl, wurden aber von erzbischöflichen
Burggrafen in ihre Tätigkeit eingesetzt. Sie hatten die
Verwaltung der Stadt, vorbehalten die erzbischöflichen
Hoheitsrechte. Das Schöffentum, aus der altgermanischen
Gemeindeverfassung entsprossen, war der Mittelpunkt des
bürgerlichen Lebens. Die städtische Gemeinde selbst gliederte
sich in Genossenschaften und Brüderschaften verschiedener
Art, bald mit politischer Bedeutung, wie die mächtigste und
angesehenste, die Richerzechheit, die Gilde der Reichen,
die älteste, deren zähe Standhaftigkeit als Conjuratio die
Unabhängigkeit der Stadt verteidigt hat, und in gewerbliche,
wie schon zu Anfang des XII. Jahrh., wenn nicht früher,
die Weber und Tuchmacher. Als Patriziertum abgeschlossen,
als Geschlechter, und, wenn auch großenteils reiche Kaufleute,
dennoch so beweglich, daß sie leicht zum ritterlichen Leben
übergingen, — ähnlich wie in den flandrischen Städten,
wo der Brauherr Ritter und der Ritter Brauherr, — be-
setzte die Richerzechheit aus sich die Schöffenbank und alle
anderen wichtigen Stadtämter. Unter sich hatte die engere
Gemeinde der „vorzüglichen" Bürger, welche im „Bürgerhause" zusammenkam, ihre besonderen Vorsteher und wählte
später aus ihrer Mitte alljährlich zwei Bürgermeister,
denen jedoch keine eigentliche Gerichtsbarkeit, sondern nur
eine ausführende polizeiliche Gewalt zustand. Die Innungen,
die Brüderschaften der geringeren Bürger, beurkundeten in
Köln ihre größere Freiheit und den Unterschied von der
Hofhörigkeit wesentlich darin, daß sie ihre Vorsteher nicht
durch die Wahl des erzbischöflichen Burggrafen empfingen,
sondern sie aus ihrer Mitte erkoren. Von Zwangsarbeiten
für den Hof des geistlichen Oberherrn ist in Köln so wenig
die Rede, als von unentgeltlichen Dienstleistungen der Kaufleute. So geordnet waren schon die Besitzverhältnisse der
Rheinstadt, deren einzelne Bürger wir an der Themse hohe
Vorzüge genießen sahen, daß schon i. J. 1050 die „Schreine,"
die älteste Art der Hypothekenbücher, begannen. — Un-
berechenbar für die Geschichte der Hanse ist der Einfluß,

welchen die Freiheit des edlen Kölns, „das Recht der Kaufleute von Köln," auf die deutsche Bürgerwelt ausgeübt hat. —

Um die Mitte des XI. Jahrh. erblicken wir demnach in unseren Städten nur eine unvollkommene Freiheit, und selbst im Gipfelpunkte der Entwicklung des damaligen Bürgertums, zu Köln, dessen Vorzüge nur etwa Magdeburg teilte, nur ein nach unten anmaßungsvolles Erbschöffentum. Um den Begriff einer freien Stadt zu erfüllen, mußte noch etwas ganz anderes hinzukommen, mußte der alte Keim, begünstigt durch den Hauch, welcher aus dem germanisch-romanischen Süden über die Alpen drang, die stadträtliche Verfassung, getragen von der emporstrebenden mittleren Bürgerschaft, sich entwickeln und die erblichen Schöffenkollegien zur Seite drängen. Fördernden Anstoß gewährten die Kämpfe des vierten Heinrichs. —

Bremen.   Das Ende der Herrschaft Adalberts von Bremen über den jungen König, und der Untergang seines Patriarchats im Norden wie im Wendenland hatten die sächsische Hauptstadt an der Weser hart betroffen, indem die Habsucht der Kirchenvögte und Beamten des sächsischen Herzogs das Stiftsgut und die Rechte der gefreiten kaiserlichen Markt- und Handelsstadt wetteifernd niedertrat, und die fremden Kaufleute durch Schatzungen verscheuchte, sodaß um 1080 das Weichbild „leer an Bürgern, der Markt leer an Waren" Sachsenkrieg. erschien. Da erhob sich der weltgeschichtliche Hader des Saliers mit den Großen Sachsens und Thüringens. Sachsens städtische Bevölkerung, selbst die Bürger der Pfalz Goslar verhielten sich nur passiv beim Zusammenstoß der Kraft des hohen Adels und des königlichen Willens. Dagegen war im westlichen Deutschland das Bewußtsein der Bürger wunderbar erwacht, und sie nahmen so mutig und selbständig Partei für den bedrängten König, daß er es ihnen allein verdankte, nicht unter den Fuß der eigennützigen Großen und der maßlosen Herrschsucht des römischen Stuhls zu fallen.

Worms.   Bekannt ist, wie die Bürger von Worms i. J. 1074 den verratenen König aufnahmen, als er, fast verzweifelnd an Treu und Glauben, aus Sachsen geflohen war. Die streitbare „Familie des h. Petrus" sehnte dessen Ankunft herbei, und als die Ministerialen ihres Bischofs Anstalt machten, dem Könige den Eingang zu wehren, jagte sie dieselben aus der Stadt, und zog voll Jubel in bewaffneten Scharen dem gebeugten Herrscher entgegen. Das war das e r s t e Zeichen einer erwachten öffentlichen Meinung in der zahmen, verachteten Bevölkerung der Städte, und dankbar für solche Gesinnung und Tat verlieh Heinrich unter ehren- vollen Zeugnissen den Wormsern, auch ihre Juden ein- geschlossen, Gefreitheit an den königlichen Zollstätten zu Frankfurt, Boppard, Hammerstein, Dortmund, Goslar und Angern. Weniger glücklich, sich der Botmäßigkeit eines reichs-ungetreuen kirchlichen Oberherrn zu entwinden, waren gleich darauf die Bürger einer reicheren und mächtigeren Stadt. Als Erzbischof Anno von Köln, ein auffahrender, strenger und finsterer Gebieter, um Ostern 1074 seinem Gesinde befahl, zur Reise seines Gastes, des Bischofs von Münster, ein Rheinschiff zu rüsten, und unbekümmert um die Gefreitheit der Besitzer, als wären sie hofrechtspflichtig, das Fahrzeug eines reichen Kaufmanns in Beschlag nahm, erhob sich unter Kölns heißblütigen Bewohnern ein so mörderischer Aufstand, daß die geheiligte Person des Erz- bischofs nur verkleidet dem Tode entrann, und die Schätze des Domstiftes und der bischöflichen Pfalz mit frevler Hand angetastet wurden. Aber Anno bot rasch die Vasallen und das Landvolk gegen die übermütigen Städter auf und verhängte, der unverteidigten Mauern mächtig, ein hartes Strafgericht über die „Gottlosen." Bedeutsam für die Entwicklung des bürgerlichen Lebens in Köln ist, daß in der Nacht vor dem Einzuge des erzürnten Erzbischofs sechs- hundert der reichsten Kaufleute, vielleicht die ganze Richer- zechheit, die unheimlichen Mauern räumten und hilfebittend zum Könige flohen.

So kam die altfreie Gemeinde z e i t w e i s unter des geistlichen Herrn strengeren Gehorsam. Köln schien so öde und menschenleer, daß man auf den sonst getümmelvollen Gassen kaum einen Menschen erblickte. Aber mit jener

Aufstand in Köln.

Strafe.

allgemeinen Auswanderung mag in Verbindung stehen, daß wir in der nächsten Periode die kölnische Verfassung in entfernten Landstätten des Sprengels von Köln, namentlich in Soest, nachgebildet sehen. — Leider war König Heinrich IV. nicht entschlossen genug, sich nachdrücklich der durch ihren geistlichen Gebieter so unbillig und grausam behandelten Bürger anzunehmen. Der Salier so wenig als die Hohenstaufen verstanden es, den Grund ihrer Herrschaft auf die politische Mündigkeit der Städte zu bauen. Aber auch unbelohnt und unbelobt handhaben die Bürger die Waffen für ihre staatliche Überzeugung. Auf seiner Rückkehr aus Italien im Sommer 1077 konnte der Kaiser seinen Feinden am Neckar ein Heer aus Kaufleuten (Bürgern) der Donau- und Rheinstädte gesammelt, entgegenstellen. Die Bewohner der reichgeschmückten Lieblingspfalz der Salier, Goslars, früher durch die Leidenschaft der Parteien fortgerissen, besiegelten ihre Treue sogar durch Ermordung seines grimmigen Feindes, des Bischofs von Halberstadt.

Kreuzzug. Unter so innerster Aufregung der gesamten deutschen Welt, welche die Nation zu verwildern drohte, schlug die wunderbar angefachte r e l i g i ö s e Begeisterung der Kreuzzüge die gewaltsame Gärung nieder. Ward die kältere norddeutsche Natur noch wenig berührt durch jenen Ausbruch der ungeheuren Gewalt, welche der Glaube auf die *Bremer auf dem Kreuzzuge?* Christenheit ausübte, und ist es eine Fabel, daß schon im Sommer 1096 Bürger von Bremen, reiche Ratmänner (!) und andere, mit Eigennamen bezeichnete, unter Gottfrieds von Bouillon Banner zum heiligen Kampfe ausgezogen seien, so offenbarte sich doch in allen westlichen Städten der früheste *Judenmord.* fanatische Haß gegen die J u d e n , die bisher mit den Christen als Handelsleute gleich berechtigt waren, und ermordete viele tausende der Unglücklichen ohne empfindliche Rüge seitens des Kaisers, da die Ansicht noch nicht obwaltete: alle Juden seien mit Leib und Gut dem römischen Reiche als „Kammerknechte" des Königs zuständig. — Nur die F r i e s e n , die Anwohner der Maas- und Rheinmündung, finden wir denkwürdigerweise als Kampfgenossen des heiligen Streiters Gottfried von Bouillon. Sie erreichten auf selten durchmessenen Bahnen um die pyrenäische Halbinsel herum die Küste Syriens, und sühnten ihr mehrjähriges Seeräuberleben, indem sie sich den Wallbrüdern vor Tarsus anschlossen. Diese bußfertigen Friesen mögen seit Jahrhunderten die ersten deutschen Befahrer des Mittelmeeres gewesen sein. Man verdankte ihrer Erkundigung zu Anfang des XII. Jahrh. die genaue Kenntnis der Fahrt von Nordalbingiens Küsten, von der Mündung der Weser und dem Swyn bis St. Jean d' Acre.

Fünftes Kapitel.   ::

Fortschritt der Städte unter K. Heinrich V. Die flämische Hanse in London. Aufschluß des slavischen Nordostens. Pommern. Langsamer Sieg des deutschen Wesens im Wendenlande. Hebung der sächsischen Städte unter K. Lothar. Die Anfänge der deutschen Handelsgesellschaft auf Gotland. Wisby. Schleswig. Die Schleswiker Brüderschaft in Soest. König Konrad III. Das Schauenburgische Lübeck. Kreuzfahrerflotte aus den westdeutschen Städten. V. 1106—1152.

Unter Kaiser Heinrich V. (1106—1125), dem unkindlichen Sohne des bürgerfreundlichen Vaters, schritten einerseits die westdeutschen Städte in politischer Mündigkeit wie in der Umbildung ihrer Rechtsverhältnisse fort, andererseits begann sich endlich die Ostsee den ungeduldigen niederdeutschen Kaufleuten aufzutun. Köln ragte bald wieder durch Waffenmacht und Reichtum vor allen Städten hervor und ließ dem klugen Zähringer das Vorbild, ein von Haus aus freieres Bürgertum ohne erbliche Schöffengewalt im breisgauischen Freiburg zu gründen. Zum ersten Male vernehmen wir (1120) auf deutschem Boden den Namen „Consules," zu einer Zeit, als jener Name mit der neuen Freiheit selbst in der Lombardei erst aufkam. Andere oberdeutsche Städte errangen urkundliche Befreiung vom Zwange des Hofrechts und „mißbräuchlichen Gewohnheiten" und machten die Zünftler zu persönlich freien Leuten. Solche Kräftigung im Innern unseres Vaterlandes, zumal als der unheilvolle Investiturstreit seinem Ende nahte, mußten auch die Außenverhältnisse spüren.

Fortschritt des Städtewesens.

Wendenland. Während des Sachsenkrieges war in den wendischen Marken kein Fußbreit wieder genommen worden. Unter Heinrich V. entstand die Nordmark wieder mit den Burgen Salzwedel und Brandenburg. Aber der siegreiche Heidenkönig Kruko galt noch als Oberherr des gesamten Küstenlandes zwischen Elbe und Oder, und die preisgegebenen Sachsen in Nordalbingien waren entweder in die Heimat zurückgewandert oder steuerten den Heiden. Da führten die Söhne jenes fürstlichen Wendenapostels Gottschalk, Buthue und Heinrich, durch Vertrag mit Kruko friedlichere Zeiten für jene Gauen herbei. Es erstand nach der Ermordung des alten Heiden (1105) Hamburg, geschützt durch besondere Grafen, zum

Das zweite Lübeck. siebenten Male. Zugleich erhob sich ein zweites Lübeck an der Schwartau, von wo aus Heinrich als Vasall Lothars von Supplingenburg, des neuen Sachsenherzogs (1106), mit Hilfe der tapferen Grafen Nordalbingiens aus dem Stamme Schauenburg deutsche und christliche Herrschaft verbreitete und die Ansiedlung deutscher Kaufleute gegen den Anfall nordischer Seeräuber schirmte (1112).

Immer mächtiger, seines Strebens sich bewußter, förderte sich unter den mannigfaltigsten Impulsen das Bürgertum, als dessen Spitzen die ersten hansischen Verbindungen in bisher kaum geahnter Ferne hervorschießen. In einer emsigen Landstadt Westfalens, welche seit 1050 unter die Hoheit des Erzbischofs von Köln zurückgebracht war und dann durch verbannte Bürger aus der Hauptstadt an Aufschwung gewonnen hatte, in Soest, bildete der freie

Soester Recht. Menschengeist ein Recht, eine Verfassung aus, welche als soestische Skrae nicht allein in der Umgegend eifrige Anwendung fand, sondern auch auf ein deutsches Lübeck und dessen Töchterstädte am fernsten Saume des baltischen Meeres weltgeschichtlichen Einfluß ausübte. Noch war jedoch (vor 1140) die bäuerliche und gewerbetätige Genossenschaft des Marktes Soest nicht frei, sie stand noch streng unter den Beamten des Erzbischofs, ohne deren Bewilligung kein benachbarter Landherr brieflich! beschickt werden durfte, und hatte noch keinen Gemeinderat. Aber die Friesen und Walen, ihre Mitbürger, drängten den Horizont für Gewerbe und

Handel nordöstlich über die niedersächsischen Lande zu erweitern, und Soester, Dortmunder und Kaufabenteurer aus Münster werden uns bald auf einer Insel tief im baltischen Golfe überraschen. Auch Magdeburg wandelt still die starre Schöffengewalt unter kirchlicher Aufsicht um; bald empfängt ein neuer Marktflecken das Recht der „Bürger von Magdeburg," und am frühesten treten an der Elbe die niederen Zünfte urkundlich ans Licht. Der Markt Halles an der schiffbaren Saale belebte sich mit Warenzügen und Gegenständen des Luxus und trug die Erzeugnisse mitteldeutschen Fleißes besonders in nordöstliche Richtung als Aushilfe für den neuen Seeverkehr.

Halle.

Am bewunderungswürdigsten waren dagegen Flanderns Städte infolge heimischer Triebkraft und unter dem Einflusse der ersten Kreuzzüge, an welchen ihre Grafen persönlich teilnahmen, fortgeschritten. Gents, Brügges und Yperns „Keuren" bieten bereits den Inbegriff und Genuß jener städtischen Verfassungselemente, welche die bevorzugtesten deutschen Gemeinwesen erst nach und nach errangen. Ihre Geschäftigkeit im überseeischen Handel wie im Binnenverkehr gewährte den empfänglichen Städten am Niederrhein und im großen Sachsenherzogtume einen Anstoß, welcher mit der gewaltigen Bewegung aus der Lombardei zusammen nach der Mitte des XIII. Jahrh. das deutsche mittelalterliche Bürgertum in seinen herrlichsten Attributen, wie in der Hanse zur Erscheinung brachte. Schon i. J. 1127, als der heilige Karl, Nachfolger Balduins VII., zu Brügge durch dunkle Mörderhand gefallen war, übten die flandrischen Städte durch ihrer Schöffen politische Selbständigkeit im Einfluß auf die Wahl ihres Landesfürsten eine Art mittelalterlicher Volkssouveränität aus. Noch waren die Schöffen die natürlichen Häupter der entwickelten Gemeinde, aber sie würden ohne die hohe Blüte des Gewerbes und Handels unbemerkt geblieben sein. Wir kennen die alte, fast von den Römern ererbte Geschicklichkeit der flandrischen Handwerker. Der Ertrag derselben erbot sich als Grundlage des reichen Verkehrs, den west- und mitteldeutsche Städte im XI. und XII. Jahrhundert landwärts, die Hafenorte

Flandern.

Selbständigkeit der flandrischen Städte.

bis zur Elbe hin seewärts unterhielten. Die Fahrt nach
Sintfal (der Mündung der Maas und Schelde) war schon
im XI. Jahrh. nach der Dauer ihrer Tage bekannt.
Flandrische Waren fanden wir in der Zollrolle von Koblenz
um 1104. Schon i. J. 1126 besuchten italienische Kaufleute
mit „Goldarbeiten" die Messe in Ypern. Aber England,
der Markt an der Themse, galt als das Kolchis, von wo
die „Poorter" von Flandern durch Privilegien in England
und Frankreich begünstigt das goldene Bließ holten, und wo
sie schon im XII. Jahrh., ehe noch der Hafen vom Swyn
durch starke Deiche den Brüggern und Gentern die geräumige
Schiffsstation von Damme bot, die „vlämische Hanse"
schufen, ein Wort, das in ursprünglicher Bedeutung zur
Bezeichnung eines Vereins, dessen Glieder Beiträge zu gemeinschaftlichen Zwecken entrichten, schon i. J. 1126 vor-
kommt. Siebzehn flandrische Städte, unter ihnen Ypern,
Lille, Gent, Brügge, St. Omer, Dyxmüden, Popperingen,
später durch Zuziehung mehrer nordfranzösischer wie Rheims,
Chalons, St. Quentin, Amiens, Montreuil vierundzwanzig,
mit Brügge und Ypern an der Spitze, bildeten diese
„Londoner Hanse", welche als „einzige Kompagnie"
Großhandel nach England trieb. Ihre noch vorhandenen
kurzen Statuten lassen nicht erkennen, ob sie chronologisch
der deutschen Hanse in London voranging, oder gleichzeitig
entstand. Brügge erwählte den Hansegrafen, ein Amt,
das wir am Ende des XII. Jahrh. in Regensburg, dann
in Wien, in Bremen und an anderen Orten antreffen.
Jedes Mitglied, auch das „geborene", d. h. dessen Vater
schon die Hanse hatte, mußte sich entweder in Brügge oder
in London einkaufen. Kein Käse- oder Butterhändler, kein
Weber, Tuchscherer, Wollkratzer oder sonstiger Handwerker,
keiner „dessen Nägel blau waren" (vom Färben), kein Klein-
krämer und niemand, der seine Waren daheim auf der
Straße ausrief, durfte in London handeltreibend sich treffen
lassen. Ein Hansebruder, der in England sich niederließ,
verlor daheim sein Vermögen, und wurde für immer aus
Flandern verbannt. — Doch wird nirgends eines Hauses,
Landungsplatzes oder anderen Besitztums der vlämischen

Vlämische
Hanse.

Hanse in England gedacht, welches einen Mittelpunkt der dortigen Landsleute geboten hätte. Wir sehen sie nirgends durch die Könige als Gesamtheit anerkannt. Urkundlich noch bis in die Mitte des XIV. Jahrh. bestehend, verschwindet sie unseren Blicken, und ihre Existenz dient uns nur dazu, um die eigentümlich begünstigte Stellung der deutschen Hanse recht lebhaft hervorzuheben. Aber während diese vlämische Hanse an politischer Selbständigkeit so weit zurückblieb, daß wir sie selbst in ihrer Blüte als in die deutsche Kaufmannswelt mit einbegriffen betrachten können, hat die Fülle der Güter, welche sich auf den Märkten Brügges, Gents, im Welthafen zu Damme aufhäuften, hat die merkantile Kenntnis und die Umsicht jener Großhändler den langsameren norddeutschen Geist zum Wetteifer geweckt und den Gesellschaftstrieb beflügelt, wenngleich die frühe politische Lostrennung des westlichsten Niederlands vom deutschen Reiche eine Gesamthanse nicht gedeihen ließ.

Gleichzeitig öffnete der Nordosten seine weiten Räume, um aus tüchtigen Elementen deutsche Gemeinden entstehen zu lassen, welche die herrlichsten Früchte zeitigten und den spröden, selbstsüchtigen Westerlingen die dauerbare Kraft der Osterlinge gegenüberstellten. Städte im Osten.

Während Heinrich der Abodrite unter Lothars Lehnshoheit bis gegen die Peene vordrang, aber an den Ranen und dem Dänenkönig Niels (1115) gefährliche Gegner fand, vollendete der tapfere und christlich eifrige Polenherzog Boleslav III. sein Werk gegen die heidnisch-wilden Pommern. Nach blutigen Schlachten Hinterpommerns mächtig, wo die feste Stadt Kolberg den frohlockenden Polen als Beute fiel, unternahm der Sieger i. J. 1121, wie ein Kreuzfahrer im Einverständnisse mit allen christlichen Nachbarmächten, mit den Dänen und Lothar dem Sachsen den entscheidenden Zug gegen die wilzischen und die Stämme am Meere. In der Schlacht bei Vadam, wahrscheinlich Damm bei Stettin, furchtbar geschlagen, sahen die tapferen Pommern ihre Landesburgen erobert, ihren Hauptort Stettin, der zum erstenmal in der Geschichte erscheint, erobert und mußten sich dem christlichen Eifer ihres Überwinders beugen. Von Herzog Pommern bekehrt. Stettin.

Boleslav eingeladen, übernahm Bischof Otto von Bamberg i. J. 1124 die Arbeit in dem neuen Weinberge, taufte die ersten Bekehrten, legte den Grund zu einem Kirchlein bei der Hofburg des Herzogs Wartislav, Kamin an der Divenow, und fand in Wollin, der ehemals als prunkvoll geschilderten Welthandelsstadt (Julin), der trotzigen Freistätte wendischer Seeräuber, damals einem ärmlichen Orte mit hölzernen Hütten, beinahe den Märtyrertod. Weniger heidnisch-hartnäckig empfing Stettin den Glaubensboten, ein volkreicher, mit wendischer Geschicklichkeit im Zimmern erbauter Ort, voll landesüblicher Tätigkeit auf Wochenmärkten und voll Verkehrs jenseits der See, worauf sich auch Julin zur Annahme des Christentums bequemte. Aber neue Ungunst der Zeiten, der Mangel kräftiger Einwirkung des Reichs unter den Kämpfen nach Kaiser Heinrichs V. Tode (1125), die Zerstörung selbst jenes Lübecks, woselbst Heinrich ein christliches Kirchlein und eine Ansiedlung deutscher Kaufleute hervorgerufen hatte durch die grimmigen Ranen (1126), bedrohte den Bestand der jungen pommerschen Kirche, als der eifrige Apostel sich zur zweiten Reise aufmachte, über den schon dem Domherrn von Bremen bekannten Ort Demmin Pommern erreichte, und teils durch Überzeugung, teils durch die Furcht vor den polnischen Waffen die Abfälligen zum Gehorsam zurückrief (1128).

Langsamer Gang der Bildung in Pommern

Zwar war dem Christentum ein weiter Raum erschlossen, nicht jedoch schon der deutschen Bildung. Pommerns Herzöge, deren zweiter mit ererbter Seeräuberwut Norwegens Küste mit einer Flotte von 250 Schiffen heimsuchte und die reiche Stadt Kongehelle plünderte, entzogen sich wohl der polnischen Oberhoheit, erkannten jedoch deutschen Einfluß erst spät an. Die nahen Ranen beherrschten die Gewässer des pommerschen, abodritischen Küstengebietes, und ein ödes oder von starrsinnigen Heiden bevölkertes Land trennte noch den Raum zwischen der Mittelelbe und der Oder.

und in Mecklenburg.

· Der Kampf des Geschlechts Lothars, welcher i. J. 1125 den deutschen Thron bestieg, mit den hochsinnigen Hohenstaufen verzögerte die blutige Umwandlung des Wendenlandes in ein christliches (1131). Nach dem Tode des

Enkels Gottschalks verfolgten selbst zwei Fürsten aus alto-
bodritischen Stamme deutsches und christliches mit gleichem
Grimme. Erst als Magnus, König von Westgotland, unter
heilloser Verwirrung Dänemarks sich der Oberherrlichkeit
des Kaisers beugte, der alte König Niels, sein Nebenbuhler,
in Schleswig, von Schustern, d. i. Handwerkern überhaupt,
erschlagen war (1134), und als in Lübeck der fromme
Vizelin seine Wirksamkeit begann, faßte im slavischen Teile
Holsteins, in Wagrien das Christentum wieder Wurzel.
Zugleich näherte sich von dem Havelgebiete her das deutsche
Wesen der baltischen Küste, indem Albrecht von Ballenstädt,
seit d. J. 1134 mit der Nordmark belehnt, sein mark-
gräfliches Anrecht auf die nächsten Slavenländer nicht rasten
ließ und auf blutgedüngtem Boden die Keime deutscher
Sitte ausstreute.

Kaiser Lothars Sorgfalt für Sachsen, sein Erbgut, Kaiser Lothar
und seine
Städte.
arbeitete gedeihlich der Zukunft unserer Städte vor. Zwar
zog Bremen unter der sächsischen Obervogtei gefesselt aus
der Betriebsamkeit seiner Bürger nur mäßige Kräfte, zumal
auch sein kirchliches Ansehen sank, indem i. J. 1104 Papst
Paschalis II. den dänischen Sprengel der Metropole an der
Weser entzog und Lunden zum erzbischöflichen Sitze erkor,
i. J. 1154 auch Norwegen seinen eigenen erzbischöflichen
Stuhl in Nidaros (Drontheim), und i. J. 1163 Schweden
eine selbständige Metropole in Upsala empfing. Deshalb ganz Bremens
falsche
Urkunde.
unvereinbar sowohl mit dem damaligen Zustande des deutschen
Bürgertums überhaupt, als besonders mit Bremens trauriger
Lage unter der Obervogtei der sächsischen Herzöge ist jene
rätselhafte, doch sicher unechte Urkunde, vermöge welcher
„Kaiser Heinrich V. i. J. 1111 den Bürgern die Privilegien
Karls des Großen und seiner Vorgänger bestätigt, ihnen
die Verteidigung der Weser bis zur See übertragen, endlich
wegen ihres ruhmvollen Anteils an dem h. Kriege und an
der Eroberung Jerusalems den „Bürgermeistern und Ratmännern" die Ehrenvorzüge gewährt habe, den Edelleuten
gleich „Gold und Buntwerk" (feine Pelzschauben) zu tragen."
Erst die Eitelkeit der Ratsaristokratie des XIV. Jahrh. hat
diese falschen Dokumente mit lächerlicher Unwissenheit ge-

Magdeburg. fchmiedet. — Magdeburg, durch die Stadtmark gefichert, erfreute fich eines regeren Stromverkehrs, indem ihm der huldvolle Kaifer Lothar i. J. 1136 die Zollfreiheit der Ottonen bei Bardewiek, Tangermünde und Mellingen beftätigte, zum Beweis, daß die betriebfame Stadt fchon mit Hamburg in Verbindung getreten. Quedlinburg, der Äbtiffin untertänig, erhielt die Vergünftigung der Zollfreiheit Goslars und Magdeburgs, gewann Grundbefitz und die wichtige Befugnis, daß feine oberen Zünfte, Tuchhändler, Leinwandhändler und Kürfchner, nichts für die Marktftätte an die Herrin zu bezahlen brauchten, und die Bürger Streitigkeiten unter fich fchlichten durften. — Schon hatte alfo Quedlinburg eine bürgerliche Gerichtsbehörde, indem drei Teile der Strafgelder den Bürgern, ein Teil dem Schultheißen zugewiefen wurde; die Verletzer des Privilegiums follten als Buße 100 Pfund Goldes, zur Hälfte an die kaiferliche Kammer, zur Hälfte an die „Kaufleute" Braun- entrichten. — Eine andere fächfifche Stadt, Braunschweig, schweig. das Erbgut der Billunge, bereitete fich für eine glänzende Zukunft vor, Göttingen näherte fich ftädtifchem Wefen, und am Niederrhein gewann die uralte Merovingerpfalz Duisburg, vom unbedachtfamen Jünglinge Heinrich IV. i. J. 1065 an Adalbert von Bremen verfchleudert, wiederum jenen Grad von Unabhängigkeit, den ihr weitverbreiteter Handel unerläßlich nötig hatte.

Unter Lothar hatte fich der Sinn für Kaufabenteuer fo überrafchend entwickelt, daß niederfächfifche, ja weftfälifche Bürger zum Umtaufch ihrer Gewerbserzeugniffe den Weg zu einer entlegenen Infel der Oftfee erfpähten und ihre kaufmännifche Begehrlichkeit in der Form einer freien gefellfchaftlichen Anfiedlung ohne irgend eine fchützende Autorität bis nach dem tiefen Rußland erftreckten. Weftdeutfche Bürger hatten währenddeffen in London und York ihre alten Verkehrsverbindungen fortgefetzt.

Gotland, Die Infel Gotland, vom nahen Skandinavien bevölkert, Wisby. von welchem nur ein Meerarm von etwa 16 Meilen fie fchied, war der Sage nach durch den flüchtigen König Olav um 1028 zuerft mit dem Chriftentume bekannt geworden.

Später war Gotland bei lebhaftem Handel mit Schweden in kirchliche und leidlich bürgerliche Abhängigkeit getreten und mochte schon längere Zeit auf ihrer Nordwestküste ein städtisches Gemeinwesen umschlossen haben, ehe das Vorhandensein desselben dem forschenden Mitteleuropa bekannt geworden war. Merkwürdigerweise hatte schon Wulfstan dem Könige Alfred gegen das Ende des IX. Jahrh. Gotland, „als auf der Fahrt von Schleswig nach der Weichselmündung links belegen", genannt, aber dem Domherrn von Bremen war selbst der Name wieder entschwunden.

Jener Ort hieß bei den Eingeborenen „Schutzort", Wisby, und vereinigte schon früh „Leute von mancherlei Zunge", wohl keine andern als Kauffahrer von Schweden, Dänemark, Wendland und der hintersten russischen Küste. Ob Deutsche vor dem XII. Jahrh. unmittelbar den Weg nach jenem Stapelorte gefunden haben, möchten wir bezweifeln, wenn sie nicht auf fremden Fahrzeugen das noch so unheimliche Meer befuhren. Aber zweifelsohne waren Niedersachsen und abenteuernde Bürger aus westfälischen Binnenstädten mit ihren Waren schon im XI. Jahrh. nach Schleswig gelangt, das wir seit Karls des Großen Tagen Schleswig. als einen strebsamen, schon im X. Jahrh. von deutschen Landesfahrern besuchten Stapelplatz nordischer Produkte kennen, und hatten in der Bucht der Schlei, obwohl zeitweise wieder unter feindseliger Dänenherrschaft, deutsche Gesellschaftszustände, Bürgergilden und Handwerkszünfte um so leichter aufrichten können, als deutsche und skandinavische Bildungselemente sich so nahe berührten. Für Schleswigs frühe Wichtigkeit im nord- und mitteleuropäischen Verkehr haben wir außer den Angaben von Chronikanten ein merkwürdiges Zeugnis bei einem Araber. Roger II., aus normannischem Geschlechte, König von Sizilien und Neapel, einflußreich auf die moslemitischen Staaten in Afrika und infolge der schwunghaften Völkerverbindung durch die Kreuzzüge mit den Handelsstädten Italiens, mit Romanen und Deutschen, wie mit Skandinaviern in reger Verbindung, erfaßte um d. J. 1138 den großartigen Gedanken, eine „Beschreibung der ganzen Welt" anfertigen zu lassen. Unter

Der
Geograph von
Nubien. den kenntnisreichen Fremden, welche der gebildete Herrscher
an seinem Hofe vereinigte, befand sich auch Abu Abdallah
Mohammed el Edrisi, um 1099 zu Tetuan im Magreb
aus einer nubischen Fürstenfamilie geboren und ausgebildet
auf Seereisen, welche ihn namentlich bis nach England geführt hatten. Vom königlichen Freunde der Wissenschaft
aufgefordert, übernahm Edrisi, später gewöhnlich der „Geograph von Nubien" genannt, die Verarbeitung jener Fülle
von geographischen Notizen, welche teils ältere arabische
Schriftsteller, teils die Erkundigungen der Reisenden, Pilger
und Abenteurer aller Völker zusammengebracht hatten. In
dem so entstandenen Buche, so verworren oft die Angaben
sind, und so rätselhaft und unverständlich romanische und
germanische Namen im Munde und in der Schrift des
Arabers lauten, finden wir von nord- und nordwestdeutschen
Städten mit einiger Sicherheit Halle, Quedlinburg, Magdeburg, Erfurt, Bremen, Köln, Utrecht, Gent, Groningen,
und im wunderlich verschriebenen Skela, Sikla, jedoch
wegen der gemessenen Entfernungen unzweifelhaft Soest wieder.
In Skandinavien, das dem Hofe des normannischen Königs von
Sizilien bekannter sein durfte, treffen wir vor andern dunklen
Namen Siseboli, Sisloi, Sislova — Schleswig, jenes große
Schlesschuik am Strande des Ozeans wieder, von welchem der
arabische Geograph des XIII. Jahrh., Caswini, noch selt-
sames zu berichten weiß, daß doch aber schon zu Anfang
des XV. Jahrh. dem Compilator Bakoui als „Schelesch-
wick am Ozean" zu einer fast unchristlichen Stadt, „deren
Bewohner Fische äßen und die Ehescheidung zuließen", sich
verwandelt hatte. So zeigt denn auch die Reisekarte des
Arabers um die Mitte des XII. Jahrh. an der rechten
Stelle Suislova, kennt aber auf dem wunderlich verschobenen
baltischen Meere noch kein Gotland, noch kein Wisby.

Schleswig.　　　Für die Bedeutung Schleswigs, des schon im Laufe
des XII. Jahrh. verhängnisvoll gesunkenen Stapelorts der
deutschen Handelswelt an der Ostsee, für den unvergessenen
Eindruck, welchen die sächsischen Kauffahrer und Krämer
aus jener ozeanischen Stadt mitbrachten, zeugt ferner der
denkwürdige Umstand, daß die erste vornehmste Gilde in der

Gent, nach einem Kupferstich in M. Merians „Topographia Germaniae inferioris".

Gent, am Zusammenfluß der Lys und Schelde, bot, wie zahlreiche Altertumsfunde lehren, schon den Römern eine Niederlassungsstätte. Die Stadt wuchs durch ihren Handel, den der 1228 gegrabene Kanal de liève sehr beförderte, so ungemein, daß sie im 14. und 15. Jahrhundert 50000 Mann ins Feld stellen konnte. Nach der großen Niederlage bei Rosebeke (27. November 1382) mußte sich Gent nach mehrjährigem Widerstand 1385 dem Herzog von Burgund unterwerfen, welcher der Stadt jedoch ihre alten Rechte und Privilegien ließ. Damals stand Gent in seiner größten Blüte; letztere verdankte es hauptsächlich der Tuchmacherei, die schon um 1400 in so lebhaftem Betrieb war, daß man 40000 Wollweber zählte, welche 18000 streitbare Männer aus ihrer Zunft stellen konnten. Unter Karl V., der in Gent geboren war, begann der Glanz der Stadt zu sinken. Als derselbe 1539 der Grafschaft Flandern eine neue Steuer auferlegte, weigerten sich die Genter, dieselbe zu zahlen. Karl V. bezwang aber 1540 die Stadt, nahm ihr alle Privilegien, Geschütze und Waffen und ließ 26 der Empörer hinrichten. In Gent wurde im November 1576 die Genter Pazifikation zwischen Holland und Zeeland einerseits und den südlichen Provinzen der Niederlande anderseits zur gemeinschaftlichen Abwehr der spanischen Gewaltherrschaft geschlossen. Überhaupt nahm Gent an dem Freiheitskrieg der Niederlande gegen Spanien den lebhaftesten Anteil. Am 24. Dezember 1814 wurde hier der Friede zwischen Großbritannien und der nordamerikanischen Union unterzeichnet. Nach dem Frieden von Paris (1814) kam Gent mit Belgien an das Königreich der Niederlande. Heute ist Gent Hauptstadt der belgischen Provinz Ostflandern und hat (1891) 148729 Einwohner.

Stadt Soest und in den Töchterstädten des Soestischen
Rechts den Namen der Schleswiker Brüderschaft
selbst da noch beibehielt, als Schleswig längst seinen Rang
an Lübeck, Hamburg und Bremen abgetreten hatte, und
kein Kaufmann von Soest mehr daran dachte, in dem Städtchen
an der versandeten Schlei sich nach Gotland, Livland
oder Nowgorod einzuschiffen. Wir werden später das
fromme und heitere Jahresfest der Schleswiker Brüderschaft schildern und erwähnen hier nur noch: die Spätenkel
der Schleswigfahrer verloren den tatsächlichen Zusammenhang so schmählich aus den Augen, daß westfälische Gemeinwesen im XVII. Jahrh. die Kaufmannsgilde mit scheinbarem
geschichtlichen Bewußtsein die „Seewirkerbrüderschaft"
titulierten, und daß der „Schleswiker" in Soest, im XIII.,
XIV. Jahrh. der Vorsitzer des Handelsgerichts, zu einer
untergeordneten Polizeiwürde unerklärlichen (?) Namens
herabgesunken war, nachdem das Haupt der Engern „im
XVIII. Jahrh. das größte Dorf Westfalens" geworden
war. — Die Stadt an der Schlei gewann in dieser Weise
früh ihren Bestand an deutschen Bewohnern, zumal an der
Zunft der „Schuster," jener heißblütigen Vertreter der
öffentlichen Meinung, d. h. deutscher Handwerker überhaupt,
die man noch im XVI. Jahrh. zu Bergen in Norwegen
gesamt als „Schuster" begriff. Sobald es nun auf dem
baltischen Meere so leidlich still geworden war, als die wilde
Raubsucht der Ranen, der halbchristlichen Ostseewenden
und die uneinigen Dänen es zuließen, schifften von Schleswig
unter des Kaiser-Herzogs Lothar schützender Hand, auch wohl
vom angsterfüllten Alt-Lübeck an der Schwartau aus niedersächsische und westfälische Kaufleute von Soest, Dortmund,
Münster, Soltwedel, Bardewiek, auch wohl von Bremen
und Gröningen nach Wisby, siedelten sich dort bleibend an *Deutsche*
und lockten wohl auch Goten (Jüten) nach ihrer fassischen *Kaufleute in*
Heimat, wie wir denn in Westfalen, namentlich in Soest, *Wisby.*
dieselben Familien wie in Wisby finden, die Goto, Regenbodo,
die Ildeger. Bereits Kaiser Lothar hatte den Goten, welche
seine Lande betraten, sicheren Frieden gewährt, Recht und
Entschädigung bei jeglichen Unbilden verheißen, sie in allen

Städten zollfrei gemacht, auch die Habe in seinem Gebiete
Verstorbener den rechtmäßigen Erben zugesichert. So sehen
wir denn die in Wisby angesiedelten deutschen Kaufleute
unter bürgerlichem Vertrage als eine besondere Gesellschaft
den ersten unmittelbaren Handel von Gotland nach dem
Norden, besonders aber nach Deutschland treiben. Früh
schon unter einem besonderen Wappen, dem Lilienbusche,
einem etwas rätselhaften Wahrzeichen, vereint, überflügelten
die Fremden durch innigere Verbindung mit dem machtvoll
fortschreitenden Stammlande die Einheimischen. Neid, Haß
und Mord von den Goten gegen die überlegenen Gäste
konnten nicht ausbleiben nnd wurden dann wohl in den
deutschen Handelsorten vergolten. Bald aber ordneten sich
die Verhältnisse, besonders als unter Heinrich dem Löwen
ein deutsches Lübeck sich erhob und Schleswig in Dunkelheit versank. Wenn wir in den Statuten eines kaum be-
Medebach. kannten Städtchens Soestischen Rechts in Westfalen, Mede-
bachs, im J. 1165 vernehmen, daß Reinold, der kluge Erzbischof
von Köln als Verleiher besondere Rücksicht auf die Handelsverbindung seiner Bürger mit Dänemark und Rußland nahm,
so ziehen wir daraus den Schluß, daß schon Jahre vorher
sich westfälische Kaufleute über Wisby nach Nowgorod
wagten, jenem wunderbaren Freistaate unfern des Ausflusses
der Wolchow aus dem Ilmensee, dessen kaufmännische Kriegs-
leute sich i. J. 1130 bereits das Volk bis zum Onegasee
unterwarfen, und denen um 1137 die Landschaften am
Weißen Meere, an der Petschora sowie der finnische Norden,
jene Mutterländer der kostbarsten Pelztiere, zinspflichtig
Nowgorod. geworden wären. Wie konnten die Kürschner in Magdeburg, in
Quedlinburg, in Braunschweig und in Westfalens Städten
Reichtum und bürgerlichen Vorrang so früh erringen, war
ihnen nicht über Schleswig, Lübeck, Wisby der Zugang zu
den Schätzen des Ostens an der Wolchow geöffnet? —
Im Halblicht der Geschichte haben wir demnach um die
Mitte des XII. Jahrh. drei weit voneinander entfernte
Anknüpfungspunkte des deutschen Seehandels erspäht, London,
Wisby und Nowgorod: es sind aber nur kühne gewinn-
süchtige Privatleute, welche ohne Vertretung ihrer Obrigkeit,

oder unter geringem Schutze gesellschaftlich sich des abenteuerlichsten vermaßen. So kamen auch die kunstfertigen Meister aus Magdeburg nach dem tiefsten slavischen Osten, um noch bewunderte Erztüren nationaler Heiligtümer zu gießen. —

Unter den Wirren, welche als Familienfehde der Welfen und Ghibellinen dem Widerstreite der Willkür und des bürgerlichen Rechtsbewußtseins den Namen und höhere Bedeutung verliehen, hatte der deutsche Norden anfangs viel gelitten, ehe die weiten Gebiete von der Oder bis zum Niederrhein hin unter einer schöpferischen Herrschernatur vereinigt wurden. Bremen war in wechselnde Gewalt geraten, und der wilde Zwist hatte verschuldet, daß Raze, der König der noch ungebrochenen Heiden auf Rügen, i. J. 1139 Alt-Lübecks geringe Wohnstätten und Vizelins Kirchen zerstörte, daß auch Hamburg wieder in Trümmer fiel. Erst die Wiedereinsetzung des Grafen von Schauenburg in Holstein durch den jungen Heinrich, den Enkel und Erben Kaiser Lothars (1142), sicherte jenen Winkel deutsch-slavischer Erde einigermaßen und gab im Jahre 1143 einem neuen Lübeck seinen Ursprung. Dies ist aber das Schauenburgische, das auf dem Werder Buku, wo Krukos Lübeck verödet war, auf der Insel zwischen Trave und Wakenitz günstig belegen, bequemer den Hafen erreichte als das Schwartauische. Geflüchtete deutsche Bürger der zerstörten Stadt und westdeutsche Fremdlinge, Friesen, Bläminge, Holländer, Westfalen, welche Graf Adolf II. als Bebauer des wüsten Wagriens berufen hatte, siedelten sich in dem noch kirchenlosen, kaum umzäumten Orte an, welcher jedoch wie im Namen Sinn zur Kaufmannschaft und Schiffahrt geerbt hatte.

Die Kunde vom Falle Edessas durch die Ungläubigen und die Kreuzpredigt Bernhards, Abts von Clairvaux, entflammte auch die Begeisterung der ruhigeren Norddeutschen (1147) und erweckte bewaffnete Pilgerzüge nach zwei Seiten, während König Konrad III. selbst zu unglücklichem Erfolge nach Anatolien zog. Aus Köln und anderen niederrheinischen Städten, auch von der Mündung der Weser nahm eine Menge streitbarer Kaufleute und anderen

Marginalia:
Heinrich der Löwe.

Das schauenburgische Lübeck.

Deutscher Kreuzzug.

Volks um Ostern 1147 das Kreuz, schiffte zur Bezeugung
des Fortschrittes der deutschen bürgerlichen Seemacht
im Nordwesten auf starken Fahrzeugen an Englands Küste,
vereinigte sich dort mit englischen und flandrischen Schiffen
und segelte als stattliche Pilgerflotte um Galliens und
Portugals Gestade. Als sie eben in einen Hafen unweit
St. Jago eingelaufen war, ließ König Alfons von Portugal
den Wallbrüdern anbieten, ob sie, welche das Gelübde des
Gottesstreits gegen die Heiden abgelegt hätten, nicht mit
ihm Lissabon, den einzigen Haltepunkt der Sarazenen in
diesen Landen, bezwingen wollten? Freudig schlugen die
Pilger ein, umschlossen im Juni die Heidenfeste zu Wasser
und zu Lande und stürmten unverdrossen so lange, bis die
Sarazenen um Frieden baten, und freien Abzug, jedoch
Lissabon
erobert. mit Zurücklassung der Waffen, des Heergerätes und aller
ihrer Habe erwirkten. Unermeßliche Beute wurde den
tapferen Wallbrüdern zuteil, welche die Stadt dem Könige
übergaben und im Frühling 1148 wohlgemut ihren Weg
nach dem heiligen Lande fortsetzten. Solche Streitbarkeit
deutscher Schiffer und Kaufleute half den niederrheinischen
Bürgern das Band einträglichen Handels mit England fester
knüpfen, wirkte zurück auf die Städte an der Weser und
Elbe und belebte kaufmännische Rührigkeit in den deutschen
Ansiedlungen an der wendischen Küste, deren Binnenland
der dritte gleichzeitige Zug deutscher Kreuzfahrer weltlichen
und geistlichen Standes mit geringem Erfolge heimgesucht
hatte. Denn die unverzagten Abodriten, obgleich auch von
Dänemarks zwistigen Königen an der Küste angegriffen,
wehrten sich, nachdem sie das offene Gebiet von Lübeck mit
einer Flotte überfallen hatten, tapfer hinter ihren Burg-
wällen. Voll Überdruß des nutzlosen Kampfes und be-
schämt trennten sich die sächsischen Herren, welche nicht
Bekehrungseifer, sondern Eroberungsgier selbst vor die
Mauern des christlichen Stettin geführt hatte. — Vier
Jahre nach jener ruhmlosen Unternehmung (1151) sicherte
Markgraf Albrecht sein inneres Gebiet, indem er beim
Stendal. Dorfe Stendal schon mit der Absicht des Zähringers,
ein freies Bürgertum zu gründen, einen öffentlichen Markt

errichtete. Die neuen Bewohner erhielten auf fünf Jahre
Erlaß von allen landesherrlichen Abgaben, für immer
Freiheit an den älteren märkischen Zollstellen Brandenburg,
Havelberg, Werben, Arneburg, Tangermünde, Osterburg
und Salzwedel, „alle Rechte der Bürger von Magdeburg
mit Hinweis auf die dortige Schöffenbank," endlich Acker-
land gegen gewöhnlichen Jahreszins als erblichen, veräußer-
lichen Besitz. Diese im Innenlande ermöglichte freie
Gewerbetätigkeit dürfen wir im einzelnen nicht außer
acht lassen, da sie den Außenhandel nährte und, wie die
in der Altmark, früh selbst für die Hanse Bedeutung
gewann. Männer von Salzwedel werden wir bald ruhmvoll an der Spitze der ersten siegreichen deutschen Flotte
erblicken. —

Sechstes Kapitel.

Kaiser Friedrich I. 1152. Der Lombardei Bürgertum. Kaiserliche Sorge für
den Handel. Gründung von Neu-Lübeck. Das lübische Recht. Lübecks schnelles
Wachstum. Das Wendenland ganz unterworfen. Livland entdeckt. Heinrichs
des Löwen Walten bis zu seinem Sturz. 1152—1180.

it der Herrschaft des zweiten Hohenstaufen be- **Die**
ginnt nach langer Vorbereitung das deutsche **Hohenstaufen.**
Bürgertum, welches schon so tüchtige Keime
umschloß, sich unter dem Einflusse weltgeschichtlicher Ereignisse
zur vollkommneren Freiheit aufzuschwingen und sich mit
staunenswerter Kraft über die Grenzen der deutschen Stämme
auszudehnen. Infolge stiller Entwicklung und einer ungeheuren Tätigkeit wankt überall die erste Gemeindeform,
das Schöffentum der hohen, vorzüglicheren Bürgerschaft
als richtende und verwaltende Behörde und macht dem
Gemeinderate, den Consules, den wählbaren Vertretern
der mittleren Bewohnerklasse, Raum. Äußeren Anstoß zu
dieser segensreichen und veredelnden Umbildung gaben die
Kämpfe des Hohenstaufen gegen das lombardische Bürgertum,
jene hundertjährigen, unseligen Versuche der „Kaiserritter"

und „Ritterkaiſer,“ die menſchenwürdigſte Freiheit, die der
Gemeinen, zu brechen.

**König
Friedrich I.**   Friedrich von Hohenſtaufen, der Rotbart, i. J. 1152
zum deutſchen Könige erwählt, mußte, nachdem er die Tatkraft ſeiner herrlichſten Mannesjahre darangeſetzt hatte, um
jenſeits der Alpen jene neue Freiheit zu zertreten, die
unhemmbare Entwicklung derſelben auch auf deutſchem
Boden geſchehen laſſen, ja im Widerſpruch mit ſeinen
eigenſten Grundſätzen hat er in Deutſchland dieſes ihm ſo
gefährlich dünkende Element gefördert.

Lombardei.   In den Zuſammenhang unſerer Geſchichte gehört nur,
daß in Mailand, der reichſten und größten Stadt Ober-
italiens, ſchon in den erſten Jahrzehnten des XII. Jahrh.
drei ſpröde Beſtandteile der Gemeinde, hoher Adel, niederer
Adel und Volk (Kaufleute), als „Kommune“ ſich begriffen,
und gleich darauf unter der regierenden Stadtobrigkeit der
in keiner Weiſe vom Erzbiſchofe abhängigen „Conſules“
das Werk der gemeinheitlichen Verfaſſung vollendeten. Die
neue Würde unterſchied ſich von den früheren Schöffen
nicht allein durch den jährlichen Wechſel, ſondern auch durch ihre
Zuſammenſetzung aus den drei Berufsſtänden, wiewohl
nicht in gleichgemeſſener Vertretung. Das Übergewicht des
kriegeriſchen Adels in ſtürmiſcher Zeit bedingte von vornherein nicht gleiche Teilnahme der drei Stände am Stadtregimente. Gleichwohl lebte ſich die Kommune als ein
ganzes zuſammen und gewöhnte ſich, gegenſeitig mehr auf
die Forderungen der allgemeinen Wohlfahrt als auf Standes-
intereſſen zu blicken. Zwar waren die „Handwerkszünfte“
noch nicht wahlfähig, dennoch ſchien dem deutſchen, adligen
Vorurteile gegen den Gewerbeſtand als unbegreiflich, daß
die Städte „Leute von niederer Herkunft, die ſich mit verächtlichen Hantierungen abgäben“, zu hohen Ämtern be-
förderten.

**Lombardiſche
Verfaſſung.**   Die Zwölfzahl der Conſules trat am häufigſten hervor, doch ſchwankt nach Bedürfnis der Zeit auch in Mailand, dem muſtergültigen Gemeinweſen, die Zahl zwiſchen
16, 18 und 20. Die Conſules (der Rat) und das Par-

lament oder die Bürgerversammlung bildeten die Elemente
des Staates. Die Consules übten die Regierungsgewalt,
d. h. diejenigen Hoheitsrechte aus, welche die Kommune
auf verschiedenem Wege an sich gebracht hatte, vor allem
die Gerichtsbarkeit, die Anführung im Kriege und die
Polizei, sie vertraten die Kommune nach außen. In der
Gerichtssitzung zogen die Consules Rechtskundige hinzu,
welche, aus dem Schöffentum der karolingischen Verfassung
hervorgegangen, einen besonderen Stand zu bilden anfingen,
als das Ansehen der gelehrten Juristen sich zu heben begann.
Die Bürgerversammlung, das Parlament nahm nur diejenigen in sich auf, welche wirkliche Glieder der Gemeinde
waren, damals noch nicht die zahlreichen Handwerkszünfte, welche erst später Anteil an der politischen Gemeinde
errangen. Nur bei wichtigen Dingen befragten die Konsuln
die Gesamtheit der Bürger, sie galten als der Rechenschaft
unterworfene Vollmachtträger. Die Einteilung der
Bürger beruhte noch nicht auf der Ordnung der Zünfte,
sondern auf dem Wohnorte in den verschiedenen Stadt-
bezirken, Torsprengeln. Die Selbständigkeit des Gemeinwesens beurkundete sich in der statutarischen Gesetzgebung, welche, als „Beliebungen" örtlich verschieden
und mannigfaltig, das Gewohnheitsrecht feststellten und
schriftlich abgefaßt, als Statuta, Stadtrecht, „Morgensprachen" sich zum bindenden Gesetz erhoben.

Schon König Heinrich V. fand die meisten Städte
im Genuß der vollen Freiheit. Als die Auflehnung der
Fürsten den Herrscher in Deutschland festhielt, konnte
unter blutigen Streitigkeiten der lombardischen Kommunen
unter sich die republikanische Entwicklung ungestört fortschreiten. Heinrich V. wie Lothar griffen so wenig in die
inneren Verhältnisse ein, daß sie sogar die trotzigsten An-
maßungen, die Einziehung der letzten und höchsten Regalien
des Reichs durch die Bürger, geschehen ließen. Ein ungeheurer Kampf drohte deshalb, als ein Friedrich I. im
Bewußtsein seiner vollen Hoheitsrechte als Nachfolger
Constantins, Justinians, als Erbe des Eroberungsrechts
Karls des Großen, der Ottonen und Heinrichs III., sich

Die lombardischen Städte frei.

in Italien ankündigte und sich vermaß, eine mündig ge-
wordene, wehrhafte Welt wieder unter den alten Gehorsam
zu beugen.

Einfluß derselben auf Deutschland. Die Kunde von so beneidenswerten Zuständen der italienischen Städte war auf unzähligen Wegen, besonders durch
den Handel der Lombardei mit den süd- und westdeutschen
Orten, durch die Reisen welscher Kaufleute quer durch Deutschland bis auf Flanderns Messen, durch die Kreuzzüge, durch
das innige kirchliche Band zwischen Mittel- und Südeuropa,
endlich durch deutsche Krämer, welche den Römerzügen der
Kaiser sich anschlossen, auch zu den deutschen Bürgern gelangt,
und hatte selbst einzelne Fürsten, wie die klugen Zähringer,
des fünften Heinrichs Waffengenossen, veranlaßt, der neuen
Freiheit, wie zu Freiburg, einen heimischen Herd zu bereiten.
Eine merkwürdige persönliche Vermittlung der neuen Gedanken
Arnold von Brescia. bot der Freiheitsapostel aus Rom, jener Arnold von Brescia,
welcher wegen politischer und kirchlicher Ketzerei durch den
Papst i. J. 1139 verbannt, mit hinreißender Begeisterung
im südlichen Deutschland seine Lehre predigte und ein
kirchliches Reformationssystem vorbereitete, aus welchem
auch eine neue Gesellschaftsordnung sich entwickeln
konnte. Besonders war es die niedere Volksklasse,
der gedrückte Handwerkerstand, welcher auf Arnolds Flammenwort horchte, und mit den Ideen der neuen kirchlichen
Freiheit die Richtung auf eine menschenwürdigere bürgerliche verband. Diese Bürgerverfassung, aus germanischer
Wurzel in der romanischen Lombardei erwachsen, ist
nun nach italienischem Vorbilde im Laufe einiger Geschlechtsalter das Eigentum aller jener norddeutschen Städte
geworden, aus welchem die Hanse hervorging. Sie
bestand in freier Wahl der städtischen Obrigkeit aus den
geeigneten Elementen, dem Recht der Gesetzgebung und
Polizei, der Selbstverteidigung, dem Verbindungsrecht, der
Selbstbesteuerung, dem Gedanken, daß der höchste Wille
nicht in einzelnen, sondern in der Gesamtheit des Volks
Unterschied der lomb. und deutschen Städte. beruhe, und der Autonomie in allen inneren Angelegenheiten.
Ein wesentlicher Unterschied der deutschen Städte von den
lombardischen ist jedoch, daß unser Bürgertum treu die

Abhängigkeit von Kaiser und Reich anerkannte, nie den Kaiser als Quell alles Rechts und als Oberrichter aus den Augen verlor, und endlich der Volkssouveränität mehr in dem Gedanken als in der Form des Gemeinwesens entsprach. Hat es auf die Dauer in keiner hansischen Stadt ein ausschließliches Geschlechter-, ein Patriziertum gegeben, so sind auch in den Seestädten die Handwerkszünfte nie zur Herrschaft über den Staat gelangt, wenngleich ihre Vertretung im Regimente ihnen einen maßgebenden Einfluß verbürgte. Also weder eine Signoria, noch eine entschiedene Demokratie, wie in Italiens späteren Freistädten, hat bei uns im Norden Fuß fassen können. Aber selbst auf der Höhe der Macht und des Reichtums beurkundeten die Ratskollegien der Vorderstädte lübischen Rechts, „daß der Wille in den wichtigsten Angelegenheiten nicht bei ihnen, sondern bei der Gemeinde beruhe".

Nach seinem ersten Reichstage in Italien (1154) durch seinen Anspruch auf die Regalien das Bürgervolk mehr schreckend als beugend, war Friedrich I. als Kaiser i. J. 1155 nach Deutschland heimgekehrt, hatte dann durch die Übertragung des verminderten Herzogtums Bayern den Welfen Heinrich, Erbherzog von Sachsen, mit seinem Hause versöhnt und auf seinem nächsten Zuge durch die Ächtung und Zerstörung Mailands, „des Bollwerks der Freiheit", die nationale Leidenschaft der Lombarden und den Kampf auf Gedeihen und Verderben entzündet (1162). Da verspürte gleichzeitig Deutschland ein Treiben und Drängen, und offenbarte in rastloser Lebendigkeit und in der Aufregung des Bürgertums den Korporationsgeist, welcher die gleichgearteten Seelen durchzuckte. Die Städte betrachteten die Ereignisse in Italien, die Triumphe zerstörender Waffen ganz anders als Kaiser, Fürsten und Adel. Sie erschraken über so entsetzliche Dinge, aber sie fühlten unbefriedigt mit den alten Zuständen die tiefe Berechtigung zum Fortschritte. Ein Pulsschlag der Tatkraft wird uns in den verschiedensten Erscheinungen, in neuen Schöpfungen, in gewaltsamen Veränderungen, im Heraustreten neuer Gesellschaftsformen überraschen.

Widersprüche im Kaiser.   Unser Kaiser, mehr der Romantik der Ritterwelt als dem notwendigen Zusammenhange der Ideen seiner Zeit angehörig, mußte mit sich selbst in schneidende Widersprüche geraten. Wohl gedachte er die Wohlfahrt der Städte zu fördern, eingedenk der Dankpflicht, die er von seinen salischen Ahnen ererbt, und bemühte sich vielfach um äußere Vorteile des Bürgertums. Aber Raum zu selbständiger Bewegung hat er aus angeborenem Vorurteile nicht gewähren mögen, hat nicht die Kraft erkannt, welche wahrhafte bürgerliche Freiheit dem Gesamtstaate sichert, und hat sichtlich gestrebt, mehr als Ritterkaiser und Oberhaupt der Reichsaristokratie denn als Volkskönig zu gelten. Streng gegen die Landfriedensbrecher jeglichen Standes erneuerte er an Fürsten und Adel die alte Franken- und Schwabensitte des Hundetragens. Doch indem er am Abend seines Lebens das unselige Faustrecht zu einem gesetzlich erlaubten Rechtsmittel erhob, hat er verschuldet, daß auch nicht nach drei vollen Jahrhunderten dem unbegreiflichsten Selbstzerstörungsprozesse ein Ende gebracht werden konnte. Wie geringe Achtung der Ritterkaiser gegen bürgerliches Gewerbe hegte, erkennen wir an den Strafbestimmungen seiner ersten Heergesetze. Der deutsche Kaufmann oder Krämer, welcher im Lager nach dem Ermessen des Lagermarschalls seine Ware zu teuer feilbot, verlor nicht allein das Marktrecht und sein Gut, sondern wurde noch obendrein geprügelt, kahl geschoren und an der Wange gebrandmarkt. Zur Beachtung strenger Standesunterschiede gebot Friedrich im ersten Landfrieden (1156), „der reisende Kaufmann solle sein Schwert nicht umgürten, sondern an den Sattel geknüpft oder auf den Wagen gelegt mitführen," damit er nicht unschuldige verletze (!), sich jedoch vor Räubern schützen könne. Der Bauer mußte schwer büßen, wenn er mit Harnisch, Lanze oder Schwert betroffen wurde, Leibeigenen ward die ritterliche Waffe auf dem Buckel zerschlagen.

Sorge Friedrichs für den Handel.   Wir ersparen es noch, bürgerfeindliche Bestimmungen anzudeuten, und erwähnen hier nur zur Bezeichnung des allgemeinen Wohlwollens und der Fürsorge Friedrichs für die Städte, daß er auf die Klagen der Kaufleute zu Würzburg

über ungerechte Zölle den Mainstrom hinab im April 1157
alle Mauten von Bamberg bis Mainz, drei ausgenommen,
verbot und so das Flußbett frei machte, als „des Königs
Heerwege." Der Rotbart war fast der einzige Kaiser seines
Geschlechts, welcher sich fruchtbar bemühte, Verkehr mit dem
Auslande anzuknüpfen, zu schirmen und den binnenländischen
durch allgemeine Bestimmungen zu ordnen. So beginnen
mit ihm die urkundlichen Nachrichten über den Handel der
Deutschen in England, indem König Heinrich II. in
einem Schreiben an den Kaiser v. J. 1157, das dieser zu
Würzburg empfing, Sicherheit des Verkehrs für seine Unter-
tanen zusagte. Doch scheinen es noch überwiegend die
Kaufleute von Köln zu sein, welche Privilegien für sich
erwirkten oder ihre Landsleute in der Fremde vertraten.
Inzwischen begünstigte die Verwandtschaft des mächtigen
Welfen in Sachsen und Bayern mit dem Plantagenet wahrscheinlich auch den lebhafteren Verkehr mit andern west-
deutschen Städten. Das älteste urkundlich vorhandene
Privilegium der Kölner, die unter Philipp von Heinsberg,
ihrem hochsinnigen Erzbischofe, kraftvoller sich regten, mag
derselben Zeit entstammen, als Friedrich in Würzburg und
Regensburg für die Sicherheit des Kaufmanns sorgte. Die
Kölner erhielten die Bestätigung des Schutzes für ihr
„Haus zu London," unbedenklich den Ursprung der später
so genannten Gildhalle der Deutschen, und des hansischen
Stahlhofes, für die Sicherheit ihrer Personen und Waren;
sie sollten wie „des Königs Leute und Freunde" betrachtet
werden. Die Vergünstigung, den Rheinwein maßweise zu
demselben Preise wie den im Erblande der Plantagenets,
in Frankreich, gewachsenen auf dem Markte zu London
verkaufen zu dürfen, mochte wohl nur der Fassung nach
eine neue sein.

Um Flandern, dessen „Poorte" unter der Regierung
der neuen Grafen aus dem Elsaß immer höher gediehen,
des spröden Absonderungsgelüstes ungeachtet mit dem Reichslande in Verbindung zu erhalten, förderte Friedrich staats-
wirtschaftlich klug den freien Verkehr zwischen Reichsländern
und den engeren Marken Deutschlands und machte auch

Die
Deutschen in
England.

Das Haus
der Kölner
zu London.

den Rheinstrom zur freien Straße aller deutschredenden
Stämme. Schon i. J. 1164 hatte Graf Philipp bei
Leistung des Lehnseides für seine Kaufleute „großen Frieden
und sicheres Geleit in des Kaisers Landen" erwirkt. Nur
machte sich auch damals schon der Mißbrauch geltend, daß
Fürsten im Widerspruch mit den kaiserlichen Zollrechten
für sich Durchgangszölle zu erpressen suchten und daß günstig
gelegene Stromstädte das Stapelrecht ansprachen.
Solchem Unwesen begegnete der Kaiser nach Kräften. Wie
er i. J. 1165 die Bürger von Duisburg, deren Schiffe
bis über Mainz hinaufschwammen und allda einen ermäßigten
Zollansatz genossen, vor der Anmaßung des Bischofs von
Utrecht schützte, welcher mit holländischem Gelüste den
Strom sperren wollte, gewährleistete er auch den Gentern
dasselbe zu Köln. Im J. 1173 hatte Friedrich den
flandrischen Kaufleuten vier große Märkte, deren zwei zu
Aachen sie zu Lande, zwei zu Duisburg sie zu Wasser besuchten, mit schönen Vorrechten eröffnet. Vierzehn Tage
nach dem Schlusse des Marktes sollten sie ihre Tücher und
sonstigen Waren verkaufen dürfen und nur einen gleichen
Zoll als zu Köln entrichten. Eine Wohltat war die Anlegung neuer Münzstätten an beiden Orten, deren Gepräge
auch in Flandern gelten sollte. Unerwartete Beweise
geistigen und gesellschaftlichen Fortschrittes zeigen die Aufhebung des unsinnigen Kampfrechts, des Duells; bei Geld-
forderungen zwischen Flanderern und einheimischen Kaufleuten
die Errichtung von Handelsgerichten mit dem Rechte
der Zugurteile nach einem Oberhofe, endlich die Zusicherung
des freien kaiserlichen Geleites den Rhein aufwärts und
abwärts. Allein die Kölner wollten dessenungeachtet den
Gentern die Schiffahrt über ihre Stadt hinaus nicht erlauben
und haderten widerwärtig mit den Nachbarn, welche
„Kaufmannsrecht" verlangten, bis Erzbischof Philipp als
Schiedsrichter und im Namen des Kaisers i. J. 1178 mit
Zustimmung der ganzen Gemeinde von Köln den verjährten
Streit dahin schlichtete, „daß dem gemeinen Kaufmann von
Gent die Bergfahrt auf dem Rhein für alle Zeiten offen-
stände, beider Städte Recht vorbehalten." Aber der selbst-

Gegen
Stapelrecht
und Rhein-
sperre.

Der Rhein
frei.

süchtige Geist des damaligen Bürgertums, besonders der
Kölner, welcher nicht selten auch die nächsten Gemeinwesen
beleidigte, gewährte dem Vertrage keine Dauer. Schon
unter Kaiser Otto IV. (1197—1215) mußten häßliche
Händel wieder gesühnt werden, zumal betreffs des Rechts-
verfahrens bei Schuldsachen zwischen rheinischen Bürgern
und Blämingen. Ja, die freie Rheinschiffahrt wurde im
Jahre 1259 durch einen Ausspruch des Erzbischofs Konrad
von Hochstaden zugunsten der Kölner ganz aufgehoben.
Kein Kaufmann aus Ungarn, Böhmen, Polen, Bayern, *Späterer*
Schwaben, Sachsen und Thüringen, überhaupt keiner aus *Stapel der Kölner.*
den östlichen Ländern, sollte mit seinen Waren über die
Stadt Köln stromabwärts ziehen dürfen, ausgenommen im
Falle einer Pilgerschaft: kein Bläming, Brabanter, von der
Mosel oder aus den Niederlanden, weiter als bis Köln und
über das Dorf Rodenkirchen fahren, sowie den oberländischen
Gästen der Turm Ryle, am Nordende Kölns, als Haltepunkt
bestimmt war. Jeder Fremde, welcher jenseits dieser
Marken mit seinen Waren betroffen wurde, durfte an-
gehalten und nach „altem Brauche, Hansen (hänseln) genannt", bestraft werden. Aber ungeachtet so hämischer
Hindernisse, deren eigentümliche Bedeutung wir später
hervorheben werden, ungeachtet leider auch deutscherseits
dafür gesorgt wurde, den freien Strom gegen das Niederland abzusperren und dadurch schmählich die Wiedervergeltung
von seiten Hollands zu verschulden, bildete sich von Gent
aus ein sehr lebhafter Verkehr mit den Städten des äußersten
Niedersachsens quer durch ein frühzeitig vielgespaltenes
Gebiet. Das gegenseitige Bedürfnis zeigte sich stärker als
die eigensinnig geschmiedeten Bande, und völker- wie handels-
rechtliche Satzungen befestigten sich durch einzelne Verträge,
nicht infolge allgemeiner Prinzipien, zwischen dem rheinischen
Venedig und den großen Kaufstädten in Flandern.

    Jenen Handlungen einer weisen Volkswirtschaft gegen- *Widersprüche.*
über, die Nationen durch den Verkehr zu verbinden, Ströme
und Heerstraßen frei zu machen, tat Friedrich, gereizt durch
den „frechen" Widerstand der lombardischen Städte, manche
Schritte, welche schon entfaltete Keime der gesellschaftlichen

Kultur zertraten. Den um das salische Haus hochverdienten Wormsern hatte er i. J. 1156 in Form eines kaiserlichen Friedens die Grundbedingungen politischer Freiheit, den Stadtrat und ein städtisches Gericht von 40 Mitgliedern, aus 12 Ministerialen und 28 „Bürgern" zusammengesetzt, bewilligt, und diese Schutzverbindung mit den Befugnissen ausgestattet, Landfriedensbrecher selbst außerhalb ihres Weichbildes zu verfolgen, ja selbst die Burgen, in denen Landbeschädiger vermutet würden, zu zerstören. So hatte sich aus jenen 40 Konsuln ein gemeinschaftliches Regiment gebildet. Als jedoch die Trierer ein gleiches versuchten, unterdrückte Friedrich, persönlich anwesend, die Verschwörung, die „Kommune" (1157), und erließ i. J. 1158, als dessenungeachtet „Zünfte und Brüderschaften", ein Stadtrat, eine Konsulargewalt, sich des Regiments unterfingen, harte Strafdrohungen. Als sich nun gar Mainz kurz vor der Zerstörung Mailands gegen seinen herrschsüchtigen, ränkevollen und übermütigen Kirchenfürsten empört und den schnöden Verächter des Bürgertums erschlagen hatte, verhängte der gereizte Kaiser im Frühlinge 1162 ein vernichtendes Gericht über jene altvornehme „goldene" Rheinstadt, ließ ihre Mauern und Türme niederreißen, „damit sie zum Dorfe herabsänke, schutzlos gegen Raub- und Diebsgesindel."

Mainz zerstört.

Aber auch hier erwies sich die Natur der Dinge und die Entwicklung des menschlichen Geistes mächtiger als die Strafexempel des bösgelaunten Herrschers. Mainz war nach zwanzig Jahren wieder lebenskräftig, errang i. J. 1244 wahrhaft republikanische Selbständigkeit und stand gleich darauf an der Spitze der bewaffneten deutschen Bürgerwelt.

Schon auf dem Tage zu Roncalia (1158) hatte der Kaiser das Verbot gegen Schutzgilden, Innungen und Verschwörungen, gegen alle Genossenschaften innerhalb und außerhalb der Städte, „selbst bei Anlaß von Sippschaft", die Einigungen zwischen Stadt und Stadt, Person und Person, oder zwischen Stadt und Person, bei einer Buße von einem Pfunde Gold erneuert. Wie zum Hohne gegen solche Satzungen errangen unmittelbar in diesen Tagen die längstabgeschlossenen Innungen obrigkeitliche Anerkennung. Anerkennung der ersten Zünfte. So in den Städten des gewerbetätigen Sprengels Magdeburg, deren Zunftrollen (vielleicht nur zufällig die aus frühester Zeit bewahrten), durch Erzbischof Wichmann i. J. 1158 bestätigt wurden. Urkundlich erkannte der Priesterfürst „die Freiheit als Richtschnur seiner Handlungen, weil Ehre und Nutzen ohne Freiheit nur Knechtschaft sei": er gab den Schustern Recht und Meistertum, daß sie keinen Obmann über sich hätten als den gemeinsam erwählten Altmeister. Kein Unzünftiger durfte Waren auf öffentlichem Markte verkaufen und das Recht der Innung umgehen. Zur Anerkennung solle die Zunft durch den Amtsmeister jährlich dem Erzbischofe eine bestimmte Summe zahlen. In solcher Selbständigkeit und Gewerkehre waren gewiß die vornehmeren Gilden, die Gewandschneider, Krämer, Kürschner, Schwertmacher, Tuchmacher zu Magdeburg, Bardewiek, Quedlinburg, Halle und Soest, jener binnenländischen Haltepunkte des eröffneten Seeverkehres, den Schustern zu Halle und Jüterbog längst vorangegangen, und drängten auf die Umgestaltung des Regiments. Kölns zahlreiche waffengeübte Zünftler gaben das Fußvolk und die Bemannung der Rheinschiffe her, mit denen Erzbischof Rainolds Feinde geschreckt wurden, wenngleich Köln in dem neueren gemeinschaftlichen Wesen noch zurückblieb, die Richerzechheit noch eine patrizische Genossenschaft war, die jährlichen Bürgermeister aus sich erkor, und lebenslängliche Schöffen das Gericht handhabten. Von westfälischen Städten erhoben sich als Begründer der Hanse neben Soest und Dortmund besonders Osnabrück und Münster, die karolingischen Bischofssitze. Als eine neue Schöpfung dagegen, voll einer glanzstrahlenden Zukunft, nach welschem und deutschem Muster und als Vorbild für die neue deutsch-slavische Welt das welfische Lübeck.

Mit klugem Auge hatte Heinrich der Löwe, Herzog von Das welfische Lübeck. Sachsen und Bayern, als Romfahrtsgenosse des Kaisers den Wert betriebsamer, in ihrer innern Verwaltung unabhängiger Kaufmannsstädte kennen gelernt. Aber am Meeressaume seiner Herrschaft, welche sich von der Ems und Weser bis nach Nordalbingien und in das Wendland erstreckten, wohin

schonungsloſe Siege über das verzweifelte Volk ihm den Weg
geöffnet hatten, erſpähte er noch keine gelegene Stätte zur Grün=
dung eines lebenskräftigen Handelsortes. Dagegen reizte die
neudeutſche Stadt Graf Adolfs II. von Schauenburg an der
Trave, die wir ſchon im Verkehr mit Gotland fanden, die
Eiferſucht des Welfen. Das uralte Bardewiek, an einem
ſchiffbaren Binnenfluſſe gelegen, reich durch den Elbzoll
und die Verſchiffung des Salzes, welches beim nahen Lüne=
burg, dem Erbgute Heinrichs, in unermeßlicher Fülle
gewonnen wurde, begann an Bedeutung zu verlieren, indem
die Bürger von Lübeck die Saline von Oldesloh für ihre
Sälzereien und zur Ausfuhr benutzten. Vergeblich drängte
Heinrich den Grafen, ihm ſeine Stadt, das Gebiet der Trave
und den Hafen abzutreten und ſchritt, an Gewaltmaßregeln
gewohnt, wenn er Hinderniſſe ſeiner Staatshaushaltpläne
antraf, nicht allein zur Verſchüttung der Salzquellen zu
Oldesloh, ſondern er verbot auch den ſächſiſchen Warenzug
nach Lübeck, welcher aus dem innern Deutſchland längſt ſeinen
Weg über Goslar an die Elbe und Trave gefunden hatte.
Als ſolche Zwangsmaßregeln, denen gleichzeitig München an
der Iſar ſeinen Urſprung verdankte, dem ſinkenden Barde=
wiek nichts nützten, kam der Zufall den Abſichten Heinrichs
zu Hilfe. Die beengte, hölzerne Stadt auf dem Werder
Bucku erlag i. J. 1157 einer vernichtenden Feuersbrunſt,
und ſolches Unglück veranlaßte die Bürger, den Herzog mit
der Bitte anzugehen, ihnen auf ſeinem unmittelbaren Ge=
biete den Platz zu einer neuen Anſiedlung anzuweiſen. Je=
doch gewährte die „Löwenſtadt“, welche Heinrich darauf an
der noch unſchiffbaren Steckenitz bauen ließ, den Verdroſſenen
keinen genügenden Erſatz, auf deren Klagen denn endlich
der bedrohte Graf dem übermächtigen Lehnsherrn die
günſtig gelegene Brandſtätte überließ (1158), und ſich ein
neues welfiſches Lübeck wunderbar ſchnell erſt hinter einer
Plankenbefeſtigung, bald auch hinter Mauern und Türmen
erhob, von einer anſehnlichen Landwehr umgeben.

Lübiſche   Was halfen jedoch zum Aufſchwunge einer Handelsſtadt
Verfaſſung. die Lage am meerverbindenden Strome und die feſte Be=
wehrung, wenn nicht eine freie Verfaſſung, ein ehren=

Lübeck, nach einem Kupferstich von M. Merian.

Lübeck, jetzt die drittgrößte der drei Hansestädte des Deutschen Reichs, mit 69 812 Einwohner (1895), war einst das Haupt der Hanse und liegt an der Trave. Als Speditionsplatz und Vermittlerin zwischen den Ostseeküsten und Hamburg sowie dem Innern Deutschlands ist Lübeck wichtig für Handel und Schiffahrt; bedeutende Industrie.

volles, gesichertes Bürgerdasein, ein den Bedürfnissen der neuen Zeit angemessenes Recht und Gesetz, zur Gunst der Örtlichkeit hinzutraten? Die Insassen Neu-Lübecks waren ja nicht fürstliche Ministerialien, nicht bischöfliche Gotteshausleute oder nur persönlich freie Königsleute des X. Jahrhunderts, am wenigsten Hofrechtshörige oder gar leibeigene Handwerker. Aus bürgerlich freien deutschen Ansiedlungen floß die Bevölkerung auf Heinrichs Ruf an dem neuen Orte zusammen und konnte nur durch den zeitweise vollkommensten Rechtszustand gelockt oder festgehalten werden. Schwinden mußten darum innerhalb der neuen Mauern die noch lange nicht verjährten Vorstellungen vom „Besthaupte, Budteile", vom Heiratszwange, von Leistungen und Frohnden der Kaufleute und Handwerker zur Pfalz. Die Stadtobrigkeit war auch nicht aus Hausgenossen, Münzern oder sonstigem Ministerialienverbande herzustellen: kein Burggraf und keine Burgmänner fanden Raum in einem Gemeinwesen, das nur bei eigener Wehrhaftigkeit gedeihen konnte. Doch machte die Zeit, welche die gänzliche Emanzipation der deutschen Kommune noch nicht ahnte, mindestens sie fürchtete, die Bestellung eines Vogtes nötig, um das Gericht mit seinen Gefällen, die Hoheitsrechte des Landesherrn zu verwalten und Zölle und Abgaben einzuziehen. Solche Notwendigkeit erwog Heinrich und ordnete daher für gemeinschaftliche Verwaltung und Polizei einen Stadtrat an, dessen Wahlstatuten, vom Begründer selbst vollzogen, ein fast ewiges Ansehen in unseren Handelsstädten erlangt haben. Die vollberechtigte Bürgerschaft bildeten die Kaufleute, welche die offenkundigen Handelsvorteile der neuen Stadt und der Hinblick auf den mächtig mit jedem Jahre erweiterten Horizont des überseeischen Verkehrs aus den älteren binnenländischen Städten nah und fern, besonders aus Bardewiek, Stendal, Salzwedel, Braunschweig, Köln, zumal aus Soest und den westfälischen Töchtern des schon berühmten „Haupts der Engern", das unter Rainolds und Philipps des Heinsbergers Obhut über die engen Gassen bei St. Patroklus und der „Alten Kirche" und über die Bedingungen der ältesten Schrae hinauswuchs. Daß die

traumhaften Städte Karenza, Vineta und Julin, die wir
als Heimatsorte der angeblich ältesten Ratsaristokratie
Lübecks verzeichnet finden, nichts zum Stamme der Altbürger hergeben konnten, ist schon deshalb unbezweifelt,
weil deutsche freie Geburt mit Ausschließung der Wenden
Ratsküre. das Ansiedlungsrecht bedingte. Die Bestimmungen der Ratsküre, in wenigen Worten enthalten, aber die bündige Norm
für Jahrhunderte, lauteten auf die Wahl der Ratsglieder,
die je zwei Jahre im Rate sitzen, im dritten dagegen frei
sein sollten, „es wäre denn, daß man mit Bitte erlangte,
daß sie den Rat suchten." Erklärlich wird diese Bestimmung
aus dem Umstande, daß die Gemeindeämter im alten Bürgertum als Belästigung erscheinen konnten, da sie nur Ehren-
stellen ohne alle Einkünfte waren. Als schon nach
einigen Geschlechtsaltern eine Menge mit erklecklichen Gefällen versehene Ämter mit der Ratsherrnwürde vereint
waren, ließ sich nicht leicht jemand bitten, länger als zwei
Jahre im Rate zu sitzen, sondern es mußte für raschere Um-
setzung desselben gesorgt werden. — Jeder Gekorene mußte von
echter, freier Geburt sein, durfte niemand angehören, keines
Herrn Dienste tragen, was früh in lübischen Städten die
Ausdehnung gewann, daß selbst im Weichbilde kein Rittermäßiger wohnen, angesessen sein durfte. Außerdem forderte
das Gesetz von einem Ratmanne Unbescholtenheit: er
durfte nicht Sohn geistlicher Leute oder eines Pfaffen sein
und mußte einen bestimmten Grundbesitz innerhalb der
Mauern haben. Eine hochwichtige Satzung, die Mutter
unzähliger Aufstände und blutiger Zwiste, ja die Ursache
zeitweiser Anarchie und gänzlicher Ohnmacht der Hanse war:
daß niemand in den Rat aufgenommen würde,
der seine Nahrung mit einem Handwerke ge-
wönne. Als spätere und oft vergessene Bestimmung galt,
daß nicht zwei Brüder gleichzeitig im Rate sitzen durften.

Die ursprüngliche Zahl der Ratsglieder ist nicht festgesetzt und änderte sich nach den Verhältnissen. Doch gewann
früh die Zahl vierundzwanzig im Gesamtrate ein kanonisches
Ansehen. Als eine Fessel des Aufschwungs mußte das
Bürgertum die Gewalt des herzoglichen Vogtes betrachten,

verstand aber bald auf verschiedenem Wege sich auch die
richterliche Selbständigkeit anzueignen. Schon einige
zwanzig Jahre später legten sich die Konsuln nach den
„Willküren" der Stadt ein Gericht bei und bezogen
zwei Drittel der Gefälle.

So stellt sich im Dunkel des Jahrhunderts die poli- Privatrecht
zu Lübeck.
tische Verfassung heraus. Betreffs der privatrechtlichen
Verhältnisse sagt ein altverbürgtes Zeugnis, daß die Summe
der städtischen Freiheiten Lübecks als „Soester Recht"
begriffen wurde, als Recht jener Stadt in Westfalen, das
schon vor 1158 schriftlich verfaßt sein mußte und im wesentlichen die Satzungen enthielt, welche in der Stille der Vor-
zeit als Kaufmannsrecht zu Köln sich dann zu Freiburg
Geltung errangen. Aus so übertragenen Grundzügen bildete
sich in kaum einem Menschenalter das lübische Recht,
dessen Einfluß sich über alle Ostseeländer verbreitete und die
Herrschaft des hansischen Vororts als Oberhofs in Kaufmanns-
händeln schon binnen 130 Jahren anbahnte. Bedeutete
„Soester Recht" nicht sowohl bürgerliche Konstitution,
sondern nur bürgerliches Recht im Kreise des Kaufmanns-
lebens mit der Voraussetzung, daß eine freie Gewerbestadt
nur im Besitz einer städtischen Flur mit den meisten
Regalien bestehen konnte, so begreift lübisches Recht im
weitern Sinne die lübische Regimentsverfassung
und die Verbindlichkeit des dort gültigen und dort am un-
zweifelhaftesten ausgesprochenen Rechts.

Mit welcher Umsicht und Vorliebe der schöpferische Lübecks Ver-
hältnis zu
Wisby.
Welfe sein Werk förderte, ersehen wir aus einer Urkunde
vom Jahre 1163. Der alten Erzählung nach hatte er
Boten in alle nordischen Länder gesandt und Dänen,
Schweden, Norwegern und Russen freien Verkehr in Lübeck
zugesagt. Jene deutschen Kaufleute, welche wir schon in Lo-
thars Tagen in Wisby angesiedelt fanden, waren mit den
Gotländern in böse Händel verfallen, weshalb letztere die
Gnade des Herzogs eingebüßt hatten. Zur Wiederher-
stellung des friedlichen Gedeihens bestätigte Heinrich, als
Goten und Deutsche zu Artlenburg sich im Oktober 1163
vor ihm eingefunden hatten, den ersteren die Rechte und den

Genuß des Friedens, welchen ſein Großvater Kaiſer Lothar
ihnen gewährt hatte, namentlich ſicheres Geleit durch ſein
ganzes Gebiet, ungeſäumte Handhabung der Juſtiz, und
fügte Zollfreiheit in allen ſeinen Städten hinzu. Der Tot=
ſchläger eines Goten innerhalb des herzoglichen Landfriedens=
bannes, der Verſtümmler des Gaſtes oder wer ſonſt ſich
Mißhandlung erlaubt hatte, erlitt die feſtgeſetzte Strafe. Der
Gote, welcher innerhalb einer ſächſiſchen Stadt ſtarb, war
frei vom droit d'Aubaine, welches in Staaten der angeblich
vollendetesten Kultur erſt in neueſter Zeit abgeſchafft iſt.
Sein Blutsfreund oder Sippe empfing das Erbe des Ver=
ſtorbenen. War er nicht anweſend, ſo wurde die vorhandene
Habe ſorgſam Jahr und Tag bewahrt, und erſt nach Ver=
lauf der bezeichneten Friſt nahm der Richter das erbloſe
Gut an ſich. Endlich verbürgte Heinrich allen Goten
unter Vorausſetzung der Gegenſeitigkeit alle Hulden, die
er ſeinen Kaufleuten zugeſagt hatte, in der Erwartung,
„daß ſie ihn und ſein Land aufrichtig liebgewönnen, und
ſeinen Hafen in Lübeck fleißiger beſuchten". — Aus dieſer
merkwürdigen Urkunde erhellt zugleich, daß der Herzog der
Sachſen eine richterliche Obergewalt über die Deutſchen,
welche in Wisby anſäſſig waren, in Anſpruch nahm, indem
er ſeinem Vogte Odelrich einſchärfte, die Geſetze, welche er
in bezug auf die Goten erlaſſen hatte, auch den ihm anver=
trauten Deutſchen gegenüber fleißig zu beobachten. Das
Privilegium blieb in der ſpäter erbauten Marienkirche zu
Wisby aufbewahrt. — In jenem Richter und Vogt, welcher
zu Wisby die peinliche Gerichtsbarkeit im herzoglichen
Namen handhabte, erkennen wir die richterliche Würde, die,
ſpäter von Lübeck oder einzelnen bevorzugten Hanſe=Städten
in ihren überſeeiſchen Niederlaſſungen beſtellt, ſelbſt die
Gerichtsbarkeit an Hals und Hand über die Zugehörigen
ausübte. Lichnath, der „Gewaltbote" (Richter) der Goten
in Lübeck oder für die andern ſächſiſchen Städte ſcheint
dagegen nicht mit gotiſcher Vollmacht, ſondern durch
den Herzog ernannt zu ſein. —

**Aufblühen des
welfiſchen
Lübecks.**
Um das wunderſame Aufblühen der neuen Stadt, die
bei der Gründung Münzſtätte und Zoll erhielt, zu begreifen,

müssen wir die Vereinigung zufälliger Ereignisse, die Wirkungen planmäßiger Politik und die Erweiterung des Raums für mutigen Seeverkehr ins Auge fassen. Noch waren Heinrichs Unterhandlungen mit dem Grafen Adolf wegen Abtretung des Travegebietes nicht zum Abschluß gediehen, als das für die baltische Schiffahrt so hochwichtige Schleswig sein Dasein als Großmarkt einbüßte. König Svend von Dänemark *Schleswigs* hatte im Kampfe mit seinem Nebenbuhler bereits Schleswig *Sinken.* durch eine starke Schatzung heimgesucht, als er eine russische Kauffahrerflotte, welche in der Schlei lag, überwältigte und mit deren Ladung seine Söldner bezahlte (1157). Fortan getraute sich kein fremder Seefahrer mehr dahin. Der Handelsreichtum der Stadt schwand, um Lübecks keimenden Wohlstand zu fördern, obendrein versandete der Hafen. Die „Schleswiker Brüderschaft" in den sächsischen Städten behielt zwar noch jahrhundertelang den ehrenhaft gewonnenen Namen, gewöhnte sich jedoch, über die bequemere Stadt an der Trave nach den Schätzen der baltischen Küstenlande zu abenteuern. Auch Aldenburg in Wagrien geriet in Vergessenheit, und als auch Julins märchenhafter Handelsflor infolge wieder- holter dänischer Verheerung zum ärmlichen pommerschen Bischofssitze Wollin herabsank, hatte Lübeck im ganzen Umkreis der Ostseegestade nur jenes Wisby auf Gotland als Neben- buhler zu fürchten, das zwar durch seine deutsche Handels- ansiedlung allmählich den eignen Schwerpunkt einbüßen mußte, jedoch noch über ein Jahrhundert der unter so gesegneten Vorzeichen gegründeten Handelskolonie an der Trave die Wage hielt.

Das Werk einer planmäßigen Politik, die Gemein- *Untergang der* schaft christlicher Waffen, schuf inzwischen Sicherheit auf *Ostseewenden.* dem Meere und rottete das zähe Wendentum zwischen Niederelbe und Oder aus. Noch unter Svends hadervoller Regierung mußten sich auf Seeland eigene Brüderschaften bilden, um die wendischen Seeräuber abzuwehren. Die Küsten lagen öde, die Strandäcker unbebaut, die Inseln waren entvölkert, noch ein christlicher König von Dänemark beschenkte den altverehrten Götzen Svantevit auf Arkona mit einem kostbaren Trinkgeschirr, um sich mit den Ranen zu

befreunden. Der Sachſenherzog Heinrich der Löwe beſaß
keine Flotte, um ſeine Wendenmark in Mecklenburg in
Zaum zu halten, er bedurfte des Beiſtandes des ſeemächtigen
Waldemars, „des Großen", welcher ſich i. J. 1157 des
entwürdigten Königsſtuhls in Dänemark bemächtigte. Nach
mehr als zwanzig Heerfahrten, in denen der prieſterliche
Seeheld Biſchof Abſalon von Roeskilde dem Sieger zur
Seite ſtand, wurde die Kraft der Wenden gebrochen. Die
Geſtade des öſtlichen Mecklenburgs, die Ufer der Peene und
die Inſel Rügen waren Hauptziele der Züge v. J. 1158
an. Der Abodritenfürſt Niklot erlag zuerſt (1160), als
Heinrich der Löwe und Waldemar ſich vereinigt hatten.
Roſtock. Roſtock, als wendiſche Seeſtadt in Ruf, ſank in Aſche,
um als deutſche Kolonie und hochwichtiger Sitz der Oſterlinge in den erſten Jahrzehnten des XIII. Jahrh. wieder zu
erſtehen. Wolgaſt als Schlupfwinkel unbändiger Meerräuber fiel den Dänen zu, Pommerns chriſtliche Fürſten
beugten ſich, nur die Ranen warfen ſich, oftmals durch
liſtigen Scheingehorſam dem Verderben entgangen, immer
Rügen wieder mit heidniſcher Wut auf den Feind, bis i. J. 1168
chriſtlich. die Tempelfeſte zu Arkona und mit ihr die Kraft der Ranen
dem vereinten Angriffe unterlag. Freilich ſetzte ſich mit
dem Chriſtentume auch däniſche Herrſchaft an der baltiſchen
Südküſte wiederum feſt. Aber zum Gedeihen des Handels
blieb die See ſeit 1171 von wendiſchen Raubſchiffen frei,
und deutſche Grafen als Heinrichs des Sachſenherzogs
Lehnsleute ſchufen fürs erſte die Stille des Kirchhofs im
Lande der Abodriten, wie Albrecht des Bären Waffen im
Havelgebiete getan hatten.

Kurz vor dem Beginn jenes blutigen Siegerlaufes der
chriſtlichen Waffen hatte ſich dem Auge des deutſchen Kaufmanns im Nordoſten ein neues Land eröffnet. Sofort
trat die Handelsſpekulation mit dem Bekehrungseifer der
Kirche und mit ritterlicher Abenteurerluſt in Bund, um für
Livland ein halbes Jahrtauſend auf ganz fremdem Barbarenboden
entdeckt. die herrlichſte Kolonie zu gründen. Bremen, hundert Jahre
früher der Sitz des anmaßungsvollen Patriarchen Adalbert,
war unter ſächſiſchen Vögten im Norden ſeines kirchlichen

Ansehns beraubt, in seiner Geltung als Kaufmannsstadt so auffallend zurückgegangen, daß seine Bürger, zwischen den alten Ansprüchen des Bischofs und der gebieterischen Stellung des herzoglichen Vogts schwankend, mehrmals die Beute der kriegerischen Landherren wurden und fast nur in der fleißigen Bearbeitung ihres Weichbildes sich als „Bauern" betätigten. Das Los der ehemaligen Hauptstadt an der Weser drohte noch trauriger zu werden, als der herrschsüchtige und ränkevolle Erzbischof Hartwig I. wie sein kirchlicher Mitfürst, Erzbischof Wichmann von Magdeburg und andere kleinere Gebieter Niedersachsens und Westfalens, in nicht auszuweichendem Kampf mit der königgleichen Macht und der Willkür des Welfen gerieten. Unter so vielfacher Verkümmerung des bürgerlichen und kirchlichen Ansehns verhieß kluge Benutzung des Zufalls den Bremern mannigfachen Ersatz. Ein befrachtetes Schiff bremischer Kaufleute ward i. J. 1158 auf dem Wege nach Wisby östlich verschlagen, gewann den livländischen Busen, lief in die Düna ein und erkannte, nachdem sich die Fremden mit dem anfangs störrigen Volk verständigt hatten, alsbald den Produktenreichtum des neuentdeckten Landes. Die Macht der russischen Großfürsten aus dem Stamme der Rurikingen, welche bereits i. J. 1030 in Estland an den Ufern der Embach das feste Juriew, das heutige Dorpat, gegründet hatten, war glücklicherweise zersplittert, die Anfänge dänischer Herrschaft aus frühen Jahrhunderten verschollen und am nördlichen baltischen Horizont dehnten sich die Gebiete der reichen Handelsrepublik Nowgorod aus. Darum war es denn kein Wunder, daß die Kunde der rückkehrenden Schiffer, „ein neues Land sei aufgesegelt", bei den bangen Bürgern von Bremen aufmerksam aufgenommen wurde. Der Handelsgeist hatte ein neues Feld gefunden. Eine Faktorei mochte am Ufer der Düna, dort wo später sich Riga erhob, bald entstanden, und manche schöne Ladung Wachs, Pelzwerk, Hanf und andere Landeserzeugnisse in der Weser angelangt sein. Doch verhinderten die stürmischen Zeiten, die Kriege zwischen dem Sachsenherzoge und den unwillig gehorchenden Bischöfen, als deren Beute Bremen zumal i.

J. 1167 fiel, ein planmäßiges Verfolgen so winkender Vorteile. Erst der Bekehrungseifer Meinhards, des frommen Mönches von Segeberg, bezeichnete die Bahn, als er auf einer Insel der Düna sechs Meilen oberhalb ihrer Mündung ein Kirchlein Ykeskola erbaute (1186). Der gute Fortgang des Werkes bestimmte den Erzbischof von Bremen, den Apostel der Liven zum Bischof zu erheben. Der Kreuzfahrermut und kaufmännische Gewinnsucht Hand in Hand erweiterten dann den gewonnenen Raum, und kurz vor Ablauf des XII. Jahrhunderts erstand Riga, die dankbare Tochter deutscher Pflege, welche Bremen heraldisch als Mutter bekannte, bürgerlich dagegen Lübeck zum Vorbilde nahm. —

Gründung von Ykeskola.

Riga.

Durch den Geist der Zeit innig miteinander verbunden, dienten so umgestaltete Verhältnisse des Nordens, von dem freieren Bewußtsein des Bürgers getragen, zunächst dazu, die Lieblingsschöpfung des Welfen zu heben. Heinrich verlegte (1163) den Sitz des Bistums von Wagrien, der am frühesten zu Aldenburg dann im ärmlichen Orte Eutin gewesen war, nunmehr nach Lübeck. Solche Übertragung hätte bei der Herrschaft des hohen Klerus zu anderer Zeit die bürgerliche Freiheit gefährden können, aber der politisch kluge Herzog betrachtete seine Bischöfe als fügsame Landesbischöfe, nicht als Träger der Regalien vom Reiche, und deshalb erweckte die Residenz des kirchlichen Oberhirten keine oberherrliche Anmaßung, wiewohl die untrennbaren Beziehungen des damaligen Bürgerlebens zur Kirchengewalt mannigfache Unbequemlichkeiten zur Folge haben mußten. Obgleich schon anstelle der jetzigen hohen reichgeschmückten Pfarrkirche zu St. Marien ein derselben Patronin gewidmetes Gotteshaus, die „Marktkirche", bestand, legte schon der zweite Bischof von Lübeck, Konrad, i. J. 1170 den Grund zu einem Neubau. Wenige Jahre darauf stieg im frühesten Spitzbogenstile der ehrwürdige Dom empor.

Bistum Lübeck.

Unter unaufhörlichen Fehden mit geistlichen und weltlichen Nachbarn vom Kölner Sprengel bis zur Mittelelbe und tief nach Thüringen hatte Heinrich auch ältere Sitze des sächsischen Bürgertums gepflegt. Vor allen Braun-

Heinrich der Löwe und die sächs. Städte.

schweig, die Lieblingsburg im Stammlande, wo sein Wahrzeichen, der eherne Löwe mit offenem Rachen, seinen freudigen
Mut kundtat.   Dennoch blieb Braunschweig aus unver-
bundenen „Bauerschaften" bestehend ungeachtet der kostbaren
Heiligtümer seiner Kirchen, nur eine befestigte Pfalz mit
einem ritterbürtigen Vogte an der Spitze und entwickelte
erst später eine so unverwüstliche Gewerbetätigkeit und so
kühnen Kaufmannsgeist, daß von dem Gemeinwesen an der
Oker die Rede ausgehen konnte „O Braunschweig, wärst
du wasserreich, kein' Stadt im Lande wär' dir gleich!" Die
Bedeutung als Hoflager und Kriegsplatz mochte denn auch
zur Folge haben, daß Braunschweig erst i. J. 1240 das
Recht der Innungen vom Herzoge erkaufte, daß die Abfassung
der Zunftrollen so spät erscheint, und noch später eine stolze
Ratsaristokratie auch die vornehmeren Zünfte zurückzuhalten
verstand.   Ähnlichen Charakter verraten noch Lüneburg,
Göttingen, Einbeck und Hannover, und selbst Hamburg
bedurfte einer Erneuerung.   Neben Bardewiek, das jetzt
vernachlässigt und von Lübeck überflügelt dennoch für den
Binnenverkehr bedeutend blieb, regten sich vor andern in
Handel, Gewerbe und Rechtswesen Magdeburg und Goslar,
die einzige unmittelbar kaiserliche Stadt in Sachsen, reich
durch ihre Bergwerke, ein Marktort der Spezereien, die
vom Süden her oder von Flandern sich um die Pfalz der
Salier aufgehäuft hatten.   Waren die Verhältnisse des
Herzogs nach dem Niederrhein zu entschieden feindlich, indem
Erzbischof Philipp von Köln in seinem westfälischen Sprengel
mit Energie Heinrichs landesherrliche Gebote zurückwies,
so förderte doch gewiß des Welfen Vermählung mit Mathilde,
der Tochter Heinrichs II., (1167) den lebhafteren Verkehr
zwischen Westdeutschland und England.

Innerhalb eines Menschenalters hatte somit das
deutsche Bürgertum im Innern mächtige Impulse empfangen,
und der ausländische Verkehr seinen Horizont erweitert.
Die Themseufer wie die Klippen Gotlands waren durch
sichere gesellschaftliche Beziehungen mit fernen Städten des
deutschen Binnenlandes verknüpft, die Märkte Flanderns
zunächst mit niederrheinisch-westfälischen im regen Verkehr.

Braun-
schweig.

Goslar.

Neu-Lübeck erprobte in der Gunſt der ſicheren Waſſerſtraßen
die Vorteile des unterworfenen Wendenlandes, und Bremen
ſah den finniſchen Meerbuſen eröffnet. Da brach jählings
die Macht Heinrichs des Löwen zuſammen, förderte aber
durch ihren verhängnisvollen Sturz wiewohl unter Aufruhr
der Natur und wüſter Zerrüttung des deutſchen Nordens
das Ziel, welches im ſtillen Bewußtſein der ſaſſiſchen
Bevölkerung aufgegangen war.

Das Bürgertum, frei vom Zwang wie von der
ſchirmenden Obhut eines mächtigen Fürſtenſtaats, fand
ſchneller ſeine eigene Bahn, gründete vermöge einer Auswanderung ohnegleichen ſeine Handelsherrſchaft und die
Gebieterſtellung unſeres Volkes im Norden und Oſten und
errang dem deutſchen Weſen nie verjährte Siege. —

Zweiter Teil.

:: Vom Jahre 1180—1273. ::

Vom Falle Heinrichs des Löwen
bis zur festeren Begründung
hansischer Verhältnisse im großen
::   Zwischenreiche.   ::

Fall Heinrichs des Löwen. Lübeck an Schauenburg. 1181. Folgen der Zerstück-
lung Sachsens, Auswanderung und Kolonisation. Kreuzzug Kaiser Friedrich I.
Neu-Hamburg. Lübecks Freibrief v. J. 1188. Rückkehr Heinrichs. 1189.
Bardewiek zerstört. Fortschritte des Städtewesens und des Verkehrs. Bremen
und Livland. Riga gegründet. Die Stiftung des deutschen Ordens durch sächsische
Kaufleute. Der Welthafen von Dam. Glanz Kölns. England. Die Folge
des deutschen Königstreits. Lübeck dänisch. Kaiser Friedrichs II. Anfänge.
1180—1215.

Wie des gesamten deutschen Nordens Zukunft war
begreiflicherweise auch diejenige Lübecks mit dem
Schicksal seines fürstlichen Gründers innig
verknüpft.

Bekannt ist, wie Kaiser Friedrich I. ungeachtet seiner
flehentlichen Bitte im Entscheidungskampfe gegen die lombardischen Städte durch den Welfen nicht unterstützt, am
29. Mai 1176 jene furchtbare Niederlage bei Legnano
durch die mailändischen Bürgerritter erlitt, dann das
fruchtlose seines Strebens ermaß, erst zu Venedig Frieden
mit der Kirche und sechsjährigen Waffenstillstand mit dem
Städtebunde schloß und endlich im Frieden zu Konstanz
(Juni 1183) der neuen Freiheit auch staatliche Geltung
gewährte. Um die Undankbarkeit des Herzogs zu strafen
und dessen Uebermacht zu brechen, gab der gekränkte Kaiser
erst den geschädigten Nachbarn freie Hand gegen den
Gehaßten. Als Heinrich nach trotziger Abwehr der ersten
Angriffe an der Weser gegen den Erzbischof von Köln, **Heinrich der**
der eben damals seine erblühte Stadt Soest mit bewun- **Löwe geächtet.**
derungswürdigen Mauern umgeben hatte, auf den anbe-
raumten Gerichtstagen nicht erschien, erging nach dem
Spruch der Fürsten die Reichsacht über den Trotzigen.
Friedrich vollzog auf der Pfalz Gelnhausen (Januar 1180)
die Teilung der Reichslehen des Geächteten. Er verlieh
aber den westlichen Teil des Herzogtums, Westfalen und
Engern, soviel davon im Sprengel von Köln und Pader-
derborn lag, mit herzoglichem Rechte an den Erzbischof
Philipp, die herzogliche Würde in Ostsachsen an den
Grafen Bernhard von Anhalt und gestattete außerdem den
sächsischen Bischöfen, besonders dem Erzbischofe von Bremen,

die Lehen zurückzunehmen, welche Heinrich ihren Kirchen ab=
gedrungen hatte. Der Besitzergreifung und dem Abfall der
sächsischen Grafen und Lehnsleute ging jedoch ein so ver=
zweifelter Widerstand des Löwen voraus, daß nach der
Verwüstung Thüringens und Westfalens das Reichsoberhaupt
in Person gegen den Geächteten zu Felde ziehen mußte.
Heinrich, nur noch Braunschweigs und Lüneburgs in Nieder=
sachsen mächtig, wich nach Nordalbingien aus, fand aber

Treue
Lübecks. nur bei Lübecks Bürgern die Treue, welche sie dem Wohl=
täter schuldeten. Unverzagt halfen sie ihm mit Schiffen,
Waffen und Kriegsgerät. Da zwang das Erscheinen des
Reichsheeres den Bedrängten aus ihren Mauern nach Stade
zu flüchten. Mit dem Dänenkönige Waldemar vereinigt,
begann Friedrich die Stadt an der Trave zu Lande und zu
Wasser zu belagern. Als die Not der letzten Anhänger des
Welfen, besonders der zahlreichen Bürgerschaft, stieg,
sandten die Lübecker ihren Bischof „zur Versicherung ihres
schuldigen Gehorsams gegen den Kaiser.“ Sie ließen den
Herrscher durch ihn bitten, „ihnen die Treue zu gute zu
halten, welche sie, durch Heinrichs Milde an sonst öder
christenfeindlicher Stätte angesiedelt, ihrem Herrn erwiesen.“
Dies erwirkte ihnen die Erlaubnis, zum Herzoge gehen zu
dürfen und ihn zu fragen, ob noch Hoffnung des Entsatzes
sei, wenn nicht, müßten sie tun, was dem Kaiser beliebe.
Wider Erwarten hatte der Hohenstaufe, durch herbe Er=
fahrungen in Welschland gewitzigt, so bedenkliche Frist be=
willigt, obgleich er nach Heinrichs Achtung die Stadt als
sein ansprach. Wie nun die Boten beim Herzog keinen
Trost fanden, und er selbst sie hieß, sich in des Kaisers
Hand zu geben, taten die Standhaften und Klugen diesen Schritt
doch nicht eher, als bis Friedrich ihnen die Bestätigung
„der Freiheiten, welche sie vom Gründer übernommen, und
derjenigen Rechte, die ihre Urkunden nach Soester Rechte
auswiesen“, verbürgt hatte. Der Sieger erhob aber Lübeck
nicht in den Rang einer freien königlichen, einer Reichsstadt,
sondern übertrug sie vorläufig mit dem Genusse der halben
Zoll=, Mühlen= und Münzgefälle dem Grafen Adolf III.
von Holstein. Durch so harte Schläge gebeugt, unterwarf

sich der frühere Nebenbuhler kaiserlicher Macht der Gnade
des Hohenstaufen, empfing im November 1181 die Los-
sprechung von der Acht und seine Stammgüter Braunschweig und Lüneburg, mußte aber geloben, zur Sicherung
des Friedens auf drei Jahre in die Verbannung zu gehen.

Dieses ungeheure Ereignis, das nur unter wüsten *Zerstückelung*
Kriegen im Sachsenlande vollzogen werden konnte, raubte *des Herzog-*
dem großen Herzogtume, welches von der Elbe bis an den *Sachsen.*
Rhein, vom Meere bis nach Thüringens und Hessens
Gebirge reichte, den gefürchteten Namen und allen politischen
Zusammenhalt. Bei der Zerbröckelung in eine Menge
einzelner Lehen, Grafschaften und geistlicher Stiftungen
stellte sich die Unmöglichkeit heraus, daß sich eine gebieterische fürstliche Landeshoheit ausbildete. Weder der
Erzbischof von Köln in seinem Anteil, noch der machtlose
Askanier von seinem Winkel zwischen Mulde, Saale und
Elbe und vom überelbischen Lauenburg aus konnten anstatt
der Kaiser, welche im Oberlande zu walten fortfuhren, die Reichs- *Folge dieses*
friedenssatzungen, die öffentliche Ordnung handhaben. So *Ereignisses.*
fand sich in Norddeutschland kein zugleich mächtiger und
großgesinnter Fürst, welcher für die Städte im Auslande
wichtige Schritte zur Anknüpfung des Handels und zur
Beschirmung desselben tat. Der Drang war aber einmal
im Bürgertum, das gegen die kleineren Herren seine erlangten Rechte leichter verteidigen, neue unwidersprechlicher
ertrotzen konnte, vorhanden: sich selbst überlassen mußte
dasselbe daheim seine Wohlfahrt, die Sicherheit der
Straßen einzeln oder im Bunde mit Nachbargemeinwesen
schützen, und auswärts selbständig Handelverträge knüpfen.
So förderte sich denn die eigentümlichste Gestaltung des deutschen Gesellschaftslebens, die Hanse,
kämpfend und berechnend, wagend und sinnend, ans
Licht. Hätte eine starke, ihrer selbstbewußte Territorialmacht
zwischen Oder und Ems sich aufgebaut und besonnen
staatswirtschaftliche Richtungen verfolgt, so konnte zwar ein
blühender Seehandel, auch wohl eine Marine entstehen:
aber keine Hanse, keine so wunderbar konstruierte, weit
gebietende, geistige wie materielle Macht, nur durch die

freieste Tätigkeit bedingt, die schöpferische Lust, das Behagen am Abenteuer und das kecke Selbstvertrauen einer Gemeinheitsverfassung, welcher von vornherein der landesherrliche Einzelwille entgegengetreten sein würde.

Auswanderung.

Eine zweite gleichwichtige Folge der Zerstörung des großen Herzogtums Sachsen war die kaum glaubliche, kaum begreifbare Auswanderungslust, welche die norddeutschen Bauern und Insassen binnenländischer Städte ergriff, und sie in Scharen nach den fernsten baltischen Gestaden, nach dem Innern des verödeten Wendenlandes lockte, um dem Elende und dem Drucke zu entgehen, welcher unter den ungezügelten Fehden der kleineren Landgebieter und dem gefährlichen Schwanken neuer Besitzverhältnisse ein paar Menschenalter hindurch über dem zerrissenen Boden vom Rhein bis nach Nordalbingien lastete. Unzählige trieb aber auch das ehrenhafte Verlangen, ihre häuslichen Zustände zu verbessern, ein menschenwürdigeres Los in der Fremde zu gründen, aus der unruhigen Heimat. Wiederum kamen ungewöhnliche Naturumwälzungen, Einbrüche des Meeres, Mißwachs und Teuerung zu den Anstößen, welche die moralische Welt gewährte, hinzu. Die deutschen oder für deutsche Art gewonnenen slavischen Gebieter der Länder zwischen Elbe und Weichsel, die Markgrafen und Grafen in der Lausitz, in der Ostmark Brandenburg, in Schwerin und Mecklenburg, die Teilherzöge Schlesiens vom Stamme Piasts, (seitdem Kaiser Friedrich I. auch diese polnischen Marken mit dem Reiche in Verbindung gebracht hatte), die Herzöge von Pommern, welche unter trügerischem Reichsschutze und der Anmaßung des wiedererstarkten Dänenreichs schwankten, die eben christlich gewordenen Slavenfürsten an der Niederweichsel, die Tschechen- und die eigentlichen Polenherrscher, alle, wie selbst Abkömmlinge Arpads im wilden Magyarenlande, erkannten die Überlegenheit der Deutschen im Landbau, im bürgerlichen Verkehre, im Handwerk, endlich in der Streitbarkeit über ihre barbarischen Untersassen, und luden wetteifernd unter den günstigsten Bedingungen jene daheim unzufriedenen, unbefriedigten aber selbstvertrauensvollen, zäh-fleißigen und jedem Wagnis gewachsenen

Braunschweig, nach einem Kupferstich von M. Merian.

Braunschweig, Haupt- und Residenzstadt des Herzogtums Braunschweig, mit 114 686 Einwohner (1895), liegt in einer wohlangebauten und fruchtbaren Ebene an der Oker, welche die Stadt in mehreren Armen durchfließt. Der Ort wurde im Jahre 861 gegründet und war später Lieblingsaufenthalt Heinrichs des Löwen (1139—95). Im Mittelalter errang sie sich eine mächtige Stellung als Handelsstadt und wurde Hauptstadt des sächsisch-westfälischen Quartiers der Hanse. 1671 wurde die Stadt, welche bis jetzt von der Landeshoheit fast vollständig unabhängig war, von Herzog Rudolf August unterworfen und seit 1753 Residenz des Herzogs. Braunschweig ist reich an altehrwürdigen Kirchen (darunter der Dom), öffentlichen Profanbauten und Privathäusern, sowie an modernen Monumentalbauten. Die Stadt ist Sitz einer bedeutenden Industrie. Braunschweiger Wurst, Honigkuchen und Spargel werden weithin versandt.

Bewohner Nieder- und Mitteldeutschlands zu sich ein. Indem nun die Auswanderer in ihrer Person und in ihren Rechtsbegriffen die ganze Summe der Freiheit mit sich brachten, welche gleichzeitig im Vaterlande nach Anerkennung gerungen, ja indem sie als Auswanderer noch höhere Ansprüche in der Fremde als in der kargen Heimat zu erkennen gaben, erwuchsen innerhalb 60 bis 70 Jahren seit dem Falle des Löwen jene zahlreichen deutschen Töchterstädte voll des rührigsten Erwerbsinnes, von denen wir jedoch im Verlaufe unserer Darstellung nur solche bezeichnen können, welche mit lübischem und magdeburgischem Rechte ausgestattet in ihrer örtlichen Lage, in gesellschaftlichem Bedürfnisse, in gewerblicher Tätigkeit, in Regiments- und Rechtsverfassung, wie in Sitte und Sprache diejenige Ähnlichkeit untereinander zu eigen gewannen, welche die Ausbildung einer mehr nationalen als weltbürgerlichen Gemeinschaft bedingte.

So empfingen Mecklenburgs und der Ostmarken alte Orte Rostock, Schwerin, Wismar, Havelberg, Brandenburg, die wendischen Flecken der Lausitz, im nächsten Geschlechtsalter eine neue deutsche Bevölkerung. Die ersteren besonders aus Niedersachsen, Westfalen, vom Niederrhein, auch aus Holland und aus Flandern, das ja schon früher, wie ein Bienenstock im Lenze, seine Schwärme in innere deutsche Gauen ausgeschickt hatte. Schlesiens altbekannte Orte zogen ihre neuen Bewohner besonders aus dem östlichen Mitteldeutschland, mit Vorschub Magdeburgs, jener Werkstätte bürgerlicher Ordnung, in welcher eben damals der Sachsenspiegel als Inbegriff altsassischen Volksfreiheits- und altsassischen Rechtsbewußtseins der entstandenen gemeinheitlichen Verfassung zugrunde gelegt wurde. Pommerns ursprüngliche Städte Demmin, Stargard und Stettin, das i. J. 1187 seine deutsche Gemeinde nur geduldet hatte, wurden mit vielen neuen Orten bis zur Mitte des XIII. Jahrh. so deutsch, daß die wendischen Altbürger in bäuerische Vorstädte zurückwichen. Danzig, Sitz der Fürsten Pommerellens, konnte selbst bei der Abneigung seiner Landesherren gegen das anmaßungsvolle deutsche Wesen sich dem allgemeinen Gesetze der Bewegung nicht entziehen.

Neue deutsche Städte.

Im vierten Jahrzehnt des XIII. Jahrh. tat auch Preußen blutig sein Tor auf, und das deutsche Bürgertum zog mit seinen eigentümlichsten Attributen bis an die Memelstadt hinauf, während Livland und Esthland ihre deutschen An- siedlungen in Jugendfrische längst prangen sahen. Diese griffen gelehrig wie erfinderisch die entfernten Fäden des begonnenen hansischen Handels auf und knüpften sie weiter.

So wunderbar wie diese dichtgesäte Kolonisation blieb die Selbsterzeugungskraft des heimatlichen Bürger- tums, indem gleichzeitig mit der Auswanderung die alten Städte emporwuchsen, zahllose neue aufschossen und nirgends eine Lücke bemerkbar war. Preisen wir in diesem Wunder das städtische Weichbild als geheiligte Zufluchtsstätte, welche dem mißhandelten leibeigenen Bauer einen menschenwürdigen Zustand wie mit einer Tempelinschrift verkündete.

Vorzug der neuen Städte vor den älteren. Unvollkommen und jahrhundertelang am erblichen Schaden rittermäßiger Aristokratie kränkelnd, blieben dagegen alle Städte, welche der Hohenstaufe auf dem eigenen oder des Reiches engeren Boden schuf. Ältere königliche Städte, aus Pfalzen entstanden, lagen noch starr in den fränkischen Formen. Nur Köln drängte in seiner Entwicklung dem Erzbischofe gegenüber vorwärts und erzwang seinen Willen.

Da führte die Kunde, Jerusalem und das Grab des Erlösers sei in der Ungläubigen Hand gefallen, den alternden K. Friedrichs Kreuzzug. Ritterkaiser im Frühling d. J. 1189 mit dem begeisterten Adel zu ungleichem Ausgange ins heilige Land, nachdem er auf dem letzten Reichstage zu Nürnberg (Dezember 1187) eine verhängnisvolle Saat ausgesät hatte, die fürst- liche und adlige Selbsthilfe, das Faustrecht, gesetzlich und ehrenhaft zu machen, falls der Fehdebrief in gemessener Frist vorausginge!

Die Abwesenheit des gefürchteten Reichsoberhaupts und die Aufregung des deutschen Volks infolge des Kreuz- zuges mitsamt der schnellen Wechselwirkung, in welche die Kulturvölker der germanisch-romanischen Welt zueinander traten, verfehlten nicht, eine Reihe bedauerlicher und glück- verheißender Erscheinungen im Gefolge zu haben. Der ge-

fürchtete Löwe kehrte schon im Herbste 1189, als sei er Rückkehr Heinrichs des Löwen.
seines Eides entledigt, aus dem zweiten englischen Exile nach
Sachsen heim und stieß mit den Waffen die Ordnung
wieder um, welche der alte Kaiser scheidend festgesetzt hatte,
und die der junge König Heinrich VI. auf sein welsches
Erbe blickend, nicht verteidigen konnte. Holstein beugte sich
dem früheren Lehnsherrn, und selbst Hamburg, dessen Schutz-
herr Graf Adolf im fernen Syrien weilte, öffnete dem
Welfen seine Tore. Kurz vorher hatte Hamburg, vordem Neu-Hamburg.
auf die Alsterstadt beschränkt, im mäßigen Verkehr mit der
holländischen und flandrischen Küste, mit Gotland und
London, durch den Schauenburger stromwärts eine günstige
Erweiterung erfahren (1188), indem derselbe unter Leitung
Wirads von Boizenburg westlich der Altstadt und seiner
Burg eine Handelskolonie und einen Hafen anlegen ließ
und dem Unternehmer erhebliche Vorrechte, den Neubürgern
Weiden, Gehölz, Äcker zuwies, sie vom Zoll innerhalb
seines Gebietes befreite und ihnen den Gebrauch des lübischen
Rechts zusicherte. Auf drei Jahre hatte der kluge Staatswirt aller Gerichtsbarkeit mit Ausnahme der Fälle an
„Hals und Hand" entsagt, auch Jahrmärkte und Wochenmärkte angeordnet. So war in kurzer Zeit das Kirchspiel
St. Nicolaus gegründet, nachdem der Graf noch im Mai
1189 vom pilgernden Kaiser einen Freibrief erwirkt hatte,
vermöge dessen Hamburgs Bürgern freie Fahrt für Schiff
und Ladung vom Meere auf- und abwärts ins Meer zu-
erkannt und nur zu Stade eine Abgabe für fremdes Gut
entrichtet werden sollte. So hatte Hamburg im Genuß
fast sämtlicher Begünstigungen, des Aufsichtsrechts über den
Markt, der Freiheit vom Umgelde in der Grafschaft, der
Befugnis, zur Landesverteidigung nicht helfen zu dürfen,
einen bisher unbekannten Aufschwung genommen, als neue
Prüfungen durch den rückkehrenden Welfen für Nordalbingien
begannen. Aber den Mittelpunkt des Streits bildete das Lübeck im Gedränge.
Land der Trave und Lübeck, das im Herbste des J. 1188
vom Kaiser mit fast reichsstädtischen Privilegien, viel an-
sehnlicheren, als Bremen i. J. 1186 erhalten hatte, begnadet
war, als sei er spät inne geworden, wie nur bürgerliche

Selbständigkeit der gefährdeten Grenze des Reichs gegen den äußeren Feind, den trotzigen Dänen Knud Waldemarsen, zu sichern vermöge, der i. J. 1184 und besonders i. J. 1185 durch das Treffen bei Darsim in der Bucht des späteren Greifswald die Seemacht der Pommern gebrochen hatte. Jener Gnadenbrief des Hohenstaufen hatte seine „treuen Bürger" von Lübeck gegen die Beeinträchtigung der Grafen von Schauenburg und Ratzeburg in Schutz genommen, ihr Gebiet nach allen Seiten mächtig erweitert und ausdrücklich alle Verleihungen ihres Gründers, die Summe bürgerlicher Freiheit und Rechte erneuert. Als solche galt das Patronat über die Marienkirche mit Vorbehalt des Bestätigungsrechts durch den Bischof, die Freiheit von Zoll und „Hanse", also allen Handelsabgaben im Herzogtume Sachsen, mit Ausnahme eines Zolles von fünf Pfennigen zu Artlenburg für jeden Wagen. Eine wichtige Befugnis war, daß ein Bürger, der in irgend einer Sache auf dem Reichsboden und im Herzogtume in Klage geriet, vor dem Gerichtsvogte seiner Vaterstadt nach dem Gesetze derselben sich reinigen konnte. Ein Marktgericht der Ratsmänner nach Ausweis der städtischen Willküren, mit teilweisem Ertrage der Bußen zugunsten der Stadt und des Richters, die Sicherstellung des Erbes eines ohne bekannten Erben Verstorbenen, und im Falle binnen Jahr und Tag kein rechtmäßiger Erbnehmer erschiene, der Heimfall des Erbgutes an den königlichen Fiskus, gewährte kräftigen Schutz gegen die Selbstsucht der Beamten. Andere Bestimmungen förderten den Verkehr mit dem Auslande. Russen, Goten, Normannen und „die übrigen östlichen Völker", wie die „Kaufleute jeglichen Reichs und jeder Stadt" hatten freies Geleit, freien Kauf und Verkauf ohne Zoll und Hanse, nur die zuletzt genannten Gäste entrichteten die gewöhnliche Abgabe beim Eingange und Ausgange. Die Bürger wurden vom Münz- und Wechselzwange befreit, die lästigen Vorrechte der Münzerhausgenossen, welche in den ältesten Rhein- und Donaustädten eine patrizische Herrschaft ansprachen, wurden aufgehoben, die Ratmänner zur Prüfung der Münze und nötigenfalls zur Bestrafung von Münzvergehen ermächtigt.

Letzter Freibrief Lübecks von Kaiser Friedrich I.

Ein wichtiges politisches Vorrecht war, daß keine hohe oder niedrige Person, also kein Fürst oder Ritter, innerhalb der Stadt und in ihrem Gebiete irgend ein hinderliches Gebäude oder eine Befestigung aufführen durfte, und die Bürger ihre Mark zu Wasser und zu Lande mit Gewalt „räumen", Burgen brechen durften, daß ferner die Bürger nicht zur Landwehr, zum Heerschilde zu dienen brauchten, ihnen dagegen die Verteidigung ihrer Stadt überlassen blieb. Weil die Gemeinde wesentlichen Zuwachs aus Einwanderern jeglichen Standes zog, war es eine unschätzbare Rechtswohltat, daß bei Freiheitsanfechtung der Bürger jeder durch seinen Eid ohne Eideshelfer seine Freiheit erhärten durfte und nicht dem Ankläger der Eid zugeschoben werden konnte. Endlich ein Palladium für das Menschenrecht, daß der Erweis eines früheren Unfreien, „er habe sich Jahr und Tag in der Stadt unangefochten aufgehalten", ihn aller weitern Rechtsverfolgung enthob. Um vollends sein Gnadenwerk gegen „die geliebten Bürger" zu krönen, gestattete ihnen der Kaiser aus besonderer Gnade, „was ihres Rechts innerhalb der Stadt sei, nach Belieben zu bessern und zu ändern", gewährte also die vollkommenste statutarische Gesetzgebung, „jedoch ohne Beeinträchtigung des kaiserlichen Vogts."

So nahe einer fast republikanischen Verfassung, welche Friedrich nur nach schmählicher Niederlage seiner Waffen und zögernd den Lombarden gewährleistet hatte, mußte Lübeck dennoch vierzigjährige Stürme bestehen, ja selbst einer fremden Obergewalt und notgezwungener oder freiwilliger Schutzherrschaft sich bequemen, ehe es zum ungestörten Genusse einer bescheidenen, aber ehrenhaften Reichsunmittelbarkeit gelangte.

In jenem bösen Herbste d. J. 1189 hatte des Schauenburgers Statthalter, Adolf von Dassel sich mit der Familie seines Lehnsherrn nach Lübeck geworfen. Statt ihn dorthin zu verfolgen, rückte der Löwe mit starkem Heere vor Bardewiek, mehr vielleicht in der Absicht, zum Schutze Lüneburgs die alte noch immer reiche und volkbelebte Stadt zu gewinnen, als angebliche Unbilden zu rächen, welche die

Unruhen durch Heinrich den Löwen.

Zerstörung von Bardewiek.

Bürger ihm in seinem Unglücke erwiesen hatten. Zwei Tage hatte er vergeblich die schwächste Seite derselben an der Elmenau angegriffen, als ein Zufall im mythischen Stile seinem Fußvolke eine Furt durch den Fluß zeigte. Die Mauern wurden erstiegen, und der blühende Ort nach verzweifeltem Widerstande der Bewohner schonungslos geplündert und mit Ausnahme der Kirchen den Flammen geweiht. (28. Oktober 1189). Fortan blieb Bardewiek, die älteste Stadt in Sachsen, ungeachtet ihres später wieder erneuten Domstiftes und ihrer fünf Kirchen, ein Flecken, der mit seinen Gemüsegärten nur dem Bedürfnisse Hamburgs und Lüneburgs diente. Stille herrschte in dem vom Strome entfernten Orte, während Hamburg und Lübeck den Rest kaufmännischer Bevölkerung an sich zogen, und Lüneburg, der Sage nach mit den Steinen der einst beneideten Nachbarin ausgebaut, erst jetzt bürgerliche Tätigkeit entwickelte.

Lübeck unter den Welfen.

Unter dem Schrecken der deutschen Lande, die der römische König Heinrich VI. nicht schützen konnte, stand der zürnende Löwe schon im November 1189 vor Lübeck, dessen Bürger in Angst vor gleichem Geschicke freiwillig ihre Tore öffneten und sich dem alten Gebieter fügten. Das folgenden Jahr sah zwar ein Reichsaufgebot vor Braunschweig, aber nur das offene Land wurde furchtbar verwüstet, Braunschweig vergeblich bestürmt, dagegen Hannover ausgebrannt. Ein Frieden, welchen der König (ungeduldig, sein Erbe Neapel und Sizilien anzutreten) im Sommer 1190 in Fulda zustande brachte, indem er ganz Holstein und halb Lübeck dem Schauenburger zuerkannte, die andere Hälfte der Kaufmannsstadt, d. h. den Ertrag der Gefälle an den Welfen wies, fand keine Vollziehung. Das Kriegsfeuer erneuerte sich i. J. 1192, und da der Löwe sich an den eigenen Vasallen Feinde erweckt hatte, konnte es dem Grafen Adolf, welcher inzwischen mit der Kunde vom Tode des Kaisers nach Deutschland geeilt war, gelingen, mit Hilfe des neuen Sachsenherzogs Bernhard und des Markgrafen Otto von Brandenburg Lübecks mächtig zu werden. Doch erst nach heftiger Gegenwehr, als die Bürger an der Hilfe ihres alten Wohltäters verzagten und noch schwankten, ob sie nicht den Schutz des anmaßungsvollen Königs der Dänen und „Wenden", Knuds anrufen sollten, unterwarfen sie sich dem Grafen, welcher dann zum Lohne seiner Mühen im Sommer 1192 sämtliche Reichseinkünfte der Stadt vom neuen Kaiser empfing. Von seinen Sternen verlassen, ohne Aussicht, daß sein Schwager, König Richard I. von England, der in des Kaisers ungroßmütige Hand gefallen, ihm helfen würde, ließ der gebeugte Welfe endlich im Frühjahr 1194 die Aussöhnung zu, welche durch Verschwägerung den hundert= jährigen Hader der feindseligen Geschlechter für immer zu schlichten verhieß. Von seinem früheren königtumgleichen Gebiete war dem grollenden Alten nichts geblieben, als das ludolfingische Stammgut. Er starb i. J. 1195 auf seiner einsamen Burg zu Braunschweig mit Hinterlassung dreier Söhne, deren unruhiger Geist Niedersachsen und ganz Deutschland bald wieder mit Kriegsgetümmel erfüllen sollte. Zwei Jahre darauf folgte ihm unter maßlosen Träumen von einer römischen Weltherrschaft der Hohenstaufe in den Tod (September 1197). Die zwiespältige Wahl eines Hohenstaufen, Philipps, und eines Welfen, Ottos, zu römischen Königen zerrüttete bald furchtbarer die deutsche Welt und begünstigte des Dänen Eroberungsgelüste. — Aber ungeachtet so heilloser Verwirrung, welche die Versuche Heinrichs des Löwen, das Verlorene wieder zu erkämpfen, über Norddeutschland verhängt hatten, und ungeachtet des unseligen Doppelkönigtums stand die Entwicklung des Städte= wesens und der Ausschritt zum überseeischen Verkehr keinen Augenblick still. Der Kaufmannsgeist, von religiöser Be= geisterung angefacht, entfaltete vielmehr um so kühner seine Schwingen. Zuerst in nordöstlicher Richtung.

Das Stift des heiligen Willehad, Bremen, vom säch= sischen Obervogte frei, verfolgte mit Nachdruck den Plan, für das zertrümmerte Patriarchat des Nordens in Livland Ersatz zu gewinnen. Als der erste livische Bischof Mein= hard i. J. 1196 gestorben war, drohte sein schwach be= festigtes Werk zu verfallen, obgleich sich seinem Nachfolger zahlreiche Kreuzfahrer aus Sachsen, Friesland und Westfalen angeschlossen hatten. Nur Geistliche und Kaufleute waren

Lübeck schauen= burgisch.

Doppelte Königswahl.

Bremen und Livland.

im ärmlichen Bischofssitze an der Düna, den die Heiden
bestürmten, zurückgeblieben, als Albrecht von Burthövden,
ein reicher Domherr von religiöser Begeisterung erfüllt,
i. J. 1198 das heilige Unternehmen aufgriff. Eben hatte
das Flammenwort Papst Innocenz III. selbst in Norddeutschland so wunderbar gewirkt, daß sich 700 angesehene
Bürger zu Lübeck vereinigten, um einem dritten deutschen
Kreuzzug nach Syrien zu folgen. Zugleich aber flossen
im Hafen der Trave für die Stadt gewinnreich Haufen
von Kriegsleuten mit Geistlichen, Handwerkern und Gewerbetreibenden für den nördlichen Kreuzzug zusammen, stachen
in See (Frühling 1199), retteten das bedrohte Ykeskola
und gründeten am Dünaufer unter Bischof Albrechts Leitung

Riga.
i. J. 1201 bei jener „Riege" am Strome (hölzener
Schuppen zur Trocknung und Lagerung des Getreides) die
Stadt Riga. Von deutschen Ansiedlern wimmelnd, erhob
es sich alsbald hinter Ringmauern. Steinerne Häuserreihen
umgaben den Bischofshof und den hochgewölbten und betürmten Dom, dessen große Kriegsglocke bei Feindesnähe
warnend erklang. Die Neubürger wählten aber nicht
Bremens altfränkische Verfassungsform, obgleich Erzbischof Siegfried um 1181 in löblicher Absicht „unver-
nünftige und gemeinschädliche Bräuche abzuschaffen" und
fremde Schiffahrt zu fördern, den „Schlagschatz" aufgehoben und auch die „Hanse" ein ihm besonders zuständiges
Handelsgefälle den Bürgern überlassen hatte. Rittermäßigen
Ministerialen, wie sie noch lange in Bremen die Gemeinde
bildeten, mochten die freisinnigen Ansiedler Rigas sich nicht
beugen, so gern es der hochadlige Bischof gewünscht hätte.
Sie brachten ja als unveräußerliches Gut das lübische Recht,
wie es sich den freieren Bedürfnissen der Gesellschaft gemäß
ausgebildet hatte, mit in die neue Heimat. Eine Körperschaft
von zwölf Konsuln oder Ratmännern übernahm, jährlich
wählbar oder zur Hälfte ersetzt, die städtische Verwaltung,
und klug wählte die Gemeinde das beste aus den Willküren Lübecks und Hamburgs für ihre Statuten aus. Schnell
erkoren Wisbys Großhändler, jene deutschen Kaufleute aus
Soest, Dortmund, Münster, Soltwedel, Lübeck, welche

unter dem Lilienbusch sich vereint und mit den Gotländern bereits eine Niederlassung mit Warenhäusern, eigener Kirche und mit Wohnhöfen in Nowgorod eingeräumt erhalten hatten, die wachsende Stadt an der Düna zum bequemen Zwischenstapel russischer Waren und zum Tauschplatz derselben gegen die Erzeugnisse des deutschen Kunstfleißes. So knüpfte der furchtlose, unermüdliche und kluge „deutsche Kaufmann" unmittelbar die Fäden wieder an, welche in den Glanztagen Julins und Schleswigs den russischen Handel an der Wolchow mit der südwestlichen Bucht des baltischen Meeres verbunden hatten. Riga, Wisby und Lübeck bildeten jetzt die Mittelglieder einer Kette des wohltätigsten Verkehrs, welche bis an den Niederrhein reichte.

Aber gleichzeitig ward auch die westliche Richtung des Seehandels rastlos verfolgt, eine südliche angebahnt, und in Syrien eine Schöpfung hervorgerufen, welche die große Bestimmung in sich trug, als streitbares Mönchsrittertum mit der deutschen Bürgerwelt im Bunde jenen Raum für die deutsche Kultur zu gewinnen, welcher zwischen der Weichsel und der Düna noch verschlossen war.

Uns kann es nicht überraschen, daß die deutschen Ritterpilger, welche mit Kaiser Friedrich mühsalvoll über Land nach Syrien gezogen waren, vor Akkons Mauern ein Häuflein barmherziger und rühriger deutscher Kaufleute aus den Häfen der Nord- und Ostsee unter Zelten von Schiffssegeln gelagert fanden, da wir der erweiterten Seefahrt und dem Handel niederrheinischer, friesischer und selbst schon sächsischer Städte nach Flandern, nach Englands Küsten nachzugehen imstande sind. Nicht mehr waren es, wie in Gottfrieds von Bouillon Tagen, reumütige Seeabenteurer und Räuber aus Friesland, welche meerwärts zum Grabe des Erlösers pilgerten, sondern ehrbare, fromme Bürger und Kaufleute norddeutscher Städte, besonders aus Bremen, Lübeck und Hamburg, welche von Hause aus den Weg zu den Stätten des Heils, auch wohl zu Märkten reichen Austausches und Erwerbes betraten. Voll Mitleid über die Verlassenheit deutscher Wallbrüder, denen kein lands-

Stiftung des deutschen Ordens.

männischer Orden, wie die Templer und Johanniterritter
den Romanen, in Krankheit Linderung und Pflege, in Not
Hilfe und Schutz gewährte, einigten sich jene frommen
Meerpilger aus Bremen, Lübeck und Hamburg zur „Brüder=
schaft des Hospitals Unsrer Lieben Frauen Maria". Aus
diesen bescheidenen Anfängen ging von Kaiser und Kirche
unterstützt und rittermäßig umgestaltet der ländererobernde,
länderkultivierende Orden der Marianer, der deut=
schen Ritter hervor. Als Bezwinger und Beherrscher
Preußens der deutschen Kolonisation bedürftig, hat jedoch
der Orden in seiner Blütezeit nie seinen bürgerlichen
Ursprung vergessen, und wie die Küste Samlands und die
Stromgebiete der Weichsel mit hochwichtigen Hansestädten
besetzt dem geistlichen Staate die Kräfte des Widerstandes
und des inneren Lebens zuführten, hat der Ritterorden
so klug wie dankbar die Interessen der Hanse ver=
treten. Beide Institute, von demselben Geiste des
Mittelalters getragen, mußten fallen, als sie sich feind=
selig einander entfremdeten.

Flanderns
Weltmarkt. Der südwestlichen Richtung des deutschen Verkehrs, welche
sich bald mit der nordöstlichen verknüpfte, diente aber immer
vorwaltender der Weltmarkt in Flandern zur Anlehnung und
zu tatkräftiger Belebung. Dietrichs des Elsassers vier Kreuz=
züge, ein bedeutender Seekrieg mit dem Grafen von Holland,
dessen keimende Städte noch hinter den westlichen Nachbarinnen
zurückblieben, vorteilhafte Handelsverträge der einzelnen
Kommunen in Frankreich und der vlämischen Hanse in
London, hatten den kaufmännischen Geist der „Poorter"
unglaublich gesteigert. Kaiser Friedrichs I. volkswirtschaftliche
Sorgfalt förderte den freien Verkehr, die lebhafte Binnen=
schiffahrt und den Landhandel über Mastricht, Köln und
Duisburg nach den Gewerborten Westfalens und Nieder=
sachsens. Da engte um 1181 des neuen Landesherrn Phi=
lipps Fürsorge den Arm des Meeres, welcher selbst Brügge
mit Überschwemmung bedroht hatte, vermittelst kostbarer
Deicharbeiten ein, und es entstand der neue, kunstmäßige Hafen,
„het Swyn" oder Sincfal früher genannt, um der Stadt
Damme (Dam) den Ursprung und einen weltbekannten

Namen zu erwerben. Wir haben die Schilderung eines
französischen Dichters, Wilhelms des Briten v. J. 1213,
um uns den Handelsreichtum Dammes, der gemeinschaft=
lichen Schiffsstation Brügges, Gents und vieler anderen
flandrischen Poorte zu veranschaulichen. Wenn nun auch
die Farben so glänzend und dick aufgetragen sind, daß wir
den Domherrn von Bremen, Adam, und den Pfarrer von
Bosow, Helmold, über Vineta zu lesen vermeinen, so beweisen
doch später urkundliche Tatsachen unleugbar, daß jene,
jetzt spurlos verschwundene Schiffsstation ein Welthafen
geworden war. Weil Venedig noch nicht, wie nach dem
Falle des byzantinischen Konstantinopels und nach Errichtung
des getümmelvollen lateinischen Kaisertums, die levantischen
Waren unmittelbar von ihren Stapelplätzen zog, um sie
über Regensburg und Wien vermittelst des deutschen Kauf=
hauses am Rialto, des Fondaco de' Tedeschi, in den
Norden zu befördern, trugen Schiffe aus dem Mittelmeer
wie „aus allen Gegenden des bekannten Erdrundes" Kost= Hafen
zu Dam.
barkeiten nach Damme. Der Hafen war ja so geräumig,
daß er König Philipp Augusts von Frankreich gesamte
Flotte, 1500 Barken (!) fassen konnte. So wunderlich die
poetischen Bezeichnungen für die fremdartigen Dinge lauten,
verstehen wir doch, daß Silber in Barren, Kupfer und Gold,
Stahl und Eisen, Metalle überhaupt, die in brabantischen
und lüttichischen Städten kunstvoll verarbeitet wurden, die
Augen des Gastes besonders blendeten. Die Gewebe aus den
syrischen Städten, Seidenzeug, das „Gespinst der Cykladen,"
buntes Pelzwerk Ungarns (?), Farben, zumal Scharlach,
Wein aus Gascogne und Rochelles zu ganzen Frachten,
rohe Bodenerzeugnisse, Englands Wolle, die lockenden Pro=
dukte des flandrischen Fleißes in Tuch und farbigem Gewande,
gefärbtes und rohes Leder, die Bedürfnisse des Schwelgers
sowohl als die Notdurft des gemeinen Lebens lagen dort
aufgehäuft, um gewinnreich nach allen Teilen der Welt ver=
schifft zu werden. Eine Zollrolle, in der Mitte des XIII.
Jahrh. für die deutschen Städte entworfen, wird uns die
Mannigfaltigkeit der Gegenstände kennen lehren, welche in
Damme, in Gent und Brügge auf den Markt kamen.

Hollands Städte. Hollands Städte, durch die rohen, gewaltsamen Verhältnisse der Staatsgesellschaft zurückgehalten, durch den Kampf zwischen Leibeigenen und Adel gehemmt, griffen vor dem XIII. Jahrh. noch nicht in den Handel der östlichen und westlichen deutschen Welt ein. Utrecht, so früh im Verkehr begünstigt, schwang sich erst später wieder auf, Tiel verlor unter Kaiser Friedrich I. seine uralte Zollstätte, die nach Kaiserswerth zurückgezogen wurde. Middelburg, Dordrecht und Seelands Orte gewannen erst durch den Grafen Wilhelm II., späteren deutschen König, an bürgerlicher Bedeutung. Nur Gröningen, Daventer, Staveren und Zütphen drängten sich in die Reihe seehandelnder Gemeinwesen, und ihre Bürger wurden bald unter der ehrenhaften Benennung „deutscher Kaufmann" oder „Leute des Herren Kaisers von Alemannien" mit einbegriffen.

Blüte von Köln.

Heinsberg.

Alle westlichen Städte mit Ausnahme Brügges überflügelte jedoch Köln und rang auf gleicher Bahn mit den siebzehn Schwestern der vlämischen Hanse. Hinter seinen neuen Mauern, die der weltkluge Erzbischof Philipp von Heinsberg nicht immer in Eintracht mit der eifersüchtigen Gemeinde aufgeführt hatte, erhoben sich die prächtigsten Werke romanischer Baukunst. In der Rheingasse die fürstlichen Wohnhäuser der „Overstolze" Hardevuste, „Jüden", und anderer Großhändler aus der Richerzechheit, welche wie Brügges Kaufmannsadel „heute turnierten und morgen Wein zapften, Gewand schnitten". Kölns Goldschmiede und Maler behaupteten den Vorrang in aller Welt. Am Rheinufer standen „tausend große Schiffe angebunden", die mit reicher Ladung stromauf= und abwärts herbeigeschwommen waren. Kommt es auch wohl vor, daß sie Bärenfelle aus Norwegen holten und schon von Waldemar II. Handelsprivilegien bekamen, so verkehrten die Kölner doch besonders mit Gent und beuteten überwiegend allein die Handelsprivilegien in England aus. Als König Richard Löwenherz aus Österreichs Gefangenschaft befreit durch Köln reiste, erhielt er dort solche Förderung beim Aufbringen des hohen Lösegeldes, daß er zum Dank seinen „geliebten Bürgern" am 6. Februar 1196 zu Löwen einen Freibrief erteilte, in welchem er ihnen die jährliche Rente von ihrer Gildhalle zu London und alle anderen Königsgefälle, die in ganz England von ihren Personen und Waren gezahlt wurden, gänzlich erließ. Zwar trug Richards Nachfolger, Johann, lange Bedenken, dieses ausgedehnte Privilegium zu bestätigen, allein die engen Beziehungen seines Neffen, des Sohnes Heinrichs des Löwen, Ottos, römischen Königs, zu den Kölnern, die dem Nebenbuhler des Hohenstaufen Philipp hohe Dienste erwiesen, verpflichteten den Oheim zu tätigem Danke. Nachdem er einige Jahre gezögert hatte, den hohen Freibrief seines Bruders zu bestätigen, entschloß er sich endlich i. J. 1213, jene Vergünstigung urkundlich anzuerkennen, „vorbehalten die Rechte der Stadt London." Die Bremer erwirkten gleichzeitig als erste sächsische Stadt wenigstens einen Befehl des Königs an seine Beamten, „sie als Leute des Kaisers, gegen Erlegung der gewöhnlichen Abgaben, ungehindert verkehren zu lassen." — Aber hinter jenen bevorzugten Altbürgern Kölns drängten die Zünfte, besonders die seit 1141 innungsmäßigen Lailach- und Wollenweber, nach politischer Geltung, und die Gewitterstürme des XIII. Jahrh. kündigten sich vernehmbar im Schoße der aristokratischen Kommune an. —

Waren die Städte Oberdeutschlands, namentlich die an der Donau, überwiegend auf den südlichen Verkehr angewiesen, und finden wir nur, daß Ottokar, Herr der Steiermark, i. J. 1191 auf der vielbesuchten Messe zu Enns neben den Regensburgern, — deren Hausgraf, Konsul im modernen Sinne, Marktrichter in fremdem Gebiete, aber ohne Gerichtszwang daheim, — die Rechte seiner Stadt vertrat, auch den Kölnern und Aachenern die hergebrachten Freiheiten verhieß, so bleibt doch Tatsache, daß die Großhändler der Donaustadt südländische Waren auf bekannten Straßen durch Franken, Thüringen, das Pleißnerland bis an den Harz, namentlich bis Goslar vertrieben, wo die Eroberer i. J. 1202 ungeheure Vorräte erbeuteten, und „Pfeffer wie andere Würze gleich Getreidehaufen mit Scheffeln" ausmaßen. Überhaupt macht den schnellen Aufschwung des deutschen Handels an den Küsten während der Kreuzzüge nur die rege Gewerbetätigkeit der Binnenstädte erklärlich, welche, wie

(Marginalien:)
Vorzüge Kölns in England.

Bremer in London.

Süddeutsche Warenzüge nach dem Norden.

besonders Magdeburg, Halle, Leipzig, dem auswärtigen Verkehr zur Grundlage dienten. Dazu kam der Reichtum an edlen Metallen, welchen das Erzgebirge im letzten Drittel des Jahrhunderts zu Tage brachte, und welcher der freien Bergstadt an der Mulde, Freiberg, den Ursprung verlieh. So steigerte sich einerseits der Gewerbefleiß der meißnischen wie thüringischen Städte, zumal Erfurts, und dann wirkte wieder das vermehrte Bedürfnis der Bevölkerung auf die Einfuhr aus den Seehäfen hin.

Zweites Kapitel. ::

Nordalbingien unter Dänenherrschaft. Livlands Kämpfe. Kaiser Friedrich II. städtefeindlich. Kreuzzug der Niederländer 1217. Abschaffung des Strandrechts. Fall Waldemars II. Nordalbingien von Dänemark frei. 1227. Lübeck freie Reichsstadt. Gründung von Stralsund. Die Schlüsse von Ravenna gegen das Bürgertum 1232. Braunschweigs Erblühen. 1202—1235.

Alle diese neuen Kräfte des Bürgertums durchdrangen einander selbst unter der greuelhaften Zerrüttung der äußeren Ruhe, welche der wechselvolle Kampf zwischen den beiden Königen jahrelang über die schönsten Gauen unseres Vaterlandes verhängte. Förderte während derselben die Notwehr gegen größere und kleinere Feinde die Autonomie der Städtebewohner, und gürtete gerade damals eine bedeutende Zahl neuer Orte sich mit Mauern, Gräben und Türmen, so blieb die schlimmste Folge der politischen Zerrissenheit und Ohnmacht des Reichs, daß die Nordgrenze, Nordalbingien und die wendische Seeküste mit ihrem erblühten städtischen Mittelpunkte darüber entfremdet wurden. Knud Waldemarsen, längst der gebieterische Lehnsherr der Herzöge von Pommern und der mecklenburgischen Fürsten, vertrieb den Grafen Adolf III. aus Holstein, bemächtigte sich Hamburgs und legte im Spätsommer 1200, als sich soeben die lübischen Schiffer zum Heringsfange an die schonensche Küste begeben hatten, erst auf die reichen Ladungen Beschlag, setzte dann einen Teil der Kaufleute gefangen und zwang durch so schnöde

Nordalbingien mit Lübeck dänisch.

Gewaltmittel die eingeschüchterten, schutzlosen Bürger von
Lübeck, sich seinem Bruder, dem siegreichen Waldemar, unter
der Bedingung zu unterwerfen, daß ihnen auch unter dänischer
Herrschaft der Vollgenuß der alten Freiheiten bliebe. Auch
Travemünde fiel im nächsten Jahre, und schon im August
1202 nannte sich Waldemar, Knuds Nachfolger, zu Lübeck
„König der Dänen und Wenden, Herr von Nordalbingien".
So schmählichen Umsturz altgeschichtlicher Verhältnisse duldete
Kaiser Otto, durch Verwandtschaft dem nordischen Könige
verbunden. Gleichwohl aber wurde der Wohlstand und der
Handelsflor der einst so hochgefreiten Travestadt nicht nur
nicht vermindert, sondern gewann durch Vorrechte im
dänischen Norden sogar mannigfache Erweiterung. Walde=
mar bestätigte den Lübeckern alle von den früheren Herren
erlangten Besitzungen, Vorrechte nnd Freiheiten (1204),
verlieh ihnen für die Märkte zu Skanör und Flasterbo
auf Schonen freien Verkehr im großen und kleinen,
besonders in Tuch und Kramwaren, gab ihnen ferner die
wichtige Befugnis, durch einen Vogt bis „auf Hand und
Hals" richten zu lassen, freies Erbrecht, und vielerlei Gunst
zur bequemen Betreibung ihres Geschäfts, das bereits in
einer eigenen „Vitte", einem leichtgebauten Fischerlager, an
jenem reizlosen, aber gesegneten Gestade sich festgesiedelt
hatte. Lockerte leider die dänische Herrschaft die vater=
ländischen Beziehungen der Pflegetochter deutscher Sorgfalt,
und gewöhnte sich der selbstsüchtige Kaufmann an weltbürger=
liche Betrachtung der Dinge, blieb auch unter dem fremden
Joche der Kommune selbst so weit politische Beweglichkeit,
daß sie mit Hamburg das erste Freundschaftsbündnis zum
Schutz der Güter ihrer Bürger eingehen konnte, (1210?)
so drohte die unkaiserliche Klugheit des jungen Hohenstaufen
Friedrichs II., durch welche er seinen welfischen Nebenbuhler
vollends zu vernichten strebte, für immer die Fäden zu zer=
schneiden, welche Lübeck an das Reich fesselten. Gleich nach
der verderblichen Schlacht bei Bouvines (27. Juli 1214)
gab Friedrich nicht allein diesen Gewinn blutiger deutscher
Waffen und keimender Bildung, wie zu Rostock an der
Warnov, zu Wismar, sondern selbst altdeutsches Stamm=

Livlands schwankende Lage.

land hin, indem er mit der „Fürsten Bewilligung“ zu Metz (Januar 1215) alles Reichsgebiet jenseits der Elbe und Elde sowie die Erwerbungen der dänischen Krone in Slavien für alle Zeiten (!) an Waldemar abtrat. Hätte nicht Livland, i. J. 1206 ganz getauft und durch die Schwert-brüder, Bischof Albrechts Schöpfung, unter hartem Zu-sammenstoß mit den Russen unterworfen, sich als geistliches Eigentum behauptet, so würde König Waldemars herrsch-süchtiges Auftreten in Esthland, die Gründung Revals (1219) als einer dänischen Zwingburg und festen Schiffsstation auch jene Pflanzung des deutschen Bürgertums in gedeihlicher, selbständiger Entwicklung gehemmt haben. Aber Livland, der Gewinn fast europäischen Kreuzfahrermuts, suchte den Schutz der Kirche, und Riga hielt die eingeimpften Grundtriebe fest. Neue Zuzüge aus Deutschlands kern-haftesten Städten folgten, und bald gestatteten dankbar „Rat und Kaufleute“ von Riga den Lübeckern die Anlegung eines eigenen Kaufhofs in ihren Mauern. Dennoch würde, von der römischen Kurie preisgegeben, verlassen vom Kaiser das deutsche Livland der Entfremdung zum Opfer gefallen sein, hätte nicht die Tat Heinrichs von Schwerin und die Sieghaftigkeit deutscher Waffen über den König der Dänen und Slaven auch das Werk deutscher Zivilisation am rigischen Busen sichergestellt.

Kaiser Fried-rich II. den Städten abgeneigt.

Indes nicht allein eine fremde äußere Gewalt bedrohte damals den Fortgang des bürgerlichen Lebens im deutschen Norden, sondern der welsch erzogene Hohenstaufe auf dem Throne legte, um ungetreue Fürsten zu gewinnen, die Axt selbst an die Wurzel der freiwüchsigen Gemeinwesen. Die geistlichen Gebieter waren erschrocken über die kecke Haltung, welche ihre Städte innerhalb zwanzig Jahren angenommen hatten. Selbst zu Köln rüttelte die niedere Gemeinde am Erb-schöffentum und richtete einen gewählten Bürgerrat auf. Deshalb begann denn in oberdeutschen Städten der junge Kaiser die Reaktionsmaßregeln, vernichtete hie und da den Gemeinderat und stärkte reichsgesetzlich die sich bildende Territorialmacht, indem er die richterliche Gewalt der Reichsbeamten an allen Orten aufhob, denen er als könig-

Nimwegen,

nach einem Kupferstich in M. Merians „Topographia Germaniae inferioris".

Nimwegen (holländ. Nijmegen, franz. Nimègue), das römische Noviomagus, war im 10.—13. Jahrhundert, als es dem Grafen von Gelre verpfändet wurde (1248), eine Reichsstadt und wurde 1585 von den Spaniern belagert und erobert, kam aber 1591 wieder in die Hände des Prinzen von Oranien. Nachdem die Franzosen sich der Stadt 1672 ohne Gegenwehr bemächtigt, sie aber 1674 wieder geräumt hatten, wurde hier 1678 und 1679 der Friedenskongreß gehalten, der zu den Friedensschlüssen von Nimwegen (12. August 1678 zwischen Frankreich und den Niederlanden, 13. Dezember zwischen Frankreich und Spanien, 5. Februar 1679 zwischen Österreich und Frankreich) führte, in denen die Niederlande alle eroberten Besitzungen zurückerhielten, Frankreich die Franche-Comté und mehrere Plätze in den spanischen Niederlanden sowie Freiburg i. Br. bekam. Die heutige Stadt ist auf 7 Hügeln gelegen, in der niederländischen Provinz Gelderland, am linken Ufer der Waal; sie ist Knotenpunkt verschiedener Staatsbahnlinien, hat eine fliegende Brücke über die Waal (nach dem Dorfe Lent) eine eiserne (seit 1886) und eine Eisenbahnbrücke, 24 öffentliche Plätze und Märkte (darunter den schönen Valkhof), 8 Kirchen, (darunter die reformierte gotische Stephanskirche, vom 13.—15. Jahrhundert erbaut, mit dem Grabmal der Anna Katharina von Bourbon) und ein prächtiges Rathaus (von 1554), bekannt durch den in demselben geschlossenen Frieden (s. oben). Die Festungswerke sind 1877—84 in eine breite Ringstraße umgewandelt. Sie zählte Ende 1889 32 194 (1894 : 35 795) davon 22 102 römisch-katholische Einwohner.

lichen Städten Jahr- und Wochenmärkte gewährt hatte.
Der Reichsstadt Goslar suchte er die Möglichkeit innerer
Entwicklung zu entziehen, indem er zum Beweise bürgerfeindlicher Richtung alle „Verschwörungen, jede Gesellschaft",
welche „Innung oder Gilde" genannt wird, mit Ausnahme
der Münzer verbot, und so überall wie in dem sonst
begnadigten Nürnberg die starren, altfränkischen Formen
fest zu bannen bemüht war. Ja, kurz vor der Reise nach
Welschland, welches ihn fünfzehn Jahre vom deutschen
Boden fernhielt, drohte Friedrich II. die Freistätten der
gemißhandelten Menschheit zu schließen, indem er (April
1220) den königlichen Eigenstädten wie den für das Reich
vorbehaltenen befahl, keinen Dienstmann, keinen Hörigen
oder Leibeigenen geistlicher Fürsten aufzunehmen, und auch
den Herren des Laienstandes unverbrüchliche Beobachtung
dieses Gesetzes einschärfte. Die Durchführung solcher Satzung,
welche die statutarische Unantastbarkeit eines Jahr und Tag
in einem Weichbilde ansässigen Neubürgers in Frage stellte,
war aber unmöglich und rief mit anderen tiefen Gründen
überall offene Widersetzlichkeit des Bürgertums hervor.

Unter Rückschritten und Schwanken, unter Hemmnis
und versuchter Verkümmerung der deutschen Städte im all-
gemeinen zeigten doch die Bürger im Sprengel von Köln, Kölns und der
Nieder-
deutschen
Kreuzfahrt.
in Westfalen und in Friesland, durch die Kreuzpredigt des
Domherrn Oliverius begeistert, eine so überraschende Kraftentwicklung in ferner Meerfahrt und in verwegenem Schiffs-
streite, daß wir die abenteuernden Kaufleute am Niederrhein, an der Ems und Weser als wahrhafte Vertreter der
deutschen Seemacht begrüßen müssen. Der kölnische Sprengel
allein hatte 300 Schiffe zum heiligen Unternehmen gerüstet,
welche unter der Führung des Grafen Wilhelm von Holland
und Georgs von Wied bei Vlaardingen am Ausfluß der
Maas versammelt und mit einigen „Koggen" (größeren
Schiffen) von Bremen und Lüttich verstärkt, mit Verlust
nur eines Fahrzeugs vom rheinischen Mülheim (!) um West-
europa herum im Juli 1217 den Tajo erreichten, dem
Könige Alfons von Portugal ein Maurenschloß erstürmen
halfen, vier maurische Könige in einer Schlacht überwanden,

und nach mancherlei Irrfahrten im Mai 1218 vor Damiette
Anker warfen. Wir enthalten uns, die tapferen Taten
niederdeutscher Bürger, ihre Geschicklichkeit im Belagern,
im Aufbau mächtiger Schiffstürme hier zu schildern.
Die für unbezwinglich geachtete Heidenfeste fiel im November
1219 zur jubelnden Genugtuung der Kölner, welche nach
Zeugnis ihres Kreuzpredigers mit dem Stiftslande mehr
geleistet — als das ganze übrige deutsche Reich. Von
den Westerlingen hatten die Harlemer durch unvergessenen
Heldenmut im Streite zu Gottes Ehre sich ausgezeichnet.
Die nächsten Jahrzehnte sollten die Osterlinge für ihre
politische Freiheit und eigene Ehre den Siegespreis im
Landtreffen und die ersten Schiffsschnäbel erkämpfen sehen.

Abschaffung
des Strand-
rechts.

Auch mitten unter der Zerrissenheit der deutschen Welt
und bürgerfeindlichen Gesinnung des Reichsoberhauptes machten
sich die Forderungen der Humanität geltend, und kündigte
sich eine sittlichere Ordnung der Gesellschaft an. Vom
nationalen wie ein Lebensberuf betriebenen Seeraube
hatten der ältere Waldemar und Heinrich der Löwe, die
Wendenbezwinger, das baltische und deutsche Meer gesäubert.
In der Ausbildung begriffen war das Seerecht, die Summe
der Gesetze in bezug auf die privatrechtlichen Verhältnisse
zwischen den Eigentümern des Schiffs und den Befrachtern,
welche die große deutsche Handelsgesellschaft zu Wisby
im Laufe des Jahrhunderts für erweiterten Seeverkehr ge-
eignet fand. Aber aus der Barbarei des früheren heidnischen Zeitalters erhielt sich noch der Brauch in Übung und
war durch die unbefangenen Vorstellungen selbst christlichen
Landeshoheitsrechts verstärkt worden, daß nicht allein gestrandete
Güter und Schiffe dem Gebieter der Küste gehörten und
den Armen nicht einmal gestattet war, auch nur den kleinsten
Teil ihrer Habe zu bergen, sondern auch die Personen der
geretteten Unglücklichen der Unfreiheit anheimfielen.
So unmenschliche, alle nachbarliche Verbindung der Völker
mitleidlos ertötende Grundsätze, die sogar als Grundruhr-
recht auf die Unfälle des Kaufmanns bei Landfrachten
Geltung fanden und auf Königswegen wie auf das Bett
binnenländischer Ströme angewandt wurden, mußten bei

der Kindheit der Nautik, der Unvollkommenheit der Fahrzeuge, dem Mangel an Seekarten und der Unbekanntschaft mit der Magnetnadel, welche im XII. Jahrh. kaum den Arabern und den italienischen Beschiffern des Mittelmeers aus dem Oriente zugekommen war, den Beruf des deutschen Kauffahrers im gefährlichen baltischen Golf und auf der Nordsee zum angstvollsten Wagestück machen. Noch gab es in den Hafenstädten keine Kommissions- und Speditionsgeschäfte. Der Kaufmann, der Landkrämer, brachte seine Waren einzeln oder gesellschaftlich über die vielherrigen, unsichern Landstraßen in Person an die Küste, kaufte oder dingte und bemannte ein Schiff, und geleitete todesmutig aus Gewinnsucht seine teure Habe zu fernen Umsatzplätzen. Wie unselig war nun sein Los, wenn er dem Zorn der Elemente an einem winkenden Strand entronnen auch dort noch den Verlust seines Guts, ja persönliche Sklaverei zu gewärtigen hatte?

Abhilfe vermittelte auch hier die Kirche, die immer noch nicht genug anerkannte Wohltäterin der mittelalterlichen Menschheit. Sie bot dem klugen Bürger die Hand, das drohende Schicksal zu erleichtern, endlich nach unsäglichen Mühen und Opfern die wildeste Sitte zu verbannen. *Wohltaten der Kirche.*

Schon König Waldemar II. hatte nach dem J. 1220 auf Verwendung des neuen Ordens der Predigermönche, welche wie die Franziskaner das junge Bürgertum gesellig, tröstend, sühnend und vermittelnd bis an die fernsten Gestade zu geleiten pflegten, „dem gemeinen Kaufmann zugunsten" an der gefährlichen Küste von Falsterbo ein Seezeichen, eine Landmark „zur Sicherheit der Schiffahrt und Vermeidung des Strandens" errichten lassen, und solches den Lübeckern besonders kund getan. Fast scheint schon eine Feuerbake, eine Art Leuchtturm verstanden werden zu müssen, da der König „von großem Kostenaufwande" spricht, und das nötige Holz zur Unterhaltung aus seinen Wäldern anweist. Gleichzeitig hatte er den Lübeckern (Juni 1220) aber auch die Freiheit verliehen, daß, wenn sie an den Gestaden seines Reichs Schiffbruch erlitten, sie ihre Waren mit eigener Anstrengung ohne irgendeine Forderung seitens seiner Beamten bergen dürften. So löblichem Beispiele folgte *Waldemars Sorgfalt für die Seefahrt.*

Mecklenburg,
Rügen. unmittelbar im August 1220 Borwin, Herr von Mecklenburg, indem er als Verleiher des lübischen Rechts mit allen seinen Vorzügen an Rostock, wie acht Ratmänner beurkundeten (1218), „die abscheuliche und verfluchte Sitte, welche seine Vorfahren vom Heidentum ererbt, gegen die Schiffbrüchigen unmenschlich zu wüten", abschaffte und den Bedrücker solcher Unglücklichen, sei es an ihrer Person oder an ihrem Gute, als Verletzer des Friedens und Verächter der Gerechtigkeit zu strafen gelobte. Der Nächste in der Übung gleicher Menschlichkeit war Witzlav I., Herr von Rügen, der bereits durch Begünstigung des deutschen Bürgertums auf seiner Insel und auf dem nächsten Festlande ehrenhaft berufen war. Weil die Lübecker auch Rügens und Pommerns fischreiche Küste zu besuchen anfingen, entbot er ihnen freies Geleit, gestattete ihnen die Einsetzung eines Richtvogts, verhieß geraubtes Gut zu ersetzen, sowie die Aushändigung der Erbschaft eines in seinem Gebiete verstorbenen Bürgers an die rechten Erben. Er erlaubte ihnen, bei Schiffbruch ihr Gut selbst zu bergen. Im Falle sie seiner Untertanen dabei bedürften, brauchten sie diesen nur ein Drittel des Geborgenen zu geben, selbst von herrenlos angetriebenen Wracken sollte die Hälfte der Ladung den ermittelten Besitzern ausgehändigt werden. Auch sorgte Witzlav nach den Grundsätzen des eben sich bildenden Seerechts dafür, daß wendische Frachtschiffer nicht durch frevelhafte „Havarie" betrögen, und setzte nur eine geringe Abgabe von Salz und barem Gelde fest, je nach der Lastbarkeit der Schiffe, welche zur Einsalzung und Ausfuhr des Herings seine Gestade besuchen würden. So sehen wir im Lande der grimmigsten Christenfeinde, der Ranen, kaum ein halbes Jahrhundert nach dem Falle des greulichen Götzen von Arkona sittliche Ordnung, gesellschaftliche Verkehrsmaßregeln schon nicht mehr in den ersten rohen Umrissen: die Welt war eine durchaus andere geworden.

Langsame
Wirkung der
Humanität. Dennoch aber verstrich der größere Teil des Jahrhunderts, ehe es der Kirche gelang, das Strandrecht ganz außer Übung zu bringen. Ihr aber lag besonders daran, weil der fahrende Kaufmann untrennbar vom Kreuzfahrer,

das wachsende Gebiet der Hierarchie sicherte. Wenn vor
und nach der allgemeinen Aufhebung des barbarischen Brauchs
durch päpstliche Bullen und durch Reichsgesetze die Fürsten
des vielherrigen baltischen und deutschen Ufers immer erneute Befreiungsurkunden nicht an eine Gesamtheit,
sondern an einzelne, selbst im tiefen Binnenlande belegene
Gemeinwesen erteilten, so findet diese Erscheinung einmal
darin ihren Grund, daß mit dem Leben des einzelnen Ver-
leihers das Privilegium erlosch, und der Nachfolger die
einverstandene Geldsumme für dessen Erneuerung forderte, und
dann, daß die Kaufleute von Binnenstädten, unmittelbar
am Seeverkehr beteiligt, mit um so größerer Zuversicht das
Wagnis unternahmen, wenn zu der allgemeinen Zusicherung ihre speziell erkaufte Berechtigung hinzutrat.
Es gab Fälle, daß den einzelnen Waren eines gestrandeten
Fahrzeuges nach den Rechtsverhältnissen ihrer verschiedenen
Besitzer ein verschiedenes Schicksal zuteil wurde.

Alle Gunst jedoch, welche König Waldemar der äußeren
Wohlfahrt seiner deutschen Städte gewährte, sicherte nicht
die Fortdauer einer Herrschaft, die mit dem freien Bürger-
mute unvereinbar war. Lübeck sah eine dänische Zwing-
feste mit einer Besatzung innerhalb seiner ehemals so gefreiten Mauern, ein Turm sperrte bei Travemünde den Zugang zum Hafen. Überall äußerte sich eine Stimmung,
die nur ein Ereignis abwartete, um das fremde Joch zu
brechen. Und dieses Ereignis war die kecke Tat des Grafen
Heinrich von Schwerin, welcher in seinem Heiligsten ge-
kränkt, den Völkerbezwinger zur Nachtzeit aus einsamem
Jagdhause entführte (6. Mai 1223), und dadurch den
Norden umgestaltete. Vergeblich unterhandelten der junge
römische König Heinrich VII. und der Reichsvormund
Engelbrecht, Erzbischof von Köln. Vergeblich drohte die
Kirche den Bann. Als Graf Albrecht von Orlamünde,
des Gefangenen Schwager und Statthalter, den ersten
Vertrag vom 4. Juli 1224 verworfen hatte und Waldemar
in Haft blieb, ermutigten sich die Überwältigten. Das
Auftreten des zweiten Sohnes Adolfs III. von Schauen-
burg, den der Däne um sein Vatererbe gebracht hatte,

Fall
Waldemars II.

Adolfs IV. weckte die Liebe der Holsteiner zum angestammten Fürstenhause, alles Volk fiel ihm zu. Verbunden mit dem Grafen von Schwerin und mit Heinrich, Herrn von Rostock, schlug der Schauenburger den dänischen Regenten bei Mölln (Januar 1225), worauf Hamburg dem Sieger seine Tore öffnete. Auch in Lübeck regte sich die Erinnerung an den einstigen Verband mit dem Reiche, die Bürger durften nicht zögern, wollten sie nicht unter den Fuß kleinerer Herren, der Überwinder Waldemars, fallen.

Lübecks Selbstbefreiung.

Mochte auch Papst Honorius, der natürlich die nordischen Dinge nicht vom nationalpolitischen, sondern vom kirchlichen Standpunkt betrachtete, die Stadt zur Treue ermahnen — sie brach mutig das Joch, schaffte, vielleicht durch eine List, wie die Sage geht, am fröhlichen Maigrävenspiele des J. 1225 die dänische Besatzung hinaus, verwahrte klüglich ihre Unabhängigkeit als Helferin der Grafen, indem die Bürger sich urkundlich bezeugen ließen, daß sie nur auf eigene Unkosten und freiwillig zu Ratzeburgs Belagerung

Lübeck reichsfrei.

Beistand geleistet hätten. Sie gewannen auch den Hafenturm an der Trave und beschickten, als inzwischen der königliche Gefangene am 27. November 1225 gegen ein hohes Lösegeld und die Abtretung aller nordalbingischen Lande ledig geworden war, durch die Gesandten den fernen Kaiser, der eben damals den Kampf mit den Lombarden begonnen hatte. Der Domherr und die Ratmänner brachten von Friedrich II. dessen Bestätigung der Privilegien seines Großvaters v. J. 1188, ausgestellt zu Parma im Mai 1226. Gleich darauf, zu Borgo S. Donnino, verlieh der Kaiser, bewogen zum Schutze einer gefährdeten Grenze des Reichs, die ohne sein Verdienst wiedergewonnen war, den unschätzbarsten Freibrief: „Lübeck solle für alle Zeiten frei sein und, als ganz besonders unter kaiserlicher Oberherrlichkeit stehend, unzertrennbar von ihr beharren." Die Stadt erhielt eine ansehnliche Erweiterung des Gebiets, Freiheit vom Zolle zu Oldesloh, das Recht, mit des Kaisers Bild zu prägen, also die Münze gegen eine jährliche Abgabe. Der bürgerliche Huldigungseid solle ohne Geißelstellung gelten, jeder Kaufmann freies Geleit bis an den Hof und heimwärts genießen. Der Reichsvogt, Statthalter und Befehlshaber in Travemünde solle nur aus der Nachbarschaft der Stadt erwählt werden, kein fremder Vogt sich im Gebiete des Weichbildes Rechte anmaßen. Merkwürdig war die Freiheit, welche der Kaiser dem lübischen Kaufmanne in England zusprach, von welcher wir noch reden werden. Endlich wurden außer noch anderen auf Sicherheit, Handel und Verkehr bezüglichen Vorteilen, Freiheit vom Umgelde im Herzogtum Sachsen, unversperrbar offene Landstraßen nach allen Seiten, Freiheit vom Strandrechte an des Reiches Gestaden, alle früheren, die Stadtverfassung betreffenden „Rechte, Genüsse und Gewohnheiten bündig bestätigt." Es mag den umsichtigen Vermittlern dieser Reichsunmittelbarkeit am kaiserlichen Hofe nicht geringe Geldopfer gekostet haben, aber zunächst mußten die Bürger auch ohne Hilfe Friedrichs die mutig angesprochene Freiheit durch die Waffen be- wahren. — Im Befreiungsvertrag vom November 1225 hatte Waldemar angelobt, den Lübeckern, Hamburgern und andern Kaufleuten dieses Landes" (Nordalbingiens), „sowie allen Kaufleuten des römischen Reiches, welche Dänemark besuchten", dieselben Freiheiten und Rechte zu halten, deren sie sich vor seiner Gefangenschaft bedient hatten. Kaum der Haft entledigt, rüstete er sich vom Papste seines Eides entbunden, um die norddeutschen Lande mit den Waffen wieder zu bemeistern. Nachdem auch Albrecht I., Herzog von Sachsen, den Lübeckern angelobt hatte, mit den Feinden des römischen Reiches keinen Vertrag ohne sie, die ihm freiwillig Hilfe geleistet, einzugehen, einigte sich der Askanier zu Lübeck im Waffenbunde mit dem Grafen von Schwerin (Februar 1227). Die mecklenburgischen Herren traten hinzu, und selbst Bremens Erzbischof nebst der Bürgerschaft eilte zur Bekämpfung des gemeinsamen Gegners herbei. Sprengel und Stadt an der Weser, mannigfach schon früher in den Fall der Welfen verflochten, mehrmals in Fehde mit dem Erzbischofe und allmählich im Genusse einer freieren Verfassung, obgleich noch eine ministeriale und eine Bürgergemeinde sich schroff gegenüber standen, war zwar von der sächsischen Vogtei erlöst, aber des

Waldemar frei.

Erzbifchofs Hoheitsanfprüche hatten durch den jungen Hohenftaufen neue Stützen erlangt, und Gerhard II. konnte den Huldigungseid der Bürger fordern (1217). Doch bewies die Stadt, die wir i. J. 1213 urkundlich an der Themfe verkehren fahen, fo viel Selbftändigkeit, daß fie fich i. J. 1220 mit den Rüftringer Friefen zu wechfelfeitigem Schutze und freiem Handel verbinden und in demfelben Jahre das Bergerecht ihres Strandgutes an der dänifchen Küfte vom König Waldemar erwerben konnte, eine Gunft, welche ihr geiftlicher Gebieter in Ausübung auch des Grundruhrrechts bis gegen das Ende des XVI. Jahrh. an feinen Ufern zu verkümmern bemüht blieb.

Zufolge jener Waffenbündniffe gegen Waldemar brachte *Schlacht bei* die Schlacht bei Bornhövde am 22 Juli 1227 die Ent-
Bornhövde. fcheidung, ob die Oftfeelande deutfch oder dänifch fein follten. Der Däne erlag mit feinem guelfifchen Freunde, Otto von Braunfchweig, dem Haffe der Deutfchen gegen die Fremdherrfchaft und der Tapferkeit feiner Gegner, von denen die Lübecker, geführt von ihrem ritterlichen Mitbürger, dem Ratsherrn Alexander von Soltwedel, auf dem rechten Flügel fochten, während die Bremer und Hamburger auf dem linken unter den Holfteinern oder auf der Hinterhut fich weniger bemerkbar machten.

So ruhmvolle Entfcheidung ließ fich bis an die fernften baltifchen Küften verfpüren, indem Livland und Efthland den dänifchen Einfluß, welcher fich zuletzt auch mit dem Rechte des heiligen Krieges behauptet hatte, brachen. Die Deutfchen, vereint durch den hochfinnigen Bifchof Albrecht, hatten den Kampf gegen die abgefallenen Efthen und gegen die Ruffen allein aufgenommen. Im J. 1224 *Dorpat* erftürmten fie die fefte Burg Dorpat am Embach und
gegründet. erkoren die verödete Heidenftätte zum Sitz eines Bistums, deffen hochgewölbte Domkirche alsbald auf fteiler Höhe entftand, und deffen Anfiedlung, mit Lübeck in gleich inniger Verbindung wie Reval, (das im Jahre der Schlacht von Bornhövde von den Schwertrittern erobert worden) an deutfcher Sitte, ftädtifchem Wefen und Gewerbetätigkeit luftig aufwuchs, zumal fie das lübifche Recht als köftliche Mit-

gift empfangen hatte. Noch i. J. 1227 gaben Bischof Albrecht und Volquin, Meister des Schwertordens, die Bürger von Riga und die „übrigen Deutschen in Livland", den Lübeckern die Zusage, mit dem gemeinsamen Feinde, dem Dänenkönige, ohne gegenseitigen Einschluß keinen Frieden einzugehen. Es ruhten aber die müden Waffen Waldemars ohne urkundliche Vereinbarung, und gleich darauf gewann die deutsche und christliche Schöpfung am finnischen Busen eine nachhaltige Stütze, indem der deutsche Orden, kaum ein Menschenalter früher durch fromme niederdeutsche Bürger vor Akkon gestiftet, in das Preußenland einzog, und sich so die Kette deutscher Herrschaft von Wagriens Bucht bis Narva, neue, herrliche Städte als Glieder umfassend, vollendete. Deutscher Orden in Preußen.

Für das reichsfreie Lübeck knüpften sich an jene Erstlingstat seiner Waffen eine solche Reihe von Erfolgen und Erwerbungen, und in dem jetzt bis auf Rügen unbestrittenen deutschen Wendenlande verdichteten die deutschen Elemente sich so fruchtbar, daß wir die nächsten Jahrzehnte als die Schöpfungsperiode der Handelsmacht und Bedeutung der Osterlinge betrachten müssen. Alles lose, unbestimmte, zufällige, vereinzelte gewann jetzt Gestalt, Form und inneren Zusammenhang. Der Kaufhof in Nowgorod empfing seine älteste Skra, Wisbys ausländische Kaufmannsgesellschaft rang die wankende Selbständigkeit noch zu behaupten, die westdeutschen Städte eilten herbei, ja sie schritten über die Grenze des bisherigen Verkehrsgebiets hinaus, um, wie wir sehen werden, durch Selbsthilfe bürgerfeindlicher Reichssatzungen erledigt, bei dem regen Wetteifer nach Gewinn nicht verkürzt zu werden. Ruhigen Schrittes ging Lübeck seine Bahn, Zollrollen für den inneren Verkehr, Rechtsaufzeichnungen bezeichneten dieselbe. Dem Schutze der Kommune empfahl wiederholt der Papst die Kreuzfahrer, welche für Livland im Travehafen zusammenströmten. Mecklenburgs Herren erteilten auf ewige Zeit Abgaben und Zollfreiheiten in ihrem Gebiete. So tat auch Graf Heinrich von Schwerin. Gefügig erwiesen sich weltliche wie geistliche Nachbarn, die Bischöfe von Lübeck und Ratzeburg den Wünschen des Fortschritte Lübecks.

Gemeinwesens, dessen Bürgerritter mit fremdem Adel auf dem Markte Lanzen brachen, und in fremden Landen als Richtvögte geboten. Fast scheint der junge Kaiser, noch immer zu seinem Verderben in hohenstaufischen Vorurteilen befangen, Anstoß an solcher Überhebung seiner Bürger genommen zu haben. Er verbot dem Vogte und den Konsuln zu Lübeck, angeblich, um Gewalttat und Friedensbruch zu hindern, Turniere in ihren Mauern, und hielt noch i. J. 1230 auf sein oberherrliches Recht, seine Regalien so steif, daß er den Lübeckern nur gegen jährlichen Zins den Neubau einer Wassermühle an der Wakenitz gestattete. Es war mit der vielverbrieften Reichsfreiheit der ersten Hälfte des XIII. Jahrhunderts noch immer ein wunderliches Ding.

Stralsunds Gründung. Auch Pommerns Fürsten, bisher im Gedränge zwischen Dänen und den Markgrafen von Brandenburg, konnten in der Beförderung des deutschen Städtewesens nicht länger zurückbleiben, und ihre älteren Orte im slavischen Zuschnitte, als Sitze von Kastellaneien beharren lassen. So waren bisher noch Demmin, Wolgast, Anklam, Stargard und Kolberg, selbst Stettin, auch die erste neuere Stadt auf dem pommerschen Festlande, aber rügenischen Gebiets. Stralsund (so von der Meeresströmung an der Insel Strela [Dänholm] benannt) verriet noch nicht recht deutsche Natur, als um 1209—1210 eingewanderte Fremdlinge sich der fruchtbaren Insel Rügen gegenüber niedergelassen hatten. Der Landesfürst Jarimar mochte die ersten bescheidenen Anfänge als Schutz seiner festländischen Erwerbung begünstigen, aber die Bürger, keine Burgmannen, wie in den altwendischen Kastellaneien, konnten sich nicht der pommerschen Herzöge erwehren, welche Kirche und Ansiedlung noch hinter Pfahlwerk bald nach ihrem Entstehen zerstörten. Als nun Waldemar II. gefallen war, die Markgrafen von Brandenburg von der Spree und der Mitteloder herabdrängten, Rostock erblühte und auf Rügen und an der Peenemündung eine höhere Kultur sich anbahnte, versammelte Witzlav I., der Freund von Lübeck, wiederum die Bewohner des verödeten Stralsund um ihre

zerstörte Kirche, sah ein Gemeinwesen mit einem Stadtrate
entstehen, erbaute aber zugleich nördlich von demselben eine
Burg, Schadegard d. i. Wartburg genannt. Indem nun
auch dieser Ort beim Zudrange deutscher Einwanderer
wuchs und die Eifersucht der älteren Stadt erweckte, faßte
„zum besseren Gedeihen seiner geliebten Bürger von Stralsund"
der Landesherr i. J. 1229 den Entschluß, den jüngeren
Ort wieder aufzugeben. Mit jener Hast des Neides, welcher
das ganze Mittelalter hindurch solche Zwillingsgemeinden
gegeneinander erfüllte, (wie z. B. die Altstadt und Jung-
stadt Danzig, die Bürger von Alt- und Neu-Brandenburg
an der Havel) gingen die Stralsunder ans Werk, legten
Schadegard nieder und erwirkten i. J. 1234 vom Fürsten
ausdrücklich „diejenigen Rechte und Freiheiten", welche
Borvin seiner Stadt Rostock verliehen. Im Genuß der
lübischen Verfassung, unter Ratmännern eigener Wahl und
den Anfängen der oberen Zünfte wuchs Stralsund seinen
huldreichen Pflegern, den Nachkommen Witzlavs, nach kaum
drei Geschlechtsaltern über den Kopf. Altrügianischer Seefahrermut durchdrang sich mit niedersächsischem, westfälischem
Kaufmannsgeiste, und bald stellte sich Stralsund mit Rostock
und Wismar in eine Reihe, um unter Lübecks zögernd
anerkanntem Vorrange die Kraft der Osterlinge zu bilden.

Während in dieser Weise die deutschen Kolonien sich
aufschwangen, mußten die Mutterstädte am Rhein und an
der Donau innere Anfechtungen bekämpfen, um dann mit
politischer Energie auf ihrer Bahn weiter fortzuschreiten.
Erzbischof Engelbrecht hatte selbst in Köln jene Anfänge
vollkommener Gemeindefreiheit als Reichsvormund wieder
unterdrückt, aber durch Willkür und Herrschsucht beim Adel
so feindselige Stimmung erweckt, daß ihn eine Verschwörung
westfälischer Stiftsvasallen, an der selbst Bischöfe beteiligt
waren, im November 1225 ermordete. Die erfolgte Zerrüttung des Sprengels benutzten die Bürger von Soest,
deren äußeres Wohl der Kirchenfürst in seinem Sinne gefördert, aber unter ihnen eine lästige Pfalz mit bevorzugten
Ministerialien erbaut hatte, solches Hemmnis gewaltsam
zu beseitigen. Die Bevölkerung, so mächtig wenige Jahre

Innere An-
fechtung der
deutschen
Städte.

nach Heinrichs des Löwen Fall erwachsen, daß sie des
Baues von fünf neuen Pfarrkirchen bedurfte, gleichwohl
aber noch unter dem Regimente „vorzüglicher Bürger" fest-
gebannt, zerstörte das landesherrliche Schloß (1225) und
zwang den Nachfolger Engelbrechts, ihre vollständige
Gemeindeverfassung anzuerkennen, die dann binnen eines
Menschenalters sich entschieden demokratisch ausbildete.
Der Vorgang Soests als Mutterstadt Engerns wirkte
im Umkreis auf die Töchter und auf fremde westfälische
Orte, wie auf das junge Lippstadt, auf Paderborn, Warburg, selbst auf Osnabrück und Münster, und ermöglichte
überraschend schnell jene kecke Autonomie, die wir am Nord-
ostsaume der christlichen Welt hansisch sich betätigen sehen.
Als Engelbrecht, der heilig gesprochene, nicht mehr dem
unberatenen Kaisersohne Heinrich VII. zur Seite stand,
schritt die Reaktion von oben her feindlicher fort. Der
König hob verbriefte Kommunen auf, befahl die Entfernung
Neueingebürgerter, der als Pfahlbürger in den Schutz
des städtischen Verbandes eingetretenen fremden Untersassen,
und vernichtete gleichzeitig das erste Bündnis, welches mittel-
rheinische Städte, Mainz an der Spitze, zum Zeichen ihrer Besorg-
nisse geschlossen hatten. Unter wüsten Fehden, unter Ketzerver-
folgung in den Städten versuchte man jetzt, unter dem freiheits-

Schlüsse von
Ravenna. mörderischen Edikte von Ravenna, 1232 eine römische Inqui-
sition im Reiche einzuführen. Trotz dieses Ediktes, welches, um
abscheuliche, zur Verkleinerung der Ehre der Reichsfürsten in
Schwung gekommene Mißbräuche abzuschaffen, in jeder
Stadt, in jedem Orte Deutschlands Gemeindeverfassung,
Stadtrat, Bürgermeister und Amtleute beliebigen Namens,
welche gemeinsam von den Bürgern ohne Wohlgefallen
der Bischöfe bestellt seien, widerrief und vernichtete, auch
jegliche Handwerksverbrüderung, Zunft, Gesellschaft
kassierte und die zur Begünstigung gemeinsamer Freiheit
vom Kaiser selbst und seinen Vorfahren erlassenen Briefe
„für ungültig erklärte", verfolgte dennoch die städtische
Freiheit ihr großartiges Ziel. Der sogenannte Mainzer
Landfriede, das Mainzer Recht, vom zurückgekehrten
Kaiser Friedrich II. i. J. 1235 aufgerichtet, empfahl zwar

zum ersten Male in inneren Händeln den Weg Rechtens, drohte mit der Ächtung von Friedbrechern und erklärte unbefugten Zoll zu Wasser und zu Lande als Räuberei und Wegelagerung. Aber des ernstgesinnten Friedrichs Abwesenheit aus dem Reiche, sein verhängnisvoller Kampf mit der Kirche vernichteten die Frucht so heilsamer Satzungen und ließen in trauriger Zeit dem Bürgertum kein Mittel, als durch Waffenbündnisse sich selbst zu retten.

Jener Mainzer Tag hatte aber für einen wichtigen Kreis dem Handel zugewandter Gemeinwesen hohe Bedeutung. Nach der Zerrüttung aller öffentlichen Verhältnisse Niedersachsens infolge des vierzigjährigen Streits um die welfischen Stammgüter, schuf der Kaiser das Herzogtum Braunschweig, indem er Otto dem Kinde, welcher vertrauensvoll sein Allodium dem Reiche anheimstellte, dasselbe als Reichslehen übertrug. In bösen Tagen, nach doppelter Gefangenschaft, der Treue und Tapferkeit seiner Bürger wie der Braunschweiger und der von Göttingen hochverpflichtet, erkannte Heinrich des Löwen Enkel, auch sonst ein Förderer der ausländischen Handelsinteressen seiner gewerbtätigen Städte, die gemeinheitliche Verfassung an. Diese war freilich ohne sein Zutun bereits im Werke und durchdrang namentlich Braunschweig, Lüneburg, Göttingen, Hannover mit jenen kräftigen Impulsen, welche auch sie fähig machten, der aufsprießenden Hanse als binnenländische Stützpunkte zu dienen.

Der Tag von Mainz.

Braunschweig hebt sich.

Rangen so schöne Kräfte, den norddeutschen Seestädten näher gelegen, nach einem Mittelpunkte der Interessen, so keimten auch im Westen neue gemeinfreie Orte lustig auf, wie Emmerich, Kößfeld, Wesel, Warendorf, Attendorn, Brilon. Alle trieben nach demselben Wipfel hinauf. Das Jahr 1240, die Gefahr vor den Mongolen bei des Kaisers Abwesenheit fand schon bis auf das preußische Königsberg alle die hundert Städte, welche als „Gemeine deutsche Hanse" zusammentraten, sowohl örtlich als im Genusse gemeinheitlicher Verfassung vor.

Städte im Westen.

Innere Lebendigkeit der Handelstädte. In England niedersächsische Städte. Gotländer. Russischer Handel. Skra der Deutschen zu Nowgorod. Lübecks erster Seesieg. Hamburg und Lübeck im Bunde. Sieg des Ordens in Preußen. Deutsche Städte in Preußen. Greifswalds Ursprung. Berlin-Köln. Krieg Lübecks und der Dänen. 1230—1248.

nnerhalb weniger Jahre verdichteten sich jetzt die Handelsbeziehungen zwischen Westen und Osten und kreuzten sich wohltätig und lebenschaffend. Die Gemeinwesen selbst vertraten als staatlich unabhängige Macht diejenigen Verbindungen, welche bisher nur einzelne Bürger auf eigene Gefahr in fernen Ländern geknüpft

Verträge der Städte untereinander. hatten. Jedes Gemeinwesen war rastlos tätig, seine Rechts- und Verkehrsverhältnisse vertragsmäßig mit den Nachbarn zu ordnen und zu festigen, da nach dem spröden, sich isolierenden und doch wieder suchenden Geiste des Mittelalters das Recht keine Geltung hatte, wenn es nicht vertragsmäßig anerkannt war.

Flanderns Städte, jene Weltmärkte, besonders Gent, standen zu Wasser oder zu Lande in unmittelbarem Verkehr mit Bremen, Stade, Hamburg, Lüneburg, Quedlinburg, Halberstadt, Helmstedt, Goslar, Hildesheim, Braunschweig, Hannover, Wernigerode, „und mit allen Städten Sachsens". Ein Brief der Konsuln dieser Städte an die Schöffen von Gent aus der Mitte des 13. Jahrhunderts beweist uns dies. Dieser urkundliche Verkehr setzt den Warenzug in den niederrheinischen und westfälischen Städten voraus. Von der harten Maßregel, sämtliche fremden Schiffe in seinen Revieren zu seinem Kriegsdienste nach Portsmouth zu

Lynn. führen (1224), befreite Englands König Heinrich III. die zu Winchelsey und Lynn angehaltenen Schiffe von Bremen, von Staveren, Gröningen, Köln, Emden und anderer Kaufleute „des Kaisers von Alemannien und des Herzogs von Sachsen", sowie ein Schiff von Hamburg (was wohl nur zufällig die älteste Erwähnung des viel älteren, hamburgischen Verkehrs mit England ist). Die Jahrmärkte des Innenlandes waren desgleichen von des Kaisers Leuten besucht, und im Hafen von Yarmouth fanden sich Schiffe von Norwegen, Friesland

und Island, die sich vermutlich als hansische Frachtschiffe dort versammelt hatten. Noch fehlten aber in Urkunden Schiffe aus der Ostsee, bis uns jener große Freibrief Kaiser Friedrichs für Lübeck v. J. 1226 lehrt, daß
auch die Kauffahrer der Travestadt, wiewohl unter Ver- **Lübecker**
kümmerung durch den Handelsneid der älteren Gesellschaften **in England.**
an der englischen Küste abenteuerten. Friedrich gebot,
daß die Kölner, Tieler und ihre Genossen „die lübecker
Bürger, welche bisweilen nach England reisten, zu dem
schnöden Mißbrauche und der willkürlichen Schatzung,
welche jene gegen diese erfunden hätten, durchaus nicht
zwingen", und daß die einen mit den anderen gleiche Rechte
genießen sollten. — Der Kaiser und die Lübecker betrachteten demnach die Privilegien, welche den Kaufleuten
des Reichs in England erteilt seien, schon als etwas
Gemeinsames. Uns begegnet hier an der Gildhalle der
Kölner zu London die erste Erwähnung des sogenannten **Das Hänseln.**
Hänselns, einer Mißhandlung, von welcher noch i. J.
1259 Kölns Erzbischof, Konrad von Hochstaden, als anerkanntem Gebrauche spricht. Jeder Kaufmann, welcher sich
wider das neue Gesetz des Stapels aus westlichen und östlichen Gebieten mit seinen Waren jenseits Ryle oder Rodenkirchen sehen ließ, durfte von jedem kölnischen Bürger ergriffen und „gesetzlicherweise" nach altem Brauche, welcher
„Hansen" genannt wird, gestraft werden, daß nämlich der
Kölner den Fremden mit einem Seile von Stroh oder
Binsen fesselte und Freiheit und Güter des Widerspenstigen
in Anspruch nahm. — Freilich war Köln zurzeit, als der
tyrannische Erzbischof jene unnatürliche Satzung erneuerte,
nicht mehr frei, sondern sein Altbürgertum, seine „Richerzechheit", war kurz vorher unter den Fuß des Feindes gebeugt. Aber auch aus jenem Befehle Kaiser Friedrichs II.
ermessen wir, wie wenig die Kölner damals den Geist und
und das gemeinsame Interesse der deutschen Bürgerwelt begriffen. Störungen des Verkehrs mochten einige Jahre
darauf eingetreten sein, bis i. J. 1235 die Rheinstädter die
Gunst des Augenblicks, die Vermählung des Kaisers mit
Heinrichs III. Tochter, welche in prachtvollsten Triumphzuge

durch die „edlen" Kölner stromaufwärts geleitet wurde, benutzten, um sich und ihr Privilegium für die Gildhalle und ganz England erneuern zu lassen.

Braunschweiger in England.

Aber die unhemmbare Richtung, welche der Verkehr der Deutschen auf beiden Meeren verfolgte, mußte bald so brutaler Selbstsucht den Stab brechen. Schon i. J. 1230 hatte Heinrich III. auf Betreiben seines Blutsverwandten, Ottos des Kindes, den Braunschweigern einen Schutzbrief erteilt. Braunschweig hatte in lebhafter Verbindung mit Hamburg von König Waldemar II. schon i. J. 1229 Befreiung von den Zöllen und vom Strandrechte in des Königs Reiche erwirkt. Es müssen die Braunschweiger demnach auch mit eigenen Fahrzeugen die Nord- und Ostsee befahren haben.

Noch wunderbarer erscheint gleichzeitig die politisch-selbständige Regsamkeit der Soester, welche nach ihrer ältesten Stra ohne Zuziehung des landesfürstlichen Beamten von Köln nicht mit einem benachbarten Grafen brieflich verkehren durften. Wir kennen ihre früh erspähte Verbindung über Schleswig, Lübeck nach Gotland und den russisch-livischen Küsten. Daß sie eben durch trotzige Selbsthilfe zur gemeinsamen Verfassung gelangt, das überseeische Geschäft auch auf eigenen Schiffen betrieben, beweist eine Urkunde Erichs, des Sohnes und Mitregenten

Seeschiffahrt der Soester.

Waldemars II., vom J. 1232. In bezug auf den früheren Vorgang seines Vaters erneuerte dieser den Bürgern von Soest die Freiheit vom Strandrechte und die Befugnis, unverkürzt alle Güter zu behalten, welche sie mit eigener Anstrengung bergen würden. Ferner verlieh er ihnen ungehindertes Erbrecht, im Falle ein Bürger in seinem Gebiete stürbe, und gewährte endlich „alle Rechte, Freiheiten und Hulden", die die Kölner durch das Privilegium seines Vaters genössen.

Gotländer in England.

So verflocht sich das Gewebe der Handelsbeziehungen deutscher Handelsstädte mit dem Auslande immer inniger und mannigfaltiger. Die Kölner und Soester übten an der dänischen Küste ihre Rechte, die Hamburger, Braunschweiger und Lübecker auf Englands und Flanderns Märkten. Im Jahre 1237 schossen die Fäden sogar von Wisby nach

Soest, nach einem Kupferstich in Merians „Topographia Westphalica".

Soest, Kreisstadt im preußischen Regierungsbezirk Arnsberg, in der fruchtbaren Soester Börde, mit (1900) 16 721 Einwohnern, treibt bedeutenden Acker- und Gartenbau. Im Mittelalter war es eins der reichsten und mächtigsten Glieder des Hansebundes mit einer viel stärkeren Bevölkerung als heute, deren Stadtrecht, Schran genannt, vielen anderen Städten als Vorbild diente. Am 24. Oktober 1441 begab sich die Stadt unter den Schutz Adolfs, Herzogs von Cleve und Grafen von der Mark, da sie den harten Druck ihres bisherigen Herrn, des Erzbischofs Dietrich von Köln, nicht länger ertragen wollte. Diese Tat führte die Soester Fehde (1444—49) herbei, welche durch die Entscheidung des Papstes beendet wurde, welcher bestimmte, daß Soest unter der Hoheit des Herzogs von Cleve bleiben sollte.

Albion hinüber, indem König Heinrich „allen Kaufleuten von Gotland und deren Erben, welche mit ihren Waren nach England kommen würden", für ewige Zeiten sicheres Geleit und Befreiung von allen Einfuhr- und Ausfuhrzöllen erteilte, und unter solcher Vergünstigung gewiß nicht nur die Eingebornen Gotlands, sondern die große Faktorei der deutschen Kaufmannsgesellschaft in Wisby verstand. Die Gildhalle bei der Seemannskirche an der Themse und der Kaufhof an der deutschen Pfarrkirche St. Marien in Wisby nebst ihren weiten Verzweigungen traten demnach in Wechselbeziehung und die Lübecker erwirkten, auf jenes Privilegium v. J. 1237 fußend, siegreich auch im ersten Kampfe zur See, v. J. 1238, an der Spitze der deutschen Kaufleute, „für sich und andere Städte Alemanniens alle Rechte und Befreiungen der Kaufleute dieses Landes", so wie auch Befreiung vom Strandrechte, falls nur ein Lebender aus dem verunglückten Schiffe das Ufer erreichte. Alle jenen Beweise rastlos klug kombinierter Lebenstätigkeit wurden jedoch durch dasjenige überboten, was i. J. 1228 auf dem gotischen Ufer geschah. Der Handel mit Rußland über Pleskow, Nowgorod und die Düna hatte infolge der Kriegswirren in Livland und Esthland vor und nach dem Falle Waldemars II., und infolge der Fortschritte des Schwertritterordens um Dorpat, gewaltsame Störung erleiden müssen. Da vermittelte Mistislav Dawüdowitsch, Fürst von Smolensk, im Namen der von Polotzk und Witebsk, einen Handelsvertrag. Es waren außer drei „verständigen Kaufleuten" von den gotischen Ufern drei Bürger aus Lübeck, drei aus Soest, drei aus Münster, zwei aus Gröningen, aus Dortmund und Bremen, und mehrere aus Riga, welche in Gegenwart aller „lateinischen Kaufleute" am gotischen Ufer i. J. 1228 die Urkunde mit des Rußenfürsten „bestem Priester" und dem „verständigen Smolensker" Pantelei zu aller Zufriedenheit ausfertigten. Alle bekräftigten nicht mehr in eigener Vollmacht, sondern als staatliche Vertreter ihrer Gemeindewesen einen Staatsvertrag mit dem Gebieter des Landes an den Dnjeprquellen. Ebenso eigentümlich als die Verhältnisse der Kontrahenten, welche nach Smolensk auf demselben Wege,

Handelsvertrag der Deutschen mit Smolensk.

wie Wichmans, des Erzbischofs von Magdeburg, Kunstgießer gelangt sein mochten, lautete der Inhalt. Wenn wir eine strenge Gegenseitigkeit aller persönlichen Rechtsverhältnisse durchgeführt finden, so geht daraus nicht sowohl die Gleichartigkeit des bürgerlichen Lebens der Russen und Deutschen hervor, als vielmehr der nationale Stolz der Rurikingen, Beherrscher einer Slavenwelt, dem fremden Volke gegenüber, und die kluge Geschmeidigkeit der Gäste, denen bei sonstiger Gleichstellung doch die Vorteile des Verkehrs blieben. Totschlag wurde nach Maßgabe des Standes mit Geld gesühnt, ebenso Verstümmelung und „Bluttrunst". Ein Friedensbrecher, sei es ein Lateiner in Smolensk, ein Russe in Riga oder auf Gotland, durfte nicht verhaftet werden, konnte er einen Bürgen stellen. Gleichberechtigung lag auch in Schuldsachen zugrunde, wie in allen persönlichen Händeln. Doch verpflichtete sich der Fürst, aus der eingezogenen Habe eines in seinen Zorn verfallenen Russen, dessen Schulden an den Lateiner zu zahlen. Das Gottesgericht des heißen Eisens und des Zweikampfs fand zum Teil ermäßigte, zum Teil gar keine Anwendung zwischen den verschiedenen Nationen, so gewalttätig sonst die Begegnung sein mochte. Ließen die deutschen Kaufleute persönliche Gleichstellung im Rechtsgange mit den Russen zu, so bedingten sie doch für die Russen lästige Vorzüge im Verkehr, (wie die zwangsweise Fortschaffung ihrer Waren auf dem Land- und Wasserwege). Verbindlichkeit zum Kriegsdienste fand nicht statt, im Gegensatz zu England und Frankreich, nach welchem bei Kriegsfällen die deutschen Schiffe in Beschlag genommen wurden. Für den freien Weg vom Zwischenlande zur Stadt hatten die Lateiner ein Stück Tuch an die Fürstin zu liefern, an den russischen Beamten des Zwischenlandes ein Paar Handschuhe, in derselben Bedeutung wie zwei Jahrhunderte früher an der Themse. Sonst bestanden die Abgaben, die Gefälle an den Wäger, in Marderfellen und Eichhörnchen, zum Beweis des Mangels an geprägtem Gelde; Wachs und edle Metalle, selbst silberne Gefäße kamen im Handel vor. Es gab eine lateinische Kirche in Smolensk, gegenüber der russischen „zur Gottesmutter auf dem Berge". Trafen

lateinische Gäste mit ihren Waren im Zwischenlande mit
andern Fremden zusammen, so wurde der Lateiner zuerst
befördert. Der Lauf der Düna von oben bis zum Meere
war nach dem Abkommen „aller Landesherren" für den
„wirklichen" Kaufmann, so wie das Selbstbergungsrecht
aller Waren frei, also Grundruhr und Strandrecht gänzlich
aufgehoben. „Was auf der Zeit beruht, vergeht mit der
Zeit", so lautet der Eingang dieser merkwürdigen
Urkunde des ersten nationalen Verkehrs zwischen Deutschen
und Russen. — Hatten sich so im tiefen inneren Rußland
völkerrechtliche und merkantile Grundsätze gebildet, so unterscheiden sich die Statuten des „deutschen Kaufhofes in
Nowgorod", dem mächtigen Freistaate, welcher früh germanischen Einfluß erfahren hatte, durch eine gewisse finstere
Strenge, Ungeselligkeit und durch Züge nationaler Abneigung,
die nur dadurch erklärbar werden, daß die Gäste vor der
entwickelteren Handelspolitik der Bürger von Nowgorod
mehr auf ihrer Hut sein mußten, als vor den roheren Russen
in Smolensk. Denn schon galt der stolze Wahlspruch der
Bürger am Ilmensee: „wer kann wider Gott und Groß-
nowgorod!"

Wir kennen im frühesten Völkerleben der baltischen
Lande den unmittelbaren Verkehr der „Griechen und Russen"
in Julin, Schleswig, Alt-Lübeck und Wisby. Lange vor
Ausgang des XII. Jahrh. hatten aber die gotländisch-
deutschen Kaufleute den wichtigen Handel mit Nowgorod
allein auszubeuten getrachtet, und um Fremden den Weg
zu versperren, sich am Stapelplatze polarer Reichtümer und
des byzantinischen Zwischenverkehrs die Erlaubnis einer festen
Niederlassung erwirkt. Zuerst die eigentlichen Goten für
sich als Gründer des Hofes bei ihrer St. Olavskirche.
Von der Republik auf ein besonderes Stadtviertel gewiesen,
erbauten dann die Deutschen ihre Kirche zum H. Peter,
umgaben dieselbe, wie die Gildhalle in London, mit Waren-
lagern, Buden, Wohnhäusern und Versammlungssälen. So
erhob sich „der Hof der Deutschen zu Groß-Naugarden",
auch der zu St. Peter genannt. Merkwürdig bleibt, daß
auch diese deutsche Ansiedlung den Lilienbusch als Sinnbild

Der deutsche Kaufhof in Nowgorod.

aufnahm, jene ursprünglich persische Blume, die nach alter
Überlieferung in den Namen von Sosat (Soest) hineinspielen sollte.

Die Skrae der
Deutschen zu
Naugarden. Uns ist das aus dieser Zeit stammende Gesetzbuch der
deutschen Niederlassung am Ilmensee aufbewahrt, die „Skra,
Schrae", ein altgermanisches Wort, das uns nur in Sosat,
der alten Hauptstadt der Engern, wieder begegnet. Diese
„Skrae zu Naugarden" schildert uns lebendig das eigentümliche Wesen des Kaufhofes zu St. Peter und lehrt uns
die deutschen Städte kennen, welche sich an jenem, außerhalb
des Gesichtskreises der westlichen Welt belegenen, Gesellschaftswerke zumeist beteiligten.

Der ganze Rat und die g e m e i n e Willkür der Weisesten von a l l e n S t ä d t e n deutschen Landes hat das
Recht   zum   Gesetz   aller,   welche   den   Hof   besuchen,
beschrieben, „wie es von Anbeginn an gehalten worden ist".
Die Sommerfahrer und Winterfahrer, — so heißen die
Kauffahrer, welche in großer Gesellschaft immer in Begleitung eines Priesters, den der viel bedrohte Beruf des
Seemannes und Kauffahrers nicht entbehren konnte, im
Frühlinge und Herbst auf der Trave oder anderwärts unter
Segel gingen, — wählten, sobald sie in die Newa gekommen
waren, aus ihrer Mitte den Oldermann des Hofes und den
von St. Peter. Der letztere stand dem Haushalte der
Niederlage vor, empfing die Einkünfte, den Schoß und die
Bußen, und bestritt den Unterhalt des Gesamtwesens. Der
Oldermann des Hofes dagegen war der höchste Vorstand,
gebot das „D i n g", und fand mit den vier „Weisesten"
als Schöffen das Urteil in Rechtshändeln und bei sittenpolizeilichen, kommerziellen Verstößen. Jeder als Hilfsbeisitzer Gewählte mußte den Ruf annehmen. Die Olderleute
waren bevorzugt in der Wahl der Wohnung, und mit dem
Rechte, nach Belieben bei sich zu beherbergen. Der Oldermann der Winterfahrer hatte in der großen „Stube" noch
Ehren und Bequemlichkeiten voraus, so wie die Landfahrer
den Wasserfahrern in den Räumlichkeiten und in der Oldermannschaft weichen mußten. Der von den Wasserfahrern
mitgebrachte Priester galt allein als Priester des Hofs; er

erhielt freie Kost, und ein Gehalt aus St. Peters Gut. —
Dem Gebot zum Ding e mußte bei Strafe jeder Folge leisten.
Alle „Stuben", die große der Winterfahrer ausgenommen,
waren gemeinschaftlich. Von aller Welt abgesperrt unter
den langen arktischen Nächten durfte den Winterfahrern
eine gesellige Erheiterung nicht erschwert werden. Auch
die „Kinderstube", der Aufenthalt jüngerer Handels-
knappen, Lehrlinge, vielleicht auch der Lehrkinder der Sprache,
genoß eine liberale Gefreiheit, eine Milde, die sich auch
darin betätigte, daß der Meistermann einen Knappen nicht
eher entlassen durfte, bis er ihn wieder in seine Heimat
gebracht hatte. Lehrling oder Kaufgeselle genoß der Pflege
seines Meisters bei Krankheit, war ihm dagegen während
der ganzen Fahrt zu Dienst verpflichtet, und konnte bei
Beschuldigungen nicht willkürlich, sondern erst nach Über-
führung mittelst beeideter Zeugen bestraft werden. Ein besonderer Oldermann schlichtete etwaigen Hader in der
Kinderstube. Blutrunst dagegen, sowie Streithändel zwischen
Meistern und Meistern, Meistern und Gesellen, gehörten
vor den Oldermann des Hofes. Ordentliche Hofwarte,
mit Kettenhunden versehen, sorgten für die Sicherheit des
Hofes während der Nachtruhe und durften die bissigen
Wächter nicht zu früh loslassen. Auch die Kirche mußte,
als Warenlager benutzt, bewacht werden. Die Hüter derselben hießen drolligerweise Kirchenschläfer. Um alle
hinderliche Verbindung mit den Einheimischen oder mit unbefugten, d. i. unhansischen Landfahrern zu vermeiden, büßte
jeder eine schwere Geldstrafe, welcher dergleichen Leute ohne
Erlaubnis des Oldermanns in den Hof aufnahm. — Der
Schoß an den Hof wurde, nach Verhältnis der Frachten,
sobald die „Koggen" in die Newa gekommen waren, entrichtet;
so auch der Königsschatz, die Abgabe an die Gebieter von
Nowgorod. Jeder deutsche Landfahrer, dessen Heimatstadt
zu deutschem (lübischem, hansischem) Rechte gehörte, war
den halben St. Petersschoß schuldig. Streng verbot die
Skrae Handelsgemeinschaft, „Kumpagnie", zwischen Deutschen
und Russen. Wer aus dem Lande fuhr, ohne Abrechnung
zu halten, mußte die Kosten der Rechtsverfolgung durch die

nachgeschickten Schälke (Gerichtsdiener, Brone) auf sich
nehmen. Eine eigene Hofbrauerei lieferte den süßen Met
oder das Bier für die durstigen Brüder. In St. Peters
Kessel wurde auch alles Wachs geschmolzen, und die Feuerung
gegen einen Beitrag des einzelnen Kaufmanns aus St. Peters
Holzniederlage bestritten. Nach alter Sitte und der Willkür
„gemeiner Deutschen aus allen Städten", ward der jährliche
Überschuß von St. Peters Gut nirgend anders als in St.
Peters Kisten in der Marienkirche, der seit 1225 geweihten
deutschen Pfarrkirche zu Wisby niedergelegt. Die vier dazu
nötigen Schlüssel bewahrten der Oldermann von Gotland und die Olderleute der drei vorzüglichsten in Wisby
vertretenen Landsmannschaften, der Lübecker, der Soester
und Dortmunder. Aus so bedeutsamer Befugnis ermessen
wir das Ansehen, welches Soests Schleswikerbrüder, die
Regibodonen, Hildiger und Gotonen, im heimischen Gemeinwesen genießen mußten. Die „verständigen" Kaufleute Soests,
Münsters, Dortmunds, die wir mit den Bevollmächtigten
von Smolensk verhandeln sahen, finden wir auch daheim
an der Spitze des Gemeinderats und den bewaffneten
Gilden.

So eigentümliche, fast klösterliche Abgeschiedenheit
innerhalb des Geheges des Kaufhofs zu Nowgorod wurde
zweimal des Jahres lebendiger, nämlich bei Ankunft der
reichen Warenzüge der Sommer= und Winterfahrer. In
traulicher Stille der langen Abende mögen bei der Met=
schale die weitgereisten Winterfahrer, welche erst am nächsten
Jahre heimkehrten, sich in bizarrer Kaufmannsromantik mit
mancher Erzählung aus alter Zeit die Weile verkürzt haben,
wie denn erwiesen ist, daß südgermanische Stammsagen erst
durch „Männer von Münster, Soest und Bremen" mit
den skandinavischen Sagas in Verbindung gebracht wurden.

Ähnlich in dem Grundzuge, die Gäste von den Ein=
heimischen möglichst zu trennen, und in einer fast mönchischen
Weltentsagung, besonders im Keuschheitspunkte, waren die
Statuten, welche sich später im Stalhofe an der Themse
ausbildeten, doch, wie im „fröhlichen stammverwandten
England", auf einem heitereren Hintergrunde. Abstrei=

fung alles sittlichen Zwanges bei sehr beschränkter Handelsfreiheit verraten die Bräuche am „deutschen Hause zu Venedig",
welches, als grelles Gegenbild zum Kontor von Bergen
in Norwegen, von gemütlichen Süddeutschen im Laufe des
XIII. Jahrh. ins Leben gerufen wurde. —

Vergleichen wir mit der plattdeutsch verfaßten, „gemeinen Willkür der weisesten Deuschen zu Naugarden" den
Inhalt eines lateinisch geschriebenen Vertragsentwurfs,
welchen Deutsche und Gotländer den Nowgorodern um die *Forderungen*
Mitte des XIII. Jahrh. zur Vollziehung einreichten, so *der Gäste.*
schien die Praxis des Verkehrs, die Forderung der Gäste,
vom Buchstaben des Vertrages bedeutend abzuweichen, und
hie und da blickten sehr eigentümliche Züge durch. Die im
Entwurfe vorgelegten Bedingungen der Fremden, die sich
vielleicht zeitweise Geltung verschafft haben, atmen eine
Anmaßung und einen Übermut, welche der gekränkte russische
Nationalstolz sich schwerlich als Gesetz gefallen ließ. „Bei
der Ankunft der Sommerfahrer sollten König, Burggraf,
der Herzog und die Gemeindevorsteher von Nowgorod das
Kreuz zum Zeichen des Friedens und der Eintracht küssen.
Größerer Diebstahl unter russischem Geleite werde mit
harter entehrender Verstümmelung gebüßt, die Gäste dürften
zur Selbsthilfe schreiten, zögerte der russische Richter.
Bei den Stromschnellen der Wolchow, deren Fahrwasser
die tiefen hansischen Koggen nicht zuließ, oberhalb Alt-Ladoga,
mußten die Führer der Leichterschiffe alsbald zur Hand
sein, und empfingen Kost und Lohn mit Marderschnauzen.
An der Insel Gostinopole (Gestefeld) werde ein mäßiger
Zoll von Waren, wie Mehl, Malz, doch nicht von Speise-
vorräten entrichtet. Die Leichter führen auf Gefahr ihrer
Führer, unvermeidliche Havarie ausgenommen, die Wolchow
auf und ab, bis man sich in Nowgorods Nähe der
Wagen bediene. Der Hof zu St. Peter wäre so hochgefreit, daß auch Verbrecher darin Zuflucht fänden, und
kein russischer „Schalk", nur der Pristav des Fürsten ihn
zu betreten, ersterer nicht einmal vor demselben sich blicken
lassen dürfte! Vor dem Gehege des Kaufhofes dürften
zur Vermeidung des Zanks keine volkstümlichen Kampfspiele

gehalten werden. Ein Russe, welcher mit Waffen in gewalttätiger Absicht das Gehege beträte, liefe Gefahr seines Lebens, entrönne er, so büße er nach Gerichtsspruch doppelt, könnte er den Schaden nicht ersetzen, so müsse die Gemeinde für ihn eintreten. Wer Steine, Pfeile in den Hof schleudere, die Planken beschädige, zahle 10 M. Silbers Buße. Freier Kauf stände den Russen bei den Gästen offen, die Gäste dürften ungehindert ihre Knaben zur Erlernung der Sprache ins Land schicken. Der Platz vor dem Hofe, dessen Kirchhof, bliebe frei von Umbauung, auch im Kriegszustande dürfte der Verkehr nicht behindert werden. Ein Gast solle in Schuldforderungen an einen Russen jedem russischen Gläubiger vorangehen, der zahlungsunfähige Russe nach Belieben des Gläubigers mit Weib und Kind (!) fortgeführt werden können, falls ihn bei öffentlichem Ausgebot kein Heimischer auslöse." — Neben dem Kaufhofe der Deutschen erscheint, örtlich doch nicht rechtlich geschieden, noch der Kaufhof der Goten mit seiner Kirche zum h. Olav, einem Kirchhofe und dazu gehörigen Wiesen als die früheste Ansiedlung, welche sich dann mit dem „Großen Kaufhofe" verschmolz, obgleich erstere, in der Nähe des königlichen Hofes belegen, auch noch ein besonderes Gildehaus besessen hatte. — So beleidigende Forderungen der Gäste mußten des urkundlichen Vollzugs entbehren, doch half die trotzige Gewohnheit, welche ihnen zugrunde lag, jene unvermeidlichen Störungen des Verkehrs und den frühen Untergang des Kaufhofes zu Nowgorod unter barbarischer Mißhandlung verschulden. —

Lübecks erster Seesieg. Ein halbes Menschenalter nach Lübecks Selbstbefreiung hatte das Streben einzelner nach gesonderten Interessen merklich eine gemeinsame Richtung gewonnen. Um jedoch alle jene zahllosen Fäden des spröd-einseitigen Verkehrs in ihre ordnende Hand nehmen zu können, mußte die Stadt an der Trave nochmals ritterliche Proben bestehen. Hamburgs gemeinheitliche und Innungsrechte, nicht etwa erst vom Orlamünder Grafen, dem Statthalter Waldemars, erkauft, hatten eben vom Kaiser Gewähr erlangt. Unter der Begünstigung der Grafen von Holstein handelten die Städte

der Mark Brandenburg, so jung ihr Ursprung, nach der
Elbstadt, verkauften ihre Waren allda, führten ihre Produkte nach Flandern aus und versahen sich mit heimischem
Bedarfe. Lübeck, des lästigen Vogts Richtgewalt umgehend
und beseitigend, ordnete seine drei jährlichen „gebotenen
Dinge", baute sein ehrwürdiges ältestes Rathaus, und hielt
unaufhörbar im stillen Einverständnisse mit den Töchter-
gemeinden sowie mit dem gleichaltrigen Schwestern das
Ziel vor Augen, seine Unabhängigkeit gegen alle Welt
zu schirmen, und das Meer, den Handel zu beherrschen.
Da stiegen böse Gedanken in Graf Adolf IV. auf, vielleicht
infolge der Schlüsse von Ravenna. Mit Waldemar, dem
Erbfeinde seines Geschlechts, verbündet (1234), umschloß
er, selbst die Kreuzfahrt nach Livland und Preußen hemmend,
Lübeck landwärts, und sperrte die Trave. Schon erhoben sich
an beiden Seiten der Mündung Türme und Pfahlwerk.
Ketten überspannten den Strom. Da zersprengte ein
lübisches Schiff, im vollen Winde segelnd, die Sperre
Der Bürger Orlogschiffe suchten die Höhe des Meeres,
und vor der Mündung der Warnow ward mit Erbitterung
vom Morgen bis zum Abend gefochten. „Mit Hilfe
Gottes und ihrer gerechten Sache" erkämpften die Lübecker
einen herrlichen Sieg, die ersten Schiffsschnäbel einer
deutschen Flotte, obendrein mit geringerer Schiffszahl gegen
die furchtbarsten Seekrieger des Nordens! Nachdem sie
fünf große Schiffe gewonnen und verbrannt, die übrigen
in den Grund gebohrt hatten, kehrten sie mit der größten
erbeuteten Kogge, welche 400 Gewappnete trug, voll Jubel
in die Trave heim. Seitdem blieb Lübeck in seiner Freiheit
unangefochten. Denn der Graf von Holstein verzichtete
vor dem „Kaiser" zu Worms auf jeden Anspruch. Die
Bürger hielten unter Begünstigung des Herzogs Albrecht
von Sachsen Travemünde inne, mächtiger, durch ihre
Wehrschiffe feindliche Gewalt aus ihrem Hafen, dem
Sammelort der nördlichen Kreuzfahrer, zu scheuchen, als
durch wiederholte päpstliche Schutz-Bullen. Im J. 1236
durch den Kaiser mit der wichtigen „Reichsmesse" um
Pfingsten begnadet, blickten sie, oft mit der Stiftsgeistlichkeit

in Hader, jetzt auch von den Herzögen Pommerns von Zoll und Ungeld befreit, dem Landadel Gesetze der Friedhaltung vorschreibend, mit überlegener Diplomatie besonders **Grundvertrag Lübecks und Hamburgs.** auf die Binnenstädte, verglichen ihren Streit mit Soests reizbarem Gemeinwesen und schlossen unter dem Schrecken der Welt vor den Mongolen, i. J. 1241 mit Hamburg den ersten Vertrag zur gemeinschaftlichen Sicherstellung der Wege zwischen der Mündung der Elbe und Trave, und zur Bestrafung von Friedensbrechern innerhalb ihrer Gebiete. Gleichzeitig wurde ausgemacht, daß die Verwiesenen aus der einen Stadt auch in der andern verfestet sein sollten. Kann auch diese Eidgenossenschaft zwischen Hamburg und Lübeck nicht als diplomatischer Anfang der deutschen Hanse betrachtet werden, da ihn nur örtliche Verhältnisse bedingten, und von gemeinsamer Behauptung der einzeln erworbenen Handelsvorteile nicht die Rede ist, so war doch bereits auch im Gedanken der Boden gewonnen, auf welchem sich das stolze Gebäude erhob.

Die Mongolen. Die Mongolennot, welche Rußland und Polen schmachvoll niederwarf, fand schon den deutschen Volksleib im Nordosten mit zahlreichen Städten wie mit einem Schuppenpanzer umgürtet und in Preußen, Schlesien und der Mark Brandenburg ein wehrhaftes Bürgertum. Dennoch war die Sorge auch entfernter Städte so groß, daß die Lübecker neben dem Burgtore an der Trave den Wall aufschütteten, die Magdeburger den starken Tartarenturm an der Elbe erbauten.

Der Ordensstand in Preußen. Zunächst fassen wir Preußen ins Auge. Als in allen Ostseelanden die Götzenbilder längst gefallen waren, lebte in den trotzigen Heiden zwischen Memel und Weichsel so grimme Feindschaft gegen das Christentum, daß sie noch i. J. 1225 die Ritterschaft von Dobrin erschlugen, Danzig, die Hauptburg des christlichen Herzogs von Pommerellen, ängstigten und das Kloster Oliva zerstörten. Kaum barg sich Herzog Konrad von Masovien in seinen inneren Grenzen. Da zog i. J. 1226, auf Bitten des Piasten, jene Ritterbrüderschaft „Unserer lieben Frauen der Deutschen", welche sich seit ihrer Stiftung durch fromme niedersächsische Kauf-

leute kriegerisch umgebildet hatte, in das Gebiet an der
Mittelweichsel ein, begann vom Kulmerlande aus i. J.
1228 den halbhundertjährigen Vernichtungskampf gegen die
Preußen, und gründete schon i. J. 1232 die neue Burg
Thorn als deutsche Stadt nach magdeburgischem Rechte.
Noch in demselben Jahre folgte bei der gleichnamigen Burg
Kulm, und nach Pogesaniens Bezwingung i. J. 1237 die
Gründung des heutigen Elbings, nahe der Stätte, wo
vor mehr als dreihundert Jahren Alfreds Seefahrer den
Handelsort Trauso am Ilfing gefunden hatten. Handels-
lustige Bürger aus Lübeck mochten, geweckt durch alte Er-
innerungen und durch die günstige Lage gelockt, oder dem
Kreuzfahrerstrome unmittelbar auf den Fersen gefolgt, sich
dort niedergelassen, und nach heimatlichem Rechte miteinander verkehrt haben. Urkundlich steht fest, daß Elbing
unter schützender Burg erblüht und im Genusse gemeinheitlicher Verfassung schon i. J. 1250 sein überkommendes
Recht durch die Mutterstadt ergänzen ließ. Sonst aber
galt für Preußens Binnenstädte laut der „Kulmer Hand-
veste" v. J. 1233 zunächst Kulmer Recht, das jedoch
magdeburgischen Ursprungs war.

(Randnotiz: Thorn, Elbing.)

So konnte der Verkehr im Weichselgebiete sich bereits
an drei neue, verwandte Gemeinwesen anlehnen; Kulm,
Thorn und Elbing, die bald als hansisch heraustraten,
während Danzigs deutsche Ansiedlung noch mit slavischen
Elementen rang. Die Vereinigung der Schwertbrüder in
Livland und des deutschen Ordens in Preußen verband bald
nach d. J. 1237 längs dem Ufer des Frischen, dann auch
des Kurischen Haffs und im Memelgebiet (1250), die vereinzelten deutschen Ansiedlungen in Livland und Esthland,
dessen nördlicher Teil allein der dänischen Herrschaft ver-
blieb. Bald kam als vierter preußischer Handelsort
Braunsberg, dann das livische Pernau hinzu. Als i. J.
1255 König Ottakar von Böhmen nach ruhmvollem Ausgange seines Kreuzzuges Königsberg gegründet, Stettin
im Jahre 1243 Magdeburger Recht im ganzen Umfange
gewonnen und die alte Wendenburg, den Sitz des Kastellans,
gebrochen hatte, endlich Greifswald i. J. 1250 mit

(Randnotiz: Braunsberg, Königsberg.)

lübischem Rechte begabt war, zählte das Ostseegestade auf
einem Gebiete von etwa 250 deutschen Meilen seit kaum
anderthalb Jahrhunderten sechzehn größere Städte, bei
denen die Richtung auf Handel und überseeischen Verkehr
vorwaltete: Lübeck, Wismar, Rostock, Stralsund, Greifswald, Stettin, Danzig, Elbing, Kulm, Thorn, Braunsberg,
Königsberg, Pernau, Riga, Reval uud Dorpat. Nur
durch diese Schöpfungen des deutschen Bürgertums konnte
die Verbindung der baltischen Küstenstrecken unter sich und
mit dem deutschen Reiche unterhalten werden. Der Schwerpunkt der mittel- und norddeutschen Handelsmacht mußte
sich aber auch dorthin senken.

Greifswald. Greifswalds Ursprung, als einer der fünf gewich-
tigen wendischen Seestädte, verdient eine kurze Erwähnung.
Ungefähr im Jahre 1233 auf fruchtbarem Boden, eine
halbe Meile von der Mündung des schiffbaren Küstenflusses
Ryck in dem seit der Dänennot „dänische Wiek" genannten
Meerbusen, einer frühbenutzten Salzquelle gegenüber, als
gewerbsame deutsche Ansiedlung unter dem Rechte und
Schutze des Abts des Cisterzienserklosters Hilda (Eldena)
erstanden, wuchs der „Markt", noch namenlos, neben der
großen Marienkirche zu bürgerlichem Verkehr heran, erschien
i. J. 1249 urkundlich als „Greifswald", ward i. J. 1250
vom Abte dem Herzoge Wartislaw III., Lübecks Gönner,
übertragen, und i. J. 1250 mit lübischem Rechte ausgestattet. Obwohl noch ein ritterbürtiger Richtvogt des
Landesherrn Ansehen sicherte, erwuchs Greifswald vermöge
des unglaublichen Triebes seiner Bürger nach Erwerb, zu
einer fast unbegreiflich schnellen Selbständigkeit und Wohlhabenheit, und trat keck schon dreißig Jahre nach seinem
Auftauchen in großartigen Händeln mit fremden Königen auf.

Lübecks
Absicht auf
Preußen. Gern hätte Lübeck an Samlands Küste eine unmittel-
bare Kolonie, eine Niederlage wahrscheinlich des wichtigen
Bernsteins wegen, gegründet, und legte ein befremdendes
Eroberungsgelüst an den Tag. Allein der Meister des
Ordens stellte i. J. 1242 die Bedingung so staatswirt-
schaftlich klug und wollte bei aller Freiheit des Verkehrs
seine Oberherrlichkeit und den militärischen Vorteil der be-

absichtigten Kaufstadt „rigischen" Rechts so verbürgt wissen,
daß Rat und Gemeinde bei näherer Sorge auf das ganze
Unternehmen verzichteten. Lübecks hohe Forderungen an
Landbesitz (nicht weniger als des dritten Teils Samlands,
Witlands und ansehnlicher Stücke von Warmien) und den
Plan der Bürger, an der Mündung des Pregels beim Hafen
Lipce (?), eine „freie Seestadt", „Lippenburg" (Lübischburg ?)
anzulegen, erfahren wir aus dem fruchtlosen Schiedsgerichte
vom J. 1246. Andere Urkunden bezeugen den gewiß
nicht ganz uneigennützigen Anteil, welchen Lübecks junge
Mannschaft am Gottesstreite nahm.

In gleicher Absicht blickten von westfälischen Städten
Dortmunds wanderlustige Bürger auf Preußen und hätten
gern der neuen Pflanzung am Ausfluß der Memel mit
ihrem Standrechte den Namen „Neu-Dortmund" verliehen.

Um die noch offene Lücke im nördlichen Deutschland Berlin-Kölln.
von der Oder bis zur Spree und Havel mit deutschem
Wesen zu erfüllen, schuf ein heldenmütiges Brüderpaar,
Johann I. und Otto III., Markgrafen von Brandenburg,
noch vor d. J. 1244 die nur durch den Fluß getrennten
Städte Berlin und Kölln mit so vorwaltender Richtung
auf den Verkehr, daß Berlin gleich anfangs ein Niederlagsrecht empfing und bald imstande war, den Spree-
zoll bis Fürstenwalde aufwärts vom Landesherrn zu kaufen.
Kleinere gewerbtätige Orte erhoben sich ringsum, eine be-
deutendere Marktstätte war früh Frankfurt a. d. O. (1253) Märkischer
Handelsgeist.
und kaufmännisch regsam Prenzlau, das auf damals noch
pommerschem Boden i. J. 1235 vom Herzog Barnim I.
als deutsches Gemeinwesen gegründet war. Alle diese
brandenburgischen Städte gediehen unter dem askanischen
Stamme besonders in der Wollweberei und im Bierbrauen
zu einer Blüte, die für die meisten nie wiedergekehrt ist.
Jene märkischen Kaufleute, welche i. J. 1236 nach Hamburg,
und von dort selbst nach Flandern handelten, mochten überwiegend in der überelbischen Mark, der Altmark, in
Salzwedel, Stendal heimisch sein. Ein Vertrag dagegen, welchen
Johann und Otto um d. J. 1247 zwischen der Gemeinde

Salzwedel. von Hamburg und ihren Bürgern aufrichteten, begriff gewiß auch die neuen Städte der Mittelmark, von denen Berlin, Kölln und Frankfurt sich zeitig zur Hanse hielten. Lehrreich zur Bezeichnung der Waren, welche auf der Straße von Salzwedel nach Hamburg und zwischen Lübeck und Hamburg geführt wurden, ist die Zollrolle Herzog Albrechts von Sachsen v. J. 1248. Genannt werden: Tuch, Kupfer, Zinn, Blei, Linnen, Felle und Häute, Wachs, Honig, Hopfen, lose Wolle, Fettwaren, endlich auch Feigen, Spezereien und andere Würze zu ganzen Schiffslasten. An solchem Binnenverkehr über Salzwedel beteiligten sich wohl besonders auch die Städte des Erzbistums Magdeburg und Braunschweig.

Dänische Fehde. Inzwischen war hinlänglich dafür gesorgt, daß der norddeutsche Handel nicht ungehindert zu sehr blühe. König Erich von Dänemark, Waldemars Nachfolger (1241), Plogpenning genannt, lenkte Lübecks Aufmerksamkeit unter dem drohenden Verfalle des Reichs zeitig auf nähere Dinge (1246), indem er aus ererbtem Hasse ihre Schiffe in seinen Häfen, zumal die Heringsfänger im Sunde und an Schonens Küste anhielt und die Trave bedrohte. Als nun die Stadt ihre Koggen ausgerüstet, und die Flotte, geführt vom „biederen, frommen Degen, zu Turnier und zum Dienste gar verwegen, Alexander von Soltwedel, der mit seiner Mannheit verdiente der Ehren Sedel (Sitz)" (Sommer 1248), ihren Feind nicht auf offenem Meere fand, verheerte sie die Küste Dänemarks, eroberte und verbrannte das Schloß Kopenhagen, Absalons von Roeskilde kluges Werk, verging sich aber im Eifer soweit, auch Kircheneigentum zu plündern und selbst fremde Kaufleute, wie englische, nicht zu verschonen. So frevelhaftem Beginnen folgte die Strafe des beleidigten Klerus auf dem Fuße, und zwang Lübeck, das i. J. 1248 auch Stralsund wegen seiner unschwesterlichen Neigung zum Dänenkönige gezüchtigt hatte, ein bedenkliches Hemmnis seiner Unabhängigkeit aufzuladen. Doch auf einen so kleinmütigen Schritt hatten schon des Reichs traurige Zustände unleugbaren Einfluß. —

Das große Deutsche Zwischenreich. Lübeck unter den Schauenburgern. König Wilhelm von Holland. Der rheinische Städtebund. Bremen. Lübecks verwickelte Lage. Schritt zur Ausbildung der Hanse. Flandern. Verhältnisse zum Norden. Bewaffnete Hanse. Vom J. 1246—1259.

em äußeren Sturme, der Mongolennot, in allen *Das große* seinen Gauen bis auf das verwüstete Schlesien *Zwischenreich.* entgangen, lag unser Vaterland bereits i. J. 1246 unter dem Fluche des Zwischenreichs. Zu spät hatte Kaiser Friedrich II. die Hilfe des verachteten Bürgertums gegen die Untreue der hohen Geistlichkeit, der Fürsten und des Reichsadels angerufen, und sogar die Schlüsse von Ravenna zugunsten anhänglicher Städte aufgehoben, als er bereits mit der Kirche unsühnbar zerfallen war, und dann Papst Innocenz IV. im Juli 1245 über den „ketzerischen" Hohenstaufen den vernichtenden Bann „ausgeschnoben". Aber alle warme Liebe des Bürgertums gegen einen so zwei- *Kaiser Fried-* deutigen Gebieter, wie Kaiser Friedrich, alle Huldweise *rich II. zu spät* desselben hinderten als zu spät nicht den beklagenswerten *Bürger-* Fall seines Geschlechts. Die Wahl des alten Landgrafen *freund.* von Thüringen, Heinrich Raspe, jenes verächtlichen Pfaffen- königs, den die Erzbischöfe und Bischöfe des Rheins und der Weser im Mai 1246 erkoren, brachte die deutsche Welt bereits in brudermörderische Kämpfe. Lübeck, schon in so hohem Ansehen, daß der römische Stuhl ihm wiederholt den Gehorsam für Heinrich, „den geliebten Sohn der Kirche", empfahl, behauptete seine Anhänglichkeit an den Gründer seiner Reichsunmittelbarkeit, scheint aber nach dem Tode des Thüringers (17. Februar 1247) an jedem Schutze des *Lübeck unter* Reiches gezweifelt zu haben, da es sich grade damals (22. Fe- *holsteinischer* bruar 1247), noch vor der Erwählung Wilhelms von *Vogtei.* Holland (4. Okt. 1247), freiwillig der vogteilichen Gewalt der jungen Schauenburger Johann I. und Gerhard, der Söhne des weltmüden Grafen Adolfs IV., übergab. Für solche Anerkennung des Schutzverhältnisses hatten die Grafen, zugleich auch Hamburgs Landesherren, der Stadt ihren Turm bei Travemünde zeitweise abgetreten, und gegen Ent-

äußerung aller Rechte, an Münz- und Gerichtsgefällen jährlich 100 M. S. zugesichert erhalten.

Gerade unter den verwickeltsten Verhältnissen der
Heimat, kirchlicher Anfechtung, Unfrieden mit dem nordischen Könige, Zerwürfnis mit Londons Bürgern, unter
königlicherseits bestrittener Selbstwahl des Vogtes, unter
der furchtbaren Auflösung aller politischen und gesellschaftlichen Bande während des großen Zwischenreichs gab Lübeck
der norddeutschen Welt denselben Anstoß zum gemeinsamen Unternehmen, ihren Handel und ihre Handelsvorrechte zu schützen, die Sicherheit der Land- und Wasserstraßen
mutig zu verteidigen, welchen der große Bürger von Mainz,
Arnold der Waltbod, den süd- und westdeutschen
Gemeinwesen zu ihrer Rettung gewährte.

Wilhelm von Holland war schon als Graf den Lübeckern
und Hamburgern wohl empfohlen, indem er ihren Kaufleuten
auf der Rückkehr von Flandern sicheres Geleit gegen Erlegung von einem Prozent des Wertes ihrer Waren verheißen (1243) und sie vom Strandrechte befreit hatte. Jetzt
nun besonders auf Betrieb der falschen rheinischen Erzbischöfe
zum König erwählt (Oktober 1247), schien er, zwar gütig
von Natur, aber von Hause aus machtlos, dabei unwirtlich,
der Geistlichkeit ergeben, gleichwohl kein Herrscher, wie ihn die

Zeit bedurfte. Deshalb zögerte denn Lübeck, dem „geliebten
Sohne der Kirche" zu huldigen. Besonders mußten die
freiheitseifrigen Reichsstädte gegen den traurigen Mißbrauch
der königlichen Gewalt, ihre Unmittelbarkeit an eigennützige
Helfer zu verpfänden, auf der Hut sein, wie es zuerst der
gewerbtätigen und uralten Pfalzstadt Duisburg (1248) erging, und selbst Dortmund nicht ganz abwenden konnte.
Wahrscheinlich hat Lübeck in der Besorgnis vor solcher
Willkür freiwillig die Schutzvogtei der Schauenburger auf
sich genommen, weil Johann und Gerhard sich weniger
ihres Ansehens überheben, die Stadt dagegen vor Erichs
Nachstellung schützen konnten. Sie blieb dem jungen
Hohenstaufen Konrad IV. getreu, der ihr noch im Herbste
1247 den Zoll in Kaiserswert auf vier Jahre erlassen hatte.
Indessen erfüllte sich rasch das Verhängnis des Kaiserhauses

Grundriß von Thorn, nach einem Kupferstich in Merians „Topographia Electoratus Brandenburgici et Ducatus Pomerania etc."

THORVNIVM.

Thoren.

A. Templum S. Johannes.
B. Templ. S. Maria George.
C. T. S. Jacobi.
D. Monastra. Franciscanor.
E. Mont. S. Spiritus.
F. T. S. S. Laurdig.
G. Domus Fratris Ciuitas Noua.
H. Dom. Senatus Ciuitas Noua.
I. Mercatus Noua.
K. Locus Iudicialium.
L. Pons Cornej.
M. Porta S. Catharin.
N. Porta Culmensis.
O. Porta Orientalis.
P. Alt Thorgisch thor.
Q. Hohe thor.
R. Brigittig.
S. Thor thor.
T. Mart. thor.
V. Al. Schlosz.

Das Neue Land.

FLUVIUS.

Tam.

VISTULA.

Der Hochmeister des Deutschen Ordens, Hermann Balk, legte 1281 den ersten Grund zur Stadt Thorn, polnisch Torun, deutsche Einwanderer aus Westfalen bevölkerten sie. 1557 nahmen Rat und Bürgerschaft die Reformation an. Bei der zweiten Teilung Polens fiel Thorn zugleich mit Danzig 1793 an Preußen. Heute ist es preußische Kreisstadt mit 30000 Einwohnern und Festung ersten Ranges

und unseres Vaterlandes. Die unversöhnliche Kirche verhängte ihren Bann über alle Anhänger der Hohenstaufen. Friedrich II. starb (Dezember 1250), und das Gesetz des Reichs und die Ordnung sanken in so tiefen Verfall, daß nur der Stärkere der allgemeinen Friedlosigkeit sicher wehren konnte. Erstarkt genug waren aber die Gemeinwesen, und überall erstanden sie herrlicher, freier und schwunghafter aus namenloser Verwirrung.

Verfolgen wir erst den allgemeinen Gang der Dinge, beleuchten wir den politischen Hintergrund, ehe wir die überraschenden Wendungen der neuen Gesellschaftsverfassung unserer Städte im Zusammenhange darstellen. Allgem. Gang während des Zwischenreichs bis 1256.

König Konrad erlag dem Grimm der Kirche und ihrer geistlichen wie weltlichen Diener in der Schlacht bei Oppenheim, März 1251, zog im Spätherbst desselben Jahres nach Italien und starb unter der bangen Hoffnung seiner getreuen oberdeutschen Bürger auf seine Rückkehr als Retter im Mai 1254. Soviel Gnaden Wilhelm spendete und kaiserliche Rechte leichtsinnig seinen unredlich gesinnten Helfern preisgab, an wahrhafter Königsmacht wuchs das Spielwerk der Pfaffen nicht. Im Frühjahr 1252 bahnte sich Wilhelm, auf des Kardinallegaten Hugo Vermittlung mit der Tochter Ottos von Braunschweig vermählt (dessen Städte, Braunschweig, Lüneburg, Hannover, Göttingen, Einbeck, alle unter gemeinderätlichem Regimente an die Seestädte gelehnt erblühten) den Weg nach Sachsen und knüpfte ein hoffnungsvolles Einvernehmen mit dem Markgrafen von Brandenburg, dem Erzbischofe von Magdeburg und dem Herzoge von Sachsen an. Aber die Fürsten waren zu wilder Selbsthilfe bereit und spotteten seiner Ohnmacht. Von Flandern, Brabant, dem Niederrhein her durch Westfalen verschürzte sich ein Knoten von Fehden bis tief nach Thüringen und Mitteldeutschland und umschnürte die unerläßlichste Bewegung des bürgerlichen Lebens. Unseres Volks böser Genius war besonders Erzbischof Konrad von Köln, der Gründer des „Ewigen Doms", indem er, entschlossen, die stolze Freiheit seiner adligen Bürger von Köln zu brechen, den Kampf schon i. J. 1252 begann, aber fürs erste ablassen mußte, eine Stadt Fall König Konrads IV. Erzbischof Konrad und Köln.

von so unerschöpflichen Mitteln der Gegenwehr unter seinen
Fuß zu beugen.

Anfang des rhein. Städte-bundes. Da waren entsetzliche Leiden und freche Mißhandlung,
welche der Verkehr der **mittelrheinischen Städte** bei
der Friedlosigkeit ihrer Gauen erfuhr, die Impulse zum Versuche, durch einen gemeinsamen Bund nach dem Vorbild der
Lombardei sich gegen die Geißel der Zeit zu schirmen.
Zwar standen jene Gemeinwesen hinter Wall und Mauern
unantastbar, aber ihr wandernder Kaufmann mit seiner
Ware zu Lande und zu Wasser blieb der Raubsucht kleiner
Dynasten und des Adels zur Beute, welche nach Lust und
Laune die Straßen sperrten, Zölle aus festen Mauttürmen
erhoben, Geleitsgeld erpreßten, auch wohl aus dem Steg-
reif den Reisenden mörderisch niederwarfen, und die Beute
auf ihren Felsennestern sicherstellten. **Mainz**, reich
an Gütern, Waffen, Freiheit und Ehren, griff den mutigen
Mainz. Gedanken zuerst auf, Arnold der Waltbod, aus patrizischem
Geschlechte, Erbrichter der Stadt im Namen des Erzbischofs, trat ins Mittelgetriebe und einigte zuerst (Frühling
1254) Mainz, Worms und Oppenheim „zur Erneuerung
der früheren Freundschaft, zur eidlichen Hilfe gegen jegliche
Unbilden, zur Erhaltung gegenseitigen, bürgerlichen Rechts
und schiedsrichterlicher Schlichtung aller Händel." So bescheiden, eng nachbarlich, ohne die glühende Farbe des
politischen Freiheitseifers der Lombarden, war der Beginn
des großen Werks, dessen Kunde bald in alle Lande ausging. „Die Sache gefiel aber den Fürsten, Rittern und
Räubern, besonders denen nicht, welche beständig ihre Hand
nach Raub ausstreckten. Sie sagten, es sei schändlich,
daß Kaufleute über hochgeborene und adlige Männer
herrschten."

König Wilhelm und der Bund. König Wilhelm konnte, obgleich sonst dem Bürgertum
hold, wie er seinen holländischen Städten reichlich bewiesen
hatte, dennoch die große Zukunft nicht begreifen, die ihm,
dem von seinen Wählern verhöhnten, sich auftat, wenn er
seine Macht auf die **Einheit** opferfähiger Städte gründete.
Er zögerte, aber das schwunghafte Werk bedurfte nicht der
Weihe durch den „Wasserkönig". Der Bundestag des

Juli 1254 umschloß schon die angesehensten Gemein=
wesen vom Oberrhein bis nach Köln, und dem be=
schworenen Landfrieden hatten sich selbst die drei Erzbischöfe,
viele Grafen und Landherren beigesellt, mit Aufhebung un=
gerechter Zölle und der Erbietung, jeden Friedbrecher gemeinsam
zur Buße zu zwingen. Bereits im Herbste wurde durch
die eidgenössischen Bürger manches Raubnest zerstört, manch
adliger Geselle gehängt. Auf dem Städtetag zu Worms
(Okt. 1254) wurde das Werk formaler ausgebildet, der
Kriegsfuß bestimmt, und ein stehendes Bürgerheer von nahe
10000 Armbrustschützen aufgebracht, welches auf 600 Wehr=
schiffen die allgemeine Waffenstraße, den Rhein von Basel
bis ins Niederland hinauf= und herabschwamm.

Wir nennen nicht die oberländischen Städte, welche Erweiterung
schon im Winter 1254—55 dem unbegreiflich schnell ent= des Bundes.
wickelten Bunde gewonnen waren. Über Hessen hatte
sich derselbe auch in Thüringen erweitert, wo Erfurt und
Mühlhausen als Glieder erscheinen, vom Niederrhein über
Köln und Neuß an die Weser, wo drei Städte, Bremen,
Münster nnd Soest, den Anstoß weiter östlich vermittelten,
um einem, etwas anders modifizierten, nicht ins allgemeine
verschwimmenden Streben der Lübecker zu begegnen.

Bremens Bürger befanden sich daheim noch in sehr Bremen und
gebundener Lage und trugen schwer am Joche des kirchlichen die west=
Gebieters und der bevorzugten Ministerialen. Bürgerlichen fälischen
und kirchlichen Freisinn nährten gewiß nicht die grauenhaften Städte im
Szenen, deren nächste Zeugen sie sein mußten, der Kreuz= Bunde.
zug Erzbischof Gerhards II. gegen die Stedinger, der Ver= Bremens un=
nichtungskampf, welchem i. J. 1234 jener tapfere, von vollkommene
Fürsten, Adel und der Kirche gleichmäßig gehaßte Friesen= Freiheit.
stamm unterlag. Des blutgierigen Purpurträgers Gewaltsinn
ward noch gesteigert, als es ihm i. J. 1246 gelungen war mit
den rheinischen Primaten die Wahl des thüringer Pfaffen=
königs durchzusetzen. Kein Wunder daher, daß er in demselben
Jahre die bürgerfeindlichen Schlüsse von Ravenna hand=
habte, „Rat und Gemeinde" zwang, „der Willkür" (dem
statutarischen Rechte), als mißbräuchlich von ihnen ohne
seine Billigung geübt, zu entsagen und zu geloben, neue

Satzungen nur mit Genehmigung seines Vogtes einzuführen, selbst die Marktpolizei mit ihm zu teilen, endlich die Gewerkszünfte wieder unter die altfränkische Hofhörigkeit zu beugen. Wenn wir die Satzung beschworen finden: „Ungehorsam der Konsuln und der Gemeinde gegen die Consules und die vornehmen Bürger solle wie ein Verbrechen gegen den Erzbischof selbst gestraft werden", und wenn dennoch von der „herkömmlichen Wahl der Ratmänner durch die Gemeinde" geredet wird, so löst sich dieser Widerspruch, indem wir die Doppelheit der Gemeinde ins Auge fassen. Die Ministerialen, jene adlige wehrständige, bevorzugte Bürgerschaft, besetzten den engeren Rat mit 12 Mitgliedern, als „Geschworene der Kirche" und gestatteten eine Vertretung der übrigen Gemeinde nur durch einen jährlichen Ausschuß der „Sechzehner", vier aus jedem Viertel. Unter solchem Hemmnis und im grellen Abstand zur lübischen Verfassung konnte denn Bremen erst nach hundertjährigen, blutigen Kämpfen und wilden Volksstürmen jene zum hansischen Leben unerläßliche Gleichheit des Gesellschaftszustandes erringen. Ihre spröde, eigensinnige Handelspolitik, ihr Widerwille gegen gemeinsame Maßregeln, ihre Absonderungsgelüste von den übrigen Städten werden durch die häuslichen Verhältnisse erklärlich.

Dennoch hatte Bremen, durch die neuen Zeichen der Zeit gemahnt, seine Sendboten auf die rheinischen Bundestage abgeordnet, und wir sehen die Summe eidgenössischer Glieder des „großen Landfriedens" im Winter d. J. 1254—55 durch sie bis auf 60 und mehr gewachsen. Von Westfalens Gemeinwesen dagegen waren Münster, Soest und die nach letzterem politisch ausgebildeten Städte bereit, tatkräftig in die westdeutsche Bewegung einzugreifen. Daheim wohl geordnet und nahe einer demokratischen Verfassung, welche nirgends in der deutschen Welt ihresgleichen fand, zur See rührig im Norden, Osten wie im Westen (indem noch kürzlich i. J. 1252 König Wilhelms Pergament die Soester in seinen und des Reichs unmittelbaren Schutz genommen, sie zollfrei in allen holländischen Häfen gemacht oder die Gefälle auf den hundertsten Teil der Waren herab-

Soest und der Nachbarn Bündnis.

gesetzt hatte, ehe er den Anwohnern des Soester Baches (!)
(i. J. 1225) auf ihr Gesuch auch Freiheit vom Strandrechte gewährte) erblickte Soests Bevölkerung in ihrer unmittelbaren Nähe im Mittelpunkte jenes Gewirrs von
Fehden auf den Hauptstraßen des Binnenverkehrs, die
frechste Verhöhnung aller gesellschaftlichen Ordnung. Ein
beredsamer Beweis der Drangsale des Landes zwischen
Maas, Rhein, Weser bis zur Elbe hin ist, daß um diese
Zeit die Genter „Sachsens" Städte zwingen wollten, den
flandrischen Kaufmann zu entschädigen, wenn er auf dem
Wege zu ihnen seine Waren verliere. Auf solches Ansinnen antworteten den Schöffen Gents die Ratmänner
von Bremen, Stade, Hamburg, Lüneburg, Quedlinburg,
Halberstadt, Helmstedt, Goslar, Hildesheim, Braunschweig,
Hannover, Wernigerode und „alle Städte Sachsens", sie
selbst könnten ihr geraubtes Gut nicht den Händen der
Tyrannen entreißen, weil diese sich auf ihre Felsennester
zurückzögen, welche so fest wären, daß auch die Landesfürsten
nicht unternähmen, solchen Frevel zu bändigen. Innerhalb
ihrer Mauern wollten sie den Gästen willig vor Schaden
bürgen. Würde dagegen ihre Bitte um Abstellung der
Forderung Gents nicht erhört, so zögen sie bei der Lahmheit des Reichs vor, ihre Habe lieber daheim zu behalten,
als nach Mühsalen noch Schaden davonzutragen."

Unter so gänzlichem Stillstande allen Zwischenverkehrs
waren denn i. Juli 1253, von ihren Gemeinden beauftragt,
Schöffen und Ratmänner von Münster, Soest, Dortmund
(welches i. J. 1248 vom Könige Wilhelm die Zollfreiheit
der Lübecker in den Grafschaften Holland und Seeland erwirkt hatte), sowie Lippstadts in Wernersbrück zusammengekommen und hatten ein Bündnis untersiegelt, dessen
Bestimmungen zwar noch weniger lombardischen Freiheitsgeist atmen, dagegen den ernsten, praktischen Verstand bezeugen, mit welchem die Kaufleute sich „der Niederwerfung,
Beraubung und Mißhandlung durch Landherren, Ritter,
Burgmannen und Knechte" zu erwehren gedachten. Sie
verweigerten jedem Friedensbrecher, jedem siegelbrüchigen
Schuldner aus dem Adel jeden Vorschub im kaufmännischen

Bund von
Wernersbrück.

Verkehr, jedes Darlehen, verbürgten dem Beschädigten aus jeder Bundesstadt die Rechtshilfe des Ansässigen und verboten bei höchster Strafe, Raubgut in einer Genossenstadt zu kaufen. — So zahm und krämerartig solche Satzungen sind, so deutet doch das sichere Geleit, welches jede Stadt auf Ansuchen eines Gastes stellen mußte, auch auf gewaffnete Schutzmaßregeln. Als nun des Waltbods Werbungsbriefe nach Westfalen gelangten, zögerten die Einigungsverwandten von Wernersbrück nicht, beizutreten, wiewohl nach mittelalterlicher Weise die vier Bundesstädte ihre engere Eidgenossenschaft neben der allgemeinen Verbindung beibehielten, jedoch das allgemeine Streben emsig bis über die Weser und die Elbe erweiterten.

Soweit war der rheinische Bund gediehen und ward in seiner Wirksamkeit selbst bis an die Ostseeküste verspürt, als König Wihelm, von seinen geistlichen Wählern verachtet, aber bei seinen holländischen Bürgern belobt, denen er, wie den Dordrechtern, Haarlemern, denen von Leiden, Delft, Utrecht, Middelburg, Zierickzee (1245—1254) Wohlstand und Freiheit gemehrt hatte, am Mittelrhein hinaufzog, zu

König Wilhelm und der rheinische Bund. Worms im Februar 1255 das „abscheuliche" Strandrecht feierlich aufhob, und durch das „Parlament von mehr als 20 Städten" des oberen Deutschlands aufgefordert, endlich am 10. November zu Oppenheim, „die Arbeit und Mühe der Gemeinen nach ewigem Kriege, Befehdungen und beständiger Betrübnis der Armen den langverbannten Frieden zurückgeführt zu haben", wiewohl mit Beschränkung selbstständiger Richtgewalt feierlich bestätigte.

Durch solche königliche Weihe schien der Bürgerbund befestigt und zu einer dauernden Anstalt des Reichs erhoben. Das politische Bewußtsein der Gemeinden war fast fieberhaft erregt, aber schnell ging die Blüte des Vereines vorüber, welcher alsbald kränkeln mußte, indem er in gutem Glauben ein verderbliches Element, die Fürsten, zugelassen hatte.

Tod König Wilhelms. Verfall des Bundes. Als König Wilhelm (Januar 1256) im Kampfe gegen die Westfriesen seinen Tod gefunden, „kehrte alles in den früheren schlimmen Zustand zurück." Nur Lübeck, gehoben durch das Vertrauen der verwandten Gemeinwesen an der Küste und des Binnenlandes, führte gleichzeitig, in seinem Sinne die Weltlage begreifend, mit weiser Selbstbeschränkung und geräuschlos ein Werk weiter hinaus, das innerhalb weniger Jahre den Königen des Nordens die Spitze bot, und eine Dauer von nahe drei Jahrhunderten in sich trug.

In der Tat bleibt bewunderungswürdig wie die Stadt an der Trave eine so exzentrische Tätigkeit entwickeln konnte, als ihre eigensten Angelegenheiten sich immer bedenklicher verwickelten. Was erstens die Verhältnisse zum Norden betrifft, so hatte sich zwar Erich i. J. 1249 mit seinen Brüdern ausgesöhnt und freundliche Verhältnisse mit den Nachbarn wiederhergestellt, aber Abel von Schleswig, sein Mörder und Nachfolger, (August 1250), welcher im November 1250 den Lübeckern alle hergebrachten Rechte und Freiheiten bestätigt, und im September 1251 mit Zustimmung der Wendlandsfahrer (d. i. der Kaufleute in den wendischen Seestädten) eine sehr mäßige Zollordnung für die Märkte von Skanör festgestellt, auch den Hamburgern und Wismarern wie den Rostockern dieselbe Gunst wie den Lübeckern erwiesen hatte, erlag im Sommer 1252 den Nordfriesen. Sein Bruder König Christoph I. weckte neue Kriege, indem er dem Stamme Abels sein Erbe, Schleswig oder Südjütland, entreißen wollte und dadurch die Grafen von Holstein, wie die Lübecker als deren Schutzbefohlene in den Streit zerrte. Letztere beunruhigten die Küsten von Schonen, verloren zwar ein Seetreffen bei Skanör, bezwangen dagegen die Städte auf den kleineren dänischen Inseln und nötigten den König zum billigen Frieden (1254). Aber infolge des Krieges und der Einmischung Schwedens und Norwegens verfiel die Sicherheit des Meeres dem frechsten Seeraub. — Bedrohlich genug und vielfach beirrend zog sich gleichzeitig das Mißverhältnis der Stadt mit der Kirche wegen der Beschädigung der Roeskilder Stiftsgüter, der Vermittlung des Stuhls in Rom ungeachtet unter vollstrecktem Kirchenbann (1251) noch über die Sühne des Prozesses v. J. 1253 und des Entschädigungserbietes der geängstigten Bürger hinaus, so gnädig sonst Papst Innocenz IV. gegen die Stadt war, und durch den Kardinal

Lübecks verwickelte Lage.

Neuer Dänenkrieg.

Kirchliche Händel Lübecks.

Hugo, des Pfaffenkönigs gebieterischen Patron selbst gegen
den Willen der Stiftsgeistlichkeit die Gründung neuer Pfarr-
schulen erlaubte, sowie die Aufhebung des Strandrechts
sanktionierte.   Am bedenklichsten aber schien die Irrung
Lübecks mit dem römischen Könige.   Die Schauenburger
mochten nicht in seiner Gnade stehen, deshalb verkündete
Wilhelm unerwartet im März 1252 den Ratmännern und
der Gemeinde zu Lübeck: „er habe den Markgrafen von
Brandenburg wegen ihrer getreuen Dienste die Vogtei über
ihre Stadt als Lehen aufgetragen!" Gleichzeitig drohte der
Kardinal mit den höchsten kirchlichen Strafen, wenn die
Bürger sich nicht bis Pfingsten dem Willen des Königs
beugten.   Hatten auch inzwischen unsere Markgrafen, bisher
mit Lübeck aus unbekannter Ursache in Fehde, großmütig
Sühne und Schutz erboten (April 1252), so fanden sie doch
die betroffenen standhaft, obgleich benachbarte Bischöfe im
Auftrag des sonst gütigen Kardinals die Ungehorsamen zu
bannen eilten.   Freilich beriefen sich Rat und Gemeinde,
die ihren Willen trotzig genug aussprechen mochte, da wir
im Jahre 1253 die Stadtbehörde auf 24 Glieder verstärkt
sehen, auf die Briefe wegen ihrer Untrennbarkeit vom Reiche,
welche ihnen Kaiser Friedrich II. „noch als treuer Sohn
der Kirche" verliehen hatte.   Sie baten um den Schutz des
römischen Königs, den eines Fürsten mutig verwerfend,
und bewirkten durch ihren Widerstand unter dauernder Be-
fehdung durch die ländergierigen Brandenburger und ihren
adligen Anhang, daß endlich Papst Innocenz IV. einschritt,
und mittelst dreier Bullen vom Januar 1254 Lübecks Un-
veräußerlichkeit vom Reiche und alle erworbenen Privilegien
früherer Zeit bestätigte.   Noch im guten Einverständnisse
mit den Schauenburgern, aber immer bereit, auf ihre Schutz-
vögte zu verzichten und in diesem Falle selbst den Turm
bei Travemünde abzutreten, brachen die Lübecker mit den
Grafen von Holstein manche Raubburg an ihren gefreiten
Straßen und apellierten zuletzt noch durch den Mund ihres
Ratsherrn Alexander von Soltwedel im Jahre 1257 so
bündig gegen die Anmaßung der Markgrafen, daß diese sich
endlich, zumal nach Wilhelms Tode, zurückzogen.

**Irrung mit
König
Wilhelm.**

**Lübeck um
Schutz der
Kirche.**

Soviel von unmittelbaren Anfechtungen Lübecks von
außen her. Deuten wir jetzt die unübersehbare Tätigkeit
an, mit welcher die Stadt sich in das Mittelgetriebe des
norddeutschen Bürgertums und der Verkehrsangelegenheiten
schwang.

Vom eigentlichen Schauplatze des deutschen Reichs-
lebens zu entfernt und an den Wirren weniger beteiligt,
welche eine zwistige Königswahl nach sich ziehen konnte, verzichtete die Stadt an der Trave auf jene gebieterische
politische Stellung, welche die rheinischen Gemeinwesen
in den allgemeinen Angelegenheiten ehrgeizig beanspruchten.
Ebenso vorsichtig, nicht mehr zu verheißen, als sie
leisten konnten, hielten sich die Lübecker von der bundes-
mäßigen Verpflichtung fern, entlegene Einigungsverwandte
gegen Unfälle und fremde Gewalt zu schirmen und alle Landstraßen zu sichern. Denn kein Strom, wie der mächtige
Rhein, vermittelte die niedersächsische Küstenstadt mit fernen
Binnenorten, ihre Orlogschiffe konnten nur den nahen
Schwestern an der See zu Hilfe eilen, ihr Bürgeraufgebot
oder ihre Söldner nur den Nachbarorten beispringen. Wenn
wir auch im November 1256 eine urkundliche Aufforderung
„der Ministerialen, Ratmänner und Bürgergesamtheit"
von Minden an „ihre Freunde, die Schöffen, Richter,
Konsuln und Gemeinde von Lübeck, Hamburg, Stade und
in den übrigen Städten diesseits und jenseits der Elbe",
an den Adel, „welcher den Landfrieden beschworen", vor-
finden, ihnen gegen die Gewalttätigkeit des Grafen von
Wölpe und des Herrn von Ravensberg „nach Vermögen
mit Gewappneten und Fußvolk eilig zu Hilfe zu kommen,
und mit den Bremern sich zu vereinigen", so geht zwar
daraus hervor, daß auch Lübeck sich der ersten heißen Bewegung, dem allgemeinen Konföderationsdrange nicht entzogen
hatte, und daß in der Tat auf Bremens und Soests Betreiben
Städte und Adel diesseits und jenseits der Elbe dem großen
Landfriedensbunde sich angeschlossen hatten, allein so ernst-
liche Unterstützung bis tief nach Westfalen hinein verbot
sich von selbst, und wir treffen auf keine Spur, daß Lübeck
sich jemals auf dergleichen Bundespflicht eingelassen habe.

Lübecks Schritte zur Ausbildung der Hanse.

Selbst-beschränkung.

Minden und Lübeck.

Weil aber die kranke Zeit ihre Rettung nur in Vereinigung der Kräfte hoffen konnte, und das Leben der norddeutschen Städte nicht auf politischer Reichsunmittelbarkeit und politischer Bewegung beruhte, sondern auf kaufmännischen Interessen und vertragsmäßiger Sicherheit des Verkehrs, sehen wir Lübecks Kaufherren und Ratssendboten planmäßig beschäftigt, eine gewisse Gemeingültigkeit der vereinzelten Interessen zu gründen, ein System der verschiedenartigen Handelsbeziehungen der verschwisterten Städte anzubahnen und die zahllos nebeneinander hinlaufenden Fäden zu verknüpfen. Wollten die deutschen Binnenstädte sich nicht aus den Handelsvorteilen verdrängen lassen, welche sie v o r dem Ursprunge der neuen Seestädte ausgebeutet hatten, so durften sie nicht zögern, den Vermittlern mit dem Auslande entgegenzukommen, ja sie wußten den gemeinsamen Halt aufzusuchen. Daher denn die mannigfachen Bündnisse und Verträge sächsischer und westfälischer Städte mit den Ostseeküsten und mit Hamburg, die Ausgleichung schwebender Streitigkeiten, die Aufstellung von gemeingültigen Verkehrsmaßregeln und Rechtsgebräuchen, wie die entwickelten Gesellschaftszustände sie erheischten. Wir wissen, es gab bereits viele einzelne „Hansen", berechtigte Kaufmannsvereine an fremden Marktstätten, in welche ursprünglich Privatleute e i n z e l n e r Städte ohne Vollmacht ihrer Mitbürger daheim zusammengetreten waren. Einen mächtigen Schritt vorwärts hatte dieses spröde, vereinzelte Streben getan, indem seit dem Anfang des XIII. Jahrh. die städtischen Gemeinwesen selbst jene Vorrechte der reisigen Mitbürger für ihre Angehörigen erwirkten, da ja jene ursprünglichen Erwerber auch daheim im Gemeinderate eine bevorzugte Stellung einnahmen. Der entscheidende Schritt fehlte noch, durch Erwerbung im Namen und in Vollmacht einer nationalen Gesamtheit, durch festes Zusammenhalten und gegenseitige Unterstützung jenen Privilegien in der Fremde einen neuen Schwung, in der Heimat neues Gewicht zu verschaffen. Das reichsständische Gefühl früherer Jahrhunderte, die Vorstellung von „Leuten des Kaisers von Alemannien", vom „gemeinen deutschen Kaufmanne", endlich der eingebürgerte Rechtsbegriff

Marginalia:

Diplomatische Tätigkeit der Lübecker für die Städte.

Schritte für die nationale Gesamtheit.

von dem „Vereine dentscher Kaufleute, welche nach
Gotland fahren", hatte bereits so weit vorgearbeitet,
daß ein Zusammenfassen der einzelnen Interessen nicht mehr
etwas fremdes erschien. Aus den Gilden= und Zunftwesen
heraus durchdrang außerdem der Geist des Sozialismus die
Masse des Volkes, und die Notwendigkeit wie Heilsamkeit
politischer Bündnisse predigten verständlich genug die Ereig=
nisse des Tages. Auf der Hand lagen die unermeßlichen
Vorteile einer kaufmännischen Staatsgesellschaft, und der
Gedanke brauchte nicht in einem einzelnen Kopf geboren
zu werden. Es waren aber gewandte Kleriker als städtische
Notare, erleuchtete Kaufherren von Lübeck und Hamburg,
ein Johann von Bardewiek, ein Heinrich Wullenpund, ein
pilgernder Diplomat Jordan, endlich ein Hermann Hoyer,
welche in Vollmacht der norddeutschen See= und Binnen=
städte die Einleitung übernahmen.

Die Vorgänger für die Allgemeinheit mußten aber Lübeck und
vorher in der Fremde alle ihre eigenen Verhältnisse rein= London.
machen. Mit dem Mayor und dem Stadtrate von London
schwebte noch ein Streit wegen der Schädigung englischer
Kaufleute bei der Verwüstung von Kopenhagen. Nach
längeren Verhandlungen kam im Sommer 1250 ein Ver=
gleich zustande, dessen Urkunde uns den ersten Alder=
mann der Deutschen in London, einen geborenen Engländer
aber niedersächsischer Herkunft, kennen lehrt, so wie als
Zeugen sieben Kaufleute aus Köln und einen aus Bremen.
Ein späteres Schreiben der Stadtbehörde von London enthielt
die Aufforderung an die Lübecker, mit ihren Waren zu=
versichtlich nach London und anderen Orten Englands zu
kommen. — Gab es schon einen Aldermann der Deutschen,
und nicht mehr einen Vorstand der kölnischen Gildehalle
allein, so wandten die Dinge sich bald so, daß die stolzen
Glieder der Richerzechheit unter der Macht ihres Erzbischofs
gebeugt auf ihre ausschließlichen Rechte an der Themse
verzichteten.

Der nächste wichtige Punkt, wo sich eine allgemeine Verhand=
Handelsdiplomatie fruchtbar erwies, war Brügge, der lungen
Lübecks mit
Weltmarkt von Dam. Zwar waren die Wasserstraßen, Flandern.

namentlich auf holländisch-friesischem Gebiete, ebenso unsicher
als die zu Lande, aber dennoch war der beiderseitige Verkehr
mit Flandern so mannigfach, daß genaue Feststellung der
Zölle und „Kostumen" unerläßlich schien. Demgemäß fanden
sich um Ostern 1252 „im Namen aller Kaufleute des
römischen Reichs, welche Gotland besuchen", und im
folgenden Jahre für die westlichen Binnenstädte „Köln,
Dortmund, Soest, Münster und deren Genossen", Hermann
Hoyer von Lübeck und Jordan von Hamburg ein und erwirkten
von Margareten von Flandern und deren Sohne Guido
jene Reihe von Freiheiten des Verkehrs, auf deren Gegenseitigkeit unter besonderer Einigung mit westlichen Städten,
wie Bremen und Münster, sich der reiche Kaufhof von
Brügge ausbildete. Aus der Rolle desselben Jahres, welche
mit Zustimmung des lübischen Bürgers Hermann Hoyer,
des mit urkundlichen Vollmachtbriefen „gewisser Städte"
versehenen „spezialen Sendboten der Kaufleute des römischen
Reichs", über die Zölle zu Dam „zum Nutzen derselben
und auch der Fremden" verfaßt wurde, lernen wir erstens,
daß jener Verkehr nicht allein auf Seeschiffen, sondern auch
auf kleinen Flußfahrzeugen und vermittelst Landfrachten betrieben, und zweitens daß eine fast unübersehbare Mannigfaltigkeit von Waren zu Dam eingeführt und ausgeführt
wurde. Wein, Wolle, Tücher, Häute, Pelze, fertige Hosen
von Leder, Stiefeln, Schuhe, Eisen, andere Metalle und
daraus verfertigte Geräte, Waffen, Sensen, Tuchscheren,
Fleisch- und Fettwaren, lebendes Vieh, Asche, Pech, Käse,
Wachs, Teer, Harz, Tran, Taue, Linnen, allerlei Gewand,
allerlei Fische, Gewürze, Südfrüchte, spanische Pflaumen,
Getreide, Mühlsteine, Federn und Polster, Öl, Honig,
Hopfen, Bier, Met, Weinstein, Schleifsteine und Holzwaren,
Farbkräuter und eßbare Wurzeln, Kork und Karden, Fisch-
bein und Glasschmucksachen, wie andere Kramwaren, Bänder
und Muffen, Kalksteine, Segeltuch, Torf, Schwefel, Queck-
silber, Alaun, Netze, Nüsse und Filzkappen, Horn und
Farbstoffe, kurz, eine bunte Verschiedenheit von notwendigen,
entbehrlichen und von Gegenständen des Luxus, welche unsere
Vorstellung von der Einfachheit des mittelalterlichen Lebens

Zollrolle von Dam.

gewaltig modifizieren, und das Rätsel ungelöst lassen, wozu jene Dinge gebraucht wurden. — Gleichzeitig setzten die flandrischen Barone, welche vom Grafen mit jenen Zöllen belehnt waren, dieselben zugunsten aller Kaufleute des römischen Reichs und der Lübecker, namentlich auf Antrag jener Bevollmächtigten der Gesamtheit, bedeutend herab, und man einigte sich auch über Maklergebühren. Aus Nebenverträgen zwischen Flandern und einzelnen Städten, welche wie Bremen und Münster noch spröde für sich auf das Ausland blickten, ermessen wir den Fortschritt der Humanität auch besonders darin, daß in Schuldsachen das Kampfrecht ausgeschlossen blieb, welches selbst Magdeburgs Töchterstädte nach ihrem Sachsenspiegel noch festhielten.

Als einflußreiche Fürsprecher des gemeinen deutschen Kaufmanns finden wir die Bürger von Lübeck und Hamburg auch bei ihren fürstlichen Schirmvögten, den Grafen von Holstein, welche i. J. 1253 allen Kaufleuten des römischen Reichs Schutz verhießen, und i. J. 1254 noch besonders den Verkehr der Braunschweiger und Hamburger erleichterten. Wohl für sich allein erwirkten dagegen Wisby und Gotland in merklicher Entfremdung von Lübeck, das in ihre Stelle getreten war, die alten Freiheiten auf holsteinischem Boden. — Am schwersten hielt es wie zu den Russen, so zu den nordischen Reichen die Sicherheit eines Verkehrs festzustellen, der für die wendischen Seestädte als Lebensfrage galt. Der Dänenkönig Christoph hatte in seinen Wirren mit der Kirche und den Bauern nicht Muße, auch mit unsern Städten zu hadern. Gleichzeitig waren aber mit Norwegen sehr schwierige Verhältnisse eingetreten. Aus alter Zeit hatte sich ein waghalsiger Verkehr an jene Küste hingewöhnt und normännische Frachtschiffahrt hatte die Lübecker am frühesten mit den östlichen Häfen Englands in Verbindung gebracht. König Haakon der Alte (1247—1250), stolz und auffahrend, klagte über Seeraub, welchen seine Kauffahrer auf den lübischen Gewässern durch städtische Orlogschiffe erlitten. Die Lübecker dagegen klagten über das Strandrecht, das noch unbefangen an jener nordischen

Der Schauenburger für die deutschen Städte.

Die Seestädte u. Norwegen.

Küste geübt wurde. Der Verkehr war unter den dänischen Wirren unterbrochen. Da schickten die Lübecker versöhnliche Briefe, und der hochmütige Normanne begann die Unentbehrlichkeit der deutschen Zufuhr für sein Land zu empfinden. Zwar scheltend bat er dennoch zurzeit der Not um freundliche Aufnahme seiner Kaufleute, welche Getreide, Mehl und Salz, ausdrücklich nicht das verführerische lübische Bier kaufen sollten, setzte aber eine Gegenseitigkeit der Rechte voraus, welche die deutschen Kaufstädte nicht einräumen mochten. Endlich gelang es im Oktober 1250 (?) Herrn Johann von Bardewiek, die Zwistigkeiten zu schlichten und unter gegenseitiger Handelsfreiheit ein Schutz- und Trutzbündnis abzuschließen. Dennoch sollte gerade Norwegens anmaßungsvolles Königtum den politischen Mut der Ostseestädte auf die Probe stellen.

Schweden und Lübeck. Auch Schweden, aus einer früher bemerkenswerten Kultur infolge wilder innerer Kriege und Unruhen in bürgerliche Unmündigkeit versunken, und bisher unfähig, selbständigen Handel zu treiben, den allein Gotlands Kaufmannsverein unter Vorwalten des deutschen Elements ausbeutete, begann sich unter Jarl Birger, dem Ahnherrn der Folkunger, zu regen. Das neue Reichshaupt suchte den Frieden mit den Lübeckern, erneuerte die „alten Verträge", welche unter Kanut Erichson und Heinrich dem Löwen (1167—1181) zwischen Deutschen und Schweden geschlossen waren, sicherte allen lübischen Kauffahrern Zoll- und Abgabenfreiheit zu, wollte jedoch nicht einen deutschen Kaufhof mit eigener Gerichtsbarkeit in seinem Gebiete gestatten.

Die Städte untereinander. So weitblickender Betriebsamkeit Lübecks begegnete ein unverkennbares Streben der wichtigeren Nachbarstädte, ältere Zwiste schiedsrichterlich auszugleichen. Wismar und Greifswald söhnten i. J. 1256 Rostock mit Lübeck aus, das im Dänenkriege selbst die Tochtergemeinde nicht geschont hatte. Köln vertrug sich im Jahre 1258 mit Bremen über Schadenersatz, Hamburg und Lübeck schlossen einen Münzverein ab und (1255) trafen besondere Vereinbarungen über Veränderung im Schiffahrtsrechte. Endlich, unter dem alles ergreifenden Bundeseifer der westlichen Gemeinwesen, beschworen im

Sommer 1255 feierlich jene beiden Vororte an der Trave **Bündnis**
und Elbe auf drei Jahre ein Schutzbündnis gegen alle **Hamburgs u.**
ihre Beschädiger, das gemeinhin als Anfang der Hanse **Lübecks gegen den Seeraub.**
gilt. Schon war der rheinische Städtebund, weil er zuviel
umfassen wollte, in Ohnmacht versunken oder auf einzelne
Sonderbündnisse beschränkt, als bedächtig, gliedweise die Kette
des Waffenvereins schmiedend, Lübeck mit Rostock und Wismar
„kraft gemeinsamen Beschlusses" alle See- und Straßenräuber für friedlos, vogelfrei und in allen Kaufstädten verfestet
erklärte, sowie ihre Hehler und Helfer mit dem Banne der
lübischen Gemeinwesen bedrohte. Auch zu anderen baltischen
Hafenstädten muß die Aufforderung Lübecks, Rostocks und
Wismars gelangt sein, wie denn selbst das kleine Wolgast
sich ehreifrig bereit erklärte, zur Ausrottung der Seeräuber
mitzuwirken. Auf der anderen Seite, am deutschen Meere,
hielten Hamburg und Lübeck ihre Eisenfaust vereint, und
säuberten auf gemeinsame Kosten durch schwergeharnischte
Reisige die Landstraßen, durch Wehrschiffe die Mündung
der Elbe (1259).

Fünftes Kapitel. ⁝

Verfall des rheinischen Städtebundes. König Richard. Die Gildhalle der Deutschen
in London. — Kölns Freiheitskämpfe. Mündigkeit der hansischen Binnenstädte.
Erster Hansetag? — Lübeck und Herzog Albrecht von Braunschweig. Verhältnisse
zu den nordischen Königen. Livland und Nowgorod. Fürst Jaroslav durch
Handelssperre zum Nachgeben gezwungen. 1269. Als Gegenbild das deutsche
Haus in Venedig. Von 1257—1272.

Während die Osterlinge und einige westdeutsche Städte
so gemeinsamen Ernst nach drei Seiten zu erkennen gaben, als Gesamtheit ihre Privilegien
und Rechte zu erwirken, alle Händel unter sich auszugleichen und mit Waffenmacht ihren Verkehr zu
schirmen, zerfiel der rheinische Städtebund, nachdem
seine großgesinnten patriotischen Leiter vergeblich einer unseligen
Doppelwahl entgegengearbeitet hatten, und Kölns freie Bürger
waren zu eigenen Leuten des Bischofs erniedrigt.

Wahl König Richards und Alfons.

Aus unentwirrbaren Ränken, besonders infolge der schamlosen Käuflichkeit der geistlichen Wahlfürsten, war im Januar 1257 Richard von Glocester, Bruder König Heinrichs III. von England, als König der Deutschen hervorgegangen, ihm gegenüber (April 1257) Alfons von Kastilien, ghibellinischer Abkunft, ausgerufen worden. Schnell parteiten sich Fürsten und Herren nebst ihren Vasallen, bisher Glieder des Bundes im Interesse der kämpfenden Erzbischöfe und lähmten das innerste Leben desselben. Der beschworene Landfrieden war eine Unmöglichkeit.

Richard und die Städte.

Alfons kam nie nach Deutschland. Richard dagegen, am 17. Mai 1257 zu Aachen gekrönt, suchte wenigstens die Gunst des Bürgertums, so oft er den deutschen Boden durchzog. Um die Lübecker zu gewinnen, hatte ihnen sein königlicher Bruder Heinrich schon am 11. Mai 1257 einen huldreichen Schutzbrief erteilt. Dennoch zögerten die Vorsichtigen, auf den Kastilier blickend, dem Könige Richard zu huldigen, bis sie sich, durch ihren Bischof von der Sachlage unterrichtet, zur Anerkennung des Plantagenets entschlossen, die politischen Verhältnisse aber klug für die gemeinsame Sache ausbeuteten. Denn im Vertrauen auf die Dienste der Seestädte veranlaßte Richard seinen Bruder, wenige Tage vor seiner zweiten Rückkehr ins Reich (15. Juni 1260), den

Die Gildhalle der Deutschen in London.

„Kaufleuten des Reichs von Alemannien, welche in London das Haus besitzen, welches gewöhnlich die Gildhalle der Deutschen genannt wird", seinen Schutz zuzusichern „in allen Freiheiten und Gewohnheiten, deren sie zu seiner und seiner Vorfahren Zeit genossen". Eben hatten die deutschen Kauffahrer dem Lande durch Getreidezufuhr vor Hungersnot geholfen, eben aber auch durch Parlamentsbeschluß andere Fremde in London Verkürzung ihrer Verkehrsvorteile erfahren.

Kölns Bedrängnisse.

Aber wie kamen die Kölner, welche im Jahr vorher sich vermaßen, den freien Rheinstrom zu sperren und alle Verächter ihres Stapels schmählich zu „hänseln", zu so unbegreiflicher Nachgiebigkeit, ihre altberechtigte Gildhalle dem gemeinen deutschen Kaufmann einzuräumen? Sie hatten eben daheim ihre Freiheit verloren.

1. St. Lucas
2. St. Jacobus Collegi
3. Der Thum
4. St. Peter Collegi
5. St. Maria Collegi

Utrecht, nach einem Kupferstich in M. Merians „Topographia Germaniae inferioris", 1659.

Utrecht liegt am Alten Rhein, in der Römerzeit war es (Trajectum ad Rhenum) schon ein römisches Kastell. Nachdem 696 durch den heil. Willibrod ein Bistum gestiftet worden war, erwuchs um die Burg, die im 9. Jahrhundert von den Normannen verwüstet, doch von dem Bischof Balderich wieder hergestellt wurde, eine städtische Ansiedelung. Das Bistum, von den sächsischen und salischen Kaisern reich beschenkt, war im 11. Jahrhundert der mächtigste Lehnsstaat im Norden Lothringens. 1528 kam die Stadt mit dem ganzen Bistum an Karl V.; die Bischöfe waren fortan nur kirchliche Würdenträger, aber 1559 zu Erzbischöfen erhoben. Unter der Regierung Philipps II. ward hier 23. Januar 1579 die Union der sieben nördlichen Provinzen (Utrechter Union) abgeschlossen, welche die Unabhängigkeit der Niederlande begründete (1713 hier auch der Utrechter Friede, I. unten). Die reformierte Lehre wurde nach dem Übergang der Stadt an die Partei des Prinzen von Oranien (1577) eingeführt. Die Stadt ist seit der Gründung der Universität (1636) einer der bedeutendsten Mittelpunkte der Wissenschaft in Holland geworden. Jetzt ist sie Hauptstadt der gleichnamigen niederländischen Provinz, ist von zwei Kanälen oder Armen des Alten Rheins durchschnitten, von starken Forts umgeben und bildet den strategischen Vorposten von Amsterdam. Am 31. Dezember 1895 zählte die Stadt 94 305 Einwohner.

Seit dem Herbste 1257 hatte Konrad von Hochstaden, nachdem der rheinische Bund seine Kraft verloren hatte und Konrad mit den stolzen Bürgern in offener Feindschaft lag, auch von den Bürgerrittern einmal im Felde besiegt war und sich i. J. 1258 mit ihnen im trüglichen Waffenstillstande befand, durch den „großen Schied" des weltberühmten Dominikaners Albert (Juni 1258) erst die bangen Geschlechter beirrt, dann die unzufriedenen Zünfte an sich gelockt, die Münzerhausgenossen, die Schöffen abgesetzt, und endlich nach einem Volksaufstande die vornehmsten Glieder der Richerzechheit geächtet (April 1259), denen mutlos auch die andern folgten. So, als „Fürst von Köln", ordnete der Erzbischof auch die Handelsverhältnisse der untertänigen Stadt nach seinem Sinne, um die Gelüste einer engherzigen, verführten Scheindemokratie zu befriedigen.

Um dieselbe Zeit, i. J. 1259, vollzog die zweite Stadt des Erzbistums, Soest, den Vollendungsakt einer wahrhaften Volksherrschaft, indem sie zur Bestellung des Ratsregiments Urwahlen anordnete, den Zünftigen im Widerspruch mit der lübischen Verfassung die höchsten Ämter offen ließ, und jenen Gemeingeist ausbildete, der auch noch zwei Jahrhunderte später einer Welt von Feinden widerstand. *Soests volkstümliche Verfassung.*

Kölns Geschlechter konnten darum gebrochenen Muts und heimatlos i. J. 1260 ihre Rechte an der Gildhalle zu London dem Assoziationsdrange gegenüber nicht länger behaupten. Vielleicht hatte auch eine förmliche Anerkennung der Kölner über das schon längst bestehende Verhältnis stattgefunden, daß auch Privathansen und Hansen anderer deutschen Städte in der Gildhalle sich eingebürgert hatten. Nur unter den Kämpfen der weißen und roten Rose des XV. Jahrhunderts hat Köln zu seiner Beschämung das alte, ausschließliche Recht einmal wieder angesprochen. Der Besitz eines Kaufhofes erhielt aber dadurch seine Wichtigkeit, daß andere, nicht haussässige Fremde in London beim Verkehr sich der Makler bedienen mußten und so einer neidischen Kontrolle unterlagen. *Kölns Anspruch aufgegeben.*

Ruchloser Fehdegeist entbrannte inzwischen heftiger im Reiche. Erzbischof Engelbrecht II. von Köln, Konrads Nachfolger (1261), mußte des Oheims und die eigene Schuld bezahlen und seine tückischen Anschläge, Zünfte und Geschlechter gegeneinander zu verhetzen, nach greulichen Bürgerkriegen mit schmachvoller Gefangenschaft büßen (1267—1271). Aber wenn auch in Köln die freiere Verfassung gegen ihre Nachsteller siegte, so verlor die mächtige Vorderstadt am Rhein zeitweise doch das Ansehn, das sie in Handels- angelegenheiten bisher behauptet hatte. Von niederrheinischen Städten erscheint dagegen Neuß i. J. 1270 mit gefreiten Kaufmannsgütern unter eigener Flagge selbst in dänischen Häfen. — König Richard, der Träger der Krone Friedrich Rotbarts, einmal anderthalb Jahre hindurch von Englands Baronen gefangen gehalten, starb i. J. 1272 im fernen

Richards Ende. Glocestershire, nicht vermißt vom deutschen Bürgertum, welches auch ohne einen Kaiser Freiheit und Wohlstand behaupten gelernt hatte.

Heranwachsen anderer nörd- licher Städte. Nahe unserem Gebiete und ihm später befreundet erwuchs Breslau zu lustiger Kraftentwicklung und rührigem Verkehre nach beiden Polen der deutschen Handelswelt, Lübeck und

Breslau. Venedig, besonders seit Schlesiens Hauptstadt im Jahre 1261 vollständiges Magdeburger Recht erhalten hatte. Schon länger im Besitze der „Bänke" (abgesonderter Gaden zum Verkauf der Erzeugnisse einzelner Gewerkszünfte), sowie des „Reichkrams", erkaufte der Rat im Jahre 1274 das Niederlagsrecht von aller Art „Kaufmannsschatz". Der Oderstrom trug den Breslauern nordische Waren, selbst Heringe aus Stettin über das hochgefreite Frankfurt zu.

Märkische Städte. Von andern märkischen Städten, denen insgesamt König Wilhelm i. J. 1252 die Freiheiten der Lübecker in Holland und Seeland erteilt hatte, zeigten sich die der Altmark am ge-

Salzwedel auf Wisby. werbetätigsten. Salzwedels fahrende Krämer fanden einen Vorteil darin, i. J. 1263 auf ihre Bitte von den Lübeckern mit auf ihre „Bank und in ihre Gesellschaften zu Wisby" aufgenommen zu werden, und gleiche Rechte wie deren eigene Mitbürger dort zu genießen. Demnach ergab sich, daß, wie die Kaufleute größerer Handelsstädte zu Wisby, insgemein der „deutsche Kaufmann" genannt, sich landsmannschaftlich in kleinere Abteilungen sonderten, kleinere Orte, welche wie Salzwedel auf Gotland keinen Vogt halten konnten, sich den größeren Vereinen anschlossen. Immerhin ist Salzwedels Sitz auf der Handelsbank in Wisby ebenso wunderbar, als wenn die heutige behagliche Landstadt an der Jeetze einen Konsul in Newyork hielte.

Unter Pommerns Städten schwang sich das junge Greifswald in besonderer Gunst seines milden Landesherrn Wartislaw III. (bis 1263) fast zusehends auf. Alle seewärtskommenden Kaufleute standen unter Geleit und waren des doppelten Ersatzes etwaiger Verluste durch Räuber versichert. Neben Lübeck als erster Stadt verlieh Norwegens sprödes Königtum i. J. 1262 „den Ratmännern und Bürgern" Greifswalds Handelsfreiheit nach seinem Lande. Im Jahre 1264 erwirkten sie das Recht der Befestigung und Selbstverteidigung, auch die Räumung ihrer Bannmeile von Festen aller Art. Hinter der Stadt an der „dänischen Wiek" gediehen Anklam, Demmin und Kolberg, nicht mehr das alte slavische, sondern ein neudeutsches mit lübischem Rechte (1255) und rüstiger Kaufmannschaft. Nur Danzig, längst eine deutsche Bevölkerung umschließend und nach dem Tode des Herzogs Svantopolk (1266) aus der Gefahr, unter polnische Herrschaft zu fallen, durch den Anruf markgräflicher Hilfe für den Augenblick befreit, sank trauervoll zurück, indem die Piasten von Großpolen, der Brandenburger Erbfeinde, Stadt und Burg erstürmten, und fast alle Deutschen erschlugen (1272). — Unter grauenhaftem Wechsel des Kriegsglücks gingen die freien Gemeinwesen des deutschen Ordens dem Ende des dreiundfünfzigjährigen Kampfs entgegen. Unter Lübecks und der wendischen Städte klug gebietendem Einflusse werden wir Livlands und Esthlands unermüdlich waffen- und verkehrsbereite Kolonien den Schwerpunkt der deutschen Handelsmacht am baltischen Gestade verstärken sehen. —

Die erzählten Vorgänge und die Versuche, Norddeutschlands Handelsinteressen zu zentralisieren, machen es nicht unwahrscheinlich, daß der Bund zwischen den Jahren 1252—1262 auf einer Städteversammlung beim nächsten Anteile der wendischen und der Elbstädte in seinen Grundzügen verabredet, und daß demnach schon damals ein erster

Greifswald.

Kolberg, Danzig, Preußen.

Erster Hansetag.

13*

großer Hansetag gehalten wurde. Die Gelübde zahlreicher Fürsten, das Strandrecht an ihrer Küste abzuschaffen,
denen i. J. 1266—1267 zu Hamburg und Lübeck die
Sanktion der Kirche durch den Kardinallegaten folgte, lehren
den Ausdruck eines gemeinsamen Strebens. Wir stehen
also jetzt schon mitten in der Hanse, wenn auch erst unter
König Rudolf der kräftige Wille, gegen vertragsbrüchige
Mächte mit den Waffen sich zu schützen, zur Tat wurde,
erst später die lübische Ratsverfassung Verbindlichkeit in den
zugewandten Städten erlangte, der Schematismus des
Verkehrs in den Hauptfaktoreien sich fester regelte, und
endlich Wisbys „deutsche Kaufmannsgesellschaft"der lübischen
den Rang einräumte. — Lübeck selbst mußte inzwischen durch

*Lübecks
Händel mit
den Schutz-
vögten.*

neue Anfechtungen hindurch und wechselte klug den Schirmherrn. Graf Johann von Holstein hatte das Rechtsgefühl
seiner Bürger gröblich verletzt, indem er (1261) den Stadt-
frieden brach und in fremdem Gerichtsbanne mörderisches
Strafrecht übte. Mit Mühe aus kirchlichem Asyl entronnen,
beschimpft und beschädigt, hatte der Erzürnte durch Raub
und Brand sich zu rächen versucht, was die Lübecker veranlaßte, den Herzog Albrecht von Braunschweig herbeizurufen,
der eben über die Elbe gekommen war, um seinen Blutsfreund, Erich Glipping von Dänemark, jenen Gönner Lübecks,
aus der Gefangenschaft der Schauenburger zu befreien, in
welche der junge König mit seiner Mutter in der Schlacht
auf der Loheide gefallen war (Juni 1261). An ein Darlehn,
welches der Welf von Lübeck empfing, knüpfte sich ein gutes
Einverständnis mit dem Dankverpflichteten, wenn ihm auch
eine Sühne mit den Schauenburgern mißlang. Denn nach
dem Tode Johanns (April 1263) klagte dessen Bruder
Gerhard namens seiner unmündigen Neffen beim geistlichen
Gericht über die Gewalttätigkeiten, welche der Verstorbene

*Neue kirchliche
Beirrung.*

bei jener Aufwallung des bürgerlichen Rechtsgefühls, obgleich
„Herr der Stadt", erlitten hatte und verlangte zugleich
Genugtuung für die beleidigte Asylfreiheit der Domkirche.
Trotzdem die Stiftsherren im Januar 1266 bündig erklärten,
durch Rat und Gemeinde von Lübeck befriedigt zu sein, und
die Bürger päpstlichen und kaiserlichen Freibriefen gemäß

nicht außerhalb ihres Weichbildes vor Gericht geladen
werden durften, forderte der Propst von Hamburg, ein
gefälliger Diener der Schauenburger, die sechs Bevollmächtigten
des Rats „der Großbürger" und der Gemeinen vor seinen
Stuhl (1266). Aber diese verwahrten sich feierlich gegen
Gerichtsstätte und weitere Verhandlung und riefen den
Herzog von Braunschweig als Vermittler an (Januar 1267).
So blieb der Handel unentschieden. Dauernd waren dagegen
die Folgen der günstigen Verwendung des Welfen für den
überseeischen Verkehr. Albrecht war gütig gegen seine Städte,
von denen Braunschweig zur Erleichterung politischer
Unabhängigkeit nach der Teilung v. J. 1267 beiden Linien
gemeinsam blieb, Göttingen an Wolfenbüttel, das gewerbtätige, in Bremens und Hamburgs Häfen gefreite Hannover
an Lüneburg fiel. Der Herzog hatte bereits i. J. 1266
„seinen Kaufleuten von Hamburg" das Recht, in England
eine engere Hanse gegen die üblichen Abgaben zu haben,
bei K. Heinrich III. erwirkt, gleich darauf erwarb seine
Fürsprache den Lübeckern noch wertvollere Zusicherungen
(Dezember 1266). „Sie sollten mit Person und Waren
nicht mit Arrest belegt werden können, falls sie nicht Haupt-
schuldner oder Bürgen wären, oder ihre heimischen Gerichte
englischen Untertanen das Recht verweigert hätten, auch
wollte der König zu seinem Nutzen nicht Güter derselben
ohne Ersatz fortnehmen, vorbehaltlich seines alten Rechts
auf größere Schiffe (um sich ihrer im Kriegsfalle zu bedienen)."
Eine andere Ausfertigung derselben Urkunde vom 5. Januar 1267
hat den eigentümlichen Zusatz, daß die Lübecker, „soviel den
König dabei beträfe", ihre Hanse haben sollten, „gleichwie
die Kölner sie hielten und in vergangenen Zeiten gehabt
hätten", gegen Entrichtung von fünf Schillingen und vorbehaltlich der gewöhnlichen Abgaben, „alles jedoch nur auf
so lange, als die Bürger unter dem Schutze des Herzogs
beharrten".

Über die Bedeutung dieser Privathansen und das
Verhältnis derselben zu der allgemeinen Hanse, seit
nämlich i. J. 1260 das Anrecht aller deutschen Kaufleute
an der Londoner Gildhalle anerkannt worden war, vermögen

[Marginalien:]
Albrecht von
Braunschweig
Freund der
Seestädte.

Für Lübeck
in England.

Erweiterung
der Gildhalle
in London.

wir uns nicht genügend zu erklären. Bereits faßten aber
die Räume der ursprünglichen Gildhalle im Kirchspiele Aller
Heiligen den gewachsenen Handelsverkehr nicht mehr, weshalb
jener Arnold, Thedmars Sohn, „Aldermann der nach England
kommenden Kaufleute Alemanniens", aus einem merkwürdigen,
von Bremen und Köln stammenden und in Londons Geschichte
tief verflochtenen Geschlechte, von einem Bürger Londons
ein Stück Landes an der östlichen Seite der Gildhalle für
die Kaufmannsgesellschaft erwarb, wahrscheinlich den Raum,
auf welchem sich später das anmutige Gärtchen des Stahlhofs
und andere Baulichkeiten erhoben. Hatten nun Kölns
Geschlechter, der heimischen Staatsgewalt wieder mächtig,
unter den tobenden Bürgerkriegen Englands ihr ausschließliches
Recht um 1267 wieder geltend zu machen gesucht und
zeitweise das gemeinsame Band der deutschen Gildhalle
gesprengt? War jene befremdende Bestätigung der älteren
Partikularhansen Lübecks und Hamburgs nötig, um die
Gültigkeit derselben auch n e b e n der allgemeinen deutschen
Hanse in London zu bekräftigen? Es scheint, als strebten
die landsmännischen Interessen noch immer dem gemeinsamen
Verbande zu entschlüpfen, und als begünstigten, wie zu
Nowgorod das Bestehen zweier Kaufhöfe, des gotischen
und des deutschen, wie zu Wisby die Koordination der
einzelnen Bänke, so an der Gildhalle kleinere Hansen unter
besonderen Alderleuten das kecke Gelüst zur Absonderung.

Die Herzöge von Braunschweig, Lübecks Schirmherren. Wenn Herzog Albrecht seinen Freunden zu Lübeck in
bedenklicher Zeit beim fremden Könige half und auf des
Welfen Betreiben auch Graf Florens V. von Holland, Wil=
helms Sohn, i. J. 1270 jener Stadt den zugesagten Schutz
solange erneute, als sie ihrem erwählten Schutzherrn an=
hängig blieb, so durfte es nicht auffallen, daß die freie
Reichsstadt ohne Schwächung ihres Ansehens schon im
März 1269 den Brüdern Albrecht und Johann die Schutz=
vogtei auf vier Jahre übertrug und ihnen gegen Verbürgung
ihrer Rechte alle ledigen Reichsgefälle, jährlich zu 200 M.
Silb. veranschlagt, zusicherte. Die Welfen verzichteten
außerdem auf das Amt des Stadtvogts und des Münzers
und verpflichteten sich, auf des Kaisers Geheiß oder der

Bürger Entschluß zu jeder Zeit das freiwillige Verhältnis
zu lösen. Doch dauerte das gute Einvernehmen Lübecks zum
Hause Braunschweig bis zu Albrechts Tod (1279).

Von den drei andern für die Aufrichtung des Bundes *Hamburgs*
wichtigen Gemeinwesen hatte Hamburg i. J. 1261 durch *Verhältnisse.*
Jordans Vermittlung die ganze Summe der Rechte und
Freiheiten Lübecks in Schweden noch besonders für sich selbst
ausgewirkt, und i. J. 1264 von Magnus, König Norwegens,
vermittelst ihrer geldbedürftigen Grafen, Sühne wegen einer
Blutschuld aus älterer Zeit und die früheren „Gesellschafts-
rechte" erlangt. Die Elbstadt förderte besonders auch die
Verbindung mit Hollands und Seelands Hafenorten Dordrecht, Kampen, Zierickzee, hatte aber an den Stadern, des
Erzbischofs von Bremen Untersassen, neidische Nachbarn,
bis der Kirchenfürst i. J. 1267 laut Brief K. Friedrichs I.
v. J. 1189 die Zollfreiheit der Hamburger in Stade anerkennen mußte. Die vielfache Spaltung der schauenburgischen
Erblande begünstigte dann, wie wir sahen, die Selbständigkeit der zweiten Stadt nach Lübeck. Magdeburg dagegen, die Mutter des Rechts so vieler östlichen Gemeinwesen, spielte daheim bis auf die Triumphe des Bürgermuts
unter Erzbischof Günther keine bemerkenswerte Rolle. Be- *Magdeburg.*
deutungslos erscheint, daß der Papst dem Erzbischof Rup-
recht die Aufrechterhaltung des kirchlichen Verbots gegen
das Strandrecht empfahl, einem ungeistlichen Herrn, der
ungeachtet des Protestes seiner Bürger die Juden in den
Stiftsstädten unbarmherzig brandschatzte.

Bremen endlich, unter Erzbischof Hildebolds Walten *Bremen.*
(1258—1273) noch zusammengeschnürt, dabei aber voll
gärender demokratischer Elemente, verfolgte im Handel noch
immer seinen eigenen Weg, weshalb wir denn fast früher
seine Ausstoßung aus der Hanse als seine Aufnahme
erfahren. Ungeachtet der Fürsprache Herzog Albrechts von
Braunschweig blieben die Bremer wegen des Vergehens
eines ihrer Mitbürger selbst in London vierzehn Jahre (bis
1278) von allem Verkehre ausgeschlossen. Die Sonder-
stellung der Stadt an der Weser, die Friedlosigkeit im nahen
zerrissenen Westfalen, Fehden mit dem Bischof und den

Nachbarn hemmten, wie später die Wut der inneren Partei-
kämpfe, merklicheren Aufschwung.

Friedliche Verhältnisse zum Norden. Machten in der Westsee und am deutschen Meere Ver-
einzlung und landsmannschaftliche Eifersucht noch immer sich
geltend, so folgten des Nordens und Nordostens Verhältnisse
zu unseren Seestädten dem Gesetze großartiger Einigung.
Das erschöpfte Dänemark, politisch unfähig unter Mutter
und Sohn, Margarethe und Erich Glipping, ließ die Überlegenheit der wendischen Städte gewähren. Erich verlieh
i. J. 1270 den „Bürgern von Lübeck, Wismar, Rostock,
Stralsund, Greifswald, Stettin und „den andern Bürgern
über Wendland belegen" den ersten gemeinsamen Schutz-
und Freiheitsbrief in bezug auf einen Jahrmarkt auf Seeland als Beweis der Anerkennung einer hansischen Soli-
darität. Anderseits finden wir beim Jahre 1271 unter
Norwegen. der Regierung des weisen Königs Magnus (—1280), des
„Gesetzverbesserers" die Deutschen im Besitz ausgedehnter
Rechte auf Bergen, in dessen trüben, regenvollen Sommer-
monaten die „Südmänner" alle ihre Waren an die sogenannte „Brücke" frei einführten, um dieselben gegen Pelzwerk und gedörrte Fische zu vertauschen. Nicht urkundlich
ist dagegen die angeblich früh schon erlangte Erlaubnis, in
Bergen auch zu überwintern, denn der Gründung jenes anmaßungsvollen Kaufhofes an der „Brücke", der Ansiedlung
jener unverträglichen, raufsüchtigen „Schuster" mußte erst
mehrfache Demütigung des normännischen Königsstolzes
vorausgehen.

Neugestaltung der hansischen Verhältnisse in Livland und Rußland. Gleichzeitig mit jener maßgebenden Neugestaltung der
hansischen Beziehungen im Norden und den Anfängen einer
achtunggebietenden deutschen Seemacht ordneten sich endlich
auch die Verhältnisse zu Nowgorod, welche seit den Siegen
der deutschen Ordensritter und der Mongolennot zur Gefährdung des deutschen Livlands häßliche Störung erlitten
hatten. Wiederum zog Lübeck die Fäden zusammen, dessen
Rat und Gemeine der Meister von Livland schon i. J.
1261 erinnerte, „wie das Feld des Glaubens in livischen
Landen gerade mit dem Blute ihrer Väter, Brüder, ihrer
Söhne und Freunde so oft benetzt sei, sollte sie auch jetzt

Ritter, Knappen und Pflanzer dorthin senden." — Der
Freistaat an der Wolchow entfaltete nämlich unter der
Führung Alexanders, Newskys, des freigewählten Fürsten
des Volks von Nowgorod, nordwärts machtvolleren Einfluß,
während das südliche und mittlere Rußland dem Joch der
Mongolen unterlag. Der später heilig gesprochene National-
held hatte die Schweden an der Newa geschlagen, im
folgenden Jahre Pleskow den Deutschen abgenommen und
selbst Livland bedroht, worauf Papst Innocenz IV. (1243)
überall im Norden das Kreuz predigen ließ und zum Schutz
der Gläubigen in Liv- und Esthland i. J. 1245 den aus
Köln gebürtigen Erzbischof von Armagh, Albrecht Sauer-
bier, zum Legaten und Erzbischof von Preußen, Livland,
Esthland und Kurland ernannte. Zwar entfernte Alexanders
Reise nach Asien in die „Orde" die Gefahr, welche dem
deutschen Wesen von Nowgorod her sich ankündigte, aber
dafür brach Zwist zwischen dem Ritterstaate und dem ehrgeizigen Primaten aus, der als Bistumsverweser in Lübeck
residierte, ehe er i. J. 1254 den erzbischöflichen Stuhl von
Riga bestieg, und dann unter schlimmen Händeln mit dem
Orden i. J. 1272 fast verschollen starb.

War auch inzwischen Alexander Newsky, seit 1253 Nowgorod
unter
Jaroslaw.
als Großfürst von Wladimir mit andern Reichsangelegen-
heiten beschäftigt, unter scheinbarer Ruhe der deutsch-russi-
schen Grenze i. J. 1263 gestorben, so begann wiederum
sein Nachfolger Jaroslaw Jaroslawitsch an der Spitze der
Republik Nowgorod i. J. 1267 Feindseligkeiten gegen das
dänische Esthland, dessen Hauptstadt Reval unter lübischem
Rechte gedieh. Bereits ängstigte er Wesenberg, zu dessen Schlacht bei
Wesenberg.
Entsatz herbeigeeilt die Deutschen unter dem Bischofe von
Dorpat am 18. Februar 1268 zwar keinen entschiedenen
Sieg erfochten, gleichwohl die Eroberungsgelüste der Nowgoroder auf dieser Seite völlig vereitelten. Denn zu guter
Stunde trat Lübeck als erkorene und selbstberufene Schützerin
der deutschen Interessen in den Ostseelanden so entschlossen
gegen die stolze Herrin an der Wolchow auf, als sie klug
daheim unter dem Walten anspruchsloser Vogtei ihre Freiheit zu wahren verstand. Während der Landmeister Otto

Lübecks
Schritte für
das deutsche
Livland.
von Rodenstein das Gebiet von Pleskow verheerte und diese
jetzt deutsch-feindliche Stadt, „die Zuflucht von Betrügern
des christlichen Gesetzes", bezwang, unterhandelte der frühere
Meister von Livland Konrad von Mandern an der Trave.
Die Vorderstadt beschloß, vom Rate Rigas und vom
kämpfenden Meister Otto dringend ermahnt, in Vollmacht
des großen gotländischen Kaufmannsvereins als unfehlbares
Zwangsmittel zum Frieden eine Handelssperre gegen Nowgorod eintreten zu lassen. Am 31. Mai 1268 ward die
Vertragsurkunde zu Lübeck untersiegelt, kraft welcher die
Bürger von Lübeck und „alle Kaufleute" auf Bitten des
Landmeisters, des Dänenkönigs, des Bischofs von Dorpat
und aller Landherren von Livland sich anheischig machten,
„den Feinden des Glaubens", den Russen von Nowgorod
dies Jahr keine Waren zuzuführen. Man knüpfte hieran
die Bedingung, daß der deutsche Kaufmann in jeden Frieden
zwischen den Russen und Lateinern eingeschlossen würde,
auch in künftigen einseitigen Kriegsfällen in der Verkehrsfreiheit unverkümmert bliebe, endlich im Falle eines allgemeinen Kreuzzuges gegen die Russen die Kaufleute nochmals
aufgefordert werden sollten, die Gegner des Christenglaubens
nicht durch Zufuhr zu stärken. — Sehr bezeichnend führte
das fromme und kluge Lübeck im Stadtsiegel ein Schiff
mit hohem Borde, auf dem Maste die Kreuzfahne. Ein
greiser Steuermann lenkt mit der Linken das Fahrzeug durch
die Wellen, die Rechte wie zur Belehrung erhoben. Ihm
gegenüber sitzt ein Jüngling, welcher eifrig das Tauwerk
handhabt und mit der Rechten auf den Beistand des Himmels
weist. Dem Bilde gemäß zeigten Bedächtigkeit, Tatkraft
und frommes Vertrauen Lübecks fernere Bahnen.

Wirkung der
Handels-
sperre.
Jener Schritt besonnener Handelspolitik, welcher ihre
Interessen gegen mutwillige Fehde sicherstellte, wirkte
wunderbarer als ein lübisches Schiffsheer. Schon während
der Bedrängnis von Pleskow hatte ein verständiger Teil der
Bürger von Nowgorod Frieden erboten, „wie er in Meister
Folquins und des großen Kirchenfürsten Albrechts Tagen
gewaltet", und vorläufige Zusage erhalten. Als jetzt nun
nach dem allgemeinen Beschlusse die Sommerfahrer ganz

ausblieben, brach in Nowgorod selbst eine stürmische Bewegung gegen Jaroslaws Eigenmacht und Verletzung heiliger Verträge aus, besonders über dessen Angriff auf den Hof der Deutschen, „die noch bei Menschen Gedenken, i. J. 1231, durch eilige Zufuhr die Stadt von Hungersnot erlöst hätten." Auf den Klang der großen Glocke in die Kirche der h. Sophia herbeigeströmt, forderten die Bürger ungestüm die Vertreibung des Fürsten, der dann ratlos floh und seine Günstlinge der Rache des Volkes preisgab. Den blutigsten Bürgerkrieg, als schon Jaroslaw mit Hilfe der andern Russenfürsten den erbitterten Nowgorodern schlagfertig gegenüber stand, vermittelte noch Rußlands greiser Metropolit Kyrill, worauf jener in einem neuen Vertrage die Gerechtsame der Republik beschwor und im Anfang d. J. 1269 seinen Einzug in Nowgorod hielt. Unter anderen Bedingungen der Sühne gelobte der Fürst, „den Deutschen ihr unantastbares Eigentum bei der h. Sophia zu lassen, auf dem deutschen Hofe keinen Handel als vermittelst der Kaufleute von Nowgorod zu treiben, den Hof nie einzuschließen, und niemals mit seinen Aufsehern zu behelligen."

Aufruhr in Nowgorod.

Kaum hatten die friedlicheren Bürger in so ehrender Weise den Zorn der Deutschen gesühnt, als der lübische Ratsherr Heinrich Wüllenpunt mit zwei gotländischen Abgesandten an der Wolchow eintraf und mit bestem Erfolge die allgemeinen Handelsverhältnisse der deutschen Handelswelt auf sichere Grundlagen zurückführte. — Die einzelnen Punkte des Vertrages, den Fürst Jaroslaw in Gemeinschaft mit dem Possadnik (Burggrafen) Pauscha dem Tüssadskoi (Herzog) Ratibor, den Aldermännern des Gemeinwesens und den deutschen wie gotischen Boten schloß, und welchen in plattdeutscher Übertragung der Ratsherr nach Lübeck heimbrachte, bezeugen deutlich, daß die herrischen Forderungen der Mongolen, die Kämpfe mit den Dänen, Schweden und Deutschen, Nowgorods stolze Macht zumal ihre eigene Schiffahrt sehr geschwächt hatten. Die Russen fuhren damals kaum noch nach Gotland, geschweige bis in die Trave. Darum hafteten sie den Sommergästen nicht mehr vom finnischen Meerbusen, sondern nur vom Ausfluß

Neuer Vertrag mit Nowgorod durch Lübecks Vermittlung.

der Newa, vom heutigen Kronstadt bis Nowgorod vor
allem Schaden, auch nicht mehr auf der Fahrt zu den
Karelen. Andere Bestimmungen zeigen sich für die Gäste
günstiger, jedoch lästig für die Einheimischen und bilden eine
Bevorzugung der Fremden in Klagesachen. Mindestens tritt
ein sicherer, gefreiter Gerichtsstand als Folge beharrlichen
Strebens hervor. — Aber das Pergament vermochte nicht die
Satzungen des Völkerrechts einer verwildernden Zeit zu verbürgen.

Überblick beim
Schlusse des
Zwischen-
reichs.

Überblicken wir nun, wie weit das norddeutsche Bürgertum
durch eigene Kraft und Klugheit, durch freiwilliges Zusammenhalten in der kaiserlosen Zeit gekommen war.
Gemeinheitliche Verfassung, bald höherer, bald geringerer Grad von Autonomie, hie und da ausgebildete
Demokratie, in allen Städten vom finnischen Meerbusen
bis nach Flandern unbestreitbares Verbindungsrecht,
an der Themse und am Swyn, in Bergen wie an Schwedens
Küste und auf den dänischen Inseln Vertretung gemeinsamer monopolistischer Freiheiten, eine eigene Gerichtsbarkeit oder Gleichstellung mit den freiesten Eingeborenen, die Oberleitung der Handelspolitik kaum noch
zwischen Wisby und Lübeck schwankend, Rußland durch
energische Mittel gezwungen, der Willkür zu entsagen, das
Strandrecht von den Fürsten aufgegeben, von der Kirche
verflucht, durch tausend Wechselfäden das System eines
praktischen Sozialismus zwischen den Binnenorten und
den Seestädten aufgerichtet, Hamburg mit Lübeck und
den wendischen Städten im Auslande als politische
Einheit anerkannt, nicht mehr als Heimat vereinzelter
Gesellschaften von Kaufmannsabenteurern, bewachen ihre
Gestade durch Wehrschiffe gegen Seeraub, durch Reisige
die Landstraßen gegen Friedensbruch und Wegelagerer. Die
reizbaren, ihres Rechts vollbewußten Kaufherren, Krämer
und Zunftgenossen bedürfen nur einer Herausforderung durch
Unbilde und — eine deutsche Seemacht steht gerüstet,
um den Stolz der nordischen Könige zu brechen.

Als Gegenbild, und um den Abstand zu ermessen,
vergleichen wir, was Süddeutschlands volkwimmelnde,

reiche Städte, Regensburg und Wien an der Spitze, unter
dem Einflusse ihrer hochstrebenden Kaiser, der siegreichen
Römerfahrten und der Kreuzzüge jenseits der Alpen erworben hatten.

Der Handel auf der Donau, welche wie eine große Donauhandel.
Schlagader auch im frühesten Mittelalter vom schwarzen
Meere her und von Kiew die Waren Anatoliens bis in
die Herzländer Europas geführt hatte, war in südöstlicher
Richtung ausgewichen, seit die Kreuzzüge Konstantinopel und
Syriens Küsten mit der lateinischen Welt unmittelbar verbanden. Besonders hatte sich die Republik von S. Marco
aufgeschwungen, wenn auch die betriebsamen Bürger von Kommunen.
Regensburg und Wien den Markt der Güter Asiens selbst
aufsuchten, und es schon im J. 1140 eine deutsche Kirche
zu Konstantinopel gab. Noch strebten als natürliche Nebenbuhler Regensburgs und Wiens Großhändler einander zu
überlisten, als die Eroberung des byzantinischen Reichs durch
die lateinischen Ritterpilger mit Hilfe der Venezianer (1204)
die altgewohnten Bahnen des Verkehrs durchaus veränderte.
Der Doge von Venedig nannte sich „Herr des vierten Teils   Das
und der Hälfte des römischen Reichs", denn die Republik   lateinische
besaß vom schwarzen Meere und dem Bosporus, den Küsten   Kaisertum.
Anatoliens und Romaniens an, im Kreise um Morea bis
Kandia herum, und dann längs der Gestade des adriatischen
Meeres alle durch Handel und Gewerbe wichtigen Hafenorte und Inseln und leitete aus ihnen und über sie Asiens
Reichtümer bis zu ihren Lagunen im Hintergrunde des Golfs.
So begann Venedig, unübertroffen in der Kunst, alles
zum Staatsnutzen zu wenden, um vom heimischen Stapelorte aus, wo zugleich alle Manufakturen erblühten, die
nordwestliche Welt zu versorgen. Hätte nun der Hohen-   Venedig
staufe Friedrich II., für Sizilien und Neapel ein gepriesener Stapelplatz
Staatswirt, unter den Kämpfen mit den Lombarden den   des Morgen-
Nordrand des adriatischen Golfs, dort, wo um Treviso   landes.
einst des großen Vorgängers Wehrflotten stationierten, unmittelbar für das Reich wieder gewinnen können oder
wollen, so durfte die südöstliche deutsche Kaufmannswelt
sich wenigstens mittelbar mit dem levantischen Handel be-

teiligen. Aber längst war dieser Winkel dem fränkischen
Reiche entfremdet, und die Republik von S. Marco be-
herrschte das Binnenmeer so ausgesprochen, daß sie nicht
einmal dem Patriarchen von Aquileja gestattete, auf eigenen
Fahrzeugen seine an der dalmatischen Küste eingekauften
Bedürfnisse heimzuführen. Darum begannen denn schon in

Deutsche Kaufleute in Venedig.
den ersten Jahrzehnten der Gewalt Venedigs über Romanien
die Bürger Regensburgs und Wiens, bald auch die von
Ulm und Augsburg auf den Landwegen durch die finsteren
Täler Tirols, der Steiermark und Kärntens nach der
Lagunenstadt zu ziehen, um dort die Erzeugnisse ihres Bodens
und ihres Fleißes gegen die Waren Asiens und die Produkte
venezianischer Kunst umzutauschen. Jener Warenzug ver-
dichtete sich, als Kiew durch die Mongolen heimgesucht
wurde (1240), und die russischen Großfürsten ihre Residenz
weiter nordwärts verlegten. Da gingen denn auch Nürn-
bergs, Breslaus und Prags Kaufleute der neuen Bahn
nach, fanden sich Süd- und Mitteldeutsche gleich erwerb-
süchtig, doch ungleich berechtigt am Rialto zusammen, wie
ihre nördlichen und nordwestlichen Landsleute am Swyn,
zu Brügge und an der Themse, wohin schon im XIII. Jahrh.
regelmäßige Kauffahrergeschwader des Staats jährlich den
hansischen Großhändlern ihre Waren zum Austausch
brachten.

Handels-politik der Venezianer.
Wie es nun früher mit den Fremdlingen, den Tedeschi,
am Markte zu Venedig gehalten wurde, können wir nicht
erörtern. Nach dem Untergange des Hohenstaufen Friedrich II.
und dem Falle Ezzelinos III. von Romano, jenes Ghi-
bellinenhaupts, welcher die trevisanische Mark inne gehabt
hatte (1259), sehen wir unerwartet allein zugunsten
der deutschen Gäste die selbstsüchtige Handelspolitik des noch
populären Governo gemildert. Den Cittadinis galt sonst als
Gesetz, daß sie den Gästen ebensowenig erlaubten ihre Bedürfnisse bei ihnen zu holen als persönlich ihre heimischen Waren
auf venezianischem Markte umzusetzen. Aller Zwischenverkehr
erging sich nur durch Venezianer und unter der Flagge von
S. Marco. Was veranlaßte nun jenes „Génie fiscal",
den Beherrscher des Mittelmeers, mit den zahmen, bescheidenen

Landfahrern, den Tedeschi, eine Ausnahme zu machen? Im Jahre 1261 hatte Michael der Paläologe jener abenteuerlichen Herrlichkeit der Lateiner am Bosporus ein Ende gebracht. An die Stelle der Venezianer als unmittelbarer Gebieter waren die Genovesen getreten, und es begann der riesige Kampf beider Seerepubliken. Die Venezianer mußten fürchten, daß die Nebenbuhler, welche im Orient ihnen die Wage hielten, vermittelst der Lombarden ihnen auch die Vorteile des nordischen Binnenhandels entreißen würden. Weil aber das Governo die Eroberung des Festlandes von Italien schon ins Auge gefaßt hatte und alle Verbindung der unterworfenen Provinzen mit Deutschland vermeiden wollte, ferner der Verkehr in den Norden nur zu Lande stattfand, und die Regierung jeden Anlaß scheute, welcher die Cittadini vom Seewesen abziehen könnte, verbot dasselbe den Staatsangehörigen, ihre Waren selbst über die Berge zu führen, und nötigte die Deutschen, sie zu holen und ihnen ihre Güter herbeizubringen.

Gerade i. J. 1268, als der letzte Hohenstaufe gefallen war, zwei Jahre nach dem großen Seesiege der Venezianer bei Trapani über die Genovesen, während die hansische Welt im fernsten Auslande ihre Gebieterstellung befestigte, ordnete die Republik in ihrem Sinne die Verkehrsverhältnisse mit den Deutschen. Es entstand zwar nicht erst der vielgenannte Kaufhof der Deutschen, il Fontego de' Tedeschi (Fondaco, Fontico), er erhielt jedoch seine erste obrigkeitliche Einrichtung. Ihrerseits besaß die Republik viele solcher Niederlassungen, Wohnhöfe mit Niederlagen und Kaufgaden in vielen Hafenstädten. Alle waren aber mit ganz anderen Rechten ausgestattet, als der Fontego de' Tedeschi. So selbst derjenige an der Küste der Berberei zu Tunis, mit mannigfacher Freiheit, mit einer Kirche, mit Fabriken, einem Konsul oder Bailo (Podestà), welcher selbst die Streitigkeiten zwischen den Venezianern und den Mauren schlichtete, einem Zollschreiber und anderen Beamten. Der Fontego, das „teutsche Haus" dagegen, an bequemer Stelle nahe dem großen Kanale geräumig erbaut, war nur das Niederlags- und Wohnhaus der deutschen

Der Fontego de' Tedeschi.

Kaufleute, ohne alle Jurisdiktion, ohne Vogt, ohne eigenen
Vorstand und eigene Verwaltung der Fremden. Sie waren
nur befugt, zu einer bestimmten Zeit in Venedig mit ihren
Waren zu weilen und empfingen bei ihrer Ankunft die
Schlüssel zu den sechsundfünfzig Kammern oder Zimmern,
welche sie vor ihrer Abreise bei schwerer Strafe nicht
einem deutschen Hauswart oder Oldermann, sondern der
venezianischen Obrigkeit einhändigen mußten. Zur
Aufsicht über den Fontego, welchen die Kunstliebe süd-
deutscher Kaufleute (wie Norddeutsche ihren Stahlhof an der
Themse) später mit prächtigen Galerien, wohnlichen Ge-
mächern und Prunksälen ausschmückte, ferner zur Einforderung
der Gefälle und Abgaben an die Republik wurden i. J.
1268 drei Cittadini unter dem Titel Visdomini al Fontego
de' Tedeschi ernannt, welche sich mit zwei Schreibern
und einem Fontegaro im Gebäude aufhalten mußten.
War diesen Beamten und ihren Dienern streng verboten,
im Fontego oder außerhalb desselben Waren zu kaufen und
Geschenke anzunehmen, so unterlag der Verkehr dennoch dem
lästigsten Zwange. Das Haus stand nur zur bestimmten
Frist den Gästen offen. Diese durften nur an Venezianer
verkaufen, nur bei diesen ihre Einkäufe machen. Alle
Waren der Einfuhr und Ausfuhr wurden bei der öffentlichen Wage gewogen, vor deren Abwägung kein Handel
geschlossen. Die Schreiber, von denen einer immer im
Fontego schlief, verzeichneten alle ankommenden und ausgeführten Waren und übergaben die Kontrolle den Visdomini,
denen die Makler gleichfalls alle ihre Geschäfte anzeigen
mußten. Ja, es durfte im Niederlagshause nicht einmal
etwas ohne Erlaubnis jener Beamten ausgeladen werden.

So beschränkt, so abstechend vom Wesen der hansischen
Kaufhöfe war der Zuschnitt des „Teutschen Hauses in
Venedig", welches dennoch der liebgewonnene Mittelpunkt
des welschen Verkehrs geschmeidiger, gemütlicher Kaufleute
Süd- und Mitteldeutschlands bis in die Reformationszeit
blieb. Die stolze „Freistadt" Regensburg behauptete
noch im XIV. Jahrhundert den ersten Rang dort „herge-
bracht" zu haben, mußte aber dann, daheim gesunken, den

Ypern, nach einem Kupferstich in Merians „Topographia Germaniae Inferioris".

Ypern liegt in der belgischen Provinz Westflandern und ist durch einen Kanal mit Brügge, Ostende und Nieuport verbunden. Unter seinen vier Kirchen ist die gotische Kathedrale St. Martin bemerkenswert, eine der schönsten Kirchen Belgiens aus dem 13. Jahrhundert. Als Bischof von Ypern (1633 bis 1638) ist berühmt der hier geborene Cornelius Jansen, Stifter der Sekte der Jansenisten. Ypern war im früheren Mittelalter nur ein Schloß, das von den Normannen zerstört wurde. Balduin VI. von Flandern baute und befestigte es wieder und unter seinen Nachfolgern erwuchs eine Stadt um dasselbe. Die Stadt, welche heute an 17 000 Einwohnern zählt, hat bedeutende Spitzenindustrie und treibt lebhaften Handel.

Augsburgern, Nürnbergern, Ulmern und Frankfurtern weichen, die mehr noch als Breslau, Prag und Erfurt, am Rialto ihre Reichtümer erwarben, und von dort das Vorbild zum Schmuck ihrer Gassen, Märkte, Rathäuser und Kirchen entnahmen. Auch der aristokratischen Signoria lag so viel an der Gewohnheit dieses Verkehrs, daß sie die deutsche Nation ihr „Cuorisino" (Herzchen) zu nennen liebte, und in der Todesnot zurzeit der Liga von Kamerick nicht umsonst das Mitgefühl derselben aufrief. — Der Hanse ist das „Teutsche Haus" zu Venedig mittelbarer nur auf Flanderns Märkten und in der spätesten Zeit begegnet. Ihre beiderseitigen Gebiete trennte Hessen, der Thüringer= wald, das Erz= und die lausitzischen Gebirge. Außer Breslau hielt etwa nur Erfurt Beziehungen nach beiden Polen fest. Dennoch arbeiteten beide Systeme, ohne von= einander Kenntnis zu nehmen, gemeinsam für den Wohlstand, das Bedürfnis und den Glanz des Vaterlandes. Wie einerseits der wehrhafte, flottenmächtige Hansebund den deutschen Norden erweiterte, schirmte und das deutsche Leben bis in die tiefsten Norden und Osten, wie im Westen zur Geltung brachte, haben die Landfahrer nach Venedig wesentlich dazu beigetragen, die rauhen Sitten der Väter zu verfeinern, den Geschmack an Künsten zu veredeln und die Wissenschaften zu fördern. Fanden wir erwähnungs= wert, daß die Winterfahrer in der Langweile arktischer Nächte die isländischen Sagen, wie die Wilkina, mit süd= germanischen Elementen phantastisch aufputzten, so bereicherten die Gäste des Fontego zu Venedig, begierig nach Novellen und Fabeln, das Gebiet mittelalterlicher Dichtkunst. Es war ein Bürger von Augsburg, Otto der Bogener, welcher Herrn Ulrich von Thürheim aus Welschland das Buch „der fortgesetzte Willehalm von Orense" heimbrachte. Des Florentiners Novellen haben Süddeutschland lange vor Erfindung der Buchdruckerkunst ergötzt und zur Nach= ahmung ermuntert. —

Wollen wir noch fragen, weshalb der Bund armer, mühsalsvoller Bürger des Sassenlandes für sich allein so unermeßliche, ernste Erfolge davontrug, während die

Vergleich der Hanse und des deutschen Hauses in Venedig.

süddeutschen Gemeinwesen, reicher an Mitteln, unter dem Schutze ihrer Kaiser, handelspolitisch betrachtet, nur so Geringes, Unselbständiges errangen, so mögen wir keineswegs bei den letztern auf Mangel an Tatkraft schließen. Beide unterlagen den verschiedenartigsten Verhältnissen. Ein abgesperrtes Binnenland, hatte es im Süden mit der Herrscherin des Hauptmeeres der alten Welt zu tun. Eine Reihe vereinzelter Städte mit der energischen Einheit einer erobernden Republik, eine junge ungemeisterte Kultur kämpfte mit einer sozialen Überlegenheit, welche sich aus der Römerzeit vererbt hatte. Endlich trat Verdacht und Haß des Welschen dem nordischen Barbaren überall entgegen, dessen tyrannisches Kaiserhaus ja eben die Vermessenheit gebüßt hatte, die Freiheit der Kommunen erdrücken zu wollen. Mit der Hanse ging ein freies Bürgertum im Norden Hand in Hand. Handelsvorrechte dem Fontego der Deutschen zugestanden, bedrohten die 700jährige Unabhängkeit der Lagunenstadt. —

Dritter Teil.

:: Vom Jahre 1273—1361. ::

Vom Ende des großen Zwischen=
reichs bis zur Eroberung von
Wisby durch K. Waldemar
Atterdag und zum großen Hanse=
::   krieg.   ::

Wahl König Rudolfs von Habsburg und Einfluß desselben auf Norddeutschland und die Kolonisation. Lübeck und der deutsche König. Reichsvikare ohne Ansehen. Unzufriedenheit. Der Rostocker Landfriede. 1283. Wehrflotte des Bundes auf der Ostsee. Krieg der Seestädte gegen Erich Priesterfeind von Norwegen. Vergleich zu Kalmar. Köln. Duisburg, Verhältnisse zu Frankreich. Flandern. Stapel von Brügge nach Ardenburg verlegt. Verhältnisse zu England. Das Bischofstor zu London. 1282. Dänemark bis auf Erich Menveds Herrscherpläne. Vom J. 1273—1291.

Die Kunde von der einstimmigen Wahl des Grafen Rudolf von Habsburg zum deutschen Könige (29. September 1273) endete die lange Spannung oberdeutscher Reichsbürger seit dem Tode des Titularherrschers Richard von Cornwallis und konnte günstige Erwartungen auch im hansischen Norden hervorrufen. Rudolf, Landgraf im Elsaß, Bannerherr und Vogt vieler Städte und geistlicher Stifte, war als kluger Bürgerfreund bekannt und wegen seiner Kriegserfahrung gefürchtet. Vertrautheit mit dem Wesen und Treiben norddeutscher Städte durfte beim Ritter aus dem hohen Alemannien vorausgesetzt werden, welchen frommer Kreuzfahrermut bis an Samlands Küste geführt und demnach seinen Blick über die engen Beziehungen des eigentlichen Reichs erweitert hatte. Aber des neuen Königs besonnenes Streben, die verständige Abschätzung seiner Kräfte, sein löblicher Sinn für öffentliche Ordnung, seine schonungslose Handhabung der Landfriedensgesetze, die er ins Leben gerufen hatte, mußten sich überwiegend auf die ursprünglichen Reichsteile beschränken. Er war selbst dort, obgleich Schöpfer der habsburgischen Hausmacht, außerstande, die frühere Herrlichkeit und das Ansehen des deutschen Königtums wiederherzustellen. Unsere hochwichtige deutsche Kolonisation am baltischen Meere beschäftigte ihn zwar nicht nur aus finanziellen Gründen und im Interesse seiner Hauspolitik, oder vom allgemeinen Standpunkte des Gesetzgebers, sondern auf Italien verzichtend, suchte sich sein Majestätsbewußtsein schon vom Anfang seiner Regierung an durch den Hinblick auf die Ostseeländer zu entschädigen. Er trat deshalb nicht allein gleich als Schirmherr des deutschen Ritter-

König Rudolf v. Habsburg.

staates auf, nahm alle Besitzungen desselben in seinen Schutz
(1273—1274) und bestätigte dem Orden im Juni 1279
auch die früher von den Kaisern verliehenen Rechte auf die
livländischen Gebiete, er griff mit kaiserlicher Gewalt auch
wohl in die dortigen inneren Angelegenheiten ein und befahl
z. B. i. J. 1275 den Bürgern von Riga, alle ihre Streitigkeiten dem Landmeister zur Entscheidung zu übergeben. Aber
nur einmal hat sich sein oberrichterliches Ansehen tatsächlich
den Weg über Thüringen ins slavische Deutschland gebahnt,
und zwar bedrohten Reichsgliedern dankenswerte Hilfe gebracht,
auch den Anstoß zu umfassenden Sicherheitsmaßregeln gegeben.
Dauernde Erfolge hat auch er nicht zu verbürgen vermocht.
Die rastlose Fortentwicklung der inneren hansischen Verhältnisse sowie die erste gemeinsame, siegreiche Waffenführung
der Seestädte als einer staatlichen Einheit nach außen,
sind denn allein als Beweise einer unbeirrten Selbstberechtigung zu betrachten, und auch dem gepriesenen Ahnherrn
des jüngsten Kaisergeschlechts bleibt nur die Ehre, dem
Aufschwunge bürgerlichen Selbstgefühls in Norddeutschland
nicht wie anderwärts hindernd entgegengetreten zu sein.

Lübeck und König Rudolf. Lübeck unzweifelhaft als Reichsstadt anerkannt, vermittelte deshalb auch fast allein die Beziehungen zum Ober-
haupte der deutschen Welt. Noch im März 1273 hatten
die Bürger die unschädliche Schutzvogtei der Welfen gegen
Ertrag gewisser Reichsgefälle auf vier Jahre erstreckt und
huldigten freudig dem Bevollmächtigten des Königs, Heinrich
von Fürstenberg, welcher die eigentliche Reichssteuer einzog.
Im Namen Rudolfs hatte Heinrich von Fürstenberg den
nach Nürnberg auf den ersten Reichstag geladenen Sendboten Geleit und gnädiges Gehör bei persönlicher Ableistung
des Treueides versprochen. Im Widerspruch mit der Pflicht
eines deutschen Königs, welcher für sich Steuer und Treueid verlangte, stand jedoch die Tatsache, daß Rudolf im
Herbste d. J. 1274 mit Dank für frühere Gunst „die besonders lieben und unverpfändbaren Pfleglinge des h. Reichs"
dem Schutze des Königs Magnus von Norwegen empfahl,
weil die Lübecker dem Herzen des Reichs zu weit entlegen
wären." Dies war ein Selbstverzicht und ein Mißtrauen in

eigene Kraft, welche ſich nur durch die augenblicklich bedrohte
Lage des Habsburgers erklären läßt. Nach der erſten
Demütigung des ſtolzen Böhmenkönigs Ottokar noch vor
der Gründung der habsburgiſchen Macht in Öſterreich
waren es wenigſtens deutſche Fürſten, welchen das Reichsoberhaupt die Behütung der norddeutſchen Lande anvertraute.
Denn eben Wiens Herr geworden, übertrug Rudolf, um
die Markgrafen von Brandenburg, des Przemyslaiden Verwandten, in Zaum zu halten (1277), den Herzögen Albrecht
von Sachſen und Albrecht von Braunſchweig, jenem alten
Freunde Lübecks, das Reichsvikariat „über ſeine und des
Reichs Städte Lübeck, Goslar, Mühlhauſen und Nordhauſen",
über alles Reichsgut in Sachſen, Thüringen und Slavien,
mit der ausgedehnteſten Befugnis und königlicher Richtgewalt.
Aber ſo prunkenden Titeln ſprachen die öffentlichen Zu-
ſtände bitterſten Hohn. Am Niederrhein behauptete
ſich Erzbiſchof Siegfried, ein geborener Graf von Weſter-
burg, mit den Waffen auf dem Stuhle von Köln, nahm
die böſen Pläne ſeiner Vorgänger Konrad und Engelbrecht II.
gegen die freiheitseifrige Stadt Köln wieder auf, erfüllte
ſeinen Sprengel bis an die Weſer hin mit unbarmherzigen
Fehden und bereitete jene blutige Kataſtophe bei Worringen
(1288) vor. Zu gleicher Zeit entbrannte unter den Augen der
Reichsvikare, ja unter teilweiſer Mitwirkung derſelben, jener
mehrjährige Krieg der Markgrafen von Brandenburg um
das Erzſtift Magdeburg, in welchem der „Minneſinger"
Otto dem Zorne des heiligen Mauritius und der Tapferkeit
der Bürger bei Froſe (Januar 1278) unterlag. Der Reichs-
vikar aus dem Welfenſtamme ſtarb (1279), ohne die Seg-
nungen des wiedererſtandenen Königtums in ſeinen Gebieten
zu verbreiten. Noch einige Jahre in Öſterreich, dem eroberten Reichslande feſtgehalten, ſteigerte Rudolf die Verwirrung im deutſchen Norden, indem er zugleich den Herzog
Albrecht von Sachſen und die Markgrafen Johann II.,
Otto IV. und Konrad von Brandenburg zu Vögten über
Lübeck und die Reichsſtädte in Sachſen und Thüringen be-
ſtellte. Eine müßige Handlung oberrichterlicher Gewalt
erſcheint endlich, daß er den Lübeckern, „welche nach Preußen,

Reichsvikariat in Nord-deutſchland.

Unruhiger Zuſtand. Köln, Magdeburg.

Livland und in andere dem Reiche unterworfene Orte
handelten", gestattete (1275) zu ihrem Frommen und Nutzen
Morgensprachen, Einigungen und gerichtliche Zusammenkünfte
zu halten, eine Befugnis, welche sich ohne kaiserliche
Genehmigung längst aus dem innersten Wesen des Bürgertums, zumal des lübischen Rechts, selbst im russischen Nowgorod, im schwedischen Wisby und auf Schonens Küsten
gebildet hatte. Auch finden wir wohl, daß sich der König,
persönlich angegangen, für schiffbrüchige Kaufleute wie bei
König Edward I. von England verwandte.

Deutsche
Landfriedens-
vereine. Erst nach seiner Rückkehr aus Österreich, nachdem er
jene schönen Lande für sein Haus sichergestellt hatte, begann
der König (1281) in ernster Sorge über die Anarchie, welche
während seiner Abwesenheit aus den Reichsgebieten einge-
rissen war, das schwere Werk nicht eines allgemeinen
Landfriedens, sondern provinzialer Landfriedensvereine auf
bestimmte Jahre. Zehn Jahre hindurch mühte er sich rastlos, die von Kaiser Friedrich II. i. J. 1235 zu Mainz ge-
setzten Rechte und Verordnungen durch die Stände beschwören zu lassen, Richter zu bestellen, selbst zu Gericht
zu sitzen, mit Heereskraft das Urteil selbst zu vollstrecken.
Aber die Fehden mächtiger Fürsten und Herren, die Widersetzlichkeit einzelner Reichsglieder, welche ihre Streitfragen
lieber mit dem Schwerte entscheiden wollten, der gesamte un-
glückselige Gesellschaftszustand unsers Vaterlandes vereitelten
die Früchte so redlicher Arbeit, zumal der König selbst im
Verfolge seiner Hauspolitik und durch gewinnsüchtige Wirtschaft die Zahl der Unzufriedenen auch in dem städtischen
Gemeinwesen vermehrte. Der Ausdruck bürgerlicher Abneigung gegen den geldgierigen Herrscher war denn das Er-
Die falschen
Friedriche.scheinen jenes falschen Friedrich, welcher i. J. 1285
dem sonst populären Könige die Gemüter rheinischer Bürger
vom Elsaß bis nach Köln und Neuß hinab so entfremdete,
daß es fast um seine Krone geschehen schien. Selbst in
Lübeck war es nicht geheuer, wie wir aus dem bangen Tone
ermessen, in welchem Rudolf „Vögte, Ratsmänner und
Gemeinde" zu standhafter Treue ermahnte. Das Gespenst
verschwand, um auch später noch mehrmals drohend aufzu-

tauchen. Einmal selbst in Lübeck, wo ein frecher Betrüger dasselbe Spiel wagte, zu Roß durch die Gassen zog und schon Beifall bei dem Volke gefunden hatte, bis er durch Zeugnis des ältesten Ratsherrn, welcher noch den Hohenstaufen gekannt hatte, entlarvt wurde.

So gute Gesinnung der hansischen Vorderstadt war aber der Dank für eine Wohltat, welche der geldarme König sich im Genusse auch vorschußweise gezahlter Reichssteuern um das wendische Deutschland eben erworben hatte.

Während nämlich die großartigste hansische Politik ihr Band nach außen fester und fester knüpfte, liefen unsere Städte Gefahr, der Friedlosigkeit in ihrer unmittelbaren Umgebung zu erliegen. Die übermütigen Friedbrecher waren die Markgrafen von Brandenburg aus Johanns Linie. Sie bedrängten besonders des schwachen Pommernherzogs deutsche Städte, wie Stettin, das schon i. J. 1280 Lübecks Bundeshilfe gegen „ihre gemeinsamen grausamen Tyrannen" anrief. Zwistige Nachbarn, wie die Stralsunder und Greifswalder, sühnten sogleich auf Lübecks Mahnung und Vermittlung den alten Neid (1281), aber der Reichsvogt in Sachsen konnte und wollte gegen die Anhalter nicht helfen, und mühevoll hatten die Lübecker von jenen zweiten Reichsvögten, welche unter dem Vorwande des Schutzes die freie Stadt zu einer märkischen Landstadt zu machen strebten, einen Waffenstillstand erwirkt (Frühling 1282), als Rudolf, im fernen Schwaben vom Hilfsgeschrei seiner Bürger erreicht, als Richter erschien. Er hob in Ulm die Schutzvogtei der drei Markgrafen, „als der Stadt unheilsam", auf, so hartnäckig diese auf dem einmal erlangten Rechte bestanden, ordnete dann im hohen Sommer den Grafen Günther von Schwarzburg als Empfänger der Reichssteuer und Vermittler ab und bestätigte die Herzöge von Sachsen als seine Stellvertreter. Als solches nicht fruchtete und er infolge des burgundischen Krieges nicht persönlich zu Gericht sitzen konnte, bevollmächtigte er im Mai 1283 die Fürsten und Städte Slaviens, ein Landfriedensbündnis zu schließen. Auf Lübecks Betreiben versammelten sich im Juni 1283 die Herren der nächsten deutschen und wendischen Lande mit

Die Markgrafen von Brandenburg.

Rostocker Landfriede.

ihren Vasallen und den Boten der Städte, unter denen
auch Stettin, Demmin, Anklam bemerklicher werden, zu
Rostock, um nach dem Vorbilde der oberen Lande nicht ohne
unmittelbare Einwirkung des Königs und seines Hofrichters
das heilverkündende Werk auszuführen. Der Bund sollte
sich auf zehn Jahre erstrecken und umfaßte alle Bestimmungen
des früheren Landfriedens. Landrichter wurden angeordnet,
und was bedeutsam für die Rechtsverhältnisse der freien
ländlichen Kolonien zwischen Elbe und Oder ist, auch die
Bauern wurden als tätige Teilnehmer des Friedens aufgenommen
und sogar zum Roßdienste veranschlagt. Gleich wichtig
ist, daß bei der Möglichkeit eines Bundeskrieges zur
See an die Aufstellung einer Wehrflotte gedacht wurde.
Finden wir, daß auf der Westsee bei den Holländern, den
Flämingern und den Friesen die Streitbarkeit zur See
sich kräftiger und künstlicher entwickelte, daß die Friesen am
letzten Kreuzzuge König Ludwig des Heiligen (1270) sich
mannhaft beteiligten, und haben wir die ruhmvollen Seekämpfe der Lübecker, die gemeinsamen Wehrmaßregeln
wendischer Städte zur Säuberung des Meeres von Räubern
nach Verdienst gewürdigt, so wird doch erst in der Bundes-
urkunde, welche die Herzöge von Sachsen, Pommern, der
Fürst von Rügen, die Herren von Werle, die Grafen von
Schwerin und Dannenberg, die Junker von Rostock und
ihre Lehnsleute mit den Gemeinden von Lübeck, Wismar,
Rostock, Stralsund, Greifswald, Stettin, Demmin und
Anklam im Juni 1283 zu Rostock vereinbarten, der Aufstellung einer Marine, gleichsam einer baltischen Reichsflotte mit genauerer Angabe gedacht. Die Landherren und
ihre Vasallen waren verpflichtet, wenn es den Bundesgliedern
nötig erschien, sich zum Seekrieg zu rüsten, eine verhältnismäßige Anzahl Schwerbewaffneter auf gepanzerten Streit-
hengsten den Orlogschiffen zuzuteilen, welche selbstverständlich
allein die Städte aufbringen konnten. So vervollständigten
sich die nachdrücklichsten Anstalten zur Beschützung des
Friedens und des Seeverkehrs und erweiterte sich das Wasser-
gebiet, welches die hansischen Gemeinwesen als ihr eigen
betrachteten über die noch zaghaften Bestimmungen des ersten

Schiffsrüstung des Bundes.

Allgemeiner Bund zur Sicherung der Ostsee.

Vereins zwischen Lübeck und Hamburg hinaus, indem schon i. J. 1280 „Vogt, Ratsleute und Gemeinden der Deutschen zu Wisby" sich erst mit Lübeck, dann im Herbste 1282 „Rat und Bürgerschaft" von Riga sich mit den Lübeckern und allen deutschen Kaufleuten auf Wisby verbündet hatten, auf zehn Jahre mit gemeinsamer Arbeit und auf gemeinsame Kosten „die Trave, die wagrischen Gewässer, den Noresund und alle baltischen Häfen und alle Schiffsstationen bis nach Nowgorod hin zu beschirmen gegen jedermann, weß Standes und Ranges er sei, nicht allein zu ihrem eigenen Besten, sondern auch zum Nutzen aller deutschen Kaufleute, welche die Ehre und den Vorteil der Abschließenden zu fördern gedachten".

Jener Landfriedensbund aller Fürsten, Vasallen und Städte zwischen Niederelbe und Oder schien zwar eigentlich nur auf die Markgrafen abzuzielen, und nächstdem nachbarliche Händel unter einem aus fürstlichen und städtischen Beisitzern gemischten Quartalgerichte schlichten zu sollen. Aber die Ausdehnung desselben bis an die Leine und an den Harz, nördlich bis nach Holstein und Dänemark hinunter schwächte bald den Zusammenhang und die energische Wirkung, und nachdem der Widerstreit feindlicher Interessen und die rohe Fehde= und Raublust des Adels Rudolfs Werk auch hier gelockert hatte, blieb nur der Verein der Städte übrig, welcher immer entschiedener sich hansisch gestaltete. Auch eine andere Folge des Wirkens Rudolfs für den Landfrieden blieb nicht aus. Landesherrliche Städte, wie die pommerschen und niedersächsischen, wußten sich zu den Friedens= gerichten neben ihren Fürsten ihre Beisitzer abordnend, von Tag zu Tag der Oberherrlichkeit zu entziehen und erstarkten in ihrem Rechtsgefühle.

Schwächung des Bundes.

Verboten die Rostocker Beschlüsse den Bürgern, im Zwiste mit den Herren und dem Adel zunächst zur Selbst= hilfe zu schreiten, so gaben sie ihnen dagegen vollere Frei= heit, ohne weiteres Bedenken die Waffen gegen auswärtige Mächte zu ergreifen. Solches erfuhr zu Schimpf und Schaden Norwegens unberatener junger König Erich der Priesterfeind.

Krieg der
Seestädte
gegen
Norwegen.
Wir wissen, daß Magnus Lagabäter sich aus verständiger Staatsrücksicht den deutschen Kaufleuten und Handwerkern so hold erwiesen und so nachsichtig die erste Grund-
legung zum Kaufhof von Bergen mit Schmälerung der
früher angesiedelten Engländer vorbereitete, daß ihm Rudolf
von Habsburg i. J. 1274 die Bürger Lübecks besonders
empfahl. Infolge ehrenhafter Aufforderung und auf Betreiben der Sendboten Lübecks hatte der Normanne zu
Tunsberg i. J. 1278 den Kaufleuten „der deutschen Zunge",
welche sein Reich besuchten, neue Freiheiten betreffs des
Verkehrs, des Rechts und der bürgerlichen Lasten verliehen,
und ihnen auch den wichtigen Kleinkram an der Brücke
und auf der Straße für die Sommermonate gestattet.
Aber mit dem Tode des „Gesetzverbesserers" i. J. 1280
änderten sich diese günstigen Verhältnisse. Der Erbe der
Krone hatte mehr Freude an dem alten Wikingerberuf seiner
Vorgänger und erlaubte sich alsbald so große Unbilden, daß
er im Kriege mit Erich Glipping, dem Gönner der Hanse,
alle baltischen Küsten beunruhigte und seine wilden Frei-
beuter zum Schrecken deutscher Kauffahrer ausschickte. Während
sein Bruder, der unabhängige Herzog Haakon, in seinem
Landesteile fortfuhr, Lübeck, Hamburg, Rostock, Stralsund
und „alle andern deutschen Seestädte" mit der größten
Sorgfalt zu behandeln und ihnen seinen Hafen zu Opslo
zu eröffnen, belegte der wilde Erich alle deutschen Güter
mit Beschlag, versperrte dem Kauffahrer seine Häfen und
vernichtete mit einem Schlage die so mühsam angebahnten
Verkehrsverhältnisse.

Maßregeln
der Seestädte
gegen
Norwegen.
Aber die „wendischen Seestädte", welche jetzt unter
dieser Benennung im Auslande allgemeiner begriffen werden,
vermerkten solchen Vertragsbruch übel, zumal der junge
Normannenkönig noch im März 1284 ihnen sowie den
Gotländern, Elbingern, Rigaern und Revalern urkundlich
zu Bergen die hergebrachten Freiheiten bestätigt hatte.
Schon im engeren Bunde mit dem dänischen Erich, welcher
sich dem großen Landfriedensvereine in Slavien und Sachsen
schlauerweise angeschlossen hatte, (November 1284), vereinbarten sie das Verbot der Getreideausfuhr nach Norwegen.

Schon im November 1284 hatte auch der Däne für seine Untertanen solches angelobt und den Norwegern nur bis Pfingsten die Einfuhr ihrer Waren in sein Land gestattet, „um bis zu dieser Frist sich mit den beleidigten Seestädten zu vergleichen". Gleichzeitig segelte die hansische Orlog= flotte an die norwegische Küste, um den Übermütigen im eigenen Gebiete zu beunruhigen, und ein anderes Geschwader, bei welchem sich auch einige Städte der Westsee beteiligten, sperrte den Sund, sodaß Norwegen, von aller Zufuhr an Getreide, Malz und Bier ausgeschlossen, von Hungersnot heimgesucht wurde, und Erich schon im nächsten Frühjahr Friedensgesinnungen blicken lassen mußte. Auch seine Mutter Ingeborg blickte nach Abhilfe so ängstlicher Not bei Schwedens Könige aus.

Obgleich der Bedrohte sich schon am 13. März 1285 den Seestädten mit Einschluß Hamburgs und Bremens, wie der livländischen, zum Schutze der gekränkten Kaufleute er= boten hatte, und nur gegenseitige Sicherheit für seine Kauf= leute erforderte, beschwor er doch wiederum im Mai den König Edward I. von England, „nach früherer Übereinkunft nicht zu gestatten, daß die Deutschen ihrer beiderseitigen Untertanen Verkehr störten, sein Reich zu Wasser und zu Land beschädigten", und verlangte von seinem Freunde feindliche Maßregeln gegen solches Beginnen. Aber der Plantagenet stand im besten Einvernehmen mit den Gästen, so herrisch sich auch die Deutschen in Bergen seinen Untertanen gezeigt hatten. So mußte Erich seinen starren Sinn noch empfindlicher beugen. *Erich von Norwegen gebeugt.* Denn nur einige Städte nahmen seine Angebote an, die eigentlich wendischen dagegen mit Riga und Wisby forderten zugleich Ersatz für allen Schaden, den der König schon vor Ausbruch des Krieges ihrem Handel und ihrer Schiffahrt zugefügt hatte, und verfolgten ihren Willen mit solcher Festigkeit, daß der nordische Stolz sich bequemen mußte, gegen Ende des Juli 1285 unter sicherem Geleite des Königs Magnus von Schweden mit den städtischen und dänischen Sendboten zu unterhandeln. Der Schwede, auf Guldbergs= *Vermittlung Schwedens.* heid mit dem Schiedsrichteramte betraut, vermittelte am 3. Juli einige Punkte, und es ward demgemäß auf den Herbst

Vergleich zu
Kalmra. eine neue Tagfahrt nach Kalmar anberaumt. Nach längeren
Verhandlungen achtete König Magnus für recht, „daß
Erich den Städten bis Johannis 1286 einen Schadenersatz
von 6000 M. S. zahle, die früheren bergischen Freiheiten
bestätige und auch für alle norwegischen Häfen anerkenne.
Als entschlossener Helfer der Osterlinge aus der Westsee gedenkt
die Vergleichsurkunde auch der Bürger von Kampen, Staveren
und Gröningen, welchen der Beitritt bis zum nächsten Sommer
offen blieb, und legte endlich den Seestädten für die Zukunft
keinen Zwang betreffs eines dänisch-norwegischen Krieges
auf. Eine so glückliche Probe gemeinschaftlicher Waffen,
welche die Bürger vereinzelter Gemeinwesen als eine anerkannte, einige Staatsmacht hinstellte, verfehlte nicht ihre
Rückwirkung auf die Verhältnisse der Bundesglieder zu ihren
Gebietern, namentlich nicht auf die hervorragende Stellung
Lübecks vor den andern Schwestern. Aber an die Dauer
des erzwungenen Friedens war nicht zu denken, und der für den
Augenblick ohnmächtige Normanne ersuchte schon im Frühling
1286 unter hochmütigen Äußerungen über seine Obsieger
Englands König, dem „Seeraub" der Bürger zu wehren,
welche die nach England und anderwärtshin fahrenden Kaufleute beider Staaten „frech beschädigten". Über vierzehn
Jahre verstrichen unter bösen Händeln und zeitweiser Friedlosigkeit, ehe die Städte jene Entschädigungssumme zum Teil
durch Abrechnung auf den Zoll erhalten hatten.

Einzelne
Verhältnisse. Soviel von den Schicksalen des Bundes, insofern allgemeinere Beziehungen zum Reiche und zum deutschen Könige
dieselben bedingten. Lübeck erwies sich dem Habsburger treu
und hatte unverdrossen die Reichssteuer selbst bis auf zehn
Jahre voraus gezahlt, als Rudolf seinen „Grabritt" nach
Speier unternahm (Juli 1291).

Kölns Sieg
über den
Erzbischof. Köln hatte sich inzwischen unter dem Drange eines
grauenvollen Krieges, welcher von der Maas bis über die
Weser seine traurigen Folgen offenbarte, weniger um die
hansische Wohlfahrt verdient machen können, dagegen mit
ritterlichem Mute in der vielbesungenen Schlacht bei Worringen
(Juni 1288) seine Freiheit gegen den bösen Erzbischof ver-
fochten, wie sich denn auch alle andern Städte des Binnen-

landes, welche zum Bunde gehörten, zumal die braunschweigischen und westfälischen, wie Münster und Soest,
fast zur Geltung freier Reichsstädte aufschwangen. Nur Duisburg an Kleve.
jene betriebsame altfränkische Pfalzstadt Duisburg wurde
durch eine unlöbliche Majestätshandlung Rudolfs als Mitgift
seiner Tochter an den Grafen Dietrich von Kleve verpfändet
und büßte für immer ihre Unabhängigkeit ein.

Überblicken wir nun, wie sich unter der hergestellten Innere Geschichte der Hanse.
Königsgewalt das hansische Wesen jenseits der Westsee in
Flandern und in England erging, wie es im Nordosten
aussah, vor allem, wie die neuere Gesellschaftsverfassung
fortschritt.

Mit der französischen Krone beginnen die Handelsbeziehungen erst gegen Ende des XIII. Jahrhunderts bedeutsamer zu werden und schriftlicher Übereinkunft zu bedürfen,
als die Streitfrage Philipp IV. wegen des Lehnsverhält-
nisses der Grafschaft Flandern sich verwickelte und der Ausbruch eines Krieges zwischen Frankreich und England drohte.
Dagegen traten schon bald nach dem Tode der Gräfin Unruhen in Brügge.
Margaretha, genannt „von Konstantinopel" (1278), Hindernisse des geordneten Verkehrs auf der Westsee ein und
verschuldeten die Bedrückungen, welche sich die gräflichen
Beamten zu Brügge, die Lehnsinhaber der dortigen Zölle,
und auch die Bürger gegen die deutschen Gäste erlaubten,
sodaß diese ihren Stapel von Brügge nach Ardenburg ver-
legten. Solcher Maßregel traten ausdrücklich unter andern Stapel von Ardenburg.
die Bürger von Stendal (1280), die Deutschen und Goten
auf Wisby, und i. J. 1282 die Stadt Halle bei und bewirkten, daß andere Gemeinwesen und Herren in Nieder-
deutschland, wie Dortrecht und die Grafen von Holland,
sich unter günstigen Bedingungen zur Aufnahme der deutschen
Niederlassungen erboten. Da suchte Graf Guido von
Flandern aus dem Hause Dampierre i. J. 1282 die Beschwerden wegen der Wage und der Zollerhebung zu beseitigen.
„Alle Kaufleute vom Osten" gaben ihre Beistimmung. Der
Landesherr traf nunmehr mit dem adeligen Lehnsträger der
Zölle zu Brügge, mit den Schöffen und mit dem Abgeordneten der Kaufleute des römischen Reichs Johann von

Douai, einem vielbetrauten Ratsmanne von Lübeck und den Vertretern anderer handelnden Völker eine besondere Vereinbarung über die Wageordnung, von welcher die Zollsätze abhingen. Trotzdem verursachten die Wirren, denen besonders Brügge zu Anfang des Jahrhunderts zur Beute wurde, daß die Gäste später mit ihrem Stapel wieder nach Ardenburg zogen.

Verhältnis zu England. Teilten die Kaufleute Westdeutschlands und die Osterlinge ihre Vorrechte in Brügge mit andern seefahrenden Völkern, so gewährten ihnen dagegen die Ehrenrechte und Vorzüge, die sie in London genossen, eine Genugtuung, welche kaum ihresgleichen in den internationalen Verhältnissen des Mittelalters findet, Venedigs und Genuas wie Pisas Stellung im byzantinischen und im lateinischen Kaiserreiche etwa ausgenommen.

Edward 1. Als die folgenreichen Unruhen, „der Krieg der Barone" gegen Heinrich II., mit neuer Begründung des öffentlichen Rechts beendet waren, erschienen beim Regierungsantritte König Edwards I. (1272) die deutschen Gäste so völlig gleichberechtigt mit Londons Bürgern, daß an eine Bestätigung der Privilegien der Hanse oder der einzelnen Hansen nicht gedacht wurde. Bremen außer der Londoner Hanse. Nur Bremen, dessen Bevölkerung eben während des Regiments Erzbischof Gieselberts (1273—1306) unbändiger politischer Drang ergriff, und welche um Ostern 1275 im offenen Aufstande die bischöfliche Pfalz zerstört und ihren kirchlichen Oberherrn samt der ministerialen Gemeinde verjagt hatte, entbehrte noch den einträglichen Verkehr mit London, weil sich ein Bremer Bürger im Dienste jenes in England ansässigen deutschen Kaufherrn, Arnold Thedmars Sohn, durch die Flucht der Zahlung seines Anteils an dem Sühnegelde entzogen hatte, das der Kommune von London i. J. 1265 wegen ihrer Empörung auferlegt war. Vierzehn Jahre hindurch blieben deshalb die Bremer vom Besuche Englands ausgeschlossen, und erst als Herzog Albrecht von Braunschweig, jener Schutzvogt Lübecks und Vertreter Hamburgs im Auslande, kurz vor seinem Tode (i. J. 1279) den König gebeten hatte, den Unschuldigen seinen Schutz zuzuwenden, wurden sie wieder aufgenommen. Zu den ein-

Zutphen, nach einem Kupferstich in Merians „Topographia Germaniae Inferioris".

Zutphen, Stadt (früher Festung) in der niederländischen Provinz Gelderland, am Einfluß der Berkel in die Yssel, mit (1894) 17 800 Einwohnern, besitzt Oel-, Zement- und Schneidemühlen und treibt lebhafte Schiffahrt und Holzhandel. Im 10. Jahrhundert war es Sitz eigener Grafen, nach deren Aussterben im 12. Jahrhundert es an die Grafen von Geldern fiel. 1591 kam es an die Republik der Vereinigten Niederlande. Während der Kämpfe mit Napoleon I. ist es mehrmals eingenommen worden; am 24. November 1813 fiel es den Preußen ohne Schwertstreich in die Hände.

mütigeren Schritten, vom Könige die Bestätigung ihrer gemeinschaftlichen Privilegien zu erwirken, nötigte die Deutschen auch wohl die gerichtliche Untersuchung über einen Streit mit der Stadt London (1275), welcher die uralten Verhältnisse der Fremden eigentümlich beleuchtet. Im gedachten Jahre beschwerten sich die Bürger in ihren Quartierversammlungen, daß die Deutschen im Genusse gleicher Rechte mit den Einheimischen das Bischofstor schmählich verfallen ließen, ungeachtet ihrer Verpflichtung, dasselbe in gutem Zustande zu erhalten. „Bishopsgate", das nordöstlichste von den sechs Landtoren, welches den Eingang in die eigentliche City, in den ummauerten Kern der Stadt eröffneten, sollten nach der Aussage eines der Stadtviertel (Warden) einst die Dänen zur Verteidigung und Unterhaltung übernommen haben, als Gegendienst für die Rechte, die sie in London genossen. Die Deutschen konnten ihre Verpflichtung nicht leugnen, obgleich es ungewiß bleibt, in welcher Weise sie die Erben der dänischen Rechte und Pflichten geworden sind. Das Bischofstor bestand aber schon vor den Zeiten Wilhelms des Eroberers (1066), lag jedoch gerade in entgegengesetzter Richtung von der Gildhalle am Strande, wo das Hafentor, Downgate, längst verfallen war. Den Streit erledigte endlich der Spruch des Exchequer-Gerichtes durch einen Vergleich v. J. 1282, nachdem kurz vorher (Novbr. 1281) die Hanse auch beim Könige die Bestätigung ihrer Rechte erwirkt hatte. Denn klug hatten sie nach dem Tode ihres fürstlichen Fürsprechers, des Welfen, und dem Wiedereintritt der Bremer in die Hanse von London den Wert gemeinsamer Privilegien für alle Kaufleute der deutschen Gildhalle ins Auge gefaßt.

Jener Vergleich vor dem königlichen Gerichte einigte denn beide Parteien dahin, daß die Deutschen der Stadt zur Herstellung des Bischofstores 240 Pfund Sterling zahlten und sich verpflichteten, dasselbe auch in Zukunft zu erhalten, und zur Bewachung desselben den dritten Teil der Kosten und der Leute zu übernehmen. Für solche Gegenleistung erkannte die Stadt alle Freiheiten der Hansen an, sprach sie los von der Abgabe zur Erhaltung der Mauern und

vergönnte ihnen das Recht, ihr Getreide 40 Tage lang in
ihren Speichern unverkauft aufzubewahren, falls nicht
besondere Umstände einen schleunigeren Verkauf nötig machten.

Ferner ward den Hansen das alte Recht bestätigt, einen
Aldermann zum Rechtsprechen in ihrem Hofe zu haben, doch
mit der Bestimmung, daß derselbe aus den Aldermännern
der Stadt gewählt werde, was man gewöhnlich dahin verstand, daß er ein Bürger Londons sein müsse. So oft
dieser Aldermann durch die deutschen Kaufleute erwählt wäre,
solle er dem Mayor und den Aldermännern Londons vor-
gestellt werden und den Eid ablegen, Recht und Gesetz zu
handhaben, und den Rechten und Gesetzen der Stadt nicht
zu nahe zu treten. Er war aber nicht das eigentliche Haupt
der Deutschen in London, denn schwerlich eignete sich ein
Engländer dazu, die Gerechtsame der Gäste zu handhaben,
Morgensprachen zu halten und mündlich oder schriftlich mit
den Hansestädten zu verkehren. Das Amt des englischen
Aldermanns, welcher wie der Mayor und die Sheriffs ein
jährliches Ehrengeschenk an Geld und anderen guten Dingen
empfing, — mehrmals war es der Mayor selbst — diente
den Hansen nur dazu, einen einflußreichen Bürger der Stadt
für ihr Interesse zu gewinnen. Es war deshalb noch ein
zweiter Aldermann nötig, ein eigentlich hansischer Bürger,
den wir denn auch bald neben jenem unterscheiden können.
In so früher Zeit stoßen wir noch auf keine Statuten.
Aber die eigentümlichen Grundzüge derselben hatte wohl
bereits die Gewohnheit ins Leben gerufen. Auch machte sich
wohl schon der Rechtsbrauch geltend, daß der deutsche Aldermann nicht allein Streitigkeiten der Deutschen untereinander,
sondern auch zwischen Engländern und Gästen schlichtete.
Ein Privilegium König Edwards I. v. J. 1303 erteilte dann
den Deutschen auch das Recht, daß in allen Gerichtshändeln,
todwürdige Verbrechen ausgenommen, die Hälfte der
Geschworenen aus Männern ihrer Sprache genommen werde.

Infolge jenes Vergleiches v. J. 1282, in welchem der
deutsche Aldermann, ein Bürger von Köln, drei von Dortmund, einer aus Münster und einer aus Hamburg die Hanse
vertraten, ward der Bau des Bischofstores dauerhaft und

ſtattlich ausgeführt, und der obere Teil desſelben den deutſchen
Wächtern anvertraut. Treu übten die Gäſte dieſe wichtige
Pflicht auch in den unruhigſten Zeiten. Mit ihren Waffen,
welche im Stahlhofe bereit lagen, verteidigten ſtreitbare
Kaufleute den Eingang der City vom oft ſo getümmelvollen
Eſſex und Suffolk her und büßten nach einer ſinnvollen und
prächtigen Erneuerung des Tores (i. J. 1474) erſt im
XVI. Jahrh. unter veränderter Weltlage mit dem Stahlhofe
und allen ihren ſonſtigen Privilegien auch jenes ehrenvolle
Schlüſſel- und Hüteramt ein.

Wie grell iſt der Abſtand zwiſchen der Berechtigung
der reichen oberdeutſchen Kaufleute in Venedig, welche als
zeitweiſe Mieter nicht einmal die Schlüſſel zum Fontego
de' Tedeschi in Händen behalten durften und den ſeefahrenden
Krämern dunkler Landſtädte wie Dortmunds, Soeſts und
Münſters, denen die Hauptſtadt des ſtarken Inſelreichs die
Bewachung des eigenen Tores anvertraute! Weil auch
ſchon im Mittelalter das vertragsmäßige Recht in England
größere Anerkennung fand als gleichzeitig im übrigen Europa,
erlitten die Verhältniſſe der Hanſe in England bis auf die Stetigk. der
Verhältniſſe
mit England.
Mitte des XIV. Jahrh. keine weſentliche Störung. Gering-
fügige Streitigkeiten über Beſchlagnahme von Schiffen in
Kriegen, freiwillige Steuern, Jurisdiktions-Überſchreitung
wurden immer bald beigelegt, und die Privilegien erneuert.
Solche Nachſicht von ſeiten eines erſtarkenden ſtaats-
wirtſchaftlichen Geiſtes iſt um ſo lobenswerter, als die
Hanſen zeitig das Gelüſte blicken ließen, ſich in die Herrſchaft
der Meere zu teilen, indem die Oſterlinge, die Bläminger
und Frieſen vom Befahren der Oſtſee nach Gotland, ſowie
die Gotländer von der Weſtſee ausſchließen wollten. Einige
nordholländiſche Städte i. J. 1286 ſprachen ſogar den Wunſch
aus, allen Engländern den Beſuch der baltiſchen Häfen zu
verbieten. Früher ſchon hatte hanſiſcher Neid die Engländer
in Bergen zu beſeitigen gewußt.

In Dänemark behaupteten ſich die günſtigſten Verhältniſſe Zu
Dänemark.
bis auf das jammervolle Ende Erich Glippings, welcher
ſeine mannigfachen Verpflichtungen an die Seeſtädte, beſonders
Greifswald und Stralſund, durch eine Fülle von Gnaden-

briefen zu lösen suchte. Sein Sohn Erich, genannt Menved,
welcher minderjährig i. J. 1286 den blutigen Thron bestieg,
dankte den Lübeckern für die Ausweisung der Mörder seines
Vaters, gönnte ihnen den Vollgenuß ihrer Freiheiten und
sorgte auch im fernsten Esthlande für die Sicherheit gestrandeter
Schiffe. Die Fehde mit Erich von Norwegen, welcher die
Mörder Erich Glipping's bei sich duldete, verwirrte dann
wieder die Zustände im Norden (1293). Zum Manne
herangewachsen unter bösen Zerwürfnissen mit dem hohen
Klerus, ließ darauf der Dänenkönig die Pläne der Waldemare
wieder blicken und umkleidete seine Krone mit äußerem
Glanze, ohne jedoch dauernde Triumphe über die freiheits-
mutigen Seestädte erringen zu können.

Zweites Kapitel.   ∷

Sinkendes Ansehen Wisbys. Russische Händel. Enger Bund der Seestädte.
Streit um den Oberhof zwischen Lübeck und Wisby. 1295. König Adolf von
Nassau. Frankreich. Anfänge der Zunfthändel. Verfassung Lübecks und der
Tochterstädte. Verhansung Braunschweigs. Ungleichheit des Prinzips. Magde-
burg. König Albrecht und Lübeck. Gunst der Verhältnisse. Erich Menved von
Dänemark, neuer König der Dänen und Wenden. Lübeck tagausschreibend.
Abtretung des Wendenlandes an Dänemark. 1304. Lübeck tritt unter Erichs Schutz.
(Vom J. 1291—1307.)

Die Gesell-
schaft aus
Gotland.
Der Verein der deutschen Kaufleute auf Gotland
versuchte noch immer den vergeblichen Kampf mit
seinen Verdrängern an der Trave und ging einem
dunkleren Lose entgegen. Noch i. J. 1280 in jenem Bunde
zum Schutz der Ostsee als mit Lübeck gleichstehend anerkannt
und Genossin des Sieges über den Normannen, sprach jene
ehrenreiche Gesellschaft auf einem Hansetage zu Wisby
(Juni 1287) „im Namen aller Kaufleute verschiedener Orte
und Städte, welche Gotland besuchen“ noch einmal allgemeine
Gültigkeit ihrer Beschlüsse besonders wegen Schiffbrüchiger
und geraubten Gutes an, verbot jeder Stadt Kauf und
Verkauf von Waren, welche solchem Unfalle entstammten,
gewährte im Gebieterton den Revalern noch eine kurze Frist,

dann aber fiel Schlag auf Schlag auf die hochverdiente Bildnerin der nordischen Handels- und Seefahrerwelt. König Magnus Laduläs von Schweden brach zuerst den politischen Mut der stolzen Kaufstadt. Als sie ohne seine Erlaubnis sich mit jenen Mauern und Türmen umgeben hatte, die merkwürdig noch in ihren Trümmern an Soests malerische Umfestigung und Münster erinnern, als sie ferner die stürmenden Landleute abgeschlagen hatte, mußten „Vögte, Räte, sowohl der Goten als der deutschen Gemeine" durch schwedische Waffen überwältigt eine Geldstrafe geloben und die demütigsten Bedingungen eingehen (August 1288). Ja, sie sollten Bürgschaftsbriefe von den wendischen Seestädten und von Riga beibringen, vermöge deren diese Schwestergemeinden sich anheischig machten, sich zur Vernichtung Wisbys mit dem Könige zu vereinigen, falls jenes sich unterfänge, einen andern Herrscher zu wählen. Politischen Gemeingeist konnten die „lübischen" Städte umsoweniger für die verbündete Ausländerin empfinden, als bereits im Werke war, der sinkenden Nebenbuhlerin einen Vorzug zu entreißen, welcher durch die Gewöhnung vieler Geschlechtsalter ein bundesmäßiger geworden war, das Zugrecht der Urteile von St. Petershof in Nowgorod nach der Inselstadt. — Zu dem nachdrücklich ausgesprochenen Verlangen der Töchter Lübecks, den Oberhof auch für Handelsstreitigkeiten, welche an der Wolchow entstanden wären, nach der Trave zu verlegen, mochten die häßlichen Störungen, Beraubungen kostbarer Frachten an Pelzwerk, Tuch, Silber und die Totschläge wesentlich beitragen, welche die deutschen Kaufleute seit 1288 auf dem Wege von Pleskow nach Nowgorod aller Gelöbnisse und allen „Kreuzkusses" der Fürsten und der Nowgoroder ungeachtet erfahren hatten. Auf den Bruch der jüngsten Verträge waren jedoch auch wohl die Fehden nicht ohne Einfluß, welche der deutsche Orden nach Ausrottung der Preußen gegen die Litauer und Russen von Livland aus begann. Schon im Februar 1278 hatten der „Erzbischof von Riga, der Meister von Livland und der dänische Hauptmann von Reval" Ursache, der Stadt Lübeck und „allen Kaufleuten, welche das östliche Meer befahren",

Demütigung Wisbys durch K. Magnus.

Störungen des Verkehrs mit Nowgorod.

Störung des Verkehrs mit Rußland.

zu danken, daß auf ihr Gesuch einmütig aller Verkehr mit
Rußland sowohl zu Lande als zu Wasser gesperrt worden
war. Sie baten damals, mit den Bischöfen von Dorpat
und Oesel sowie der Stadt Riga einverstanden, um Er-
streckung dieser Maßregel über Ostern hinaus, indem sie
jedoch inständigst zum Besuch ihrer Häfen einluden. Auch
die Fortschritte der schwedischen Macht von Finnland und
Karelien aus (1295), Wiborgs Erbauung und das Angebot
der Könige Dänemarks und Schwedens an die Seestädte,
mit Umgehung der Straße des älteren Warenzugs durch
ihr esthländisches und karelisches Gebiet über Narva und
die Newa nach dem Innern Rußlands zu handeln, verwickelten die vertragsmäßigen Verhältnisse mit dem sinkenden
Freistaate an der Wolchow und erzeugten eine Reihe von
Händeln, Unregelmäßigkeiten und Gewalttaten, welche auf
der entlegenen Insel nicht geschlichtet werden konnten. Wie
überlegen der deutsche Gewerbefleiß die wieder in Barbarei
versumpften Russen ausbeutete, erfahren wir aus der Tatsache,
daß die Nowgorodfahrer die roh ausgeführten Pelzereien
verarbeitet unter dem Namen „Bremer Werk", Buntwerk,
wieder nach Rußland einführten.

　　In jenen häßlichen Dingen hatten schon mancherlei
Tagfahrten stattgefunden, aber selbst eine feierliche Gesandt-
schaft der deutschen Städte an den Großfürsten (Dimitri
Alexandrowitsch bis 1294?) war unverrichteter Sache nach
Dorpat zurückgekehrt, weil der hochmütige Vorfahr der
Zaren sie nicht persönlich anhören wollte, und weil die
Fürsten die Schuld des Raubes auf die Bürger von
Nowgorod, „auf das Gesindel," schoben, diese aber leugneten,
obgleich i. J. 1291 bei einem mörderischen Aufstande Brand
und Raub die Gassen ihrer Stadt erfüllt hatten.

Enger Bund der wendischen Seestädte.　　Unter solchen Umständen und drohender Feindseligkeit
zwischen den Seestädten, — bei denen Kampen und Staveren
mutig ausharrten — und dem Norweger, unter trugvollen
Tagfahrten und Waffenstillständen, hatten Lübeck, Rostock,
Wismar, Stralsund und Greifswald im Herbste d. J. 1293,
„des Friedens und Nutzens gemeiner Kaufleute halben" den
ersten engeren Bund unter sich geschlossen, welcher das

Gepräge eines allgemeinen Schutz- und Trutzbündnisses un-
verkennbarer an sich trägt, und wenn auch uur auf die
Dauer von drei Jahren, doch die Grundlage der staatlichen Einheit der wendischen Seestädte geblieben ist. Die
Teilnehmer verpflichteten sich, einander in der Verfolgung
ihres Rechts zu Wasser und zu Lande nach dem Maße
ihrer Mittel treu beizustehen, doch ohne gemeinsame Be-
ratung keinen Krieg anzufangen. Im Falle von Selbsthilfe sollte Lübeck als die mächtigste Stadt hundert Schwergewappnete, Rostock siebzig, Stralsund fünfzig und Greifswald wie Wismar achtunddreißig stellen und nach Umständen die Zahl erhöhen. Eine schwere Geldstrafe fiel auf
ein säumiges Bundesmitglied zur Schadloshaltung für die
hilfsbereiteren. Als nächste Folge der kräftigen Einmütigkeit
erwies sich, daß König Erich im Juni 1294 im Einklang
mit seinem Bruder, Herzog Haakon, den Städten Lübeck,
Riga, den Deutschen auf Wisby, den Wismarern, Rostockern,
Greifswaldern, Stralsundern, den Bürgern von Anklam,
Kampen, Stettin und Staveren ausgedehnte Freiheiten erteilte, sie aber gleich darauf im gesteigerten Maße auch auf
die Bremer übertrug, welche nicht feindlich gegen ihn verfuhren, dafür aber von den Osterlingen übel angesehen
wurden.

Unter so entschlossener Haltung der eigentlichen Bundes- *Der Oberhof von Lübeck.*
städte den Kaufmannsgesellschaften gegenüber, die wie die
gotländische als Ganzes noch immer eine gewisse Selbständigkeit offenbarten, mußte auch die Verabredung getroffen
sein, den Oberhof über die Streitigkeiten am Kontor zu
Nowgorod, welcher seit undenklichen Zeiten in Wisby
gewesen war, nach Lübeck zu verlegen, wohin ja schon immer
die Töchter des lübischen Rechts in bürgerlichen Händeln
sich berufen hatten. Besonders griff Rostock als die älteste
Pflanzung des lübischen Rechts diesen Plan mit Eifer auf.
Rat und Gemeinde schrieben um diese Zeit an Köln, daß
die „Kaufleute der Städte Sachsens und Slaviens einmütig
beschlossen hätten, beim Kaufhofe zu Nowgorod ihr altes
Herkommen zu bewahren", und verlangten zunächst die schriftliche Erklärung der geehrten rheinischen Vorderstadt, daß die

Beschwerden aller in Rußland verkehrenden Kaufleute ihre
endgültige Erledigung nirgend anderswo als zu Lübeck finden
sollten. Ein gleich formuliertes Ansinnen erging von Rostock
an Rat und Schöffen von Dortmund, Osnabrück, Soest,
Hamburg, Münster und wohl auch an andere mit dem
russischen Handel beteiligte Gemeinden, so wie Wismar in
demselben Sinne an Hamburg und die genannten Städte
schrieb. Andere Binnenstädte wie Magdeburg hatten schon
ihre einstimmende Erklärung abgegeben, sodaß Lübecks Domkapitel mit den Predigermönchen und Minoriten die dahin
lautenden Patente der Städte „Sachsens, Wendenlands,
Westfalens und Preußens vidimiert von öffentlichen Beamten, und gleichzeitig auch die Briefe der Kölner und
Dortmunder vom Februar 1294 bekanntgaben, kraft welcher
sie dem Rate und den Bürgern Lübecks bezeugten, daß sie
dankbar in die Verlegung des Oberhofs einwilligten". Da
inzwischen auch Stade, Halle, Goslar, Braunschweig, Elbing
sich beifällig ausgesprochen hatten, und von den wendischen
Städten nur Stralsund sein Stadtrecht vorbehalten hatte,
welches die erste Instanz an die heimische Behörde, die
zweite nach Rostock, die letzte nach Lübeck wies (1295), so
rechnete der Vorort an der Trave alsbald auf 24 Städte,
welche sich diese Steigerung seines Ansehens gefallen ließen.

Städte für Lübeck gegen Wisby. Diese waren Köln, Dortmund, Paderborn, Minden, Lemgo,
Lippstadt, Herford, Höxter, Magdeburg, Halle, Braun-
schweig, Goslar, Hildesheim, Hannover, Lüneburg, Rostock,
Stralsund, Wismar, Greifswald, Kiel, Stade, Riga, Elbing
und Danzig, welch letzteres, obschon längst eine deutsche
Gemeinde, doch jetzt erst nach dem Aussterben der Herzöge
von Pommerellen (1295) als bestrittenes Erbe der Piasten,
der Herzöge von Pommern, der Markgrafen und der Fürsten
von Rügen in der Reihe der hansisch verwandten deutschen
Städte auftritt.

Aber der Sieg Lübecks über eine althergebrachte Rechts-
gewohnheit war nicht ganz entschieden, sein Triumph über
Wisbys Klagen. die verdrängte Nebenbuhlerin nicht ganz gerechtfertigt. Vogt
und Rat der Deutschen zu Wisby hatten von der nicht
löblichen diplomatischen Tätigkeit der Lübecker und ihrer

Freunde zeitige Nachricht und bemühten sich, der lübischen Anmaßung entgegenzuarbeiten. Wir besitzen ein danksagendes Umlaufschreiben der bedrohten Gotländer an Osnabrück, die sicher auch an andere Städte ergangen sind und ihre Wirkung nicht verfehlten. Unter warmer Dankverpflichtung an jene damals hervorragende westfälische Stadt, Lübecks Forderung abgelehnt zu haben, heißt es in jenem Briefe: „Eure Weisheit geruhe, sich zu erinnern, daß Eure Vorfahren als wahrhafte Gründer solche Freiheiten aus uralter Zeit dem Hofe zu Nowgorod übertragen haben, welche Freiheiten dort sowohl als in England von allen Kaufleuten von altersher bis auf den heutigen Tag geübt wurden, weshalb es als Rechtsverhinderung erscheine, wenn die Kaufleute in Nowgorod oder Esthland mit Hinterlassung ihres Gutes zur Schlichtung ihres Streites nach Lübeck wandern sollen." Sie, die Gotländer, bäten daher inständigst in der hochwichtigen Sache ohne die Bei= stimmung der „östlichen Städte" (d. h. der livländischen und näher an Wisby belegenen) jener Neuerung nicht bei= zupflichten. Da nun selbst Riga, den Lübeckern seit seinem Ursprunge sonst so anhänglich, gezögert und sogar zugegeben hatte, daß in der Hitze des Streits Lübecks Name in der **Geteilter** Skra von Nowgorod ausgelöscht wurde, trat eine Spaltung **Oberhof.** ein, indem Hamburg, Bremen, Münster, Soest, also die angesehensten Gründer des Hofes zu Nowgorod und frühesten Besucher Gotlands beim Herkommen beharrten. Die Berufung von den Sprüchen des Hofs zu Nowgorod blieb noch zwischen Lübeck und Wisby geteilt.

Aber gegen andere Verluste war diese Genugtuung des achtungswerten Stolzes Wisbys gering. Alle Privat= gesellschaften und Sonderhansen mußten ins Dunkle weichen gegen die Einheit des Städtebundes, den Lübeck mit den Töchtern seines Rechts ins Leben gerufen hatte. Derselbe gewann i. J. 1296 neue Kräftigung, da gleichzeitig die bürgerlichen Prinzipien der lübischen Kaufherren eine folgen= reiche, gebieterische Ausdehnung erlangten.

Wir sind der Geschichte der Reichsverhältnisse um **König Adolf** einige Jahre vorausgeeilt, haben aber nur zu erwähnen, daß, **von Nassau.** als Rudolf die Augen zutat, „der Landfrieden durch ganz

Deutschland gebrochen und aufgelöst war, als wenn niemals
ein Frieden in diesen Landen gewesen wäre", daß Adolf von
Nassau, ein armer, aber tapferer Soldritter, den Königsstuhl
bestieg (5. Mai 1292), und denselben alsbald durch unwürdige
Taten schändete. Versprach gleichwohl auch das rheinische
Gräflein für die Erhaltung der Rechte des Ritterstaats an
der Weichsel, am Niemen und an der Düna zu sorgen, so
erwirkte es sich doch alsbald die Willebriefe der Fürsten,
Lübeck oder Goslar als Unterpfand für die Mitgift seiner
Tochter an den Herzog Otto von Braunschweig auszusetzen,
in welcher bösen Gewärtigung sich die Reichsstadt an der
Trave beeilte, die Schutzvogtei, „wie sie einst Heinrich der
Löwe, dann die Braunschweiger und andere Fürsten besessen",
für jährlich 600 Pfund Heller an Heinrich II., Herrn zu
Mecklenburg, zu übertragen. Als König Adolf im Herbste
1294 sein Raubgesindel nach Thüringen geführt hatte, um
Meißen als erledigtes Lehen jenen entarteten Wettinern zu
entreißen, blickte er mit herrischem Auge auf Lübeck, drohte
den Ungehorsamen mit seiner Ungnade und bestellte den
Markgrafen Otto als Reichsvogt, wohl besonders auch
darüber ungebärdig, daß die Seestadt eben mit König
Philipp IV., gegen welchen das Oberhaupt der deutschen
Welt sein Schwert vermietet hatte, über günstige Handelsverbindungen nach dem Innern Frankreichs übereingekommen
sei (1293). Denn infolge der streitigen Oberlehnsherrlichkeit
der französischen Krone über Flandern war die Fehde mit
England dem Ausbruche nahe. Philipp warb, einem Seekriege nicht gewachsen, Freunde an der fernen baltischen Küste
und verlieh den Bürgern von Lübeck, Gotland, Riga, Kampen,
Hamburg, Wismar, Rostock, Stralsund und Elbing, wie
„allen Befahrern des deutschen Meeres" die Verkehrsfreiheit in
seinem Reiche unter der Bedingung, daß sie nicht Wolle, Leder
und andere Waren, welche aus England, Schottland und Irland
stammten, einführten. Auch mußten sich die Gäste verpflichten,
nach einer Abschätzung von vier Biedermännern, zwei Franzosen
und zwei Deutschen dem König zu seinem Kriege gegen England
ihre Koggen und sonstigen Schiffe zu vermieten oder zu verkaufen, und sich alles Verkehrs mit England zu enthalten (1294).

*Neuer Schutz-
vogt Lübecks.*

*Hansische
Verbindung
mit
Frankreich.*

So mutige, kluge Naturen wie unsere Osterlinge, die gleichzeitig mit den Normannen in bösem Hader lebten und mit dem Gewebe ihrer Interessen bereits Europas größere Hälfte überspannt hatten, empfanden denn wohl wenig Unruhe über den Zorn des Grafen von Nassau, der als Söldling Edwards I. im Herbst 1297 seinen schmählichen Zug nach Frankreich antrat und dann im Schlachtturnier bei Göllheim Krone und Leben gegen Albrecht von Oesterreich verlor (2. Juli 1298).

Inzwischen aber kündete sich auch dem norddeutschen Bürgertum eine Bewegung an, welche schon längst die Gemüter der Altbürger und Geschlechter des Oberlandes geängstigt hatte, bald aber an dem zähen und unerschütterlichen Widerstande der Kaufherren von Lübeck und ihrer Rechtsverwandten einen nur zeitweise zu überwältigenden Damm fand. Wir meinen die stürmischen Versuche der Handwerkszünfte, Anteil am städtischen Regimente zu gewinnen, den Kampf der niedern Gemeinde gegen die abgeschlossene Ratsgemeinde, gegen die Geschlechter, die besonders in ober- und westdeutschen Städten, bald rittermäßigen Ursprungs, bald Münzerhausgenossen und reiche Kaufleute, sich aller wichtigen Ämter und Würden bemächtigt und den fleißigen Gewerbestand in dieselbe Abhängigkeit herabgedrückt hatten, aus welcher sie selbst sich erst seit einigen Menschenaltern zur freien Gemeindeverfassung emporgeschwungen hatten. Solchen Zustand wollten aber die niederen Zünfte im Gefühl ihrer Unentbehrlichkeit für den Staat und im Bewußtsein, daß ihre Fäuste, ihr Blut überwiegend die politische Selbständigkeit des Ganzen errungen hatten, nicht länger dulden. So begannen denn, nicht ohne Hinblick auf die Vorgänge in italienischen, namentlich toskanischen Städten (unter denen Florenz zuerst i. J. 1282 die Vorsteher der Zünfte an die Spitze der Republik erhoben hatte), jene anziehenden aus den innersten Elementen des Volksbewußtseins genährten Kämpfe, welche länger als ein Jahrhundert den Schoß unserer Städte erschütterten, und bald durch die Siege der vlämischen Handwerksgenossen, bald durch die Taten der freien Bauern-

[Marginalie:] Anfang der Zunfthändel.

gemeinden im hohen Alemannien heftiger angeregt, besonders
unter dem Einflusse des Streits Ludwigs des Bayern mit
dem Stuhle zu Avignon, die Verfassung fast aller ober-
und mitteldeutschen Städte umwandelten, und am Schlusse
des XIV. Jahrhunderts auch im altersstarren Köln den
Umschwung vollendeten. Dann fachte nach blutiger Rache
der hussitische Sturm des XIV. Jahrhunderts das Feuer
wiederum an. Es durchwühlte vermöge der erstarkten landesherrlichen Gewalt gedämpft, während der Reformationszeit
in der Gestalt der Bauernkriege und unter dem Banner
evangelischer Freiheit die Tiefen des deutschen Gesellschaftszustandes und erlosch erst mit dem Falle der städtischen
Selbständigkeit unter dem Nationalhammer des dreißig-
jährigen Krieges.

Verfassung
der Städte
lübischen
Rechts. Die Städte des lübischen Rechts, also die kräftigsten
Bestandteile des Hansebundes, unterscheiden sich dadurch
merkwürdig von allen deutschen Schwestern, daß sie einerseits
grundsätzlich den Zumutungen der niedern Zünfte die ent-
schlossenste Gewalt entgegenstellten, andererseits dagegen nie
eine entschiedene Ratsaristokratie, ein Patriziat aufkommen ließen. Ihr eigentlichstes Wesen war auf das
Statut Heinrichs des Löwen gegründet, welches den jährlichen
Wechsel der Ratsglieder aus der Mitte derselben vorschrieb,
und die Handwerker von demselben ausschloß. So folgerechten
Staatsmaximen lag die Sorge für das materielle Interesse
des Kaufmannsstandes zugrunde, welcher die politischen
Schritte des Gemeinwesens nicht von der Leidenschaftlichkeit
eines großen armen Haufens abhängig machen durfte, der
wenig oder nichts verlieren zu können schien. Dennoch
hatten Rechtsgefühl und besonnene Rücksicht überall in
lübischen Städten den Einfluß der Vorsteher der vornehmeren
Gilden zur Geltung kommen lassen, und war als allgemeines
Prinzip im stillen Einverständnis anerkannt, daß, so wie
die Bürgermeister in wichtigen Fragen nichts ohne die
Billigung der Glieder des neuen und alten sitzenden Rats
beschließen durften, so auch bei höheren und den höchsten
Angelegenheiten, betreffs der Steuern, des Wechsels der
Herrschaft die Beistimmung der ganzen Gemeinde

unerläßlich sei. War darum die Verfassung dieser Städte in ihrem innersten Zusammenhalte eine Volksherrschaft, so blieb die äußere Form derselben eine aristokratische. Mit zähester Kraft widerstrebten die regierenden Kaufherren aller Einmischung der Zünfte in die eigentliche Verwaltung, so unentbehrlich dem Handelsstaate die willigen und freudigen Leistungen und die Zufriedenheit gewisser Gewerbszünfte erscheinen mußten, deren Wohlstand mit dem ihrigen Hand in Hand ging. Der niederen Bevölkerung konnte jedoch ein ausschließliches Ratsregiment um so leidlicher dünken, als kaufmännischer Reichtum sich nach der Unbeständigkeit menschlicher Dinge nicht vererbte. Einst hervorragende Familien machten in Armut versunken Emporkömmlingen und klugen Abteurern Platz, und der jährliche Wechsel der Ämter ließ einer großen Zahl strebsamer Männer den Zutritt offen. Nie hat sich deshalb in den lübischen Gemeinwesen ein gehässiges, erbliches Patriziat ausbilden können, so herrisch und rittermäßig als heerführende Bürgermeister, als Admirale hansischer Orlogsflotten, als an Fürsten-Höfen hochgeehrte Diplomaten, als Grundbesitzer im städtischen Weichbilde, sich manche Geschlechter vom Großvater bis auf den Enkel behaupteten. Selbst die späteren Junker der „Zirkelgesellschaft" zu Lübeck trugen nur ein geziertes geselliges Gepräge an sich, ohne gesetzmäßigen, wenn auch nicht ganz zu leugnenden Einfluß auf das Staatsleben. Ähnlich verhielt es sich mit den sogenannten Patriziern auch in andern sächsischen Städten. Ihr Ursprung, wie zu Braunschweig, Magdeburg, Soest, vielleicht selbst zu Köln, schrieb sich nicht auf eine anfängliche, wehrständische Genossenschaft, etwa auf eingebürgerten Landadel oder auf ansässige Burgmänner zurück, sie waren aus der unbemerkteren Menge infolge gewerblicher oder kaufmännischer Tätigkeit nur persönlich herausgetreten und verschwanden beim Verluste äußerer Glücksgüter auch wieder in Dunkelheit.

Die Scheidewand in bezug auf Ratsfähigkeit stand in Städten lübischen und verwandten Rechts gegen das Ende des XIII. Jahrhunderts noch unerschüttert, während Magdeburgs Verfassung, zumal das starre Erbschöffenregiment, so-

Kein Patriziertum.

Rats-
verfassung
zu Lübeck.

wie Bremens Altbürgergemeinde bereits dem Anstürmen
der mittleren, wohlhabenden Gilden gewichen waren, in
Soest und seinen Töchterstädten dagegen wie in Westfalen
mit Ausnahme Dortmunds sich überhaupt ein mehr oder
minder demokratisches Regiment schon im Zwischenreiche
befestigt hatte.   Maßgebend zur Kenntnis aller Gemeinwesen
lübischen Rechts von Niedersachsen bis nach Esthland hinauf
ist eine Aufzeichnung Albrechts von Bardewiek, des verdienten Ratskanzlers zu Lübeck aus d. J. 1298.   Die Zahl
der Ratsleute schwankte zwischen 10 bis 36, den alten Rat
mit eingeschlossen.   Gewöhnlich waren es 24, in Stralsund
35, von denen im zweiten Jahre eine verhältnismäßige
Zahl ausschied, dann nur an wichtigen Geschäften teilnahm
und vor Ablauf einer gewissen Frist nicht wieder gewählt
werden durfte.   Das „Umsetzen" des neuen Rats fand
an bestimmten Heiligentagen in einer offenen Halle, der
„Laube" oder im Rathause statt, immer in der Nähe der
Hauptpfarrkirche, bei welcher Gelegenheit auch die „Willküren", die Statutargesetze, als bindende Beschlüsse der
Gesamtgemeinde, in der Bur-(Bürger-)Sprache verlesen wurden.   Bereits forderten die mannigfachen Geschäfte
reicher, mächtiger Städte eine geordnete Verteilung der Rats-
ämter.   Ein des Lateins kundiger Ratsschreiber, ein Notarius
war nötig, da noch alle Protokolle, alle Briefe uud Satzungen
des kaufmännischen Lebens lateinisch verfaßt wurden.   In
Lübeck gab es um 1298 zwei Bürgermeister, zwei Kämmerer,
zwei Weinmeister, zwei Stadtvögte, diese jedoch nur dem
Namen nach die Träger einer landesfürstlichen, kaiserlichen
Gewalt.   Zwei Marktmeister, zwei Wettemeister, welche den
„Wettestab" führten, d. h. für polizeiliche und geringere
Vergehungen die „Wette", Geldbuße erkannten.   Der
„Kanzler", Vorsteher der Ratsschreiberei und auch wohl
Syndikus, war eine hochbetraute Person.   Ein Ratsmann
bewahrte die Tresekammer, „worin der Stadt Handvesten
liegen" (das Archiv, später bei St. Marien).   Ein anderer
bewahrte die Bücher, „worin der Stadt Rechte geschrieben
stehen".   Ein viel erwähnter Bläming, Johann v. Douai,
und ein Eingeborener, „der Stadt Armbrüste und Geschütze",

sowie den Marstall, welcher aus mehr als 30 Hengsten
„ohne die anderen Pferde" bestand. Schon war auch zu
den täglichen kleinen Fehden ein Söldnerhauptmann, gewöhnlich ein „frommer" (tapferer) Ritter der Umgebung,
unentbehrlich. Zusammen saßen im Rate siebzehn Männer.
Schon längst galt aber die Ratsmannschaft nicht als ein
unbesoldetes Ehrenamt, das in der ältesten Zeit einer
unwillkommenen Pflicht fast einem Zwange gleichkam. Mit
den einzelnen Ämtern verknüpften sich bei wachsendem
Reichtume des Gemeinwesens und vergrößertem Weichbilde
sehr erkleckliche Nießbräuche. Bunte Marder- und Fuchs-
schauben, goldene Kleinodien unterschieden den „Herrn" von
der bescheidenen Menge, welche nicht ohne Neid auf die
Stadtgebieter blickte und unvermeidliche Mängel im Stadt-
haushalte, Geldklemmen gern der Unwirtlichkeit und Genußsucht derselben zuschrieb.

Zwar identifizierten sich jene gewählten Körper-
schaften nicht mit dem Staate, wie es herkömmlich in älteren
Reichsstädten geschah. Sie stellten nicht die Herrschaft,
die Gemeine nicht die Beherrschten, die Untertanen dar.
Die Bürger waren noch nicht „ihre" Bürger, gleichwohl
aber galten sie als Regenten, unterlagen keiner ängstlichen
Rechenschaftspflicht, gebärdeten sich einzeln oft junkerhaft
und hielten ihre Zünfte, so wohlhabend und waffengeübt
dieselben waren, unter strenger Aufsicht, verliehen ihnen ihre
Rollen und bestätigten deren innere Verfassung.

Hat sich nun diese lübische Ratsaristokratie aus den
blutigsten Kämpfen immer wieder aufgeschwungen, so ist
doch infolge der starren Behauptung solcher Vorrechte mehr
als einmal die Kraft der einzelnen Städte, ja der gesamten
Hanse gelähmt worden. Außerdem müssen wir bekennen,
daß die Impulse zu den staunenswertesten Unternehmungen,
zu den kühnsten Taten, ja das hohe Werk der Kirchenver-
besserung nur aus der niederen Gemeinde hervorgegangen
sind, die hinterdrein wieder zurückgedrängt und oft mißhandelt, von der übermütigen und doch so verzagten Partei
der Vornehmen mit dem geläufigen Schmähworte „Herr
Omnes", als der Bezeichnung des Verächtlichen, Geistes-

Folgen der Aristokratie.

blöden, kindischen, „Dummkühnen", verhöhnt zu werden pflegte.

Anfänge der
Zunfthändel.　Im südlichen Deutschland hatte das Ringen der Zünfte nach politischer Geltung bereits im Zwischenreiche begonnen und erstarkte unter Rudolf, ungeachtet des Strebens weltlicher und geistlicher Fürsten in Schwaben, am Oberrhein, wie in Ulm, Eßlingen, Basel, selbst in Frankfurt, da am Ende selbst der Habsburger, so starr sein Geschlecht den Ausdruck des adeligen Vorurteils, den Nutzen der Zunftverfassung für seine Stellung begriffen hatte. Aus dem Süden und Westen, aus Westfalen, wo das freie Bauernbewußtsein ungeschwächt in der Bürgergemeinde erwacht war, gelangte die Bewegung mit mörderischem Ungestüm zuerst nach dem betriebsamen Erfurt, wo die Abkömmlinge kriegerischer Burgmannen aus der Zeit der Ludolfinger es freilich arg genug trieben. Dennoch hatte Rudolf, als Richter persönlich einschreitend, i. J. 1289 durch den Henker den Aufstand unterdrückt, der aber gleichwohl drei Jahre darauf zur Ocker und Mittelelbe übersprang.

Unruhen in
Braunschweig.　Braunschweig, damals noch in seine fünf Weichbilder verschiedenen Ursprungs getrennt, stand unter einem selbständig erwachsenen Stadtrechte. Aber im Gefühl ihrer Mündigkeit, im Genuß merklichen Wohlstandes als Frucht des Land- und Seeverkehrs und eines fast florentinischen Gewerbefleißes, trug die niedere Gemeinde ungern die Herrschaft dünkelhafter Ratsgeschlechter, die mit ihr auf gleichem Boden erwachsen waren. Als nun Herzog Wilhelm von Braunschweig, einer der teilenden Söhne Albrechts, im Jahre 1292 unbeerbt gestorben war, eignete sein Bruder, Heinrich der Wunderliche von Grubenhagen, sich den Nachlaß allein an und benutzte in Braunschweig die Spannung der Gildenvorsteher mit den Ratsmännern, welche für das Recht Albrechts des Fetten von Göttingen sprachen, seinen Eigenwillen zu behaupten. Durch ihn ermuntert schufen die Zünfte einen neuen Rat aus zwölf Männern, ihren Meistern, machten den Lauenturm zum Gemeindehause, huldigten dem Wunderlichen, jedem den Tod drohend, der sich ihnen widersetze. Die verdrängten „Herren" wandten sich aber nicht allein

MAGDEBVRGVM „ fure

Magdeburg, nach einem Kupferstich von M. Merian.

Magdeburg, die Hauptstadt der preußischen Provinz Sachsen, heute eine der wichtigsten Handelsstädte Norddeutschlands und für Zucker der Hauptsitz des ganzen Deutschen Reiches, sowie Festung ersten Ranges, mit 214447 Einwohnern (1895), liegt größtenteils am linken Ufer der hier in drei Arme geteilten, mehrfach überbrückten Elbe, in der außerordentlich fruchtbaren Börde. Die eigentliche Stadt umgeben vier Vorstädte: Buckau und Sudenburg (südlich), Neustadt (nördlich) und Friedrichstadt (östlich). Während der innere Festungswall seiner fortifikatorischen Bestimmung entkleidet wurde, umgeben die Stadt umfangreiche Festungswerke, zu welchen die Zitadelle und im weiten Umkreis um die Stadt 13 Forts gehören. Magdeburg erhielt schon im Jahre 803 von Karl dem Großen Stapelgerechtigkeit. Am 30. Mai 1611 wurde es durch Tilly erstürmt und durch das von den Bürgern selbst angelegte Feuer fast ganz vernichtet. Am 11. November 1806 erfolgte die schmachvolle Uebergabe der Festung durch den Kommandanten von Kleist mit 23800 Mann Besatzung an die Franzosen unter Ney. Von 1807—13 gehörte die Stadt zum Königreich Westfalen. Der 1208—1363 erbaute Dom (1) ist einBauwerk gotischen Stils, aber noch angefüllt von romanischen Bildungen und birgt zahlreiche Reliquien.

an den Miterben in Göttingen um Herstellung der Ruhe,
sondern nach stillgetroffener Übereinkunft für solche Fälle
auch an die Versammlung der Seestädte und deren Haupt.
Lübecks Rat, seinen politischen Einfluß auch auf die Land-
stätte zu mehren bemüht, säumte nicht, auf der Tagefahrt
zu Johannis 1293, welche von den Seestädten jetzt schon
am häufigsten in ihrer Stadt gehalten wurde, mit Hamburg
und Lüneburg einen energischen Beschluß gegen die Frevler
in Braunschweig durchzusetzen, zumal da Herzog Albrecht
auch bei ihnen Hilfe gesucht hatte. Unter Lübecks Siegel
— denn ein gemeinschaftliches der Hanse oder der
Seestädte hat es nie gegeben — meldeten die Ratsmänner
„aller gemeinen Seestädte, welche jetzt in Lübeck tagfahrteten",
den Hildesheimern und auch wohl andern nicht vertretenen
Binnenstädten, „sie hätten einmütig beschlossen, daß kein
Kaufmann ihres Rechts in Flandern, Holland, Brabant
herbergen und verweilen dürfe, wo irgend ein Braunschweiger
herberge, sondern daß er sich gänzlich von diesen trenne.
An keinem Orte, in keiner Stadt, wo irgend ein Braunschweiger sich aufhielte, sogar einen Monat nach dessen Entfernung, dürfe Tuch geschnitten oder gekauft werden, bis die
frechen Übeltäter sich der Buße bequemten. In solchem
Sinne hätten die Sendboten Briefe auch an den Grafen
von Flandern, an die drei Städte Gent, Ypern und Brügge,
an den dortigen gemeinen Kaufmann ihres Rechts und an
alle Städte, die in ihrem Verbündnis sich befänden, ausgefertigt." — Dieses früheste Beispiel nachdrücklichster
Verhansung schüchterte denn die kecken Zünftler an der
Ocker so mächtig ein, daß Herzog Albrecht sich mit seinem
Gefolge in die Stadt schleichen, die Tore besetzen, die auf
dem Lauenturm versammelten Zwölfer überraschen und als
Meuterer und Mörder hart beschuldigen durfte. Nur einer
war klug genug, unter geschicktem Vorwande den Kopf aus
der Schlinge zu ziehen, er rettete sich nebst 40 angesehenen
Gildegenossen ins Freie. Die übrigen wurden nach zehn-
wöchentlicher Haft durch das peinliche Gericht zum Galgen
verurteilt, und der Spruch unnachsichtig auch an „Barthold
dem stolzen Kürschner", vollstreckt, die Ausgewichenen

Braun-
schweigs
Verhansung.

dagegen für ewig geächtet (Michaelis 1294). In seinen Stuhl wieder eingesetzt, opferte der alte Rat im Feierzuge dem h. Blasius reiche Gaben, worauf Albrecht die Huldigung empfing, und Rat und Gemeinde am 10. Dez. 1294 in die Hanse wieder aufgenommen wurden. — Aber böses Gift vererbte sich in die Gemüter der Unterdrückten, und gewährt der Geschichte der Welfenstadt einen hochtragischen Reiz bis ins XVII. Jahrhundert.

So furchtbar machte sich das lübische Ratsprinzip in einer Binnenstadt geltend, und wenn auch erst 125 Jahre später (1418) unter noch drangvolleren Verhältnissen als hansische Satzung ausgesprochen wurde: „der Bund straft mit unausbleiblicher Verhansung den Versuch, in verwandten Städten die ordentliche Obrigkeit um- zustoßen, gewaltsam die Verfassung zu ändern", hat die tatsächliche Durchführung dieses konservativen Grund- satzes doch einerseits der Hanse eine neue Richtung gegeben, andererseits des Vororts Ansehen in fremden bürgerlichen Händeln merklich gesteigert. Dunkle Andeutungen aus den wendischen Seestädten, die neuen Blätter des Buchs der „Geächteten", deuten auf ähnliche Versuche unzufriedener Parteien in Stralsund und Greifswald hin. Am folgereichsten schüttelten bald zu Rostock die Zünfte an ihren Ketten, doch Lübeck selbst hatte erst gegen das Ende des XIV. Jahr- hunderts eine Empörung zu bekämpfen.

Zunftunruhen in Magdeburg. Unbegreiflich nachsichtig und den Umständen sich fügend oder bedacht, das Schreckmittel der Verhansung nicht durch fruchtlose Anwendung abzunutzen, verhielt sich der erweiterte Bund der Seestädte gegen Magdeburg, die erzbischöfliche Hanseschwester, Bremens sturmvoller Ereignisse gar nicht zu gedenken. Dort wurden zu derselben Zeit auf Betreiben der Gewandschneider-, Kürschner- und Kramer-Innungsmeister alle Personen, welche zum Erzbischofe irgend ein Dienst- verhältnis hätten, vom Rate ausgeschlossen, den Schöffen der Besuch des Rathauses verboten, ihnen selbst das Stadt- erbebuch genommen. So männlich die Träger der alten Gewalt sich sträubten, mußten sie sich fügen, wie denn jene „Tribunen" auch durchsetzten, daß Herzog Albrecht II. von

Sachsen dem Burggrafenamte, ein anderer Landherr dem Schultheißenamte entsagte (1294), und daß der Erzbischof sich verpflichten mußte, jenes selbst zu verwalten, dieses einem Bürger aufzutragen. Zunftmeister, wie damals ein Kürschner, Schultheiß geworden, suchten dann die stolze Schöffengewalt auf peinliche Fälle zu beschränken, endlich des Rats ganz zu verweisen, der seit 1281 aus zwei Bürgermeistern, zehn Ratsmännern und fünf Zunftmeistern bestand. Ungehindert durch Lübeck, doch nicht ohne grauenvolle Taten, wie denn i. J. 1301 die zehn Zunftmeister, bezichtigt, nach sieben unruhvollen Jahren das Regiment an sich reißen zu wollen, auf Urteil des Rats und des Erzbischofs lebendig verbrannt wurden, — ging die demokratische Entwicklung zu ihrer Spitze hinauf.

Unter dem neuen Könige Albrecht von Österreich konnte es nicht ruhiger in deutschen Landen werden, da ja der Habsburger den Frieden am schmählichsten gebrochen hatte. Albrecht war es zwar, der mit Hilfe der oberdeutschen Bürger die rheinischen Kurfürsten, welche frech sein Amt verhöhnt hatten, zu Paaren trieb (1301—1302), und „den vom Geiz Verblendeten" alle ungerechten Zölle am Rheinstrom abnahm. Aber bald trat die häßlichste habsburgische Hauspolitik und die hinterlistige Absicht auf freie Städte hervor, und entkleideten ihn des Ruhms wegen jener Wohltat. Am verhängnisvollsten für den Norden aber war, daß Albrecht den gierigen Blick auf Böhmen und den deutschen Süden richtete und nach launenhafter Anordnung von Reichsvikarien für Sachsen und prunkender Schutzzusicherung an den Ordensstaat gleich jenem welschen Friedrich zu Anfang des XIII. Jahrhunderts Deutsch-Wendenland unter die Fremden stieß.

Lübeck hatte, wie wir wissen, der Zumutung König Adolfs entgegen die Gunst naher Landesherren gesucht, jährliche Schutzgelder gezahlt, dabei aber sich doch nur auf eigene Faust Ruhe vor Wegelagerern und in Verbindung mit den wendischen Schwestern Sicherheit der See durch jährliche Aussendung von Friedenskoggen verschaffen können. Günstiger kündete sich die Zeit Albrechts an. Er bestätigte

die Privilegien der Reichsstadt und erbot sich sogar als
Vermittler des Streits Lübecks mit dem Bischofe Burchard
beim römischen Stuhle, welcher i. J. 1298 das Interdikt
auf die ungeschreckten Bürger geschleudert hatte. Aber dann
begann ein launenhafter Wechsel mit den Reichsvögten, und
er tat einen hassenswerten Schritt, welcher nicht allein die
Hanse in der gedeihlichsten Entwicklung stille stehen
hieß, sondern auch den ganzen, mit so unsäglichem deutschen
Blute erkämpften slavischen Norden in die unausbleibliche
Gefahr stürzte, in dänisches Krongut verwandelt zu werden,
hätte sich nicht die Unerschrockenheit und die mannhafte
Freiheitsliebe von bis dahin im deutschen Vaterlande kaum
genannten Städten dagegen aufgelehnt.

Günstiger Zustand der Hanse. Sonst gingen die inneren Angelegenheiten des Bundes
auf hohen Wogen daher, und jedes Jahr bot den Lübeckern
neuen Anlaß, ihr Ansehen als Bundeshaupt zu befestigen.
Wladislaw, Herzog von Kujavien, das schon früh einen
bedeutenden Landhandel mit den Städten an der Weichsel
unterhielt, hatte den Lübeckern bereits alle Sicherheit des
Verkehrs in seinen Landen verbürgt (1296), und gewährte
i. J. 1298 als „König Polens und Herzog Pommerns"
(Pommerellens), besonders als Gebieter Danzigs, der Reichsstadt und „Allen, welche nach ihrem Recht leben", seinen
Zu Polen. Schutz, als Feind ihrer Feinde. Er erließ ihnen den
Zoll zu Danzig und gestattete ihnen an der Weichselmündung
ein Kaufhaus zu bauen mit vollkommenem Asylrechte und
unbeschränkter Gerichtsbarkeit. Dafür erwartete der tapfere
„Ellenkönig" (Lokietek), daß Lübeck seine Ansprüche auf
Zu Schweden. Pommern unterstützen werde. — Schwedens König, Birger II.,
vergönnte Lübecks Kaufleuten die freie Fahrt durch sein
karelisches Gebiet nach der Newa hin, welche früher mannigfach
beschränkt war (1300), und bedingte sich nur, daß den
Russen, seinen Feinden, welche bald darauf Landskrona
wieder zerstörten, nicht mit Kriegsmitteln, Waffen, Kupfer,
Zu Rußland. Eisen Vorschub geleistet werde (1303). — So hoch schlug
Andreas Alexandrowitsch, Großfürst und Fürst von Nowgorod
(1294—1304), den geneigten Willen der Lübecker an, daß
er ihnen den alten Frieden anbot, urkundliche Schutzbriefe

für die Fahrt nach Nowgorod ausfertigte und ihre Verbindung gegen Schweden begehrte. So konnte sich denn auf verschiedenen Wegen der russische Handel ergehen, wenngleich ununterbrochene Feindseligkeit der Nachbarmächte und russische Treulosigkeit, Betrug mit den Waren, das Geschäft immer zu einem waghalsigen machten, und der Kaufhof an der Wolchow, auch unter Lübecks Einfluß und einer dessen Wünschen gemäß veränderten Skra zeitweise verödete. — Norwegens unruhiger Herrscher, der Priesterfeind, war als Zu Norwegen. böser Schuldner der Seestädte i. J. 1299 gestorben, und sein Nachfolger Haakon V. war ernstlich bemüht, Verwicklungen mit den Seestädten zu meiden, denen er sogleich alle alten Freiheiten bestätigte, aber nicht verhindern konnte, daß vielfache Klage von süderseeischen, holländischen und geldernschen Städten, von Deventer, Kampen, Zütphen beim Rate Lübecks als vertragsmäßigem Mittler und Helfer einliefen. Zu Bergen hatte König Erich so unleidliche Maßregeln gehandhabt, daß er Fremden und Eingeborenen alle Verbindungen, selbst die landesüblichen Trinkgilden, und das Waffentragen verbot. Es bedurfte erst eines ernsten Mahnschreibens der Seestädte an Haakon, ehe er ihnen Abstellung ihrer Beschwerden über seine Amtsleute zusagte, und dagegen Beistand für den Fürsten Witzlav II. von Rügen forderte, welchem der deutsche Orden sein Erbrecht in Pommerellen verkümmerte.

Auch Erich Menved, der junge König von Dänemark, Zu Dänemark. verriet noch nicht die hochfahrenden Pläne, welche den Mittag und Abend seiner prunkenden Herrschaft so fruchtlos erfüllten. Aber dennoch mußten „Friedenskoggen" mit schwer gerüsteten Söldnern, und sogenannte „Auslieger" auf Kosten der Seestädte in allen Engen und Sunden wachsam sein, und sich i. J. 1302 Zütphens Schöffen und Rat, wie es scheint im Auftrage der Seestädte selbst an den König wenden, um vor Gewalttaten seiner Vögte auf Schonen, welche sogar das Strandgut wieder in Anspruch nahmen, Abhülfe zu erlangen. Überhaupt trat eine ungünstige Stimmung auch Ungunst der unter den deutschen Fürsten gegen die Kaufstädte ein, welche Fürsten gegen
die Städte. den humanen Bestrebungen früherer Zeit geradezu widersprach.

Die Herzöge von Sachsen, als Besitzer Lauenburgs bedenkliche Nachbarn der wendischen Städte und wegen ihres hohen Amtes gewiß berufen, über die vom Kaiser und vom Papst geheiligten Gesetze zu wachen, begehrten ohne Scheu einen Teil der gestrandeten Güter, als sie den Hamburgern und allen Kaufleuten gestatteten, ein Schiffahrtszeichen auf der Insel O in der Mündung der Elbe zu errichten. Die Sorge des Bürgertums, welches sich überall, besonders in Westfalen nur durch erneuerte Landfriedensvereine schützen

Erich Menved und die wendischen Fürsten.

konnte, steigerte sich an der baltischen Küste, als man inne wurde, in welcher Absicht die Fürsten sich zum Könige der Dänen und Wenden in ein abhängiges Verhältnis stellten.

Das Kind von Rostock.

Nikolaus, Herr zu Werle, das unartige „Kind von Rostock", hatte das heillose Spiel begonnen. Weil er das Verlöbnis mit einer brandenburgischen Prinzessin gebrochen hatte, ängstigten die gekränkten Markgrafen sein Land. Um sich aller Verlegenheit zu entziehen, trug „das Kind" dem Könige von Dänemark Rostock und sein ganzes Gebiet als Lehen an (i. J. 1300). Dieser, froh des Anlasses, erbaute ein Schloß an der Warnow gegen die aufsässigen Bürger und blickte überall nach Helfern aus, um in den tatsächlichen Besitz der Stadt und des Gebiets zu kommen. Erich erreichte seinen Zweck, zunächst durch Geldanbietung an die Bürger. Ein Waffenbündnis mit den Herzögen von Schleswig, dem Fürsten von Rügen, den Grafen von Holstein, den Herren von Mecklenburg und Werle, endlich selbst mit den Markgrafen von Brandenburg stand im Rücken. Witzlav II. von Rügen war schon ein Vasall Dänemarks, sein Sohn, Witzlav „der Junge", trat bald auch in Erbvergleich, und indem Pommerns Herzöge nach ihrer Erbteilung i. J. 1295 noch ohnmächtiger gegen ihre stolzen Städte, auf unfruchtbare Reichsstandschaft zu verzichten schienen, wenn sie sich mit Hülfe des fremden Oberlehnsherrn an dem frechen Bürgertume rächen konnten, gewann in den ersten Jahren des XIV. Jahrhunderts das ganze deutsche Slavien, wo nur eine Reichsstadt war, den Anschein, als müsse es dem Spätenkel Waldemars II. gelingen, jene Lande in dänische Krongüter zu verwandeln. Welches los dürfte da dem Bunde und der Vorderstadt bereitet sein?

Absichten Erichs auf Wendland. Lübeck schreibt die Hansetage aus.

Daß Lübeck solche Stellung einnehme, mochte kein aufmerksamer Zeitgenosse bezweifeln, so bescheiden auch die amtliche Sprache der klugen Kaufherren lautete. Obgleich wir sichere Andeutungen finden, daß um die Wende des Jahrhunderts eine Art Bundesnotul, eine „Concordatio" der Städte, nicht mehr allein der wendischen Seestädte untereinander, vereinbart worden war, welche z. B. Deventer berechtigte, die Beschwerden seiner Bergenfahrer zur Kenntnis Lübecks zu bringen, und daß die Tagfahrten in den wendischen Städten auch von entlegenen Orten des Binnenlandes besucht wurden, so gewöhnte Lübeck doch erst jetzt die Glieder des erweiterten Bundes daran, sich durch seinen Rat zu Versammlungen laden, und die Ladung nötigenfalls an die nächstgesessenen, dem gemeinsamen Zwecke verwandten Orte gelangen zu lassen. So war in Westfalen Osnabrück ein rührsames Gemeinwesen, welchem Lübecks Rat um Michaelis 1300 meldete: „Die jüngst in Wismar versammelten Sendboten der wendischen Städte hätten auf nächsten Martinstag über mannigfaltige Verkehrsangelegenheiten, über Beschwerden in betreff Flanderns, Dänemarks, Norwegens und über andere Dinge einen Tag nach ihrer Stadt anberaumt, und wünschten, weil Westfalens Kaufmannschaft dabei beteiligt sei, daß die Osnabrücker sich einstellten, und die Einladung an Münster, Dortmund und Soest weitergäben." Um dieselbe Zeit, während der unmittelbaren Herrschaft der Krone Frankreichs über Flandern (also etwa von der Ankunft des französischen Heeres vor Lille, Sommer 1297, von der Einnahme von Damme, Gent und Brügge im Frühling 1300 bis zum Franzosenmord in Brügge, Juli 1301, und zur Sporenschlacht, 11. Juli 1302) finden wir Lübeck zu noch ausgedehnterer Berufung ermächtigt. Bereits im September 1297 hatte König Philipp „den Kaufleuten Alemanniens und allen anderen" mit Ausnahme der englischen Untertanen sichern Verkehr in Brügge und im Swyn gegen herkömmliche Abgaben gestattet. Die Schöffen von Brügge hatten solches am Ende desselben Monats durch ein Patent bekannt gegeben.

An Osnabrück. (1300.)

Im folgenden Sommer (1298) hatte auch Graf Guido von Dampierre unter dem Waffenstillstande zwischen der englischen und französischen Krone den Lübeckern ihren Freibrief erneuert, dagegen lud der Franzose nach seiner weltbekannten Niederlage im November 1302 nur die Kölner in sein Reich ein. Damals meldete Lübeck den Osnabrückern: „Kaufleute aus Brügge hätten ihnen über mannigfach erlittene Unbilden geklagt, daß z. B. beim Todesfall eines Meisters oder Kauf- gesellen an allem, was sie nachließen und man bei ihnen fände, das unleidliche, später sogenannte Droit d'aubaine zugunsten des Königs von Frankreich geübt würde; daß auch im Hogge (dem Kanal nach Damme und Brügge), ja im Swyn, also auf dem Wasser, des Königs Bailly die Aushändigung des Gutes Verstorbener fordere, zur Verkürzung der rechten Erben. Solchen Rechtskränkungen zu begegnen, hätten sie, die Lübecker, gleichlautende Briefe, wie nach Westfalen, so nach Sachsen, in's Wendenland, in die Mark, nach Polen (Preußen?), Gotland, Riga und andere betreffende Orte ausgefertigt. Denn es dünke ihnen und den nächsten Städten förderlich, auf kommende Pfingsten in ihrer Stadt, „welche gleichsam in der Mitte läge“, eine Zusammenkunft zu halten, wohin jene ihre treffliche, bevollmächtigte Botschaft senden sollten, um den etwaigen Beschlüssen einer Handelssperre, oder der Aufwendung von Kosten einmütige Folge zu verschaffen. Wer an gedachtem Orte sich nicht einfände, dürfte es nicht übel deuten, falls die Versammelten ohne ihn einen Beschluß faßten.“ Zum Beweise, daß eben noch damals die Hanse jedem Beteiligten offen stand, und daß kein Gemeinwesen von den Beratungen ausgeschlossen war, bat Lübeck die Osnabrücker, „allen Städten und Flecken ihrer Nachbarschaft, deren Bürger Flandern zu besuchen pflegten,“ den Inhalt dieses Schreibens bekannt zu geben, und ihren Willen so bald als möglich ihm zukommen zu lassen.

Achtung vor dem Bunde bei den Ditmarschen. Sehen wir Lübeck in scheinbar unverfänglicher, be- scheidener Weise auch das tagausschreibende Amt üben, und die fernsten Glieder des noch so lose geknüpften Bundes schon gewöhnt, an der Trave sich Rat und Trost in politischen Verlegenheiten zu holen, wie denn ebendamals Riga, im

blutigsten Zerwürfnis mit dem deutschen Orden (1299—1301),
der Hilfe von dort gewärtig war, und vermittelst der Sendboten der Seestädte und Wisbys einen Vergleich mit dem
hochfahrenden Meister Livlands erlangte, so scheuten bereits
auch ungebändigte deutsche Volksgemeinden wie die verschiedenen Stämme der Friesen, an der Eider, in den
Marschen, von der Elbe bis zur Weser, die energischen
Maßnahmen der mehr dem Wesen als der Form nach
konstituierten Kaufmannsgesellschaft. Alle jene wilden
Anwohner des deutschen Meeres hatten einzeln Achtung vor
den Gesetzen des Verkehrs angeloben müssen. Als i. J.
1305 die Ditmarschen, durch den Vertrag mit „Hamburg
und allen Kaufleuten" i. J. 1304 zu einer „Willkür" genötigt, sich schwere Gewalttat, Raub und Mord an reisenden
Krämern zu schulden kommen ließen, warnte Erzbischof
Giselbert von Bremen als kirchlicher Oberherr „die Vögte,
Ratgeber und das ganze Volk" zum Friedhalten, und bedeutete sie, Hamburg und die Städte binnen der Weser und
und am wendischen Gestade seien so stark untereinander
geeint und verbündet, daß sie auch am römischen Hofe die
Bestätigung jener Willkür erwirkt hätten, um deren Übertreter mit geistlicher Strafe zu verfolgen. Obendrein seien
sie bereit, alle Kaufmannschaft in Ditmarschen zu sperren,
ja auch unschuldige Stammgenossen mit harter Strafe zu
belegen." Schwerlich flößte damals des Kaisers unmittelbarer Bann und das Landfriedensgesetz solche Scheu ein,
als das stille Einverständnis zahloser, wie durch eine
Vehmgewalt verbundener Bürgergemeinden. —

Und dieses kräftige Gedeihen eines wohltätigen, menschen-
veredelnden Zustandes, welcher ohne Zutun des Kaisers
erwachsen war, hieß jene unkaiserliche Handlung nicht allein
stille stehen, sondern gefährdete denselben in seinen tiefsten
Wurzeln. König Albrecht nämlich, den oberländischen Reichsstädten und der Volksfreiheit längst verhaßt, und wegen
Ungarns mit dem Przemyslaiden Wenzel II. und den Markgrafen, dessen Helfern, in Fehde, verzichtete zur Förderung
seiner Hauspolitik tatsächlich auf die Würde des „Mehrers",
und bestätigte zu Konstanz am 23. Mai 1304 auf „Ansuchen

*Störung des
Bundes durch
K. Albrecht.*

Abtretung des
wendischen
Nordens an
Dänemark.

seines Freundes, Erich, Königs der Dänen und Slaven",
jene schmähliche Urkunde, kraft welcher der junge Hohenstaufe
Friedrich II. zu Metz i. J. 1214 Waldemar dem Sieger
das Land jenseits der Elde und Elbe überlassen hatte, „doch
mit Vorbehalt der Stadt Lübeck und ihres Zubehörs".
Darauf entband das Reichsoberhaupt unter dem 11. Juli
die Reichsstadt der Pflicht, „die Steuer dem Markgrafen
Hermann zu zahlen", weil derselbe, — den Gelüsten Habsburgs
abhold — von ihm abgefallen sei. Wohl konnten die
Reichsbürger jetzt vereinzelt, in einem entfremdeten Gebiete
rings von Feinden und Neidern umgeben, in schwere Sorge

Sorge Lübecks
vor Holstein.

geraten. Sie sahen sich fast auf ihre kümmerlichen Anfänge
zurückgebracht, wie sie denn im November 1304 mit
Hamburg wieder einen Münzvertrag eingingen, sie, die einige
zwanzig Jahre früher sich vermessen hatten, mit den Seestädten die Wässer von der Trave an bis in den finnischen
Meerbusen zu entfreien, begnügten sich, zum Schutz des
Landweges zur Nachbarstadt mit derselben 32 Reisige aufzustellen und zur Bestreitung der Kosten Wagenzoll festzusetzen,
erst auf zwei, dann i. J. 1306 auf vier Jahre! Gegen
Vergewaltigung durch Fürsten, Grafen und Landesherren,
zu Schutz und Trutz sich einander zu verbürgen, war nicht
mehr die Rede. Im Falle einer Fehde nur von der Sicherheit
beiderseitiger Mitbürger. — So beklagenswerte Schwäche
des Vororts, welcher die Arbeit mehrere Geschlechter fallen
ließ und schimpflich nur für das nächste Heil sorgte, findet
kaum Erklärung in dem Notstande des Augenblicks. Nämlich
auch Graf Gerhard II. von Holstein fühlte sich jetzt stark
genug, die Träume der Vergangenheit zu verwirklichen,
Lübeck wieder zu seiner Landstadt zu machen. Er bedrängte
sie hart unter dem Vorwande, seinen geflüchteten Adel,
welcher sich in einer Eidgenossenschaft mit den Ditmarschen dem gräflichen Joche zu entziehen gesucht hatte,
bei sich mit Weib und Kind aufgenommen zu haben. Ja,
wir finden den Turm von Travemünde in seiner Gewalt,
die Trave „versenkt", das Weichbild durch die Mecklenburger
und die Werler ausgebrannt, endlich die Lübecker, denen nur
Herzog Albrecht von Sachsen und Waldemar von Schleswig

beistanden, mit den Hamburgern im Juni 1306 verbündet, „dahin zu wirken, zwei Schlösser an ihrer Landstraße und jenen Turm zu beseitigen; ginge es nicht durch Güte und Minne, dann auf gemeinschaftliche Kosten die Waffen zu ergreifen, um die nächsten Land- und Wasserstraßen zu entfreien." —

Unter so unglaublich zahmem Gebaren auch gegen die Mecklenburger, denen sie gleichwohl in den Fasten d. J. 1307 ihr Bollwerk auf dem Priwalk zerstörte, ließ sich die Stadt um so leichter durch die Vermittlungserbieten des Königs „der Dänen und Wenden" beschleichen, der ja bereits mittelbarer und unmittelbarer Gebieter der nächsten Lande geworden war. Erich befand sich in sieglosem Kriege gegen die Herzöge Erich und Waldemar, die Bedränger seines Schwagers, Birgers II., Königs von Schweden und suchte die Hilfe der deutschen und wendischen Fürsten. Er verglich deshalb die Parteien auf einer Zusammenkunft auf Femern (Juni 1307). Dafür schuldete Lübeck allerdings dem Vermittler Erkenntlichkeit. Wir wissen jedoch nicht, welche Künste man darauf anwandte, Rat und Gemeinde ihrer ehrenwerten Vergangenheit, des Gedächtnisses an den dänischen Druck vor achtzig Jahren, vergessen zu machen. Wahrscheinlich schmeichelte der Däne den selbstischen Interessen der reichen Kaufherren, genug, Lübeck verzichtete auf seine Reichsstandschaft, auf die Oberleitung der Hanse, welche nur im Genuß der Unabhängigkeit, nimmer aber unter der fremden Krone möglich war, deren Banner am Sunde wehte, und begab sich noch i. J. 1307 gegen jährliche Entrichtung von 750 Mark S. auf zehn Jahre unter den Schutz des Nachfolgers Waldemars „als Vormünders". Ja, jenes Gemeinwesen, welches für Reichsstandschaft so mutig in Land- und Seetreffen gefochten hatte, erklärte, „nichts dagegen zu haben, wenn das deutsche Reich sich dazu verstehe, dem Könige auch die Herrschaft über Lübeck abzutreten. Doch soll der Tod des Dänen den Vertrag lösen, und werde er nicht entgegen sein, wenn die Bürger handelnd, doch nicht feindlich gegen ihn mit seinen Feinden verkehrten."

Lübeck unter dänischem Schutze.

Durch des zweiten kronetragenden Habsburgers Gleichgültigkeit und Arglist war es um die Zukunft der Hanse,
um den Erwerb deutschen Blutes zwischen Elbe und Oder,
ja bis an das Ordensland hin geschehen, lebte nicht Tatkraft und Mut in den anderen wendischen Seestädten, um die Rolle des bisherigen Vororts zu
übernehmen.

Drittes Kapitel. ∴

Die Sporenschlacht und ihr Einfluß auf die deutschen Städte (1302). Bremen 1304.
Neuer Bund der Seestädte ohne Lübeck nach König Albrechts Tode (1308).
Rostocks Oberleitung. K. Heinrich VII. Urteil eines Venezianers über die
Seestädte. Zustand der Seemacht. — Pläne Erich Menveds unter Begünstigung
der deutschen Fürsten. Wismars und Rostocks Widerstand (1310). Fehde mit
Wismar und Rostock 1310—1312. Umschlag der Demokratie. Pommerellen
an den Orden verkauft. Marienburg Hochmeistersitz 1310. Stolp und Rügenwalde
deutsch. Doppelte Königswahl 1314. Stralsunds Kampf und Sieg 1315—1317.
Erichs Pläne gescheitert, er stirbt 1319. K. Christoph II. Allgemeine Verhältnisse. England, Flandern, Norwegen, Schweden. Vom J. 1307—1320.

Einfluß der
Sporen-
schlacht auf
die deutschen
Städte.

Um so auffallender erscheint uns die Selbstentäußerung
des ehrenreichen, besonnenen und tapferen Vororts,
als gerade damals ein frischer Freiheitshauch die
gesamte deutsche Bürgerwelt durchwehte. Die harten Fäuste
der Fläminge, der Zünftler von Brügge und der anderen
Porter Flanderns hatten kurz vorher in der „Sporenschlacht"
bei Kortrick (11. Juli 1302) die Blüte der französischen
Ritterschaft niedergeworfen, und Pieter de Konings, des
Zunfthaupts der Weber, Name ging gefeiert durch alle
Lande. Es war das niedere Bürgertum gewesen, welches
die Freiheit der Heimat und seinen eingeborenen Fürsten-
stamm gegen die fränkische Übermacht und die Liliarden,
die heimische Aristokratie, behauptet hatte. Die westdeutschen
Städte und die hansischen empfanden vermöge ihres nie
unterbrochenen Verkehrs mit Brügge, Gent, Damme und
Ardenburg den Sieg der Handwerker als einen gemeinsamen, und an unzähligen Orten, zu Trier, Speier, zu

Straßburg, in Thüringen und in der Mark, wie in Magdeburg rangen die Zünfte von neuem nach politischer Selbständigkeit. Am allerwenigsten konnte in Bremen ein Umschlag aus- *Auf Bremen.* bleiben. Im J. 1286 mit dem Kirchenfürsten wieder aus- gesöhnt, der i. J. 1289 sogar auf die weltliche Herrschaft über die Stadt ganz verzichtet haben soll, wenigstens i. J. 1301 sich mit ihr als einer gleichberechtigten Macht zu Schutz und Trutz verbündete, brach die Volkspartei i. J. 1304 die morsche, noch aristokratische Form des Staats ganz zusammen, indem sie die ritterlichen Geschlechter sogar vertrieb, einen siegreichen Frieden erzwang (1306), den Rat auf 36 Glieder vermehrte und alles ritterliche Gut aus dem städtischen Weichbilde ausschied.

In den hohen Alpentälern rüsteten sich still um dieselbe Zeit die Bauern- und Hirtengemeinden, um Habsburgs unleidliches Joch abzuschütteln. Je näher man der Ostsee kam, je bewußter und tatkräftiger war das allgemeine Streben. Selbst die märkischen Städte wie Berlin und Kölln, sonst im Genusse des behaglichsten Wohlstandes, mochten ihre Markgrafen nicht länger unumschränkt über sich walten lassen. Jene Zwillingsstädte an der Spree verschmolzen klug ihre bis dahin getrennten Gemeinwesen und wählten (Ostern 1307) einen gemeinsamen Rat. Als Markgraf Hermann mit Hinterlassung eines unmündigen Sohnes gestorben war (Anfang 1308), erklärten zu Berlin die Sendboten aller märkischen Städte, besorgt vor der Vormundschaft Waldemars, jenes gefeierten Letztlings der Anhalter, ihr Bündnis, um sich mit Rat und Tat gegen Gewalt und Unrecht zu schirmen, und beugten so den Sinn des Gebieters. Als nun gar die Kunde eines so ungeheuren *Tod Albrechts* Ereignisses wie die Ermordung des deutschen Königs Albrecht *von Österreich.* (1. Mai 1308) in die Lande ging, erwachte im Zwischen- reiche die Hoffnung der unterdrückten Volkspartei noch lebendiger, und die unbeschreibliche Gärung wuchs.

Nur Lübeck ließ, wie wir sahen, von Schwäche an- gewandelt, sein schönes Tagewerk aus der Hand fallen. Aber der Mutter des niedersächsischen Rechts war die Rüstigkeit mündiger Töchter nachgewachsen, welche dasselbe wieder aufnahmen. Während die wendischen und sächsischen Fürsten und Herren am Hofe des Dänenkönigs dienten, um mit seinem Beistande die „Frechheit" ihrer Städte zu strafen, während Lübeck und Hamburg sich herabließen, ganz unhansisch wegen des Baues und Unterhalts eines Turms in der Elbmündung den Schiedsspruch eines Landritters einzuholen, reichten sich im Dezember 1308 das mutige

Bund der
Seestädte.

Rostock, die verwegene Gemeinde von Wismar, Stralsund und Greifswald im Genusse der unabhängigsten Verfassung die Bundeshand und bewahrten die Freiheit des deutschen Nordens, welche die Fürsten aus Haß und Neid gegen das reiche Bürgertum preisgegeben hatten.

Rostock für
Lübeck.

Rostock als die älteste Tochter des lübischen Rechts und als die bedrohteste übernahm von selbst die Leitung der Hanse, ehe sie sich ganz auflöste, und erlangte hohe Ehren

König
Heinrich VII.

selbst in der Fremde. Unterdessen hatte König Heinrich von Lützelburg, am 6. Juni 1309 zu Aachen gekrönt, im fernen Welschland seine ritterliche Kraft vergeudet, nachdem er, als Förderer des Bürgertums über Gebühr gepriesen, selbst des Habsburgers unfreiwilliges Verdienst, die Rheinzölle abgeschafft zu haben, aus Gefügigkeit gegen seine Wähler vereitelt hatte. Darum mußte denn Deutschland, als während Heinrichs Römerzug alle Reichsgesetze verfielen, sich selbst überlassen bleiben, und sah nur das Bürgertum aus den Wurzeln der freien Volksgemeinde sich verjüngen.

Urteil Marino
Sanudos
über Nord-
deutschland.

Über die Macht und Streitbarkeit der Anwohner der deutschen Meere liegt uns das merkwürdige Zeugnis eines Fremdlings vor. Zwar wissen wir, daß sich unsere Osterlinge, wenn auch keine Reichsstädte, im Besitz der wichtigsten Hoheitsrechte befanden und frei von der Heerfolge, vom Gerichtszwange waren, ohne andere Berufung als an den lübischen Oberhof. Gleich Stralsund waren sie durch den Erbvertrag mit Witzlav dem Jüngern (III.) (1304) sogar zum Widerstand berechtigt, falls die Fürsten ihre Privilegien kränkten. Sie wurden dabei reich durch den weitverbreiteten Seehandel, trotzig auf ihre Waffenerfolge und festen Mauern und argwohnsvoll gegen die infolge schlechter Wirtschaft und Erbteilung verarmten Landesherren, welche nicht müde wurden, über den Hochmut des Bürgervolks zu klagen. Wir kennen Fortschritte der Seemacht. ferner die Fortschritte unserer Städte vom finnischen Busen bis zur Südersee in der Schiffsrüstung und im Seekriegswesen. Schon waren die hansischen Orlogschiffe hochgebordet mit aufgetürmten Kastellen an beiden Enden, mit Bliden gerüstet und trugen schwere Hengstreiter. Selbst Kauffahrtsschiffe, schon zu Anfang des XIV. Jahrhunderts mit frommen oder wunderlichen Namen getauft, wie der Schenkewein (Skinkewin) und der Stultenberg (Stolzenberg) von Stralsund, konnten leicht in Kriegsschiffe umgewandelt werden, was Frankreichs und Englands Kronen längst zu ihrem Nutzen erprobt hatten. Wir kennen ferner den ersten Zusammenstoß, in welchem südeuropäische und nordische Marine sich maßen. Es war Seeschlacht bei Zierickzee. i. J. 1304 zwischen den sumpfigen Wasserengen bei der Insel Schouwen unweit Zierickzee, wo mit sechzehn wohlgerüsteten Galeeren, der genovesische Held, Admira Rinieri de' Grimaldi, der französischen Flotte um Sold zugeführt, zwar gegen die „hohen Wassertürme" der flämischen Flotte einen entscheidenden Sieg errang, aber dennoch die Überzeugung in's Mittelmeer heimbrachte, daß er nur dem seichten Gewässer den günstigen Ausgang der Schlacht verdanke. Denn unmittelbar darauf finden wir, daß Genovesen, Venezianer und Katalanen von der Anwendung der Galeere abließen und nach nordischer Schiffskriegskunst sich auf den Bau hochbordiger, kastellartiger Segelschiffe, der „Koggen", verlegten. Bei aller geschichtlichen Würdigung unserer bürgerlichen See- und Handelsmacht, die wir vor unseren Augen erwachsen sahen, überrascht uns dennoch die hohe Meinung, welche einem welterfahrenen Italiener die Kenntnis norddeutscher Zustände abnötigte.

Marino Sanudo, ein frommer Venezianer, durchwanderte zu Anfang des XIV. Jahrhunderts die christliche Welt, um die Mittel zur Wiedergewinnung des heiligen Landes zu prüfen, das nach Akkons Verlust (1291) ganz in die Hand der Ungläubigen gefallen war. Auch an die Küste der Westsee und des baltischen Meeres gekommen, entwarf er in seiner Denkschrift an Papst Johann XXII. um's J. 1321 folgendes Bild unserer Völker an der Westsee und der Osterlinge.

„In Alemannien wohnen viele Völker, welche sehr nützlich
sein könnten, die Eroberung Ägyptens auszuführen, insbesondere
die Ditmarschen, welche in den äußersten Marken des Erz-
stifts Bremen am Meere wohnen, und die Friesen, abwärts
von Westfalen am Meere, auch die Holländer und Seeländer,
die unterhalb Geldern und Kleve an der See sitzen. Weil
jene Völker auf Inseln, am Meeresufer und an großen
Strömen wohnen, welche durch ihr Gebiet ins Meer fließen,
verstehen sie auf süßem und salzenem Wasser trefflich zu
schiffen, und könnte man bei ihnen trefflichen Rat und die
beste Hilfe finden. Es sind aber auch in Holstein und in
Slavien, wo ich persönlich war, viele merkwürdige Land-
striche neben Flüssen und Seen, und angefüllt mit reichen
Einwohnern, nämlich Hamburg, Lübeck, Wismar, Rostock,
Stralsund, Greifswald und Stettin, aus welchen eine große
Menge guten Volks gezogen werden könnte, da in ihnen viele
Orte sind, sowohl am Gestade als auf Inseln mit einer
Menge starker und mutiger Seeleute." Darum möge der
h. Vater auf jene Völker im ägyptischen Plane besonders
Rücksicht nehmen, zumal auch wegen ihres katholischen
Bekenntnisses. Desgleichen „als er von Venedig zum Hafen
Sludys auf bewaffneten Galeeren gekommen sei, habe er
mit eigenen Augen gesehen, daß jene Küste von Alemannien
der venezianischen ganz gleich sei. Die Einwohner, stark und
in den Waffen geübt, seien größtenteils Seeleute, andere
zu Deicharbeiten fleißig geübt, sonst auch reich an Geld,
und was noch löblicher, zeigten sie den wärmsten Eifer für
die Sache des heiligen Landes. Sie würden sich deshalb
mit den Venezianern wohl vertragen, wie sich schon in den
Tagen der Eroberung von Konstantinopel erwiesen." Der
Umsichtige dachte aber keineswegs die Norddeutschen auf ihren
eigenen Schiffen nach Ägypten zu führen, sein Plan war,
daß sie zu Lande in Venedig zusammenflössen und von dort
auf Galeeren, deren Bauart, Größe, Bewaffnung, Ruderzahl,
Ausschmückung er genau angibt, überschifften. „Begünstigt
würde dieser Plan durch die Vertrautheit, in welcher die
Alemannen mit den Venezianern stünden, so daß ihrer viele
dort mit Weib und Kind lebten, und, auf den venezianischen

Roftock, nach einem Kupferftich von M. Merian.

Roftock ift ein alter flavifcher Ort, der 1218 vom Obotritenfürften Heinrich Borwin I. mit dem Stadtrechte begabt wurde, ehemals Mitglied der Hanfe, feit 1314 unter mecklenburglifcher Oberhoheit und jetzt mit 49769 Einwohnern (1895) die bedeutendfte Stadt in Mecklenburg-Schwerin. Roftock liegt 12 km von der Mündung der Warnow in die Oftfee, ift Eifenbahnknotenpunkt und befitzt die größte Handelsflotte der Oftfee fowie anfehnliche Werften. Haupthandelsartikel find Holz, Getreide, Heringe, Petroleum, Steinkohlen; Induftrie befonders in Zucker, Leder- und Baumwollwaren. Unter den Bildungsanftalten die 1419 geftiftete Univerfität. An Stelle der alten Feftungswerke ift die Stadt jetzt mit fchönen Promenaden umgeben, fie befteht aus Alt-, Mittel- und Neuftadt und mehreren Vorftädten. Blücher wurde hier 16. Dezember 1742 geboren; fein Denkmal fteht auf dem nach ihm benannten Platze.

Flotten gebraucht (!), sich wacker hielten." Nur zweierlei fand Marino bedenklich: „Da die Deutschen gewaltige Esser seien, erwüchse Besorgnis für die Vorräte, wenn sie in den Himmelstrich kämen: ferner, weil sie aus großem Eifer und besonders befähigt in großer Anzahl überschiffen könnten, möchte in ihnen die Lust zur Herrschaft erwachen und nicht kleines Ärgernis entstehen, da ja die Venezianer nicht Herren, sondern Helfer begehrten. Doch würde ein tüchtiger und kluger Oberhauptmann wohl dieser Besorgnis zu begegnen wissen."

So urteilte ein Bürger von S. Marco über unsere Vorfahren zu Anfang des XIV. Jahrhunderts.

Sie bestanden aber auch die Probe in der Freiheitsliebe.

Klugheit und Gewalt paarend ging Erich Menved seine Bahn, um das wendische Norddeutschland unter seine unmittelbare Botmäßigkeit zu bringen. Mit der Kirche, mit Norwegen, mit Schwedens heillosem Königshause hatte er Frieden seit 1308—1309. Das Herzogtum Schleswig gehorchte noch den Nachkommen des Königs Abel, die Graf= schaft Holstein war machtlos in verschiedene Linien gespalten, Hamburg, wenn auch hochgefreit, war eine landsässige Stadt, Kiel, wenn auch erblüht, noch nicht im engern hansischen Bunde. Lübeck hatte sich unter dänischen Schutz geflüchtet, bei Zusicherung zeitweiser Handelsvorteile selbst mit dem Gedanken vertraut, sich dem deutschen Reiche ganz zu ent= fremden. Der Stamm der Welfen zerfiel in viele Linien, die niedersächsischen Städte Braunschweig, Lüneburg, Hannover, das handelspolitisch sich an Bremen anschloß, Göttingen, Einbeck gediehen ohne gemeinsame Zwecke. Die Herzöge von Sachsen=Lauenburg stritten im Dienste der dänischen Krone mit der Linie Wittenberg um die Kurstimme. Fürst Heinrich von Mecklenburg wie Nikolaus „das Kind von Rostock" waren Erichs Lehnsmannen. Rostock war gefesselt durch das Schloß an der Warnow, ein Lehn des ersteren, „so lange es dem Könige gefiele". Witzlav III., Fürst von Rügen und des nahen Festlandes (Stralsunds), ohnehin Vasall Dänemarks, war i. J. 1310 auch in Erb=

Pläne Erich Menveds.

vertrag mit jener Krone getreten. Durch den Trotz seiner Stadt beleidigt, beschimpft in Händeln mit Greifswald, und Demmin, haßte er das undankbare Bürgertum, war erbittert gegen den Adel und bereit, jedem Rächer sich ganz in die Arme zu werfen. Pommerns Herzöge Wartislav III. von Wolgast und Otto von Stettin, fast in ähnlichem Verhältnisse zu ihren Ständen, waren zum Widerstande unfähig, der letztere schwur den Dänen sogar den Lehnseid und ward des Königs Dienstmann mit 50 Helmen. Dazu die nicht erloschene Abtretungsurkunde König Albrechts, der neue König mit Italien und Böhmen beschäftigt, Markgraf Waldemar von Brandenburg, der einzige unabhängige Fürst im nordöstlichen Deutschland in viele Händel gezerrt, in Spannung mit seinen Märkern, ein schlechter Geldwirt, wegen des Verkaufs Pommerellens an den deutschen Orden in Unterhandlung und gerade damals den Dänen politisch eng befreundet.

Und dennoch zerrann aller gegenwärtiger Gewinn des ehrgeizigen Herrschers, und abermals wurde das Königtum der Dänen und Wenden zunichte.

Auflehnung Wismars gegen seine Herren. Wismar, der Hofsitz Heinrichs des Löwen von Mecklenburg, als hervorragendes Mitglied des Vereins der Seestädte angesehen, stark befestigt und kühner durch das Bündnis mit Rostock, Stralsund und Greifswald vom Dezember 1308, weigerte sich, zur Vermählungsfeier der Tochter seines Landesherrn dessen Hofhalt bei sich aufzunehmen, „des Fürsten Gefolge sei der Stadt gefährlich". Ergrimmt über solche Keckheit, klagte Heinrich die Kränkung dem Landadel auf der Hochzeit zu Sternberg (März 1310) und veranlaßte den Dänenkönig, auf Ostern eine Zusammenkunft mit Witzlav von Rügen, mit dem Markgrafen Waldemar, dem Herzog Wartislav von Pommern und andern Herren **Fürstentag zu Ribnitz.** in Ribnitz an Rügens und Mecklenburgs Grenze zu berufen, wo man noch schwebende Händel ausglich und geheime Abrede zur Demütigung der Städte traf. Erich, den Rostocks gleiche Gesinnung längst mit Groll erfüllte, beschloß zu obigem Zwecke im nächsten Frühling (1311) eine glänzende Fürstenversammlung nach Rostock anzuberaumen; aber aufmerksam auf jene Geschäftstätigkeit der Herren hielten die Sendboten

von Rostock, Wismar, Stralsund und Greifswald am
9. August 1310 eine Tagefahrt in Rostock — auch Lübeck
fand nach alter Sitte sich ein —, bestätigten auf vier Jahre
ihren früheren Verein, der unverkennbar auf die Fürsten
abzielte, mußten aber gestatten, daß Lübeck zufolge seiner
„Bevormundung" sich verwahrte, „gegen den glorreichen
König von Dänemark Feindliches zu unternehmen". Schon
im Vorjahre hatte der ehemalige Vorort seine Entfremdung
von gemeinsamen Beschlüssen dadurch besiegelt, daß er bei
großer Kornteuerung dem Auslande den Markt eröffnete und
dem Ausfuhrverbote der Seestädte nicht Folge leistete, weshalb
diese Lübeck „auch in andern großen Dingen ausließen".

Der Verabredung gemäß trafen im Vorsommer 1311
zwanzig Fürsten, unter ihnen die wendischen, die Markgrafen
Waldemar und Johann, die Herzöge von Sachsen-Lauenburg,
die Grafen von Holstein, die Erzbischöfe von Magdeburg,
Bremen und Lund mit vielen Prälaten und einer großen
Zahl von Rittern und Edlen, nebst „schönen Frauen" aus
allen deutschen und nordischen Landen vor Rostock ein
(12. Juni). Auch Sänger und „gehrende Leute" wie Heinrich
Frauenlob kamen aus der Ferne herbei. Aber Rat und
Bürgerschaft witterten Gefahr vor den prunkenden Gästen,
beschlossen, den Oberlehnsherrn nur mit einer gewissen Zahl
von Bewaffneten einzulassen und machten Miene, ihre Tore
mit Gewalt zu sperren. So frech beleidigt auf dem Gipfel
seiner Macht vor den Augen der ganzen deutschen und
nordischen Welt, bezwang der Dänenkönig gleichwohl seinen
Zorn und verlegte die „Hochzeit" unterhalb der Stadt nach
dem sogenannten Rosengarten. Unter großen „Pavelunen"
von Seiden- und Scharlachdecken, unter Laubhütten und
Zelten beherbergte der Prachtliebende die Fürsten und Edlen,
hielt glänzende Ritterspiele, erteilte die Ritterwürde mit
reichen Geschenken an Waldemar von Brandenburg und
andere Ehrengäste. Auch gegen die „Gehrenden", welche
die Herrlichkeit des Festes, die Schönheit der Frauen nach
neuer Kunst besangen, zeigte er sich königlich mild. So
dauerte die „Hochzeit" drei Tage unter dem Vollgenuß von
Speise und Trank. Aber mitten unter Spiel und Gelagen

beschlossen die Fürsten, einmütig in der Klage über die Frechheit der Bürger, welche von ihren Zinnen herab zuschauten, den bittersten Streit. Schon am 7. Juli 1311 stand Herr Heinrich mit mächtigem Kriegsheere vor Wismar, dessen Hafen zugleich dänische Schiffe sperrten. Doch die tapfern Bürger schlugen die Stürme ab, und eine Flotte der Schwesterstädte trieb die Dänen in die hohe See. Das erfüllte das Maß des königlichen Zornes, zumal gegen Rostock. In Warnemünde ernannte Erich den Fürsten Heinrich zu seinem Statthalter über Rostock und ließ für's erste eine billige Sühne Wismars mit dem Landesherrn unter Vermittlung des Herzogs von Schleswig und des „Kindes" Nikolaus zu, um mit Waffengewalt die ärgeren Empörer zu bändigen. So entkamen die Wismarer noch glimpflich dem Unwetter, sie schwuren einen neuen Treueid, stellten die Vogtei mit andern Hoheitsrechten zurück und überließen dem Landesherrn die Schlüssel eines Stadttores so lange, bis derselbe an Stelle seiner zerstörten Hofburg eine andere erbaut hätte. Er dagegen bestätigte sämtliche älteren Freiheiten und selbst das Recht des Kriegsbündnisses. Über Rostock dagegen zog sich das Gewölk zusammen. Als nun Heinrich schon im Herbst 1311 durch ein Bollwerk den Hafen sperrte, drang der Rat auf gütliche Unterhandlungen, aber die mittleren und niederen Bürger, die Krämer an der Spitze, forderten, alles Untertänigkeitsverhältnis zum Könige zu brechen und die Herrschaft des eingeborenen Fürsten „Nikolaus des Kindes" mit Gottes Beistand zu schirmen. Bewaffnete Haufen führten den Willenlosen auf die „Laube", zwangen den Rat zur Huldigung und zerrissen den dänischen Treubrief, keck die Absage Erichs erwidernd. Ja, sie zogen unter dem Greifenbanner hinaus, stürmten mit großen Bliden die „Danske-Burg" am Hafen, verbrannten dieselbe und trugen die Verwüstung in dänisches wie mecklenburgisches Gebiet. Während des Winters aufs äußerste gerüstet, brachen sie mit raschem Entschlusse den Turm ihrer Peterskirche ab und erbauten von den Steinen ein festes Bollwerk am östlichen Ufer unterhalb der Stadt. Weder durch die Beschlagnahme ihrer Güter in dänischen Städten geschreckt,

Bedrängung Wismars.

Anfall auf Rostock.

noch durch die Hilfe, welche alle wendischen Fürsten, auch
die Markgrafen, dem Könige zugesagt hatten, schickten
Rostocker, Stralsunder, Greifswalder, selbst die kurz vorher
gesühnten Wismarer schon um Ostern 1312 ihre Orlogs-
schiffe in See, plünderten die dänischen Küsten, verbrannten
die Schlösser von Helsingör, Amak und auf Schonen.
Als um Johannis des Königs Heer und Flotte und die
vereinigten Gegner vor Warnemünde erschienen, konnten sie
zwar nach elf Wochen die hungernde Besatzung jenes Bollwerks zum Rückzug zwingen, nicht aber den Mut der
Bürger beugen. Denn inzwischen hatte sich ein entschieden
demokratisches Regiment aufgeschwungen. Die niedere
Bürgerschaft voller Argwohn, die „Herren" hätten, bange
um ihre Landgüter, in Verbindung mit der Ritterschaft
Warnemünde verraten, ließ, von Heinrich Runge, einem
reichen Manne geführt, am 17. September alle Ratsmänner,
deren man habhaft werden konnte, ergreifen und grausam
hinrichten. Der neue „Tribun" verdammte mitleidlos den
eigenen Bruder und trat dann in die neue Körperschaft,
welche mit Billigung „des Kindes", die „Ältesten der
Bürger" unter Vollmacht der Älderleute aus den Zünften
erkoren. Solches Regiment bewirkte denn, daß, während
die „Beschlechteten" sich verkrochen, Anfang des Winters
die fremden Fürsten heimzogen und Herrn Heinrich das
Abenteuer überließen.

Marginal note: **Zunft-regiment in Rostock.**

Wenn nach so glücklicher Verteidigung dennoch von
der siegreichen Gemeinde ein nachgiebiger Friede geschlossen
wurde, mögen wir uns denselben nur aus einer Wendung
der inneren Verhältnisse erklären. Der leidenschaftliche
Waffenkampf war einer schleppenden, dem täglichen Behagen
schädlichen Kriegsweise gewichen. Das Volk erschlaffte,
blickte auf die Folgen der Auflehnung und ließ sich durch
die Vorstellungen der Kaufmannschaft bewegen, den tatkräftigen Parteiführer auszuweisen und zur Herstellung des
Verkehrs Unterhandlungen mit dem Fürsten zu gestatten.
Als die Undankbaren den neuen Ratsherrn mit 50 seiner
Anhänger „als Verletzer des lübischen Rechts" verbannt
hatten, betrog der am 18. Dezember eidlich festgestellte

Marginal note: **Umschlag in Rostock.**

Frieden von Polchow das noch als gültig anerkannte Zunft-
regiment um seine Hoffnungen. Rostock wähnte durch die
Zahlung von 14,000 M. S. oder deren Wert in Waren
an den König und den Markgrafen, durch Huldigungs-
gelöbnis an den Fürsten, die veränderte Verfassung sicher
zu stellen, indem es beide, den ausgewiesenen alten Rat und
die verbannten Unruhstifter, von der Rückkehr ausschlösse.
Doch, während ein dänischer, ein brandenburgischer und ein
mecklenburgischer Vogt in Warnemünde zur Ausführung
des Vertrags weilten, und selbst Stralsund gegen Zusicherung
früherer Handelsvorteile und eine Geldbuße mit Erich und
Witzlav zu Sjöborg den Frieden einging (März 1313),
erkannten die Rostocker ihren Fehlgriff, riefen den ausgewiesenen Führer zurück und zwangen den neuen Rat, ein
Privilegium auszustellen und in wohlverschlossener Truhe zu
bewahren, welches als ein ewiges Grundgesetz einer
gemäßigten Volksherrschaft das Vorschlags- und Bestätigungsrecht der Aldermänner bei der Ratswahl, eine zeitgemäße
Verbesserung des Gerichtswesens unter Aufsicht derselben
Körperschaft, und Abwendung zu nahen Rechtsverkehrs der
„Herren" mit dem Adel, endlich eine gründliche Reform
des Stadthaushalts verbürgte, keineswegs jedoch eine
Verdrängung altberechtigter Vornehmen vom Ratsstuhle
bedingte. Dennoch mit einer Teilung ihrer Gewalt unzufrieden,
erklärte der ausgewiesene Rat den Frieden von Polchow
für gebrochen, wandte sich an den Landesherrn, der eben
von ferner Pilgerreise heimgekehrt war, und wußte durch
geheimen Anhang in der Stadt gegen die Zusage Heinrichs
vom 6. Januar 1314, „ihnen den Anteil an der nächsten
Ratswahl einzuräumen", und schon in der Nacht vom 12. Januar
dem Fürsten und seiner Ritterschaft Eingang durch das
Steintor zu verschaffen. Vergeblich schlug das aufgestürmte
Volk die Schleicher zurück, denn unter dem Tore gewann
Heinrich durch glatte und treuherzige Worte selbst das
Haupt des neuen Rats soweit, daß Heinrich Runge, ver-
zagend oder getäuscht, die schlagbereiten Zünftler durch eine
Anrede auf dem Markte beschwichtigte. Einmal mit seinen
Mannen drinnen in der verratenen Stadt, ließ der

Landesherr folgenden Tags „nach lübischem Brauch" zwischen Fall der neuen Verfassung.
dem alten und neuen Rate vor Richter und Schöffen aus
der Mitte des A d e l s Gericht halten, das parteiische Urteil
derselben schonungslos an den Unruhestiftern, soviel man
ihrer habhaft wurde, vollstrecken, die Geflohenen auf ewig
einkerkern, und jene neue Verfassungsurkunde verbrennen.
So wurde das Ratsstatut des „Welfen Heinrich" v. J.
1158 mit seinen veralteten, gehässigen Bestimmungen wieder
hergestellt, in dessen Folge am 19. Januar 1344 einund-
zwanzig Ratsherrn den Huldigungseid für den Dänenkönig
von neuem gelobten. Aber während des scheinbaren Friedens
und unter dem Genusse der früheren dänischen Handelsvorteile fraß sich die Erbitterung auch zu Rostock tiefer
in die Seelen. Das aristokratische Prinzip, welches Lübeck
entmutigt hatte, das inzwischen stille saß und nur durch
Geldanleihen gegen gehörige Sicherheit den früheren Bundesgenossen half, hatte die schönere, deutsche und volkstümlichere
Sache auch hier verdorben. Aber die Tat einer andern
wendischen Seestadt löste wenig Jahre nach so unbefriedigen-
den Versuchen die verkaufte Ehre des deutschen Nordens
wieder ein.

Währenddessen gewann an anderen Stellen der
baltischen Küste unser Bürgerwesen n e u e Stützen. Pommerns
Herzöge hatten das lübische Recht größern und kleinern
Städten übertragen, die dann alle einer künftigen allgemeinen Hanse zuwuchsen. So Stargard an der damals
wasserreichen Ihna, dessen Bürger, wegen ihrer Mannes-
stärke die „Dreibinder" genannt, i. J. 1292 das vollständige
lübische Recht gegen das magdeburgische eintauschten, mit
dem sie ursprünglich bedacht waren. Segensreicher für
alle Zukunft gestalteten sich die Dinge an der Niederweichsel:
der Verkauf von Pommerellen mit Danzig an den deutschen Veränderung in Pommerellen.
Orden und gleichzeitig die Verlegung des Hochmeistersitzes
von Venedig nach Marienburg.

Als Wenzel III., der letzte der Przemyslaiden, i. J.
1306 ermordet wurde, hatten sich die Markgrafen von
Brandenburg, zumal Otto IV. (der Minnesänger) und
Waldemar in das lockende Erbe Mestwins eingedrängt

und im Sommer 1308 die deutsche Bevölkerung von Danzig
veranlaßt, aus Abneigung gegen das Polentum ihre Tore
den Märkern zu öffnen. Nur die Burg an der Mottlau
blieb noch in Wladislavs Gewalt, bis ein Komtur des
deutschen Ordens, durch die Polen herbeigerufen, nachdem
er in harten Sträußen mit der brandenburgischen Besatzung und den Deutschen Meister Danzigs geworden war,
auch die polnischen Waffengefährten aus der Burg trieb,
und durch eiligen Zuzug von Ordensleuten verstärkt, in der
Nacht vom 14. November 1308 unter grausamem Blutbade
sich der Stadt allein bemächtigte. Die Ermordung von
angeblich 10000 Menschen und die Niederlegung der
Mauern brachten die Altstadt Danzig, Svantopolks Hofsitz in so tiefen Verfall, daß sie neben der Neustadt (Rechtstadt), der glanzvollen deutschen Schöpfung der nächsten
Jahrzehnte, nie wieder zu Kräften gelangt ist.

Als nun in kurzer Zeit ganz Pommerellen in des
Ordens Hand geraten war, gedachte derselbe durch Markgraf Waldemar, welcher das entlegene Weichselland schwer
behaupten konnte, einen Rechtstitel zu erlangen. Der leicht-
sinnige Geldwirt zeigte sich auch schon im September 1309
bereit, jene Gebiete, die er bereits verloren, um 10000 M. S.
und die Bestätigung des Reichs an den Orden abzutreten.
Solcher Handel griff aber trefflich in die Pläne der deutschen Ritter ein. Nach Akkons Fall (1291) nach Venedig
übergesiedelt, beobachtete der Hochmeister sorgenvoll den Pro-
zeß, welcher eben gegen den verbündeten Templerorden am
päpstlichen Stuhle eingeleitet war und fühlte sich um so
weniger vor einem Vernichtungsschlage der Hierarchie
sicher, als die frühere Huld Roms seit dem Verlust der heiligen Lande nicht allein erkaltet war, sondern sich infolge
blutiger Zerwürfnisse der Brüder in Livland mit dem
Erzbischof von Riga und der gröblichen Verlästerung in
Avignon von seiten des livländischen hohen Klerus (1305)
in unzweifelhafte Abneigung umgewandelt hatte. Schon
drohte eine Bulle vom Juni 1309 „aus dem Weinberge des
Herrn die Dornen der Laster, das Unkraut der Sünden aus-
zurotten", schon schwebte das Verderben über dem Haupte

der Templer, da führte der Hochmeister Siegfried von Feuchtwangen einen stillvorbereiteten Entschluß aus, welcher die bedrohte Ritterschaft nicht allein aus dem Bereiche des päpstlichen Blitzes räumlich entfernte, sondern sie in den Mittelpunkt ihrer festgegründeten staatlichen Macht versetzte, vor allem aber ihr die Übung des hohen Berufs erleichterte, ihre gesamten Kräfte zur Sicherheit deutschen Wesens, Rechts und deutscher Sitte in den Ostseelanden zu vereinigen. Das war die Verlegung des Hoch- meistersitzes nach Preußen, und zwar nicht nach Kulm, Thorn, Elbing oder Königsberg, sondern nach Marienburg an der Nogat, das i. J. 1274 als Grenz- schloß erstanden war, 1306 neben dem Städtchen sich pracht- voll erhob und das durch Pommerellens Eroberung fast in die Mitte des preußischen Ordenslandes gerückt, sich zum fürst- lichen Hofhalte sowie zur Verwaltung und Verteidigung am besten eignete. Im September 1309 hielt der Meister seinen Einzug und schloß, der Beistimmung des Königs Heinrich sicher am 12. Juni 1310 den Kaufvertrag mit dem Markgrafen über die Schlösser und Gebiete von Dan- zig, Dirschau und Schwetz, welchen das Reichsoberhaupt am 27. Juli zu Frankfurt bestätigte. So ward nun deutsche Kultur auf Jahrhunderte dem schönen langbestrittenen Strich von der Leba bis an die Weichsel gesichert, und an die Ostsee eine echtdeutsche Macht als Stützpunkt des hansischen und bürgerlichen Lebens verlegt, welches den Ritterbrüdern ihren Ursprung verliehen und nahe hundert Jahre mit ihnen Hand in Hand gegangen war. Wir wiederholen es: Hanse und deutscher Orden, aus einer Wurzel erwachsen, standen unerschütterlich, so lange beide ein Geist durchdrang; als sie sich gegenseitig entfremdeten und anfeindeten, war beider Untergang unausbleiblich.

Verlegung des Hoch- meistersitzes nach Marienburg.

Noch hatten Thorn, Kulm, Elbing und Königsberg, deren Bürger dem Orden zum blutigen Unterjochungswerke wacker geholfen hatten, als ältere Gemeinwesen den Vor- rang vor Danzig und beteiligten sich, zumal Elbing, un- gehindert an den hansischen Dingen. Bald aber trat jenes neue Danzig in den Vordergrund und bildete später jene

Preußische Städte.

ordensfeindliche Gesinnung aus, von der auch die andern Städte zum Verderben der deutschen Sache fortgerissen wurden. Sonst konnte man an Preußens Bürgertum noch lange das Bild des Ländlichen erkennen. Wo lübisches Recht galt, wie zu Elbing und Braunsberg, war die Bewegung freier als in den Orten magdeburg-kulmischen Rechts. Doch überall herrschte Gemeindeverfassung, und jährliche Neuwahl des Rats unter dem Bestätigungsrecht des Ordens, der auch dem Bauwesen in Rücksicht auf die Verteidigung vorstand. Nächst den Städten an der See regte sich die kaufmännische Tätigkeit am lebendigsten in Thorn, das mit dem Innern Polens und seewärts bis Frankreich Handel besonders mit Wollwaren trieb. Merkwürdig bleibt jedoch, daß kriegerischer Durchbildung ungeachtet in den Ordensstädten sich erst spät Spuren der Zünfte in politischer Bedeutung finden.

Stolp, Rügenwalde deutsch. Unter Brandenburgs Walten gewann auch das altslavische Stolp an dem Flusse gleichen Namens deutsches Leben und eine hansische Zukunft, indem ihm die Markgrafen i. J. 1310 lübisches Recht erteilten. In gleicher Weise schwang sich das kleinere Rügenwalde, näher an der See belegen, durch märkische Vasallen i. J. 1312 zur Geltung eines Handelsortes auf.

Kampf Ludwig des Bayern und Friedrichs von Österreich. Inzwischen war Kaiser Heinrich VII. im fernen Toskana am 24. August 1313 eines dunklen Todes gestorben. Die Doppelwahl und der Kampf der Gegenkönige Ludwig des Bayern (14. Oktober 1314) und Friedrich des Schönen von Österreich (20. Oktober), verhängte zunächst über die oberen Reichslande zehn grauenvolle Jahre. Auch der Niederrhein und Westfalen wurden durch die Parteinahme ihres Erzbischofs in den Strudel hineingezogen, dadurch wurde aber auch das Selbständigkeitsgefühl der Gemeinwesen noch höher gesteigert, wie denn selbst in Köln das Regiment der Geschlechter wankte und es neben dem engeren Rate einen äußeren von 82 Mitgliedern anerkennen mußte. Diesseits des Thüringerwaldes und der Weser dagegen teilten kaum die paar Reichsstädte Goslar, Mühlhausen und Nordhausen den Streit der Gegenkönige.

Als Rostock und Wismar müde abgetreten und durch ihre „Herren" zeitweise gebunden waren, führte Stralsund den Ehrenreigen des Kampfes gegen die Dänen und die ihrer Würde vergessenden Fürsten.

Stark durch seine Lage, umgürtet von einer Mauer mit 40 Wehrtürmen, hochgefreit und unter einer Ratsverfassung, die vom Einfluß der Altermänner der Innungen besonders der ratsfähigen Gewandschneidergilde bedingt blieb, ward das sundische Bürgertum der Neckereien seines unzufriedenen Oberherrn Witzlav III. müde, zumal derselbe im Januar 1214 zu Grävismühlen mit Herzog Erich von Sachsen-Lauenburg, mit Heinrich dem Löwen und den Grafen von Schwerin und Holstein, den Herren von Werle, ein neues Drohbündnis geschlossen hatte, und auch der Dänenkönig sich dem Anruf des Vasallen geneigt zeigte. Dagegen suchten die Stralsunder den Beistand der Markgrafen Waldemar und Johann, welche jetzt freudiger die Verteidigung des slavischen Nordens übernahmen und um so leichter den Herzog Wartislav IV. von Pommern auf ihre Seite zogen, weil der jüngste Erbvergleich Witzlavs mit der dänischen Krone dessen uralte Ansprüche auf Rügen gefährdete. Beim Ausbruch des ersten Kampfes 1314 täuschten noch die Markgrafen die Hoffnung ihrer Schützlinge. Die fürstlichen Gegner verständigten sich unerwartet, und die Stralsunder mußten die märkischen Schutzbriefe ausliefern, die Bollwerke an ihren Mauern schleifen, die vertriebene Partei ihrer Bürger, welche es mit dem Landesherrn gehalten, wieder einlassen und obendrein den Brandenburgern Schutzgeld entrichten. Dieser Übereinkunft gemäß huldigte die Stadt im Frühling 1315 von neuem und empfing gegen Erlegung von 6000 M. S. und die Zurückgabe des Zolls die Zusicherung aller ihrer alten Rechte und Freiheiten mit dem Verzicht auf neuere. Aber der Friede dauerte nicht lange. Schnell sehen wir in den Tagen, als Ludwig der Bayer und Friedrich der Schöne sich zum ersten Male mit ihren Heeren einander näherten, Norddeutschland bis tief nach Thüringen und an den Harz hinauf in eine märkisch-deutsche Partei zugunsten Stralsunds und Walde-

mars, und in eine dänisch-wendische zugunsten Erich
Menveds und Witzlavs gespalten. Eine merkwürdige
Politik stellte die Könige Dänemarks, Schwedens und
Norwegens, die Herzöge von Sachsen-Lauenburg, die Fürsten
von Anhalt, die Grafen von Schwerin, sogar den König
von Polen, Wladislav Lokietek, den ungesühnten Feind der
Markgrafen wegen Pommerellens, die Herren von Wenden
und Mecklenburg, sogar russische Horden in einen gemeinsamen Bund. Waldemar der Markgraf hatte nur Pommerns
schwachen Herzog und die Seestadt Stralsund zu Kampfgenossen, da die wendischen Schwestergemeinden, selbst das
nahe Greifswald, allen Beistand versagen mußten.

Anfall auf
Stralsund. Die verwickelte Fehde begann um Mecklenburgs
Städte mit wechselndem Erfolge. Im Januar 1316 zog der
Dänenkönig auch den bürgerfeindlichen Erzbischof von
Magdeburg und Thüringens waffengeübte Landherren wie
die Harzgrafen in seinen Sold. Endlich rüstete sich eine
dänische Flotte von 80 großen Schiffen mit einer Be-
mannung von 7000 Gewappneten gegen Stralsund, dessen
Rat und Aldermänner verfassungsmäßig nur noch Rügens
Ritterschaft gegen den vertragsbrüchigen Oberherrn gewonnen
hatten. Während nun dänische und schwedische Schiffe
die sundischen Gewässer sperrten, nahte im Juni 1316 das
Landheer unter den Bannern Witzlavs, Erichs von Sachsen-
Lauenburg, Albrechts von Braunschweig, des Herzogs von
Schleswig, der Grafen von Holstein und der wendischen
Fürsten. Den Markgrafen, den geschworenen Helfer der
Stadt, hielt um diese Zeit die Verteidigung des Eigenen
fern. Von Beutelust und Kampfbegier getrieben war der
Sachsenherzog der erste im Lager beim Hainholze, damals
einem dichten Forste, welcher die Stadt westlich umschloß.

Sieg am
Hainholz. Da stürzten sich die Stralsunder mit ihren Waffengenossen
am Abend des 21. Juni wie ein gereizter Bienenschwarm
über die hitzigen Vorkämpfer, brachen seine Wagenburg,
erschlugen viele seiner Ritter, fingen ihn selbst mit andern,
plünderten das Lager und kehrten jubelnd in ihre Mauern
heim. So glücklicher Anfang stärkte den Mut auch gegen
das größere Belagerungsheer. Nach kecken Ausfällen hatten

die Bürger schon in wenigen Tagen einen Haufen vornehmer Ritter in ihrem Gewahrsam, welche am 15. August
dem Rate und den Aldermännern ein Lösegeld von 8000 M. S.
geloben mußten. Als nun die strengere Jahreszeit nahte,
zogen (Nov. 1316) die beschämten Herren ihres Weges,
worauf die Bürger sich für den erlittenen Schaden an
Witzlavs Gebiet schadlos hielten und getrost in die Zukunft
blickten, obgleich ihr fürstlicher Bundesgenosse Waldemar
im hohen Sommer unweit Gransee den Gegnern er-
legen war.

Im folgenden Winter (1316—1317) erkannten die
Kriegshäupter ihren Schaden und besonders ihren Geld-
mangel und näherten sich einander. Der stolze Dänenkönig
fühlte sich so gebeugt, daß er den Besitz des Wendenlandes
aufgab. Das so geräuschvoll eingeleitete Unternehmen löste
sich in eine Reihe von Verträgen auf, welche der Frieden *Frieden zu*
von Templin (November 1317) in ein Ganzes vereinigte. *Templin.*
Unbeschädigt, siegreich, mit neuen Privilegien, dem Rechte
der Zollerhebung, dem Münz- und Wechselrechte, der Lehnware über alle Schulen, ging die tapfere Seestadt aus dem
Kampfe hervor, schmückte kunstsinnig von dem reichen Löse-
gelde des Sachsenherzogs und der Ritter jenes prangende
Rathaus und erbaute den „König Artushof", den schmucken
Saal für Hochzeiten und Gelage ehrbarer Ratsbürger und
Kaufherren. Ein Ausschuß von Achtmännern zur Entwerfung
von Statuten, sowie die Verbannung einer angesehenen
Bürgerpartei deuten aber auf erregte innere Zustände. Die
Zünftler hatten ja am mutigsten gefochten, besonders am
Hainholz die „Hutfilzer". Gepriesen ward auch die rüganische
Ritterschaft, vor andern aber Herr Stoislav von Putbus,
welcher sich in seinem Anrecht auf das Fürstentum durch
Witzlavs, des Geschlechtsseniors, Erbvertrag mit der dänischen
Krone verletzt sah.

Als nun König Erich am 13. Mai 1318 mit dem *Tod Erichs*
Rat und der Bürgerschaft Stralsunds eine vollkommene *von*
Sühne geschlossen hatte, kraft welcher er die Stadt auf drei *Dänemark.*
Jahre ohne Auferlegung eines Schutzgeldes in seinen
besonderen Schutz nahm und sich im Falle eines Krieges

ihrer Bundesgenossenschaft versicherte, jedoch mit dem Zugeständnis, daß auch in solchem Falle den Bürgern der Verkehr mit Kaufleuten jeglichen Landes frei stände, war tatsächlich alles zerronnen, was das stolze dänische Königtum innerhalb zwanzig Jahren an Hoheitsrechten über Deutschland gewonnen hatte. Denn als Erich Menved am 13. Dezember 1319 kinderlos starb, erstarb zugleich auch die Schutzherrlichkeit über Lübeck, welches den Vertrag nach Ablauf der zehn Jahre erneuert und sein Schutzgeld pünktlich bezahlt hatte. Rostock war mit dem mecklenburgischen Gebiete schon i. J. 1317 Erblehn geworden. Rügens Erbfall trat nicht ein und der teuer erkaufte Titel eines „Königs der Wenden" brachte auch nicht die geringsten Einkünfte, sondern verursachte nur lästige Besatzungskosten in einigen vorbehaltenen

Aussterben der Anhalter in der Mark. Schlössern. Das gleichzeitige Erlöschen des Stammes Anhalt in der Mark mit dem dunkeln Tode Waldemars veränderte alsbald alle norddeutschen Besitzverhältnisse, und gab Ludwig dem Bayern, dem Obsieger Habsburgs, Gelegenheit, das kaiserliche Ansehen in Norddeutschland wieder zu begründen, welches durch den neuen Dänenkönig Christoph II. umsoweniger gefährdet werden konnte, als dieser, bösgeartet, schon früher und besonders während der „Markgrafenfehde" vom königlichen Bruder offen abgefallen war, dem Brandenburger seine Dienste verkauft hatte und vertrieben „als Herzog von Halland und Samsoe", zu Stralsund am 19. Nov. 1316 den noch ungesühnten Feinden der Krone alle dänischen

König Christoph II. Privilegien bestätigte. Unter einem so würdelosen und verächtlichen Könige wie Christoph, der nur durch Unterzeichnung einer alle Königsgewalt vernichtenden Wahlhandfeste die Stände des elend zerrissenen Dänenreichs für sich gewinnen konnte, durfte denn der deutsche Norden ungehindert in seiner eigentümlichen Entwicklung fortschreiten.

Mögen wir auch nicht unbedingt dem deutschen Bewußtsein Stralsunds, an dessen Widerstand Erichs Pläne scheiterten, so wohltätige Folgen beimessen, so lag der Abneigung vor unmittelbarer Fremdherrschaft doch das dunkle Gefühl der Bürger, der deutschen Gesamtheit anzugehören, zugrunde, keineswegs das Gelüste, sich einem angestammten

Fürstenhause zu entziehen, das in seiner Willkür und Wort-
brüchigkeit die dänische Krone als Stütze suchte.

Der Genuß hansischer Berechtigung von seiten der
norddeutschen Städte und das Bedürfnis des skandinavischen
Nordens sowie dessen Abhängigkeit von Deutschland waren
seit hundert Jahren eine so unerläßliche Lebensgewohnheit
geworden, daß das System nicht fallen konnte, selbst wenn
eine obere Leitung fehlte. Zwar lag im ursprünglichsten
Wesen des seestädtischen Bundes kein Hindernis, daß nicht
auch eine Stadt unter fürstlicher Schutzherrlichkeit an die
Spitze gleichartiger Genossen trete. Lübeck war ja die einzige
Reichsstadt am baltischen Meere. Nur durfte die leitende
Stadt nicht durch dänische Botmäßigkeit gefesselt sein,
weil Dänemark durch den wichtigen Heringsfang und die
Märkte bei Skanoer und Falsterbo, endlich vermittelst der
Sundsperre jede Lebensregung der wendischen Städte bedingte.
Unverkennbar war aber die freie Reichsstandschaft ein
Erfordernis, um zugunsten des „deutschen Kaufmanns" bei
fremden Mächten zu wirken. In Ermangelung solcher
Eigenschaft sehen wir auch die kräftigsten landessässigen
Seestädte während Lübecks Schwachmütigkeit untätig.
Gemeinsam wurde nichts erworben. Gemeinsam
Errungenes geriet in Gefahr. Nochmals erhoben die
Sonderhansen, die unabhängigeren Kaufmannsgesellschaften,
ihr Haupt als Gesetzgeber, und alles einmütige Verfahren
unterblieb. — So forderten schon i. J. 1303, als Lübecks
Gestirn sich zu verdunkeln anfing, „Aldermann und Brüder
der deutschen Hanse in England" Rostock auf, zur Aufrecht-
erhaltung eines gemeinschaftlichen Verbotes nicht nach Lynn
zu segeln, mitzuwirken und die Übertreter zu strafen. Jene
Hanse hatte ein Umlaufschreiben auch an die westfälischen
Städte geschickt und sie bereitwillig gefunden. Stralsunds
Großhändler dagegen hatten sich nicht daran gekehrt, und ihre
Schifführer die Warnung nicht beachtet. Während noch die
„Witzigsten" des englischen Kaufhauses mit dem Mayor
von Lynn nicht erfolglos unterhandelten, hatten sie obendrein
den Verdruß, auch lübische Schiffe in jenen verbotenen Hafen
einlaufen zu sehen. Kurz entschlossen wiesen sie darauf jene

Allgemein
Hansisches.

Die
Sonderhansen
in England.

Übertreter der Satzung „gemeiner deutscher Kaufleute" aus „ihrem Rechte" und forderten „im Namen des gemeinen Kaufmanns aus Westfalen" die Rostocker auf, die schuldige Buße einzuziehen. Die Vertragsbrüche der Bürger von Lynn bestanden aber darin, daß sie auf ihrem Platze den Tausch-handel der deutschen Einfuhr an Fischen, Tuch und Honig mit Gästen, den Kleinverkehr mit Wachs, Buntwerk, Asche und Seefischen, norwegischem Hering verboten. Ebenso beschränkten sie den Verkauf von Mühlsteinen und Getreide, bei Zahlung übervorteilten sie die Fremden, schätzten will-kürlich die Waren ab und forderten „Mauergeld". Endlich untersagten sie das Waffentragen, um so leichter ihren Mut-willen üben zu können. Die Vorsteher der englischen Hanse waren aber damals fast nur Rheinländer und Westfalen aus Dortmund, Soest, Münster, Attendorn, nur ein paar aus Lübeck, Deventer, Rostock und Stralsund. Denn nicht allein das reiche Soest, sondern auch kleine Städte wie Brilon verkehrten unmittelbar mit England. Diese Deutschen waren es besonders, welche den allgemeinen, von Edward I. 1303 allen Fremden erteilten Freibrief zu behaupten wußten.

Auf Rostocks Bitten zwar bestätigte Erich den „Kauf-leuten aller Ostseestädte" den Schutz ihres Gutes und die Fahrt durch Esthland nach Nowgorod (1305). Gleichwohl mehrte sich wiederum die Zahl an einzelne Städte ver-liehener Privilegien. Besonders warben die Holländer fleißiger um Vorrechte in Bergen, und jeder schien nur für sich zu sorgen.

Händel mit Brügge. Trotzdem Graf Robert von Flandern „alle Kaufleute des römischen Reichs" im November 1307 in Schutz genommen, ihnen freien Verkehr mit Ausnahme des Geld-wechsels und zinslicher Dahrlehen und im Falle eines Krieges mit dem Kaiser oder einem Reichsfürsten Sicherheit auf 40, nach Umständen auf 80 Tage nach der öffentlichen Warnung zur Wegschaffung ihres Gutes verheißen hatte, er ihnen überall auch freies Vereinsrecht gestattete, wanderte doch um diese Zeit infolge früherer Klagen der Stapel von Brügge nach Ardenburg. Als nun Bürgermeister, Schöffen und Rat von Brügge, über solchen Schritt betroffen, neue Zu-

Brǔge.

1. St. Bernhard. 5. Englein 8. Tsjüerken 7. der Thost 9. Lieb Fraue Kirch
2. Frauenbrücke. 4. St. Anna 6. St. Erling 8. Askin Thön. 10. St. Walsburg

Brügge, nach einem Kupferstich in M. Merians „Topographia Germaniae inferioris“.

Brügge hieß zur Zeit der Merowinger Bruzzla, dann Brugð und soll schon um 865 mit Mauern umgeben gewesen sein.   Als Balduin, Graf von Flandern, 1204 Kaiser des byzantinischen Reiches wurde, bekam die Stadt Gelegenheit, ihren Handel über die Levante auszudehnen; sie wurde zugleich als Stapelplatz für die Städte des Hansebundes und für den englischen Wollhandel ein Handelsmittelpunkt für den Weltverkehr. Der Verlust Philipps IV. von Frankreich, die flandrischen Städte zu unterwerfen, wurde durch die „vlämische Vesper“, wobei in Brügge über 3000 Franzosen getötet wurden, und durch den Sieg der Städte bei Kortryk 1302 vereitelt. So kam die Stadt 1305 wieder unter die Grafen von Flandern und erhielt von diesen immer mehr Privilegien.   Am 6. Februar 1488 nahmen die Bürger von Brügge den römischen König Maximilian I. gefangen, folterten und enthaupteten seine Räte und zwangen ihn, nach dreimonatiger Gefangenschaft der Regierung Flanderns zu entsagen. Nach mehreren vergeblichen Versuchen wurde die Stadt durch Maximilians Statthalter, Herzog Albrecht von Sachsen, bezwungen und bestraft, wodurch ihr Ansehen und Handel sehr geschädigt wurden. Mit der Entdeckung der großen Seewege und dem Emporkommen Antwerpens sank die Brügger Handelsmacht.   Im Oesterreichischen Erbfolgekrieg eroberten die Franzosen unter dem Marschall von Sachsen 1745 Brügge und in der Revolutionszeit 1794 unter Pichegru.   Unter französischer Herrschaft war es die Hauptstadt des Lysdepartements. Das heutige Seit 1814 gehörte es zu den Niederlanden, seit 1830 zu Belgien und ist eine der Hochburgen der klerikalen Partei geworden. Das heutige Brügge ist Hauptstadt der Provinz Westflandern, seine Bevölkerung (1890: 47497) ist im Sinken begriffen, im Aeußern hat es noch ganz das mittelalterliche Gepräge.

sicherungen boten (November 1309), sowohl wegen freien Verkaufs ihrer Stapelgüter Wolle, Pelzwerk, Wachs, Kupfer und Getreide als des Kaufs und der Ausfuhr, ferner wegen des Gerichts und der Wage, des Waffentragens und der Korporationsrechte, entstand eine Spaltung unter den Gästen. Ein Teil kehrte, mit solcher Verheißung zufrieden, von Ardenburg nach Brügge zurück, wie die sächsischen Städte Braunschweig, Goslar, Magdeburg, denen der Verkehr in dem kleinen Ardenburg nicht den Weltmarkt Brügges ersetzte. Sie erboten sich zur Vermittlung mit den ostländischen Städten und waren sogar bereit, wieder abzuziehen, wenn keine Vereinbarung mit jenen stattfände.

Auch König Edward II. bekräftigte i. J. 1311 „allen Kaufleuten des deutschen Reichs, welche die Gildhalle der Deutschen in London inne hätten," die früher erteilten Freiheiten. Als aber der dänische Krieg das Band der Seestädte vollends löste, bemerken wir an Haakon von Norwegen eine feindselige Haltung der Gesamtheit gegenüber. Im Jahre 1312 nach Verjagung der Engländer aus Bergen war es zu Stralsund, wo Haakons Abgeordneter mit den fünf Seestädten die Herstellung der alten Handelsfreiheiten und das Verfahren bei Klagen vereinbarte, dafür aber bereits eine Gegenseitigkeit forderte, welche die Städte bis dahin kaum der Form nach eingeräumt hatten. Im nächsten Sommer (1316), als die Seestädte der mutigen Verteidigung Stralsunds müßig zuschauten, eiferte Haakon in einer Verordnung an seine Amtleute gegen „Verbrecher", welche, aus seinem Lande vertrieben, dessenungeachtet blieben, und gegen solche, die seine Erlaubnisbriefe, zu verweilen, mißbrauchten. Auch ungenannt waren die Deutschen darunter zu verstehen, an deren Stelle gleichzeitig die Engländer sich wieder festzusetzen suchten. Gleich darauf, am 19. Juli, beschränkte der unwillige Herrscher in einem Schreiben an seine Beamten in Bergen und Tunsberg den bisherigen Handel der Deutschen in und mit Norwegen in unerhörtem Maße. „Weil sie nur unnütze und entbehrliche Dinge, wie Bier, Krämerwaren und Gewürze einführten," verbot er, „die unentbehrlichen norwegischen Güter, wie Butter, Fische und

Störung mit Norwegen.

Fettwaren auszuführen, wenn nicht schwere Güter, wie Getreide, Malz, dagegen eingebracht würden. Seine Diener sollten die für das königliche Hoflager gekauften Gegenstände mit dem rechten Preise bezahlen, die Fremden zum Zoll zwingen, und diesen sollte bei Verlust ihrer Güter nicht gestattet sein, den Winter über in Bergen zu bleiben." Als abgabepflichtige Waren wurden genannt: Butter, aus Fischen bereitete Würze oder Öle, größere Seefische, Fleisch, Ziegenfelle, Nüsse (?), Häute vieler nordischer Tierarten, Pech, grobes Tuch, Schwefel, Harz, „Bisam", auch Talg und anderes. Vielleicht mag die Hungersnot, welche i. J. 1315—17 zurzeit der Kämpfe Ludwigs und Friedrichs besonders Deutschland und den Norden heimsuchte, den Anlaß zu so strengen Geboten gegeben haben. Denn im folgenden Jahre (1317) bestätigte Haakon im Einverständnisse mit Bergen eine noch größere Beschränkung des Verkehrs der Fremden und bestimmte gewisse Personen, die allein mit den Gästen Handel treiben durften. Durch die vereinzelten Kämpfe uneinig und ermattet, mußten die Obsieger weiland Erichs des Priesterfeindes eine solche Verkümmerung über sich ergehen lassen, bis dann zunächst Hamburg i. J. 1318 „gleich anderen Fremden" auf Bitten der Bischöfe wieder Eingang in Norwegen fand, klug auf Entschädigung des früheren Schadens verzichtend. Als Haakon im Mai 1319 ohne männliche Erben gestorben war, und die norwegische Krone mit der schwedischen vereint an Magnus Smäk, den unmündigen Neffen des scheußlichen Brudermörders Birger II., und Sohn Erichs, Herzogs von Schweden, gelangte, besserten sich die Verkehrsverhältnisse in Norwegen. Wir finden zunächst auch den Bremern die freie Fahrt wieder gestattet. Denn jene schwedischen Herzöge Erich und Waldemar, welche den Hungertod in ihres Bruders Kerker starben (1317), waren den deutschen Kaufleuten für hohe Summen verpflichtet und hatten dieselben sowohl im Handel und Heringsfange als auch auf ihrer Fahrt durch Karelien besonders begünstigt.

Allgemeine Erwerbungen für den deutschen Verkehr kommen in dieser Zeit der zersplitterten Kräfte nicht vor.

Gunst der Schweden.

Einzelne wurden, wie vom reichen Lübeck oder von holländischen Städten wie Harderwyk für Schonen „erkauft", oder wie die großen Freibriefe Johanns, Herzogs von Brabant und Limburg, i. J. 1315, welcher Antwerpen mächtig förderte, nicht den deutschen Kaufleuten allein, sondern allen handelnden Nationen erteilt. Nur etwa auf dem Kaufhof in Nowgorod gab sich Lübecks Einfluß kund, wie die Geschmeidigkeit der dortigen Aldermänner und die unverkennbaren Spuren des lübischen Rechts in der neueren Skra bezeugen.

Viertes Kapitel. ⁛

Lübeck frei vom dänischen Schutze. Steigende Verwirrung iu Deutschland und im Norden. Kampf mit dem römischen Stuhle und seine Folgen. Magdeburg und Bremen. Dänische Wirren unter K. Christoph II., Waldemar von Schleswig bis 1332. Schwebende Verhältnisse der wendischen Seestädte. Rüganischer Erbfolgekrieg. 1328. Dänisches Zwischenreich bis 1340. Lübecks Krieg mit Staveren. Wiedererstarkung der wendischen Seestädte. Magnus, König von Schweden und Norwegen, Herr von Schonen. 1332. Waldemar Atterdag.

Vom J. 1320—1340.

Ehe noch Erich Menved gestorben war, bemerken wir schon, daß Lübeck seine Blicke wieder auf das Reich richtete, des Endes seiner Bevormundung durch Dänemark gewärtig. Es fand aber in den deutschen Zuständen wenig Ermutigung. Der Sendbote, welchen die vergessene Reichsstadt auf Ludwigs Ladung i. J. 1318 nach Nürnberg geschickt hatte, fiel bei der Rückkehr in die Hand eines österreichisch gesinnten Ritters in Franken und konnte erst nach Jahren um hohe Summen, doch gegen Abzug an der Reichssteuer, erledigt werden. Als nun um Pfingsten 1319 das letzte Schutzgeld an Erichs Gläubiger bezahlt und im Winter das lästige Verhältnis erloschen war, sehen wir die Lübecker zunächst durch Kauf vom „milden" Grafen Johann von Holstein die Zwingburg bei Travemünde, ein drohendes Denkmal der Tage Waldemars des Siegers, an sich bringen und spurlos vertilgen (1320). Dann griffen sie nicht ohne Glück die einzelnen Fäden allgemeiner hansischer Geschäfte

Lübeck frei von dänischem Schutze.

auf und erscheinen im Anfang des J. 1321 wieder in Eintracht mit Hamburg und den wendischen Seestädten, indem
sie die Zunftrolle der Böttcher, eines sehr unentbehrlichen,
aber unruhigen „Amts“, neu festsetzten. Es vergingen jedoch mehrere Jahre, ehe die Stadt sich wieder zu ihren
Ehren aufgeschwungen hatte.

Verwirrung in Deutschland.

       Denn entsetzliche Verwirrung brach seit dem Ende des
Streits um die Kaiserkrone durch die Schlacht bei Ampfing
(28. Sept. 1322) über unser Gesamtvolk und nach des
ehrlosen Dänenkönigs Christoph wohl besonders über die

Besonders in der Mark.

baltischen Länder ein. In der nahen Mark Brandenburg
hatten die Tage des Glücks und bürgerlichen Wohlstandes
schon nach Waldemars Tode und dem Hinwelken seiner
tatenlosen Neffen begonnen. Furchtlos griffen alle Nachbarn
in das herrenlose Reichslehen zu, entweder als eigennützige
Vormünder, oder um sich am frühern Bedränger zu rächen.
Unter der Verwaistheit noch lebendiger zu politischem Bewußtsein angeregt, halfen die Städte Brandenburg, die wir
fast alle als Verwandte des deutschen Kaufmannsbundes
kennen, sich selbst. Ihrer 23, Berlin-Kölln, Frankfurt,
Salzwedel und Tangermünde an der Spitze, schlossen im
August 1321 einen Landfriedensbund gegen Räuber und
Beschädiger, gegen die Feinde ihrer „ursprünglichen Rechte“,
nahmen aber gehorsam die Entscheidung an, welche i. J.
1323 der sieghafte Bayer aus Nürnberg verkündete: „er
habe seinem Sohne Ludwig die erledigte Mark mit allem
Zubehör verliehen.“ Kaum saß der junge Wittelsbacher,
im Juli d. J. 1323 mit Christophs von Dänemark Tochter
verlobt, einigermaßen fest auf dem Kurfürstenstuhle, als
Norddeutschland plötzlich in den Kampf der Welfen- und
Ghibellinenpartei hineingeschleudert wurde, der seit dem
Falle der Hohenstaufen diesseits der Alpen verstummt schien.

Kampf K. Ludwigs mit dem Stuhl zu Avignon.

       Ludwig der Bayer, undankbar gegen die Bürger,
denen er seinen Sieg gegen den Ritterkönig Friedrich
von Habsburg besonders schuldete, geriet in Händel mit
dem päpstlichen Stuhle zu Avignon, auf welchem seit d. J.
1316 der Franzose Johann XXII. saß und durchdrungen
vom hierarchischen Hochsinn eines Gregor VII. und

Innocenz III., über den Verschmäher des kirchlichen Gehorsams im Juli 1324 den Bann öffentlich verkünden ließ.
Eine Folge der tiefsten Aufgeregtheit der deutschen Welt
war, daß das deutsche Junkertum als Halt der von der
öffentlichen Meinung gehaßten Geistlichkeit in oberdeutschen
Landen überall zusammenbrach. Nur Kölns Bürger als
fromme Söhne der römischen Kirche bewahrten ihre
bisherige gemischte Verfassung. Dagegen schlug unter
grauenvollen Dingen Magdeburgs längst wankende Ratsaristokratie in die entschiedenste Zunftherrschaft um. Der
Erzbischof Burkard Lappe, welcher schon vom Beginn
seines Regiments an ein freches Spiel mit der Freiheit der
Bürger trieb, hatte gewagt, die päpstlichen Prozesse in
seinem Sprengel bekannt zu machen, ängstigte dann seine
Bürger als Anhänger des Bayern mit dem Interdikt und
verschuldete so die furchtbare Entladung des Volksgrimmes,
einer allgemeinen Erbitterung, welche der Einfall des Polen-
königs Wladislav und der heidnischen Litauer als Helfer
der römischen Mutterkirche gegen die ketzerischen Wittelsbacher in der Mark Brandenburg und überall in Deutschland
hervorgerufen hatte. Während des unbeschreiblichen Jammers
der Nachbarprovinz ward der Erzbischof auf Befehl des
Rates am 29. August 1325 in Magdeburg verhaftet und
in der Nacht vom 21. Sept. erbarmungslos totgeschlagen.
Unter dem Schutze des Bayern, aber unter dem Fluche
des römischen Stuhls endeten die Wirren der vornehmsten
hansischen Elbstadt durch den Vertrag des 8. Mai 1330,
vermöge dessen jene volkstümliche Verfassung ins Leben trat,
welche dreihundert Jahre lang durch die Stürme der Reformation bis zum trojanischen Verhängnis der Magdeburger
Ehre, Wohlfahrt, Gewissen und freudigen Bürgermut
bewahrt hat.

Wir sehen davon ab, den Fall der Geschlechter in Oberdeutschland bis nach Thüringen und den Niederrhein hin zu
schildern. Überall wirkten dieselben Kräfte, der Haß der
Zünfte gegen die Geistlichkeit, welche mit dem Adel stand
und fiel. Nur Kölns rittermäßige Stadtregenten schlüpften
noch bis gegen Ende des Jahrhunderts durch alle Gefahren

Fall der
Geschlechter
in
oberdeutschen
Städten.

In
Magdeburg.

hindurch, als auch die Seestädte nicht länger den allgemeinen Sturm abwehren konnten. Wir deuten nur als
Zu Bremen. unserm Zwecke gehörig an, daß Bremens Verfassung infolge
des kaufmännischen Reichtums einzelner Geschlechter wieder
eine junkerhafte Form angenommen hatte, bis ein Statut
vom Jahre 1330 vom Ratsmanne nur freie, echte Geburt,
Besitz im Werte von 32 M., dagegen Freiheit von jeder
Dienstverpflichtung forderte. Die Zahl der Ratsmitglieder
vermehrte sich auf 36, vier aus jedem Viertel. Unmittelbar darauf wurde der Rat „von der Köre vertrieben" und
nicht weniger als 114 Ratsmänner traten auf. Mächtig
handhabte das populäre Regiment den Frieden zu Land
und Wasser, erweiterte den Verkehr Bremens auf der
Nordsee, verschönerte die Stadt mit stolzen Kirchen und
bezwang die räuberischen Friesenstämme.

Zustand in   An der Niederelbe und an der Ostsee vereinigten sich
Dänemark. mit den Wirren, welche Brandenburgs Nachbarschaft und
der hierarchische Streit fühlbar machten, die Folgen der
heillosesten Auflösung des römischen Reichs.

Ohne Willen und ohne Mittel bestätigte Christoph von
Dänemark seine früheren Versprechungen an Stralsund und
Greifswald, gab den wendischen Fürsten ihre Länder als Fahnen-
lehen zurück und gestattete, daß die Rostocker die Zwing-
feste bei Warnemünde, Erich Menveds großartigen Bau,
niederrissen (1323). Aber offenkundiger Bruch jener Kapitulation, Steuerforderung von Laien und Geistlichen
brachten es bald zum offenen Aufstande in Schonen, und
des Königs Versuch, nach dem Tode Herzog Erichs von
Südjütland die Vormundschaft über den Knaben Waldemar
davonzutragen, führte i. J. 1326 seinen Untergang herbei.
Gerhard „der Große", Graf von Holstein, im Besitz des
schönsten Teils des vielgespaltenen Gebiets, der beste Feld-
herr und ehrgeizigste Thronräuber, umfaßte die Sache
seines Sippen, des jungen Waldemars. Alle Großen
kündigten dem Wortbrüchigen Treue und Dienst auf, der
nach der Gefangennahme seines schon mitgekrönten Sohnes
Erich mit seinen Kleinodien und den beiden jüngeren
Söhnen Otto und Waldemar nach Rostock floh (Mai 1326).

Graf Gerhard, zum Reichsverweser ernannt, schützte zu-^{Thronwechsel.} nächst Seeland vor einem Angriffe des Geflohenen, sah ihn^{Waldemar III.} aus dem ausgehungerten Schlosse Wordingborg weichen und hob dann seinen Neffen als Waldemar III. auf den ent- würdigten Königsstuhl (Juli 1326). Zum Lohn von dem willenlosen Knaben mit dem erblichen Herzogtume von Südjütland belehnt, übte Gerhard als „Vormund des dänischen Reichs" das unbestrittenste Königsrecht, während Christoph vergeblich beim Kaiser und bei seinem Schwiegersohne Ludwig von Brandenburg um Hilfe warb, bis im J. 1329 wieder ein Hoffnungsschimmer dem Verachteten aufging.

Solche Zustände, mit heimatlichen Fürstenhändeln ver- bunden, weckten wieder das Selbstgefühl der wendischen See- städte, welche schon i. J. 1325 ihre kurze Täuschung er- kannten, weil der Scheinchrist Gedeminnes, König der heidnischen Litauer und Reußen, die unmenschlichsten Horden in die Mark geschickt hatte. Gleich darauf gab eine eigen- tümliche Verwicklung den Stralsundern und Greifswaldern Gelegenheit, ihre Treue an dem rechtmäßigen Fürsten- geschlechte zu verherrlichen. Jener Witzlav III., Fürst von^{Rüganischer} Rügen und Gebieter Stralsunds, hatte mit Wartislav IV.,^{Erbfolgekrieg.} Herzog von Pommern-Wolgast, am 27. Dezember 1321 zu Greifswald einen Bund gegen Mecklenburg und eine Erbvereinigung geschlossen, welche Christoph, damals noch König und Schwager des Pommern, bestätigte. Der ver- hängnisvolle Tod des jungen Jarimar, (dem lebensmüde der Vater als Letztling eines um die hansische Welt hoch- verdienten Geschlechts bald folgte), rückte Wartislavs Hoffnung auf den Erwerb so schöner Lande in unmittelbare Nähe. Er eilte, die Zuneigung der Städte und des Adels durch Anerkennung aller überkommenen Privilegien derselben zu gewinnen und erhielt wider Erwarten am 22. Mai 1326 auf dem Kirchhofe zu Bard vom abgesetzten und geflohenen Dänenkönige die Belehnung mit dem Fürstentume, gewiß unter der Verpflichtung, dem Oberlehnsherrn gegen seine Bedränger beizustehen. Aber die Bereitwilligkeit des neuen tatsächlichen Königs Waldemar, welcher schon im Juli 1326 den pommerschen Handelsstädten Stralsund, Greifswald,

Anklam und Demmin, sowie „allen Kaufleuten" ihre Freiheiten
auf Schonen erneute, und nebst dem Grafen Gerhard, dem
belobten Geleitsherrn des lübecker und hamburger Warenzugs (Frühling 1324), wenige Tage nach jenem Freibriefe
(15. Juli 1326) mit Stralsunds Rat, „Altermannen"
und Bürgern ein Schutz- und Trutzbündnis auf fünf Jahre
abgeschlossen und ihnen Entschädigung auch früherer Verluste
zugesichert hatte, änderte Wartislavs Politik. Er verließ
den von aller Welt gehaßten Schwager, starb jedoch schon
im August desselben Jahres mit Hinterlassung zweier un-
mündiger Prinzen und einer schwangeren Gattin. Ohne
Beistand von ihren nächsten Sippen, durch treulose Vasallen
befehdet, würden die jungen Erben alten und neuen Besitz
eingebüßt haben, hätten ihnen nicht die Bürger von Stralsund
und Greifswald die aufopferndste Treue und den unerschrockensten
Mut bewiesen. Zwar kündigte sich König Waldemar, in
Stralsund anwesend, am 9. Oktober 1326 als Vormund
und Herrn Gerhard von Holstein als Oberhauptmann und
Verteidiger der fürstlichen Waisen an, verhieß die Tilgung
aller Forderungen, welche den Bürgern noch aus den Zeiten
seiner Vorfahren zustanden, und nahm in hochtrabenden
Worten das Fürstentum Rügen in seinen Schutz, sich nur
billigen Ersatz für seine Kosten ausbedingend. Ja, um die
Stadt noch fester an sich zu fesseln, verlieh er ihr das
bisher kaum erhörte Recht, während der Märkte Schonens
von Jakobi bis Martini auf ihrer Bitte durch ihren Vogt
den Blutbann üben zu lassen, und gönnte ihren „Krämern,
Metzgern, Schustern und sonstigen Gewerbetreibenden", mit
allen Waren dort auszustellen. Aber inzwischen hatten die
Mecklenburger, durch Christoph mit der rüganischen Erbschaft belehnt, alle kleineren Städte und die Vogteien durch
Gewalt und Verrat genommen. Da warben denn die
Stralsunder Kriegsvolk an, versorgten die noch übrigen
Landesburgen mit Lebensmitteln, während die Greifswalder
liebevoll die fürstliche Kindbetterin pflegten, alles unter dem
Einflusse einer populären Verfassung. Einmal getäuscht
durch den falschgesinnten Schirmherrn Gerhard von Holstein,
welcher einen Waffenstillstand vermittelte, rückten die Bürger

Tod Wartis-
lavs IV. von
Pommern.

Treue und
Sieg der
pommerschen
Städte.

beider Städte im März 1327 vor den abtrünnigen festen
Ort Loitz, erstürmten ihn und straften die treulosen Ratsherren mit dem Feuertode. Unter so lauteren, glanzvollen
Bürgertaten ging ein Teil des Adels, durch Mecklenburg
gewonnen, verräterisch damit um, die jungen Herrlein nachts
aus dem Schlosse von Wolgast zu entführen. Doch auf
die erste Nachricht von so unritterlichem Anschlage holten
die Greifswalder die Kinder mit der Mutter in ihre Mauern,
vertrieben dann im August im Bürgeraufgebot und durch
ihre Söldner die Mecklenburger aus ihrer Gemarkung und
siegten im offenen Felde unweit ihrer Stadt (Oktober 1327).
Erst spät traten die Herzöge von Pommern-Stettin, Otto
und Barnim für die jungen Vettern in Waffen, schlugen
mit der Bürgerwehr die Mecklenburger unweit Demmin
(Frühling 1328) und nötigten den Fürsten Heinrich im
Frieden zu Brodersdorf (Juni 1328) gegen eine Abfindungs-
summe von 31,000 M. S. und gegen Verpfändung einiger
Vogteien auf Rügen zu verzichten. Im Bewußtsein solcher
Taten ließ der ehrliebende Rat von Greifswald die Beschreibung
des Krieges in Latein verfassen, stiftete durch höchst bedeutende
Geldopfer nicht verarmt, (mehrere Gewerke hatten freiwillig Summen beigetragen, die uns in Erstaunen setzen,
ein Ratsherr allein über 4000 Th. nach unserem Gelde)
i. J. 1330 ein ansehnliches Hospital, und i. J. 1331
eine Siegesgedächtnismesse sowie eine Spende an die Armen.
Solcher Treue der Bürger Pommerns gegen ihr Fürsten-
haus entsprach nicht die Treue der Fürsten gegen das
Reich. Im Kampfe mit Ludwig von Brandenburg erklärten
Otto und Barnim von Pommern-Stettin (September 1330)
alle ihre Lande für ein päpstliches Lehen und leisteten an
Johann XXII. den Vasalleneid.

Inzwischen aber war es mit Waldemar, dem Spiel-
werke des ehrgeizigen Vormunds, zu Ende gegangen. Den
Lübeckern hatte er am 15. August 1326 alle ihre Rechte
in Dänemark zumal auf den schonischen Märkten bestätigt,
doch nicht den Blutbann, wie den Stralsundern, verliehen,
auch den Hardewykern und den kecken Bürgern von Staveren
sich gnädig bewiesen. Dann hatte Gerhard, „Herzog von

Waldemar III.
und die
Seestädte.

Jütland und Graf von Holstein", i. J. 1327 sich mit
Lübeck und Hamburg zur Erhaltung des Landfriedens auf
ein Jahr geeinigt, und der König i. J. 1328, als der Friede
von Brodersdorf schon erkämpft war, von den Greifswaldern
und ihren Anhängern die Zusicherung einer dreijährigen
Kriegshilfe mit einigen Koggen erwirkt, unter dem Gelöbnisse,
ohne ihre Zustimmung mit dem ehemaligen König von
Dänemark Christoph und den wendischen Herren keinen
Frieden einzugehen.   Aber so wenig Vertrauen flößte die
Gegenwart ein, daß Rostock sich sowohl von Christoph als
von Waldemar ausgedehnte Freiheitsbriefe und Geleitszu-
sicherung für den unentbehrlichen Marktverkehr auf Schonen
erteilen ließ, und auch Lübeck nicht Anstand nahm (November 1328), von Christoph schon vor seiner Wiedereinsetzung
ihre Privilegien sicherzustellen.

Rückkehr
K. Christophs.   Gleichwohl mußte die Art, wie König Christoph seine
neidlose Krone wieder empfing, den Lübeckern zu steigendem
Ansehen gereichen.   Der Vertriebene versöhnte sich im
November 1328 kurz nach jener Erneuerung der lübischen
Privilegien auf Vermittlung des Rats mit dem Grafen
Johann von Holstein, seinem Halbbruder, welcher mit
Gerhard zerfallen war, und erkaufte um abgetretene Kron-
lehen die Hilfe desselben.   So gelangte Christoph unter
einem schandbaren Spiel der Ränke, des Eigennutzes und
der Untreue, welches wir nicht zu verfolgen haben, i. J. 1329
durch Vertrag mit Gerhard in den Besitz der geringen Reichs-
güter, die nicht anderweit versagt waren.   Auch ohne
Verzicht galt König Waldemar III. als solcher nicht mehr.
Es gab eigentlich kein dänisches Reich.   Nach einem
Siege, welchen der mitleidlose Peiniger des Staats Gerhard
noch i. J. 1329 erfochten hatte, nach dem Tode Erichs, des Mitregenten Christophs, und der Gefangennahme seines jüngeren
Sohnes Otto, sah sich der Titularkönig um Fünen und um
Nordjütland gebracht, erfuhr den Aufstand Schonens gegen
seinen harten Pfandherrn, Grafen Johann von Holstein,
Tod
K. Christophs.   gleich darauf den Abfall dieses altdänischen Herzlandes
(Juni 1332) und starb ohne Regierungsrechte, ohne Besitz,
ja ohne Haus, im tiefsten Elend auf Falster am 2. August 1332,

indeſſen ſeine anderen Prinzen Otto und Waldemar beim
Schwager, dem Markgrafen, Hilfe ſuchten. — Während des
ſogenannten Zwiſchenreiches (1332—1340), eigentlich der Zwiſchenreich
Teilung Dänemarks in vier unabhängige Gebiete, unter dem in Dänemark.
ſchamloſen Vorwalten der beiden deutſchen Grafen, gedachte
erſt Otto ſein Recht als älteſter Sohn Chriſtophs geltend
zu machen (1334), geriet aber nach einem unglücklichen
Treffen auf Jütland wiederum in Gerhards Hand. So
dauerte jener politiſch-namenloſe Zuſtand fort, bis die Tat
des däniſchen „Nationalhelden" Niels Ebbeſon am
1. April 1340 ſein Vaterland von ſchmachvoller Fremd-
herrſchaft befreite.

    Ein Ereignis von großen Folgen für die nordiſche Schonen an
Kaufmannswelt war inzwiſchen eingetreten: Schonen, Süd- Schweden.
halland und Blekingen hatten ſich im Sommer 1332 freiwillig unter die Herrſchaft des noch unmündigen Königs Magnus
von Norwegen und Schweden begeben, jenes Magnus, welcher König von
Schweden,
ſich darauf auch König von Schonen nannte. Jetzt ſtand Norwegen und
alſo die Verleihung der wichtigſten Handelsrechte, aus denen Schonen.
die Oſterlinge wie die Weſterlinge ihre Hauptkräfte zogen,
das Privilegium wegen Schonens und Bergens, in einer
Hand. Wie ſollten die getrennten Seeſtädte hoffen, ihre
mißliebigen, beneideten Freiheiten von einer dreifach
geeinigten Staatsmacht zu erlangen, da ſie dieſelben nur
mit gemeinſamen Waffen von den noch vereinzelten
Reichen ertrotzt hatten? — Kaum war von dem neuen
jungen Herrſcher gute Geſinnung zu erwarten, obgleich er
ſchon i. J. 1327 die Seeſtädte nach Bergen entboten hatte,
um Zollbeſchwerden und andere Händel beizulegen. Denn
ſchon i. J. 1330 hatte er jener Stadt ſtrenge Wachſamkeit
empfohlen, daß nicht Fremde, beſonders Deutſche, das ganze
Jahr, ſondern nur zwiſchen den Kreuzmeſſen im Frühling
und Herbſt dort lägen, „falls ſie ſich nicht mit nordiſchen
Frauen vermählt hätten." Bald darauf (Winter 1330)
beſtimmte er gebieteriſch die Strafe gegen Einfuhr ver-
fälſchter Güter, namentlich der ſchmäleren Tücher und ver-
dorbener Waren, wie des Weins, Wachſes, Honigs, Mehls
und Malzes. Als nun eben Land Schonen abfiel, warben

die Sendboten der Seestädte, Lübeck an der Spitze, in
Bagehus anwesend, demütig bei Magnus um die Freiheit
der deutschen Kaufleute auf Bergen. Aber solch ein gemeinschaftliches Gesuch mißfiel dem Rate des jungen Königs,
so günstig er sich sonst den Lübeckern erwies, die jedoch
klüglich, um den mühsam erlangten Einfluß auf den Bund
nicht wieder zu verlieren, ein Privilegium für sich als
einzelne Stadt ablehnten (1332). Wie weit der Bund
der Seestädte um diese Zeit sich überhaupt wieder geeinigt
hatte, können wir nicht angeben, allgemeinere Tagefahrten
scheinen ganz unterblieben zu sein. Denn während des hadervollen
Zustandes im Reiche, des Streits zwischen Kaiser und Kirche,
der Furcht freier Gemeinden vor Verpfändung durch den
Bayern, unter der Sorge westfälischer Städte, wie Soests,
Münsters, Osnabrücks und Dortmunds, ihr äußeres Gedeihen
durch Sonderbündnisse zu schirmen, erfahren wir nichts
von der Verbindung althansischer Binnenorte mit den Seestädten. Was uns in bezug auf die an der Westsee bekannt
wird, deutet nur auf unerfreuliches, ja auf blutige Feindschaft.
Hamburg, als eine anfänglich freie, wiewohl landesherrliche
Stadt i. J. 1292 von Holstein anerkannt, vertreten durch
einen Rat, welcher erst an den „Wittigsten", dann an den
Alterleuten der vornehmsten Zünfte eine bescheidene Opposition
duldete, die eigentlichen Handwerker dagegen durch „Morgen-
sprachherren" in unterwürfiger Stellung hielt, war zwar im
Besitze der ganzen Alster, als Alt- und Neustadt vereinigt,
und vom benachbarten Raubgesindel wie von den unbeugsamen
Ditmarschen zu Land und zu Wasser gefürchtet. Es geriet
aber um das Jahr 1329 mit der kecken, jungen Friesenstadt
Staveren in einen bösen Krieg, dessen Ursprung sich uns
verbirgt, in welchem jedoch Westerlinge und Osterlinge, früher
in der ersten norweger Fehde so treu verbündet, als heiße
Gegner erscheinen. An Schonens und Hallands Küste,
wo Knud Porse als einer der Pfandbesitzer dänischer Reichs-
länder fürstlich gebot, mochte vor d. J. 1329 der Zwist
ausgebrochen sein, und zwar wegen einer Mordsühne, welche
die „Stoverlinge" i. J. 1329 an den „Herzog" zahlten,
aber die Lübecker, wiewohl ohne Grund, als Schuldige

Mißgunst des
K. Magnus
gegen die
Städte und
Uneinigkeit
derselben.

Hamburg.

Krieg der
Lübecker mit
Staveren.

bezichtigten und sich an Hamburg als vermeintlichem
Bundesgenossen Lübecks vergriffen. So parteiten sich die
Städte westlich und östlich, Utrecht trug die Vermittlung
an, Lübeck jedoch war so erbittert, daß es i. J. 1330 zehn
große Koggen und vier „Schniggen" (kleinere Fahrzeuge)
in den Nordsund legte und jene Friesen hart beschädigte.
Ein Schiedsgericht des Grafen Wilhelm von Holland,
obgleich zum Vorteil der Lübecker (1330), war vergeblich;
worauf der Landesherr seine Bürger von Staveren in
Schutz nahm, Rat und Schöffen von Sluys dagegen die
Lübecker begünstigten. Als auch ein zweiter Ausspruch desselben Grafen i. J. 1333 den verworrenen Streit nicht
beendete, als Schiffe beraubt und friedliche Kaufleute von
beiden Seiten gefangen wurden, sehen wir alle hansischen
Beziehungen so gelockert, daß i. J. 1334 unter Brügges
Einschreiten der blutige Zwist zwischen Hamburg, Lübeck
und Staveren sowie dem dortigen Abte an das Schieds-
urteil von je zwei Männern aus Gent, Brügge und Ypern,
und je zweier aus Dordrecht, Zierickzee und Middelburg
verwiesen wurde. Diese sprachen Lübeck der Hauptschuld
ledig, zumal da Hamburg bezeugte, mit den Lübeckern in
keiner Verbindung gestanden, ihnen keine Hilfe geleistet
zu haben. Wir erwähnen diesen Streit, welcher den
Lübeckern noch i. J. 1336 von Herzog Knud Porses
Söhnen Verfolgung zuzog, deshalb besonders, um die
Auflösung des hansischen weiteren und engeren Bündnisses
darzutun, sowie daß die endliche Trennung der westerseeischen
Städte von den Osterlingen schon hundert Jahr gleichsam
vorher spukte. — Für die zeitweise Verminderung des
Ansehns Lübecks mochte den ehemaligen Vorort die ehrer-
bietige Zuneigung anderer Gemeinwesen lübischen Rechts
kaum entschädigen, wie denn i. J. 1329 „alle Kaufleute
deutscher Städte, welche auf Malmö (Elnbogen) segeln",
Lübecks Rat inständigst aufforderten, ihrer Gesellschaft beizustehen, um die Satzungen so löblichen Werkes gegen
Uneinigkeit sicherzustellen. Die Fischlager und Märkte
bei Falsterbo und Skanör konnten den Zudrang der Berechtigten
nicht mehr fassen, weshalb in jenem Jahre die „Schonenfahrer"

Geringer Bestand des Bundes.

Gesellschaft von Malmö.

jene Gesellschaft in Malmö unter Statuten kirchlicher,
kommerzieller und weltlich-heiterer Färbung aufrichteten.
Weil Brüderschaften, Kalande und Gilden der Art nicht
allein im Auslande gebräuchlich wurden, sondern die reisigen
Kaufleute auch in der Heimat dieselben nachbildeten, schildern
wir das ernste und fröhliche Gepräge dreier, welche sich
gleichzeitig nachweisen lassen. Die fromme Brüderschaft
von Malmö, die „Kumpanei" (nicht Compagnie), bestattete
jeden armen Fremdling mit demselben kirchlichen Pompe,
mit Bahrtüchern, Lichtern und Seelmessen wie das eigene
Mitglied. Sie nahm niemanden auf, welcher mit einem
der Brüder im Zwiste stand. Bei Strafe durfte niemand
mit Waffen das Gelagshaus betreten. Ein Mitglied, welches
einen Gast einführte, bürgte für das gesetzliche Betragen
desselben. Das Zutrinken einer vollen Kanne war nicht
gestattet ohne Erlaubnis des „Schenken". Wer in Dänemark sich mit einer dänischen Frau verheiratet hatte, ein
Übelberüchtigter, wurde, sobald seine Übeltat bekannt, aus
dem Gesellenbuche gestrichen. Wer Zwietracht anstiftete,
unterlag dem Spruch der Vorstände, welche sich bei
erheblicherem Schaden der Beihilfe ihrer Städte versicherten.
Lübecks Ratsmannen säumten nicht, so löbliche Statuten
zu billigen und der Beachtung ihrer Schonenfahrer zu
empfehlen.

Harmloser und kirchlicher war die Rolle, welche die
„Schleswicker Brüderschaft" i. J. 1291 aufrichtete, jene
vornehme, alte Kaufmannsgilde, die auch, nachdem die
Hafenstadt an der Schlei längst verschollen, nach ihr sich
zu benennen fortfuhr. Die frommen und fröhlichen Brüder
kamen aber alljährlich zweimal auf dem stattlichen Gelags-
und Weinhause bei St. Patroklus zusammen. Seinen

sonderbaren Namen „Rumenei" empfing der soestische „Artushof" entweder vom „romanischen Weine", oder als Tummelplatz geselliger Lust von einer anderen romantischen Vorstellung. Aus der Sommerfahrt nach Nowgorod aus Bergen
oder aus England glücklich heimgekehrt, opferten die Dank-
baren zunächst am Martinstage dem „guten Sankt Johannes"
und dem „guten Sankt Patroklus", dem Schutzpatrone des

Gemeinwesens, einen halben Zentner — Talg, den Bürgermeistern an den drei Gelagabenden jedem ein Viertel Wein,
ein gleiches Maß den „vier Schaffnern" und den „Boten".
Die „Weinschröder", welche „vor dem Fasse saßen", wenn
man „die Brüderschaft diente", die Knappen, Keller-
knechte und Torwächter erhielten ihre Gebühr. Es war
aber zeitig für dreihundert Becher und zwölf steinerne
Kannen, je zu einem Viertel, gesorgt. Nach dem „Dienste"
und der Aufnahme neuer Brüder gedachten die ernüchterten
Zecher wiederum des Heils der Verstorbenen und zahlten
den acht Altarherren im Münster und den Kapellenpriestern
nicht geringe Summen, welche der kaufmännischen Gilde
aus Gefällen von der Rumenei, aus liegenden Gründen, und aus
der Vermietung ihrer Gaden und Marktbuden zuflossen. So
stärkten sich die Kaufherren um Martini und auf St. Ulrich
zu neuem Abenteuer. Die Zahl der Becher deutet auf die
Menge der Glieder, zu denen aber auch die Kaufleute aus
den benachbarten kleinen, vermittelst des engernschen Vororts
hansisch verwandten Städten wie Brilon, Attendorn, Lippstadt gerechnet wurden.

Eine dritte „Kumpanei" stifteten im gemischten In- ^{Kumpanei} zu Greifswald.
teresse Kaufleute, Krämer, „Knappen" und Schiffer i. J.
1330 zu Greifswald und schrieben sich ernsthafte, zum Teil
auch sehr ergötzliche Statuten vor. Leichenwache, gemeinsame kirchliche Bestattung, guter Leumund, eheliche Geburt,
Ablegen der Waffen, der Mütze und der Mäntel beim
Eintritt in die „Kumpanei" oder in ihren Garten, Verbot
der Schimpfworte wie „Schalk, Hurensohn", Anstands-
gesetze wie z. B. nicht in des andern Schüssel oder Speise-
napf zu greifen, Werfen mit allerlei Dingen, Messerzucken,
Zanken, Plaudern auf der „Stube" bei ernster Versammlung
und beim feierlichen Zutrinken; „barbeinig" (barfuß) Erscheinen,
„im Kot sich wälzen", wunderliche Bestimmungen beim
Gelage sind in buntem Gemisch dieser Statuten erwähnt.
Ein schweres Verbrechen ist, wenn einer die Kumpanei-
Tonne v o r der Ankunft der Älterleute und Achtbrüder
„ansticht". Andere Satzungen deuten auf die kaufmännischen
Interessen der Brüderschaft, wie z. B. das Gebot, dem

hilferufenden Bruder beim Einlaufen in den Hafen zuzueilen; daß, wer ein Schiff befrachtet, einen Schiffer aus der Kumpanei zu wählen habe, sowie kein Schiffer innerhalb der Gesellschaft fremder Leute Gut aufnimmt, bevor er die Brüder besorgt hat. So durchdrangen sich Eigennutz und Frömmigkeit, Privilegiensucht und Gemeinsinn, hohes Ehrgefühl und bizarre, kleinliche Spießbürgerei, Anstand und bäuerisch-rohe Sitte in dem Leben unserer Kaufleute und gewährten dem Ganzen das eigentümlichste Gepräge. Geldbuße zahlte, „wer so viel Bier verschüttete, daß er den Fleck nicht mit der Hand bedecken konnte", und wer dem anderen Vorkauf tat.

Die feineren Gesellschaftsformen der Brüder der Gild-halle in London sowie die barbarischen, menschenunwürdigen Gebräuche des Kaufhofs in Bergen stellen wir später ein-ander gegenüber. Hier bemerken wir nur noch, daß in der ersten Hälfte des XIV. Jahrhunderts die kirchliche, gesellschaft-liche und kaufmännische Richtung der Brüderschaften noch vereint waren, die, während der Befestigung der groß-artigen Verhältnisse zu Ausgang des XIV. und im XV. Jahr-hundert, als Kalande, geistliche Brüderschaften, Trinkstuben, Junkerhöfe und Kommerzkompagnien, wie der Schonen-, Bergen-, Nowgorod-, Riga-, Stockholmfahrer, unübersehbar mannigfaltig auseinandertraten.

Lübeck und das Reich.

Lübecks Beziehungen zum Reiche begannen sich unter dem Höhestand der dänischen Wirren und dem kirchlichen Zwiste zu verdichten und begünstigten i. J. 1340 eine neue Wendung der nordischen Dinge. Anfänglich (1327) war die Reichssteuer mit ungewissen vogteilichen Rechten dem wackeren Grafen Berthold von Henneberg zugesichert, welcher, als Vormund neben anderen Guttaten der Stadt das Recht, Goldpfennige zu münzen auswirkte. Dann gelangte die Vormundschaft mit der Steuer an den Sohn des Kaisers, Markgrafen Ludwig von Brandenburg (1335), welcher gern in der diplomatisch-höflichen, an feineren Genüssen reichen Stadt verweilte, aber auch mit Hilfe des Rats i. J. 1335 vergeblich um die Freiheit seines Schwagers Otto, des Ge-fangenen der Holsteiner, unterhandelte. Eine Frucht kaiser-

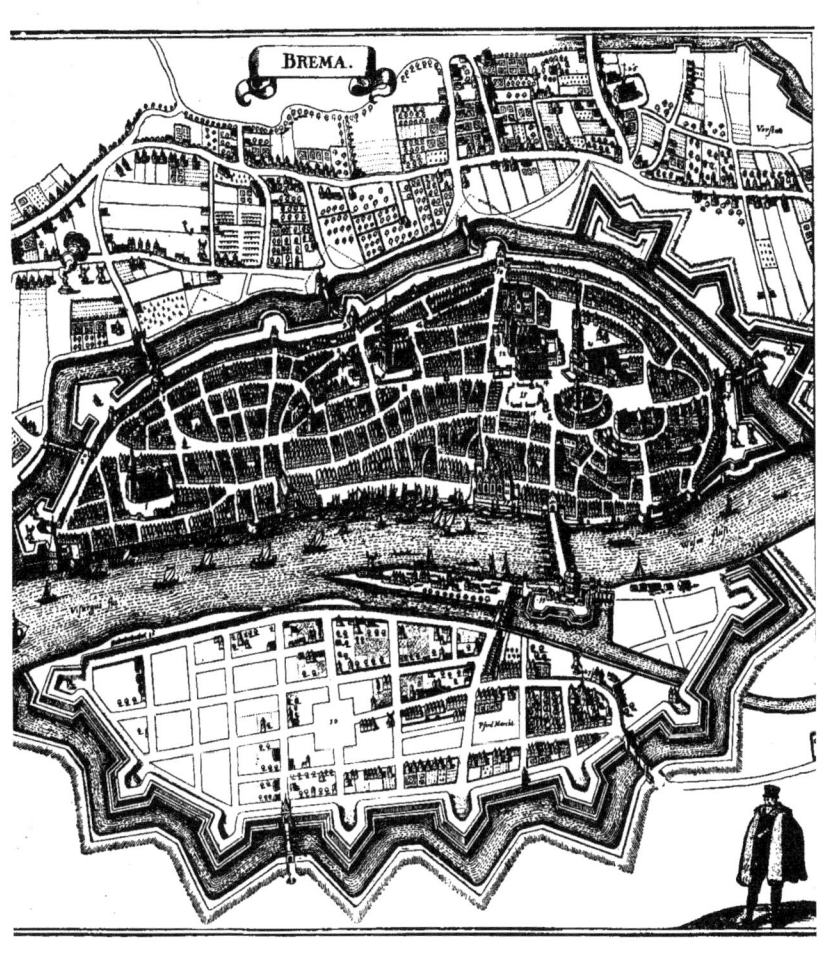

Die Hansestadt **Bremen**, nach einem Kupferstich von M. Merian.

lichen Ansehens mochte es sein, daß die Herzöge von Sachsen, die Grafen von Holstein mit den Städten Lübeck und Hamburg i. J. 1333 einen Verein auf ein Jahr geschlossen hatten, zunächst um die Kaufleute derselben Städte und alle Fremden zu schirmen. — Endlich sahen sich die Lübecker für ihre zähe Bewerbung beim mündig gewordenen Könige von Schweden, Norwegen und Schonen belohnt, indem er ihnen unter der Freude seiner Hochzeit zu Stockholm erstlich alle früheren Freiheiten auf Schonens Küsten erneuerte (Juli 1336) und dann dieselben auch in gemessener Weise auf Schweden erstreckte. Bald darauf muß er auch die Gesuche aller anderen Seestädte erhört haben, indem die Ausfertigung des Freibriefes für Kampen darauf bezug= nimmt, und Stralsund wegen begangener Gewalttätigkeiten dem königlichen Statthalter schon i. J. 1337 Buße zahlen mußte. Im Bewußtsein, durch ihre Bemühung einen neuen Grund der nordischen Verhältnisse gelegt zu haben, konnten die Ratsmänner Lübecks gleich im folgenden Jahre (1337) mit den vier anderen wendischen Seestädten für Schonens Heringsmarkt ein gleiches Tonnenmaß anordnen, und i. J. 1338, mit Gotland an der Spitze einer Botschaft, zu Dorpat mit den Nowgorodern und den Stellvertretern des deutschen Ordens die jüngsten bösen Händel schlichten, auch neue Zusätze zur Skra des Kaufhofes vereinbaren. Als ein auffälligeres Gesetz heben wir nur hervor: daß es jedem Deutschen zu Nowgorod bei Verlust des Gutes verboten wurde, irgendwelche kaufmännische Gemeinschaft mit „Wallonen, Fläminngen und Engländern" einzugehen, und daß die Wieder= aufnahme eines des Zutritts zum Hofe verwiesenen Russen nur allein vom gemeinen Kaufmann auf Gotland abhing.

Zu Magnus von Schweden.

Zu Rußland.

Dasselbe Jahr 1338, besonders wichtig für Pommern, dessen Fürsten nach blutigen Kriegen Barnims III. von Stettin die Reichsunmittelbarkeit wieder erlangten, sah zu Lübeck im Januar eine Versammlung von mehr als zwanzig Fürsten, Grafen, Bischöfen und Landherren, um mit den Sendboten von Hamburg, Wismar, Rostock einen sechs= jährigen Landfrieden zwischen der Swine, Oder und dem Danewirke zu beschwören. Hatte Gerhard von Holstein,

Landfriedens= bund.

indem er diesem Bunde beitrat, gehofft, sich gegen Christophs
Söhne sicherzustellen, so verdankte er doch mehr seinem
Glücke als solcher Eidgenossenschaft, daß auch Waldemars,
des jüngsten Estriden, erster Versuch scheiterte, die väter-
liche Krone zu gewinnen. Vom Kaiserhofe, wo er ritterliche Erziehung genossen hatte, war „Junker Waldemar,
wahrer Erbe von Dänemark und Herzog von Esthland",
im Mai nach Greifswald gekommen, hatte den Anklamern
wie den Bürgern der erstgenannten Stadt alle älteren
Rechte auf Schonen vorläufig, „bis Gott seinem Bruder
Otto oder ihm die Krone zuwende", erneuert, auch den Blutbann, welchen Magnus sich vorbehalten hatte, hinzugefügt.
Waldemar fiel aber darauf als Freund und Schwager
Ludwigs des Markgrafen in die Gewalt des pommerschen
Herzogs (August) und mußte, losgegeben, seine Anschläge
„vertagen". Und bald brach der bessere Tag an.

Fall
Gerhards
des Großen.

Auf dem Gipfel seiner Macht, eines neuen Raubes
an der zerbrochenen Krone sicher, und dennoch als Glied
eines Bündnisses der wendischen Städte gegen Land- und
Seeräuber anerkannt (Ostern 1339), ward Gerhard am
1. April 1340 vom Rächer der dänischen Freiheit zu Randers
ermordet, eben als selbst sein Neffe, jener Waldemar von
Schleswig bald König bald Herzog ohne auch nur den
Schimmer von Selbständigkeit nach Deutschland zur Wiederherstellung des rechtmäßigen Könighauses unterhandelte.

Einsetzung K.
Walde-
mars III.

Wieder war zu Lübeck im Januar 1340 von vielen
Fürsten und Herrn um Frieden getagt worden, wie schon
im Herbste Vorpommerns Vierstädte Stralsund, Anklam,
Greifswald und Demmin, die Kaiser Ludwig i. J. 1330
selbst auf den Reichstag berufen hatte, durch eine enge Eidgenossenschaft Abhilfe gegen Friedbrecher, Straßenräuber
und Mordbrenner gesucht hatten. Bereits hatte Markgraf
Ludwig, Lübecks Vormund, zugunsten seines Schwagers
Waldemar bei jener Versammlung geworben, und eine Ehe
war zwischen jenem Prinzen und der Tochter des Vetters
von Schleswig im Gange, da führte die Kunde von der
Tat zu Randers die Dinge rascher zum Umschwung. In
Spandau versöhnten sich beide Waldemare und zogen dann

mit vielen Fürsten und Herren nach Lübeck, wo auch Gerhards
Söhne und Graf Johann von Holstein sich einfanden. Alle
hohen Gäste mit ihren Mannen fügten sich dem Gebot der
argwöhnenden Bürger und ließen bis auf das „Zeug zum
Rennen" ihre Waffen vor dem Tore. Ein schriftlicher
Vertrag gab das Königreich, so weit es in den Händen
jener Fürsten lag, dem Stamme Christophs zurück (Mai
1340). Waldemar, als rechtmäßiger Gebieter Schonens
betrachtet, säumte nicht, den Stralsundern und Lübeckern
schuldigen Dank zu erweisen, doch mit höherer Freiung
Lübecks, und begab sich dann auf dänischen Boden, wo der
Vetter von Schleswig dem Königstitel entsagte, und Waldemar,
vom Volke Atterdag genannt, „weil er des rechten
Tages dachte", sein Werk begann, das Reich aus beispiel-
loser Erniedrigung schrittweis zu neuem Glanze zu erheben.
Er ist der eigentliche Dritte, da des Schleswigers Königtum
nicht gezählt wird.

Während der letzten Jahre war auch der Verkehr mit
Norwegen auf leidlichen Fuß zurückgeführt, zumal Lübeck
seine Bürger ernstlich warnte, behutsam ihre Stellung zu
benutzen. In England brachten die Kriegsunruhen jeweilige
Störung der altgewohnten Verhältnisse der Gildhalle. Die
deutschen Kaufleute scheuten keine Kosten, auch von Edward III.
ihren Freibrief zu erwirken, denn Verhandlungen vor dem
Rate des Königs hatten ihre Rechte erwiesen. Aber der
langverschobene Ausbruch des Krieges der Plantagenets und
der Valois wegen der Krone Frankreichs und die offene
Parteiergreifung der flandrischen Städte für Edward III.
(1340), die Herrschaft Jakobs von Arteveld, des reichen
Metbrauers von Gent, bedrohten den deutschen Handel in
der Westsee, der selbst nicht unter der heißen Bürgerfehde
der Brüggelinge und Genter gelitten hatte. Vom Grafen
Ludwig von Flandern i. J. 1338 „für alle Kaufleute des
römischen Reichs deutscher Zunge" bündig erneuert, verwuchsen die Rechte des deutschen Stapels zu Brügge mit
den Gewohnheiten der Osterlinge zu einem so schön und
festgegliederten Ganzen, daß wir im Jahre 1347 auf die
ersten schriftlichen Statuten des Vereins stoßen, welcher

Marginalien:

Verhältnisse zu Norwegen.

Zu England.

Zu Flandern.

im Remter der Karmeliter sich zu besprechen liebte, und
damals zuerst in jene Drittel sich teilte, die dann auch
an der Ostsee als zusammengehörig anerkannt wurden. In
bezug auf jene Gliederung bemerken wir jedoch, daß schon
Wilhelm, Graf von Holland, die Kaufleute von „Preußen
und Westfalen" als eine Gesamtheit in Schutz nahm
(1340), ohne daß wir angeben können, welche engere
Verwandtschaft zwischen den Bürgern an der Weichsel
und den Altsassen an der Weser und am Niederrhein
gedacht wurde.

Fünftes Kapitel.   ::

Die erste Zeit Waldemar Atterdags. — Allgemeines über die Städte um 1350.
Innerer Bestand des Bundes. Gemäßigte Volksherrschaft in den lübischen Städten.
— Waldemars III. Anfänge. Beihilfe der Seestädte gegen Schweden. — K.
Magnus Wetteifer in Gunstbezeugungen. 1343. Abtreten Estlands an den
Orden. — Ansehen Waldemars im deutschen Reiche. 1350. Der schwarze Tod.
1349—1360. Judenverfolgung. Die Güldene Bulle. 1356. Wirren in Schweden.
Waldemar erobert Schonen. 1360. Willküren der Gesellschaft von Brügge.
1347. Die Drittel. Stapelverlegung nach Dordrecht durch Einschreiten der
Städte. 1358. Sieg der Städte über die Fläminge. 1360. Anerkennung einer
deutschen Hanse in Flandern. — Bremen verhanset und wieder aufgenommen.
Vom J. 1340—1360.

Allgemeines
über die
Zeitumstände.

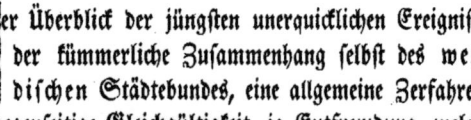

Der Überblick der jüngsten unerquicklichen Ereignisse,
der kümmerliche Zusammenhang selbst des wendischen Städtebundes, eine allgemeine Zerfahrenheit, die gegenseitige Gleichgültigkeit, ja Entfremdung, welche
zwischen den handeltreibenden Gemeinwesen der Westsee, den
gewerblichen des westlichen Binnenlandes und der niedersächsischen, märkischen Gebiete einerseits, und den Seestädten
anderseits herrschten, ferner die Vereinigung Schwedens,
Norwegens und Schonens, die Wiederaufrichtung des dänischen Reichs durch den dritten Waldemar ließen bei dem
gesteigerten Groll der heimischen Fürsten gegen das Bürgertum, der ungezügelten Raubsucht des Adels, der Sorg-
losigkeit der Kaiser um den deutschen Norden überhaupt, zumal bei der Befreundung Ludwig des Bayern

mit den Estriden und der grundsätzlichen Abgeneigtheit
Karls IV. gegen bürgerliche Autonomie nimmer erwarten, daß grade um die Mitte des XIV. Jahrhunderts
die „Gemeine deutsche Hanse" erwachsen und ihre
staunenswürdigsten Triumphe feiern werde. Und dennoch
stand der Sonnentag schon goldigrot dicht unter dem Horizonte.

Um so überraschende Dinge zu erklären, müssen wir
wissen, daß das gesamte deutsche Bürgertum damals in
allen seinen Gipfeln am herrlichsten erblüht war und aus
den tiefsten Wurzeln unseres Volkslebens die fruchttreibenden
Säfte zog. Alle Städte, mit festen Mauern und Wehrtürmen
umgürtet, durch hohe Münster, die Prachtwerke deutscher
Baukunst, zierlich gegiebelte Ratshäuser der Nachbarschaft
schon von fern angekündigt, umschlossen das zahlreichste
Volk, welches im Bewußtsein erkämpfter Unabhängigkeit Blüte der
deutschen
Städte über-
haupt.
und im Genusse beneideten, aber mühsam erworbenen
Reichtums waffengeübt in eine große Zahl kleinerer Eid-
genossenschaften geschaart trotzig auf seinen Feind blickte,
und unter seinem Rechte jedem Bedrängten Zuflucht bot.
Hatten sich die Gemeinwesen auch in spröder Vereinzelung
gegen die einzelnen Gegner obenauf behauptet, so bedurften
sie nur eines allgemein fühlbaren Angriffs auf ihre Ehre
und ihren Wohlstand, um so plötzlich als ein geschlossenes
Ganzes selbst ohne Bundesnotul und ohne ein leitendes
Oberhaupt dazustehen. Bis auf wenig altfränkisch-starre
Geschlechterherrschaften genossen alle eine populäre Verfassung,
waren alle in ihren Mauern frei von lästiger Beschränkung
und fürstlicher Mundschaft. Die kaufmännischen Interessen
verknüpften, alle andern überwiegend, auch ohne äußeres
Band einige hundert großer und kleiner Städte von der
Donau, dem Rhein und der Schelde bis zu beiden Meeren,
dann bis zur Weichsel, Düna und Narva. Die größere
Hälfte derselben vereinte aber der nordische Handel zu
einem äußerlich kaum merkbaren Systeme, dessen gewaltsame
Erschütterung jedoch auch unbeachtete Glieder der Körperschaft wie ein Krampf durchzuckte. In dieser innerlichsten
Verflechtung, in der Bedürftigkeit des kleinen Bürgerlebens,
an der großen nationalen Errungenschaft teilzunehmen —

wir gebrauchen dieses Wort, weil wir dasselbe schon hundert=
undzehn Jahre vor seiner neuesten mißliebigen Aus=
prägung in der Sprache finden, — lag das Wesen der
gemeinen deutschen Hanse, die schon bestand, ehe sie eine welt=
bekannte Tatsache wurde und ehe der Ausdruck Geltung gewann.

Besonders in
den
Seestädten. Die Hanse bestand aber besonders in den Seestädten
trotz ihrer scheinbaren Zerfahrenheit, des Mangels einer
Bundesnotul und einer Oberleitung, und äußerte energische
Lebenszeichen, eben als eine gemeinsame Bedrohung jenes
selbstische, stolze Behagen aufrüttelte, in welchem die einzelnen
Glieder für sich die wirren Verhältnisse zurecht zu legen und
auszubeuten gewußt hatten. Infolge der Übersiedelung
zahlloser deutscher Bürger in die Städte der nordischen Könige,
durch den gebieterischen Einfluß deutscher Überlegenheit auf
die fremdländischen Handelsorte war aber das deutsche Leben
so weit über seine räumlichen Grenzen vorgedrungen, daß
es in Dänemark und Schweden das skandinavische Wesen im
Adel und Bürgertume fast verzehrte, wenigstens stellenweis
die Staatskraft jener Reiche lähmte. In den größten Städten
saßen deutsche Gemeinden mit bürgerlichem und kirchlichem
Vorrecht, ja sie bildeten, wie früher in Wisby und später in Stock=
holm, in Kalmar, in Malmö, zumal in Bergen, durch ihren
Einfluß auf die Ratsbesetzung den Kern des Gemeinwesens
und machten im Widerspruch mit den Zwecken der Staats=
regierung entfremdet den natürlichsten Interessen des Volks,
unter welchem sie weilten, die wichtigsten Verkehrsorte zu
hansischen. Wie unmöglich war es darum selbst den ein=
sichtsvollsten, tatkräftigsten Kronenträgern des Nordens, so
zähe Umstrickung zu zerreißen, den Feind ihrer staatlichen
Wohlfahrt zu erdrücken, der fort und fort sittliche und
materielle Kräfte aus ihrem selbsteignen Boden sog. Darum
hat nicht das Einigungswerk von Kalmar, sondern nur
eine ganz umgestaltete Weltlage, die Veränderung aller
inneren und äußeren Verhältnisse des deutschen Volks all=
mählich der hansischen Herrschaft über den Norden ein Ende
gebracht.

Ohnmacht
der Fürsten. Um noch von einer andern Seite die überraschende
Kraftentwicklung des Bundes zu beleuchten, erinnern wir

daran, daß die wendischen Fürsten die ohnmächtigsten
ihres Standes waren, daß z. B. die Rostocker, von der
dänischen Oberherrschaft losgesprochen, i. J. 1317 nicht eher
dem Landesherrn Heinrich dem Löwen huldigten, bis er
gelobte, „sie zu Gnaden, Gerechtigkeit und allen alten Ge=
wohnheiten zu lassen, und daß er auf seinem Totenbette
(1329) die Ratsmänner von Rostock und Wismar zu Vor=
mündern seiner beiden Söhne ernannte". Ferner hatte kluge
Nachgiebigkeit der Ratsaristokratie den Schoß der Gemein=
wesen zunächst vor inneren Stürmen bewahrt. Unmittel=
bar aus unserer Zeit stammt jenes bedeutsame Geständnis
Lübecks, daß in allen seinen Töchterstädten das Regiment
auf gemäßigter Volksherrschaft beruhe. Wie nämlich das
Domkapitel von Hamburg, vom Geiste der Kurie zu Avignon
angeweht (1334—1337), unter selbst blutigem Streite
mit der Stadt sich auf einen Vertrag berief, welchen ein
Bürgermeister einseitig mit ihm abgeschlossen hatte, belehrten
Lübecks Ratsmänner i. J. 1340 durch eine Urkunde, „seit
sechzig Jahren und darüber, nach unvordenklicher Ge=
wohnheit würden zu Hamburg alle erheblichen Staats=
Geschäfte dann erst rechtsgültig, wenn die zeitigen Bürger=
meister die Beistimmung der Ratsglieder eingeholt
hätten. In Angelegenheiten der höchsten Bedeutung dagegen,
etwa in betreff des Rechts der Stadt oder den Staat
insgesamt angehend, müßten Bürgermeister und Rat die
beifällige Erklärung der Handwerksälterleute und der
ganzen Gemeinde einholen. So würde es unverbrüchlich
in Hamburg, Lübeck und in den benachbarten Städten
gehalten." — Demnach bestand also die Volkssouverä=
nität in den wendischen und lübischen Städten, wenn auch
die jedesmalige Obrigkeit im Besitz des Vertrauens gewandt
die Fälle vermied, welche die Befragung der Urgemeinde
erheischten. — Der Genuß behaglichen Wohlstandes, welchen
kaufmännische Klugheit auch den Handwerkern vermittelte,
bannte zur Zeit bürgerlichen Unfrieden, der nur zu Stral=
sund und in andern pommerschen Städten früh sich regte,
und kräftigte die Gemeinwesen, so wünschenswerte Lebens=
güter gegen fremde Anfechtung zu behaupten. Erst als

Populäre
Verfassung
in den
lübischen
Städten.

nach 1370 das Glück gemeinsamer Waffen die „Herren"
verlockte, für sich den Sieg auszubeuten, konnte die Auflehnung gegen das genußsüchtige neue Junkertum nicht
ausbleiben und schwächte in bedenklicher Zeit die Eintracht
wie die politische Einsicht.

Das Werk Walde-mars III. König Waldemar III. (IV.) (1340) begann nur schritt-
weis das schwierige Werk der Wiederaufrichtung seines
Reichs, im besten Vernehmen mit den Seestädten. Nach
vorläufiger formaler Abtretung der Länder jenseits des
„Oeresundes" (1341) und der ersten Fehde mit dem Sohne
Gerhards, Heinrich, dem seine Waffentaten den Beinamen
des Eisernen erwarben, sah der Dänenkönig gegen seinen
Feind auch die Städte in wehrhafter Verfassung, um die
Sicherheit des Meeres zu handhaben, die aus Kallundborg
auf Seeland durch die holsteinische Besatzung gefährdet war.
Jene vier außer Stralsund ließen sich in die kurze Sühne
(Johannis 1341) aufnehmen und einigten sich mit Zutritt
der fünften schon im Juli enger mit Waldemar, da Gerhards Söhne an Magnus von Schweden Rückhalt fanden.
Um die Städte als Verbündete fester an sich zu knüpfen,
verlieh ihnen der Dänenkönig für Kopenhagen und die
seeländische Insel Drakör Gerechtigkeiten denen von Schonen
ähnlich und erfreute sich, als die Fehde mit Schweden entbrannte, nicht allein ihrer Hilfe, sondern auch eines uner-
Lübeck und der Kaiser. warteten Beistandes vom deutschen Reiche. Denn die
Lübecker hatten dem Kaiser und dem Markgrafen ihre Not
wegen der holsteinischen Räuberei geklagt, und jener ihnen
200 Helme unter Führung eines „frommen" oberländischen
Ritters, Friedrich von Locken, gesandt, der schon früher als
Marschalk Waldemars sich einen Namen erworben (1342)
hatte. Mit dem tapfern Schwaben vergalten die Lübecker
und Hamburger den erlittenen Schaden am offenen Holstein
bis zum dänischen Walde hin. Wie darauf König Magnus
ihr Gut und ihre Bürger in Schweden feindlich angriff
und Schonens Fischmarkt ihnen verschlossen blieb, half
Seelands fischreiche Küste aus, und die „frommen" Kaufleute unter dem bayrischen Marschalk erschlugen auch auf
schonischem Boden viel schwedisches Volk, welches Magnus

zur Zerstörung des neubefestigten „Kopmanshaven" geschickt Fehde mit
hatte. Wiederum verwüsteten die Holsteiner das Weichbild Schweden.
von Lübeck, bis endlich die Parteien müde wurden, bis den
Reichsbürgern der Unterhalt und Sold der bayrischen und
schwäbischen Kriegsgäste zu schwer fiel, und Graf Günther
von Schwarzburg wie Herzog Albrecht von Mecklenburg
im Spätherbste 1342 als „Räte des Kaisers und des
Markgrafen" die Sache in ihre schiedsrichterliche Hand
nahmen. Zwar trennten sich die Richter ohne bündiges
Urteil, doch beharrten die Holsteiner und die Städte beim
Waffenstillstande (1343), welcher jedoch die adligen Räuber
und „Bodenstülper" wie selbst den Junker Erich von Sach=
sen nicht abhielt, den fahrenden Kaufmann zu plagen. —
König Waldemar beschränkte inzwischen seine Tatkraft auf
innere Erwerbung, und auch Magnus zog es vor, die
Klagen der Lübecker wegen Zollbedrückung an Norwegens
Küste zu erhören (Juli 1343), mit den sämtlichen See=
städten sich auf guten Fuß zu setzen und ihnen am 9. Sept.
1343 zum „Lohn für erwiesene Dienste" sowie allen Kauf=
leuten „der Hanse der Deutschen" neue Freiheiten
im norwegischen Handel zu erteilen und die älteren zu
bestätigen. Das ist die erste urkundliche Erwähnung der Urkundliche
deutschen Hanse, deren Geltung die einmütige Ausdauer Erwähnung
der sechs Städte Lübeck, Hamburg, Rostock, Wismar, der deutschen
Hanse.
Stralsund und Greifswald vom Herrscher der vereinigten
skandinavischen Halbinsel ertrotzt hatte. Einmal in nach=
giebige Stellung gedrängt, verlieh Magnus den Lübeckern
auch in Schweden volle Zollfreiheti und das Recht der Ein=
geborenen überall, wo sie sich niederließen und fortan mit
dem dunklen Namen Suenen bezeichnet werden sollten.
Im selben Sommer 'einigte er sich mit den bundesgenossi=
schen Städten über gemeinsame Verfolgung der Seeräuber
unter der Verpflichtung, gleich ihnen sechs große, ausgerüstete
Kriegsschiffe zu stellen. Er erlaubte ihnen darauf ohne
alle Beschränkung die Fahrt auf der Newa nach Nowgorod
und schien nicht müde, sehr verheißende Urkunden auszu=
stellen. Von besonderer Wichtigkeit für Handel und Gewerbe=
fleiß ist, daß er in demselben gnädigen Eifer Lübecks alte

Rechte an den unerschöpflichen Kupferbergwerken Schwedens
bestätigte, deren reicher Ertrag über die Trave den ge=
sammelten deutschen Landen zur Bedachung der Kirchen zu=
gute kam. So unerwartete Gunstspenden von anfangs
karger Hand trieben auch die selbstsüchtigen Bremer herbei,
auf denen die Folgen ihrer friedlosen Handlungen bald
furchtbar lasteten. Damals (1346) baten der Erzbischof
Otto, die Grafen von Hoya und andere Herren der Nach=
barschaft den König Schwedens und Norwegens, jener
Stadt die Privilegien Magnus Laduläus (1779) und der
norwegischen Vorfahren zu bestätigen, was auch i. J. 1348
geschah.

Pfandschaften   Welchen Glanz brachte es einzelnen Städten, wenn
der Städte.   Edward III. etwa den Kölnern mit Beschämung für viel=
fach ihm erwiesene Nachsicht dankte und die Einlösung der
Kleinodien versprach, welche der „König Englands, Frank=
reichs und Herr von Irland" bei ihnen als Unterpfand niedergelegt
hatte (1342), wenn er aus Westminster mit deutschen Kauf=
leuten über die Rückgabe seiner verpfändeten großen Krone
unterhandelte (1344), wenn der schwarze Prinz, Edward
von Wallis, der Sieger von Crescy und Eroberer Frank=
reichs, die Zinnbergwerke in seinem ganzen Herzogtum mit
allem Ertrage und dem Rechte, überall zu schürfen, einem
deutschem Kaufmanne verpachtete, und endlich wenn Mag=
nus, des dreifachen Königs, sämtliche Kronen bei den Stral=
sundern in Versatz standen!

Aber vorsehen mußten sich die streitbaren Pfandleiher.
Denn der Estride hatte soeben auf den Tag geharrt, um
den Holsteinern Seeland abzunötigen, und saß sinnend im
hohen Schloß der Waldemare auf Wordingborg (1346).

Abtretung   Eine Verstärkung seiner Macht war es, daß er sie
Estlands an   ins Engere zog und das Herzogtum Estland, Waldemars
den Orden.   des Siegers Eroberung, i. J. 1346 an den Ordensstaat
verkaufte, eben als einige Jahre vorher (1343) ein Auf=
stand des Landvolks blutig durch die fremden Waffen erstickt
war. So kam Reval, unter lübischem Rechte erblüht,
Stadt und Schloß Narva mit Wirrien und Harrien unter
deutsche Herrschaft, und des Hochmeisters Bedeutung für

den Handel wuchs, da derselbe, seit 1330 Mitherr über Riga, die neue Straße nach Nowgorod zu schirmen hatte, und sein Gebiet nach Rückgabe des verpfändeten Stolp (1329—1341) den ganzen Küstenstrich von der Narva bis an die Leba umfaßte. Vor anderen deutschen Städten erhob sich die Rechtstadt Danzig, welche durch die Handfeste vom Jahre 1343 die Altstadt ganz verdunkelte und ummauert die große Pfarrkirche zu St. Marien zu bauen begann. Wenn nun auch der Ordensstaat unter dem Hochmeister Winrich von Kniprode (1351—1382) den Gipfel der Macht und des innern Wohlstandes erstieg, und dessen staatswirtschaftlichen Verträge mit fernen Herrschern, mit Englands und Frankreichs Königen, den Grafen von Holland und Flandern, den preußischen Seehandel begünstigte, den Binnenverkehr mit Polen hob, und Danzigs Hafen so schiffebelebt wurde, daß bei einem Sturm i. J. 1351 sechzig Schiffe innerhalb der nächsten Gewässer scheiterten, so wuchs Kraft und Reichtum der preußischen Städte zunächst auch der Hanse zu, und wir werden sie wie Danzig, Königsberg, Elbing, Thorn, Kulm und Braunsberg als rüstige Helfer im großen Kampfe finden.

Blüte des Ordensstaats.

Aber auch Waldemar hielt Schritt; er setzte seinen Fuß auf Fünen, und im Jahre 1349 konnte wieder ein allgemeines dänisches Parlament gehalten, und den Ständen große Schatzung zunächst für einheimische Zwecke auferlegt werden. — Inzwischen war Kaiser Ludwig der Bayer unter den unrühmlichen Bestrebungen der lützelburger Partei, einen Gegenkönig in Karl, dem pfäffischen Markgrafen von Mähren, aufzustellen, im Herbst 1347 gestorben, und dem Dänen bot sich jetzt die günstigste Gelegenheit, zugleich den bedrängten Wittelsbachern seinen Dank für frühere Dienste abzustatten und sein Ansehen im Deutschen Reiche zu vermehren. Die schamlose Politik Karls IV. hatte, um die Wittelsbacher, die Stützen des Gegenkönigs Grafen Günther von Schwarzburg im eigenen Lande zu entkräften, das Gaukelspiel mit dem „falschen Waldemar" ersonnen. Bald nach dem Erscheinen des rätselhaften Markgrafengespenstes waren die Brandenburger, dem oberdeutschen

Waldemars Einfluß im deutschen Reiche.

Der falsche Waldemar.

Fürstengeschlechte nie von Herzen zugetan, von Luwig dem
Römer großenteils abgefallen. Waldemar brach mit einem
Heere nach Deutschland auf, wütend darüber, daß die
Fürsten von Mecklenburg, Heinrichs des Löwen Söhne, die
unzweifelhaften Lehnknechte der dänischen Krone auf Rostock
vergaßen, indem sie sich von Karl IV. zu Herzögen und
unmittelbaren Reichsfürsten erheben ließen, und daß auch
das dänische Erbrecht auf Rügen durch die Pommern in
Frage gestellt wurde. Zwar waren er und sein Bundesgenosse und Schwager, Markgraf Ludwig der Römer, nicht
glücklich im ersten Waffenkampfe, doch gab sein Auftreten
in der Mark den Ausschlag schon schwankender Verhältnisse.
Ohne uneigennützige Freunde, da der Dänenkönig unfähig
war, den eigenen Vorteil seiner Großmut aufzuopfern,
schloß der bedrängte Markgraf im Februar 1350 zu
Spremberg einen Vertrag mit den gefährlichsten Gegnern,
und nötigte den König Karl, den auch andere Sorgen be-
schäftigten, sein Werkzeug, den falschen Waldemar, fallen zu
lassen. Aus der Oberlausitz mit den vermittelnden Fürsten
nach Prag geritten, empfing König Waldemar zur Anerkennung seiner „dem Reiche geleisteten Dienste" als Unterpfand für ein Geschenk von 16000 M. S. die Anweisung
auf die Reichssteuer, welche Lübeck bis dahin dem Markgrafen Ludwig gezahlt hatte, im jährlichen Betrage von
1200 Goldgulden. So für sein schiedsrichterliches Auftreten entschädigt und als Obmann der norddeutschen Fürstenhändel
anerkannt, fand er auf der großen Tagefahrt zu Lübeck
(Mai 1350) nicht allein den Herzog von Mecklenburg bereit, Stadt und Land Rostock als Lehn der dänischen Krone
zu empfangen, sondern auch Pommerns Herzöge so ge-
schmeidig, daß sie ihn „ihren Herrn" nannten. Nur die
Fehde der Mecklenburger und Werler mit Pommern wegen
der Ansprüche auf Rügen bedurfte noch der Erledigung
durch die Waffen.

Unruhen in
Dänemark.

Neuer Bund
der Seestädte.

Freilich riefen heimische Unruhen den nordischen Herrscher bald wieder in sein Land zurück, und das gute Verhältnis mit den Seestädten schwankte, welche schon i. J.
1349 einen bewaffneten Landfriedensbund mit den Herzögen

von Sachsen und den Grafen von Holstein geschlossen
hatten. Schwedens König näherte sich den Lübeckern wieder,
die, als Waldemar den Mecklenburgern zu Hilfe gegen die
Pommern über die See kam, um Michaelis 1352 die alte
Eidgenossenschaft zum Schutze des Meeres mit Wismar,
Rostock, Stralsund, Stettin und Greifswald erneuerten.
Auch die Pommerschen Seestädte Anklam, Demmin hielten
ihren nachbarlichen Bund aufrecht. Immerhin aber fuhr
der Dänenkönig fort, durch kluge Mittel und durch schonungslose Gewalt das Gebäude seiner heimischen Macht zu
befestigen.

Während ein so trugvoller, finsterer Geist über unsern Der Schwarze
Völkern waltete, und bisher unerhörte Frevel wie das Auf- Tod.
treten des falschen Waldemar und der Verlauf des Königtums Günthers von Schwarzburg und seine Vergiftung
verübt wurden, schien gleichzeitig die ganze Natur erkrankt,
und der Tod schritt in furchtbarer Gestalt durch Europa
von Asiens Grenzen bis in den hohen Norden hinauf.
Mit dem Jahre 1349 begann das Sterben in den Städten
des Wendenlands und raffte, wie es heißt, zwei Drittel der
Lebenden fort, ohne die Entzweiung des Geschlechts zu
heilen. Wir erwähnen nicht die Schrecknisse, welchen das
übrige Deutschland unterlag, wir beschränken uns auf einzelne Angaben in unserm Gebiete. Besonders litt das eng
sitzende, zahlreiche Städtevolk. In Lübeck raffte der
„Schwarze Tod" am heiligen Laurentiustage (10. August)
1350 von einer Vesper zur andern 2500 (?) Bewohner
hinweg. In Danzig während eines Jahres 13 000, in
Thorn über 4000, in Elbing 6000, in Königsberg an 8000,
in Bremen ohne die Vorstädte 7000, in Erfurt 16 000.
Alle Bande der menschlichen Gesellschaft schienen aufgelöst,
alles Mitleid erstickt. Auch das hohe Meer mit seiner
reineren Luft bot keine Freistätte, Fahrzeuge trieben auf den
Wellen und strandeten, deren Mannschaft bis auf den letzten
ausgestorben war. Alle Tätigkeit der menschlichen Gesellschaft schien still zu stehen; Klöster veröderten, wie denn
allein in Deutschland 124 434 Barfüßermönche gestorben
sein sollen. Städtische Chroniken blieben unvollendet liegen,

Lübische
Jahrbücher. so die Jahrbücher von Lübeck, dessen Rat ehreifrig schon
im XIII. Jahrhundert für die Verzeichnung gedächtnis-
würdiger Dinge Sorge getragen hatte, wie Herrn Albrechts
von Bardewiek (1298) Denkwürdigkeiten in unübertroffener
Art bezeugen. Erst i. J. 1385 gaben die beiden lübischen
Gerichtsherren Thomas Mukercken und Herrmann Lange
dem Franziskaner Lesemeister Detmar den Auftrag, eine
Chronik für den Rat zu schreiben, der dann die Händel
der entlegensten Länder und zumal der Heimat aus einsamer
Zelle aufmerksam verfolgte, seine Erkundigungen durch die
Erzählung des weltfahrenden Kaufmanns vervollständigte
und jenes Denkbuch verfaßte, welches, in einfach prunkloser
Weise von anderen fortgesetzt, zur Kenntnis der hansischen
Geschichte unentbehrlich ist.

Geißler.   Da die große Masse des Volks ohne Einsicht in den
natürlichen Zusammenhang unfähig war, sich über das ungeheure Schicksal zu erheben, welches länger als zehn Jahre
seine Geißel schwang, sah menschliche Geistesblödigkeit einerseits in natürlichen Dingen eine unmittelbare Strafe des
Himmels und Aufforderung zur Buße und erneuerte die
wahnsinnige Sekte der Geißler, welche auch vor Lübecks
Toren, doch vergebens, Einlaß begehrten. Anderseits
Judenver-
folgung. bürdete man den wuchernden Juden die Schuld auf, durch
Vergiftung der Brunnen den Jammer verschuldet zu haben.
Wie auf den Ruf innerer Offenbarung brach überall, besonders am Rheinstrome, die grauenvollste Judenverfolgung
aus, bei der sich Fanatismus und Raubsucht widerwärtig
vermählten. Von hansischen Orten waren es besonders
Köln, woselbst die Judengemeinde unter einem eigenen
Bischof fast einen Staat bildete, und die Städte Westfalens, in denen die gehaßten Juden, wenn auch nicht überall „geschlachtet" und verbrannt wurden, doch nur durch
hohe Schatzung dem Verderben entflohen. In Dortmund
brandschatzte Graf Engelbrecht III. von der Mark die
Schutzlosen. Soest konnte sich nicht versündigen, weil es
die gefährlichen Nebenbuhler des Verkehrs überhaupt nicht
duldete. Nur in Magdeburg loderte das „Judendorf" samt
den Bewohnern in Rauch auf. Wenn wir in den See-

städten blutige Gewaltschritte, welche das Vertrauen des Verkehrs austilgten, nicht erwähnt finden, so erklärt sich auch hier solche Schonung, daß die überwiegend kaufmännische Richtung jener Gemeinwesen den Juden wenig Raum ließ, bei ihnen, „die sie ihre eigenen Juden waren", und wo die nationalen Juden statutenmäßig ausgeschlossen blieben, obgleich einzelne Städte, wie z. B. Greifswald das Recht hatten, nach Belieben einzelne Familien jenes geächteten Geschlechts unter sich zu dulden.

„Als nun das Sterben, die Geißelfahrt und Juden- schlacht ein Ende hatten, und die Welt wieder anfing, zu leben und fröhlich zu sein", und auch die alte Sangeslust wieder erwachte, drohte Kaiser Karl IV., als andächtiger Pilger über die Alpen heimgekehrt, das Bürgertum im allgemeinen, besonders auch die Hanse, an ihren Wurzeln zu beschädigen. Zur Abfassung des angeblichen „Reichsgrundgesetzes", der Güldenen Bulle, hatte der Kaiser zwar die Sendboten der freien Städte eingeladen, aber den Beirat der Mißtrauischen am wenigsten gehört. Schon die ersten zu Nürnberg bekanntgegebenen Kapitel (Januar 1356), in welchen das Pfalbürgertum mit aller Kurfürsten Einwilligung verpönt wurde, erregten bitteres Mißvergnügen in Oberdeutschland und einen trotzigen Bund von 29 Städten. *Die Güldene Bulle.*

Ein anderer Schlag, offenbar auf die Knechtung freier, jedoch landsässiger Gemeinwesen gerichtet, war die Erneuerung des uralten Verbots der Verschwörung, ihres Verbindungsrechts unter einander. Galt der gedrohte Todesstoß zunächst der Eidgenossenschaft und verwandten Bestrebungen im Oberlande, und gestattete der Kaiser neben den Vereinigungen der Reichsfürsten auch den Städten und „Anderen" zum „Schutz des Landfriedens und der Sicherheit", sich zusammenzutun, so lag es doch auch in der Absicht der haltungs- und grundsatzlosen Reichspolitik, die Hansestädte auf ihre bescheidenen Krämerinteressen und auf die zahmen Verteidigungsmittel früherer Zeit zurückzuführen. Die Welt der Seestädte, selbst Niedersachsen und Westfalen, stand aber dem kaiserlichen Gebote so fern, daß sie um jene Satzungen sich garnicht kümmerten. Wie sie bisher ihren

Weg gegangen, ohne vom Kaiser anerkannt zu sein, verfolgten sie ihre Bahn bis zur Mittagshöhe ihrer politischstaatlichen Geltung.

Tätigkeit des engern Bundes im Landfrieden.

Vielmehr trat immer fester gegliedert unter steigender Verwirrung des Nordens der Bund heraus und rüstete sich für unausbleibliche Kämpfe. Wie eine heilige Hermandad zog, die Lübecker an der Spitze, das wendisch-sächsische Landfriedensaufgebot bis an die märkischen Grenzen, um mit Bliden und anderem Gezeuge die Raubnester zu brechen. Als dasselbe i. J. 1354 vor Gorlosen, einer verrufenen Burg unweit Lenzen, auf märkischem Gebiete lag, bat Markgraf Ludwig der Römer die Städte vergeblich, seine Untertanen zu schonen. Die Lübecker zerstörten den Schlupf-

Verhältnisse zu Magnus.

winkel friedloser Adelsgesellen. Aber so vielfach Magnus, König von Schweden und Norwegen, den einzelnen Städten und der Gesamtheit ihre Rechte verbrieft hatte, so nötigten doch immer neue Beschwerden zu ernsthafter, drohender Mahnung an den nordischen Herrscher, dessen Verhältnisse zu den Untertanen beider Reiche immer bedenklicher sich gestalteten. Mußte er doch die auf der lübischen Bitte seßhaften Mörder seines Vogts in Munkholm begnadigen, und gleich darauf wieder sehr nachdrückliche Vorwürfe des Vororts im Namen der Verbündeten hinnehmen. Je mehr den unwürdigen, lasterhaften und politisch unfähigen Gebieter der skandinavischen Halbinsel Familienzwiste häßlichster Art und die Folgen seiner Verbindung mit Dänemarks Feinden bloßstellten, je haltloser ward sein Regiment den Städten gegenüber. Als i. J. 1357 sein Erstgeborner, Erich (der jüngere Sohn Haakon, herrschte schon seit seinem dreizehnten Jahre als Erbe der norwegischen Krone über den größeren Teil jenes Königreichs) durch Waffengewalt dem Vater den Besitz Schonens abgezwungen hatte, verfügte Magnus, daß den Kaufleuten der deutschen Hanse auch außerhalb der Stadt Bergen freistehen solle, ihre Lebensbedürfnisse zu kaufen (Juni 1357), und er ward der Anwalt der gewinngierigen Fremdlinge gegen die eigenen Untertanen. Kaum war der Frieden mit Erich äußerlich hergestellt, und der junge Haakon mit Margareta, der sechsjährigen Tochter

Waldemars, verlobt, als die selbstmörderischen Pläne des schwedischen Königshauses deutlicher an den Tag traten. Um Genugtuung gegen den Trotz des Erstgeborenen zu erlangen, verhieß der Vater dem lauernden Dänen den Besitz der ganzen Landschaft von Helsingborg, wenn dieser ihm dazu verhülfe. Zwar zerschlug sich noch das erste Abkommen und Magnus trat die Regierung über ganz Schweden wieder an, nachdem sein verhaßter Sohn Erich kurz nach Verleihung sicheren Geleits zum Besuch der schonischen Märkte an die Seestädte eines dunkeln Todes gestorben war, aber der alte sündhafte König bedurfte des dänischen Beistandes um jedes Opfer. Schonens Wiedervereinigung mit dem Dänenreiche im Auge, schlichtete Waldemar klug den Unfrieden mit Jütlands aufsässigem Adel durch eine Handfeste (Pfingsten 1360) und erhob sich dann mit großer Macht zu Helsingborgs Belagerung. Magnus tat n i c h t s, um die Fortschritte des Eroberers zu hindern, und so ging im Sommer 1360 ganz Schonen, Halland und Blekingen, wie es im schwedischen Volke hieß, mit des Königs g u t e m W i l l e n an Dänemark verloren.

Schonen an Dänemark zurück.

So gespannt die deutsche Kaufmannswelt jene unerwarteten Wendungen der nordischen Politik verfolgte, würde sie doch nicht imstande gewesen sein, ihre Freiheiten gegen den Wiederhersteller des dänischen Reichs in seiner ursprünglichen Ausdehnung zu behaupten, hätte nicht, durch die nordischen Wirren begünstigt, die innere Ausbildung der deutschen Hanse inzwischen, als ahne der Kaufmann die drohende Zukunft, ihre Schritte beflügelt.

Denn innerhalb dreizehn Jahren war eine übersichtliche, organische Gliederung des losen Ganzen angebahnt, dem flandrischen Kaufmannsvereine eine bündige Ordnung mit Rückhalt an die Seestädte verliehen, die Stadt Lübeck mit der Oberleitung betraut. Bremen, die störrige Nachbarin an der Westsee, war zum gefügigsten Gehorsam an den Bund herangebracht, und auch im gesamten äußeren Schematismus war alles vorbereitet, um mit stillgesammeltem Kapital der Kraft aller Städte des deutschen Nordens von Narva bis zur Südersee als d e u t s c h e H a n s e in die Schranken zu treten.

Festere Ausbildung der deutschen Hanse.

Die Einteilung der Hansestädte in „Drittel" war aber von den Kaufmannsgesellschaften im Auslande erdacht und alsbald auf die handelspolitische Gesamtheit übertragen worden.

Im Herbst des J. 1347 im Remter des Karmeliter- klosters „vergaddert", beschlossen „die gemeinen Kaufleute aus dem römischen Reiche von Alemannien ein gemeines Buch anzulegen, um darin alle ihre Willküren niederzuschreiben, auch was sonst in ihrem Verkehr bräuchlich geworden." Zunächst heben wir hervor, daß sich die gemeinen Kaufleute in „Drittel" teilten: erstens in das Drittel von Lübeck mit den wendischen und sächsischen Städten, zweitens in das von Westfalen und von Preußen, und drittens in das von Gotland, Livland und Schweden, d. h. der Gemeinwesen in Schweden, bei denen das deutsche Element vorwaltete. Diese Teilung in Drittel hatte zunächst den Zweck, um bei der jährlichen Wahl der Aldermänner den verschiedenen, gleichberechtigten Gesellschaftsgliedern gleich- mäßigen Einfluß zu sichern. Denn aus jedem Drittel wurden jährlich nach Pfingsten zwei Aldermänner gekoren; diese sechs, zur Übernahme des Amtes bei Strafe ver- pflichtet, wählten aus jedem Drittel noch acht Mann, um mit ihnen nach Erfordernis die Geschäfte ohne Versammlung der gemeinen Deutschen zu erledigen. Wir übergehen jetzt noch den sonstigen Inhalt der Willküren und erwähnen nur, daß auch die Hanse von London bei gleicher Bestellung des Kaufmannsrates aus den Dritteln eine andere Ein- teilung zugrunde legte. Dort bildete im XV. Jahrhundert Köln mit den geldernschen Städten das erste Drittel allein, weil auch nach dem Sinken der Königin des Rheins als Seestadt die größere Zahl der Deutschen in London jenen Provinzen entstammte. Das zweite Drittel um- faßte alle sächsischen, wendischen, westfälischen, kleve-bergischen und sonst diesseits des Rheins gelegenen Städte. Preußen war mit Livland und Gotland zum dritten Drittel vereinigt. Weder in Wisby noch in Bergen, wohl aber in Nowgorod können wir diese Ein- teilung nachweisen, die dann wegen ihrer politischen An-

wendbarkeit auf das ausgedehnte Handelsgebiet sich den
Osterlingen, dem Städtebunde, in solchem Grade empfahl,
daß schon gleich nach der Mitte des XIV. Jahrhunderts mit
Abweichungen auf den Hansetagen davon Gebrauch gemacht,
und die öffentlichen Ausschreiben durch sie vermittelt wurden.
Wir kommen auf diese folgenreiche Organisation noch später
zurück.

Hatten die deutschen Kaufleute in Brügge kraft ihrer Unruhen am
bisher unangefochtenen Autonomie in inneren Angelegenheiten Stapel zu
i. J. 1347 und 1354 ihre Willkür vereinbart, und nahm Brügge.
der Verein, noch nicht als untrennbar von der gemeinen
Hanse gedacht, manche bürgerlichen Elemente auch aus dem
nicht hansischen Deutschland, so sah er sich doch bald genötigt, Halt an dem Städtebunde zu suchen und Unhansisches
auszuschließen. Neue Störungen, vielleicht ohne Schuld
der Brügglinge durch die Reizbarkeit der Gäste veranlaßt,
bedrohten schon i. J. 1351 den Frieden des Stapelplatzes.
Zunächst bei Hamburg klagten die „Älterleute der Deutschen
und alle Kaufleute des römischen Königs von Alemannien",
ein Schiff von Greifswald sei auf der Fahrt nach Flandern
aus dem Swyn von englischen Fahrzeugen aufs hohe Meer
hinausgeführt, geplündert, und dann von den Franzosen genommen worden. Einer der beraubten Kaufleute habe zu
Sluys einen Engländer des Anteils an jener Tat bezichtigt
und den dort Verfesteten in Brügge vor dem Kaufmannsrate angeklagt, welcher dann den Grafen und die drei Städte
Brügge, Gent und Ypern beschickt und um gesetzliche Strafe
des Friedbrechers nachgesucht habe. Da aber Engländer
und ihr Anhang sich dem widersetzten, hätten sie beschlossen,
den Verkehr mit Flandern so lange zu meiden, bis ihnen
Recht geworden, worauf denn Flanderns Abgeordnete ein-
geschritten wären und jenen Engländer in Sluys zum Tode
verurteilt hätten. Alsbald aber sei der Handel schlimmer
geworden. Die Engländer hätten sich bei ihrem Könige
beschwert, die Deutschen der Kränkung ihrer Nationalehre
mit Unrecht beschuldigt und bewirkt, daß Edward III. die
Güter der Deutschen in seinem Lande mit Beschlag belegt
habe. Das Zeugnis des Rats von Brügge von der Grund-

losigkeit der englischen Beschwerden habe den Deutschen ebensowenig als eine Entschuldigungsbotschaft nach England gefruchtet, weshalb denn die Alderleute hierüber und auch betreffs anderer Kränkungen durch die Brüggelinge sich an die vornehmsten Städte, wie Hamburg, wendeten und ihnen den Beschluß eröffneten, ihren Stapel nach Ardenberg, und wenn auch dort ihre Wünsche nicht erfüllt würden, nach Antwerpen zu verlegen. Sie bäten, von dieser Frist ab den Verkehr nach Flandern nur auf jenen Stapelort zu richten und die Verächter ihres Beschlusses, den sie „allen größeren Städten, die in ihrem Rechte seien", sowie den Meistern von Preußen und Livland mitgeteilt hatten, nach Gebühr zu bestrafen, auch ihnen mit Rat beizustehen.

Einschreiten des Städtebundes.

So selbständig und herrisch die Alterleute des Vereins in Brügge verfahren waren und die Billigung ihrer Beschlüsse bei den Seestädten voraussetzten, erfolgte dennoch die Verlegung des Stapels nach Antwerpen nicht, da zunächst durch Gewährung eines eigenen Wägehauses die Brüggelinge die Beschwerden der Gäste beseitigten (1352). Auch gab sich der Mangel einheitlicher Leitung der dortigen Angelegenheiten dadurch zu erkennen, daß die „gemeinen osterschen Städte, die zum gotländischen Drittel gehörten", ein Umlaufschreiben erließen (nach d. J. 1352), worin sie sich beklagten, „die Alterleute von dem lübischen und westfälischen Drittel, die in Flandern liegen", hätten ohne Zuziehung der zu ihrem Drittel gesessenen eine Neuerung mit der Wage in Brügge vorgenommen, weshalb in Sorge um ihre alten Privilegien die „gemeinen osterschen Städte", als Riga, Gotland, Reval, Dorpat und alle zugehörigen, eine Versammlung hielten, um alle drohende Weiterung zu verhindern. Sie bäten, weil es unzulässig sei, daß sechs Mann aus dem lübischen und sechs Mann aus dem westfälischen Drittel ohne Vollmacht der gemeinen Städte so willkürlich zu Werke gingen, darüber zu ratschlagen und ihnen zur Herstellung der alten Rechte und der Eintracht zu verhelfen.

Als nun bald neue Beschwerden in Brügge hinzukamen, traten die Städte selbst ins Mittel, und es beschlossen die abgeordneten Ratsmänner von Lübeck, Goslar, Hamburg,

Rostock, Stralsund, Wismar und Braunschweig, „als aus
ihrem Drittel der Kaufleute des römischen Reichs von Alemannien, von der deutschen Hanse, gewöhnlich zu Brügge
liegend", für sich und im Namen und mit schriftlicher Vollmacht anderer, zu demselben Drittel gehöriger, ferner mit
den Abgeordneten von Thorn, Elbing und den Bevoll-
mächtigten der andern preußischen Städte im Januar 1358 Die Städte
verbieten
die Ausfuhr
nach Flan-
dern.
auf dem „obersten Rathause" zu Lübeck wegen des dem
gemeinen deutschen Kaufmann in Flandern zugefügten Unrechts: daß jede Stadt ihren Bürgern, Genossen und allen
von der deutschen Hanse gebiete, aus ihrem Hafen nicht
näher nach Flandern hin als bis zur Maas zu segeln, und
weder den Flämingern, noch denen von Mecheln, von Brabant, noch irgendjemand daselbst, ihre Güter zu verkaufen,
von denen sie argwöhnten, daß sie den Flämingern oder den
Brabantern zukommen könnten." Um solche energischen Maßregeln aufrechtzuerhalten, wurden noch andere Bestimmungen
getroffen. Um den Verkehr nach Flandern ganz zu verhindern, ward vom 1. Mai 1360 ab auch der Binnenhandel mit flämischen und brabanter Tüchern verboten.
Ferner sollten alle Kaufleute von Alemannien, welche in
der deutschen Hanse wären, zwischen hier und dem 1. Mai
Flandern, Mecheln und Antwerpen mit ihren Gütern
räumen und so lange wegbleiben, bis ihnen ein einstim-
miges Gebot zukäme. Wer von der deutschen Hanse
wider diesen Beschluß verstoße oder in eine andere Hansestadt wiche und daselbst ergriffen würde, solle des sichern
Geleits entbehren und sein Gut zum Besten der Stadt,
wo er Bürger war, verfallen sein." Eine Stadt endlich,
welche solchem Beschlusse sich widersetze, solle ewig aus
der „deutschen Hanse" gestoßen sein; obendrein jede Ausgleichung mit den Flämingen der Gültigkeit ermangeln,
wenn sie nicht die Zustimmung der vorbenannten Städte
und der andern erhalten habe.

Waren nun diese Beschlüsse auch nur von etwa zwei Der Stapel
nach Dord-
recht.
Dritteln, ohne das westfälische, das hier von den Preußen
getrennt erscheint, anerkannt worden, so wanderte doch infolge derselben i. J. 1358 der Stapel von Brügge nach Dord-

recht, woselbst Albrecht, Pfalzgraf vom Rhein, Herzog von
Bayern und Ruwaard von Hennegau, Holland, Seeland
und Friesland, am 9. Mai d. J. „den gemeinen Kaufleuten
von Alemannien, der deutschen Hanse angehörend," die er-
forderlichen Freiheiten nebst einer ausführlichen Zollrolle
zugesichert hatte.

Beide Teile, Brügge und der deutsche Kaufmann,
konnten aber einander nicht lange missen. Wo sollte der
Umtausch mit den köstlichen Waren des Südens, „Gewürzen,
Arzeneien, Weihrauch, Weinen, Seide, Wolle, Baumwollen-
garn, Rosinen und trockenen Früchten, Öl, Farben, Zucker",
stattfinden, welchen jährlich die nach Flandern befrachtete
Staatsflotte der Venezianer nebst ihren schätzbaren
Fabrikaten nach Brügge brachte, um namentlich gegen
Kupfer und andere nordische Bergwerkserzeugnisse, die Ein-
fuhr der Osterlinge, umgesetzt zu werden? So kehrte denn
nach langen Verhandlungen i. J. 1360, nach Bestätigung,
Erweiterung der alten Freiheiten der deutsche Stapel
Sieg der
deutschen
Hanse. nach Brügge zurück, eine Verherrlichung deutscher Ein-
mütigkeit, wie sie niemals dort glänzender erlangt war.
Die drei flandrischen Großstädte verbürgten den Deutschen
unter gewissen Bedingungen Ersatz auch für den Schaden,
welchen sie vor längerer Zeit von den Schotten erlitten.
Vollständiges Recht nach Gewohnheit des Orts, wohin die
Beklagten gehörten, wurde angelobt und zu weiterer Vereinbarung von seiten Brügges, Gents und Yperns eine
Gesandtschaft auf die Tagfahrt der deutschen Kaufleute verheißen. Infolgedessen überbrachten jene Abgeordneten die
Bestätigungsbriefe des Grafen von Flandern und der drei
Großstädte über die deutschen Freiheiten, ausgefertigt am
14. Juni 1360, nach Lübeck, und der stolze Graf, jener
ritterliche Dampierre, sowie die Städte bezeugten noch einmal brieflich ihre ausnehmende Freude, daß die Deutschen
günstig und wohlwollend die erbotenen Artikel angenommen
hätten.

Tagfahrt zu
Lübeck. Auch verliehen Graf und Städte den deutschen Kaufleuten das Recht, Mörder, Beschädiger und Diebe so lange
in ihrem Gewahrsam zu behalten, bis das Gericht dazu

käme. Als Zusätze zu den früheren Privilegien heben wir hervor: Schutz für Person und Gut, wenn deutsche Kaufleute im Falle eines Krieges zwischen Flandern und dem Kaiser oder einem Reichsfürsten im Lande zu bleiben wünschen, das Recht, gegen Erlegung des alten Zolles Wein zu verzapfen, der Verladung erkaufter Waren aus einem fremden Schiffe auf hansische vorbehaltlich des älteren Zolles. Freier Verschleiß der aus Osten eingeführten Tücher ohne Abgabe für die Marktstätte; Gleichmaß der in Flandern verfertigten Laken, gemeinschaftliche Wage und andere wünschenswerte Zugeständnisse sowohl von seiten des Grafen, als der Stadt Brügge.

Auf der Tagfahrt „der gemeinen Städte und Kaufleute" zu Lübeck am 24. Aug. 1360, wahrscheinlich schon auf dem „Hansesaale" des ehrwürdigen Rathauses, welches i. J. 1358 durch eine Explosion von feuerfangenden Stoffen, zur Anfertigung von Schießpulver (?) verbrannt, an der alten Stätte unweit der St. Marienkirche neu erbaut war, unter der gespannten Sorge der Seestädte, wie es nach Schonens Eroberung durch Waldemar mit ihren Privilegien werden würde, schlossen die Abgeordneten des Grafen und zwei Schöffen von jeder der drei flandrischen Großstädte wegen des noch vorhandenen Zwistes zwischen ihnen und „den gemeinen Städten des gemeinen Kaufmanns von der deutschen Hanse" ab und sagten die ausbedungene Entschädigungssumme auf Ostern zu Lübeck zahlbar zu. Nur der Streit mit der Stadt Köln und den westfälischen Städten, welche auf der Tagfahrt nicht vertreten waren, blieb für eine spätere Vereinbarung aufbewahrt.

Als hochwichtig für die innere Organisation und die äußere Geltung des Bundes erwähnen wir zweierlei. Erstens war durch die Vermittlung des Städtevereins unter Lübecks Leitung die spröde Selbständigkeit der brüggeschen Kaufmannsgesellschaft gebeugt, der Vorteil des ausländischen Kontors und des Städtebundes identifiziert. Zweitens erscheint zum ersten Male in den Verhandlungen mit Flandern eine deutsche Hanse, da bisher die diplomatische Sprache der Fläminge nur „Kaufleute des römischen Reichs von

Die Niederlage zu Brügge abhängig von der Hanse.

In Flandern anerkannt.

Alemannien" gekannt hatte. Wir ermessen in dieser Neuerung, wie viel fester die Macht eines Vereins eben begründet war, den noch kurz vorher die Güldene Bulle unter
dem vieldeutigen Titel „Verschwörung" mit angetastet hatte.
Vielleicht war es aus Rücksicht auf uralte Reichssatzungen
geschehen, daß man schüchtern und vorsichtig von der bedeut-
sameren Benennung Gebrauch machte, die wenigstens im
Norden schon diplomatische Üblichkeit erlangt hatte.

Bremens Stolz gebeugt.

Aber jenem Siege über die flämische Willkür und Recht-
haberei, über die Vertragsbrüchigkeit der stolzen Brüggelinge,
war ein anderes hochwichtiges Ereignis zur Seite gegangen.
Bremen, die eigensinnige, sprödabgesonderte Handelsstadt
an der Weser, hatte sich demutsvoll gebeugt und unter
schweren Bedingungen den Wiedereintritt in den Bund erkaufen müssen!

Bremens Unfälle.

Freilich mußten erst dreißig jammervolle Jahre über
dem einst so stolzen Sitze des nordischen Patriarchen gelastet
haben, ehe derselbe sich bequemte, die bescheidene Stelle aufzusuchen, welche ihm und dem gesamten norddeutschen Handelsvereine allein heilbringend war. Ungeachtet der gärenden
Volkselemente, der Beschränkung des Rats durch den „großen"
Rat und unruhiger Tätigkeit in der Gesetzgebung, hatte
dennoch alsbald wieder eine Art von Junkertum sich aus
den Reichen gebildet und sich an die Spitze gedrängt, man
möchte sagen, daß die Fetteile der Bürgerschaft sich ab-
setzten und als Patrizierstand gesondert zusammenschlossen.
So mußten sich denn die bürgerlichen Kämpfe unter Nachbar-
fehden, vernichtenden Feuersbrünsten und Störung des Landfriedens erneuern, und i. J. 1349 wiederum eine üppige,
ritterliche Gesellschaft, die „Kasalsbrüder", vertrieben, die
Namen aller ihrer Mitglieder auf der „Verbannungstafel"
verzeichnet werden. Härter als andere Städte suchte dann
der Schwarze Tod mit ¡seinem Gefolge das Gemeinwesen
heim, den Gipfel des Elends schien aber eine streitige Bischofs-
wahl zu bringen. Graf Moritz von Oldenburg, durch
einen Teil der Bürger gegen Gottfried von Arnsberg verworfen, zog mit einem starken Heere vor die Landwehr,
verbrannte die Vorstädte und fand auch die innere Stadt

ganz verteidigungslos, weil eben der Tod Gaffen und Häuser verödete (1350). Großmütige Schonung des Siegers gegen die von des Himmels Hand Geschlagenen ließ es zu einer Sühne kommen, so daß Gottfried die kirchliche Würde behielt, der Oldenburger dagegen „Amtmann" des Stifts wurde. Gleich darauf führte, wie in Oberdeutschland das Pfalbürgertum, so die Aufnahme von Hörigen in die menschenarme Stadt, zu einer Fehde mit dem Grafen von Hoya, indem die niedere Bevölkerung Bremens Gut und Blut daran wagte, die neuen Mitbürger vor Leibeigenschaft zu schirmen (1356), der Rat dagegen furchtsam die Satzungen der Güldenen Bulle beachtete. Bei solcher Uneinigkeit konnte denn Graf Gerhard der Stadt eine empfindliche Niederlage beibringen, da auch die adeligen Söldner schlechte Dienste leisteten, und sie zu einer Sühne beugen, welche das Einbürgerungsrecht gräflicher Hörigen beschränkte (1359). Um das Maß des Unglücks voll zu machen, war Bremen seit d. J. 1356 aus der Hanse gestoßen worden, weil ein Bürger wegen verbotener Schiffahrt nach Flandern sich der gesetzlichen Strafe durch „Vorflucht" entzogen hatte. Der Rat, dessen einflußreichste Mitglieder eben durch die Niederlage in gräfliche Gefangenschaft geraten waren, versäumte es, der Ladung der Hanse nach Lübeck zu folgen, und so ward auf Betreiben der Hamburger das Urteil der Verhansung um so eher verhängt, als auch ein Bremer Kaufherr und Schiffer gleichfalls zu Hamburg wegen verbotener Fahrt in schleppender Untersuchung, jener Stadt als offener Feind absagte, durch Seeraub seines Schadens sich erholte und seine Mitbürger, in deren Mitte er in einem festen, burgähnlichen Steinhause gewohnt hatte, in Verdacht brachte, den Friedensbrecher zu schirmen. Zufolge des Spruchs der Hanse verarmte die Stadt, wurden die Erbgüter so „niederfällig" und verzog das „gemeine Volk" so zahlreich in andere Städte, „daß Hunger und Öde im verkehrslosen Orte ihren Sitz aufschlugen". Schon wuchs Gras auf den Straßen; da wagten sich im Sommer 1358, eben als eine hansische Tagfahrt nach Lübeck anberaumt war, auch ungeladen zwei Bremer Ratsherren erst nach Hamburg,

Bremen verhanset.

verschlimmerten jedoch ihre Sache, indem sie den Nachbarn
das unruhige Verlangen ihrer Gemeinde offenbarten, wieder
in die Hanse aufgenommen zu werden. Darum fanden sie
in Lübeck selbst einen noch schwereren Stand, und Rat wie
Gemeinde mußten „den Ratsleuten der Seestädte und der
anderen Städte sowie dem gemeinen Kaufmann von der
Hanse der Deutschen des h. R. Reichs" die demütigste
Dankverpflichtung schriftlich bekennen, als sie eben am
Schlusse d. J. 1358 unter folgenden Bedingungen Gnade
erhielten. „So oft die Ratsmänner der wendischen Seestädte zur Verteidigung des Oresundes (Noresundes) aufforderten, sollte Bremen ein wohlgerüstetes Schiff mit 50
bewaffneten Männern und mit Kriegszeug auf seine Kosten
und Gefahr senden, und wenn Gott Sieg und Beute über
Piraten und andere Seeräuber verleihe, nach „Mannzahl"
daran teilnehmen. So oft dagegen die Herren von
Hamburg zur Verteidigung der Elbe riefen, sollte Bremen
auf einem Schiffe hundert Bewaffnete und im Falle der
Not noch mehr schicken, unter gleichem Anteile am Kriegs-
gewinne. Die Bremer müßten alle Beschlüsse, welche die
gedachten Ratsmänner im Namen aller Kaufleute genehmigt
haben, dankbar halten und fest beobachten, wer von ihren
Mitbürgern eine „verbotene Reise" mit seinem Schiffe oder
seinen Gütern unternehme, und gegen die gemeinen Schlüsse
handle, ginge seiner Güter und seines Lebens verlustig, so
daß zwei Teile jener den Kaufleuten derjenigen Stadt, wo
er beschlagen würde, zufielen, der dritte Teil den dortigen
Ratsherren, was er noch sonst an Vermögen in Bremen
oder anderwärts besäße, bliebe dagegen seinen Erben und
Angehörigen. Endlich mußte die Stadt geloben, den gemeinen Kaufmann hinsichtlich aller Privilegien und Rechte
schadlos zu halten, welche sie in England, Norwegen, Flandern zu der Zeit genossen hätte, als sie verhanset worden
wäre, so nämlich, daß etwaige Zwischenverträge den übrigen
Kaufleuten nicht zum Nachteil gereichten. Verginge sich
irgendeiner aus ihrer, der Bremer, Mitte gegen einen Punkt der
Sühneartikel, so sollten sie und ihre Nachkommen für alle Zeit
von den Rechten und Freiheiten der Hanse ausgeschlossen bleiben."

Solchen Triumph errangen die Seestädte über das Sondergelüste der Bürger an der Weser, und so nachdrücklich besiegelte Lübeck seinen Beruf als Zuchtmeister der norddeutschen Handelswelt. Die von Bremen ausgefertigten Urkunden wurden aber in den Archiven der Hauptorte wie Köln und Lübeck zum ewigen Gedächtnisse niedergelegt.

Sechstes Kapitel.

Geschichte der Gildhalle, des Stahlhofs zu London bis 1361. Dinant. Bild der dortigen Verhältnisse. Kirchliches. Kaufhof zu Nowgorod bis 1368. Verfassung des Hansebundes ausgebildet. Lübeck im Mittelpunkte der deutschen Kaufmannswelt. Hansetage. 1340—1361.

atte gleichzeitig die deutsche Kaufmannsgesellschaft zu Brügge, neben welcher wir auch zu Amsterdam, Dordrecht und in anderen westlichen Hafenorten kleinere Handelsvereine unter Alterleuten finden, ihre Zuflucht zu den Osterlingen genommen und sich dem Einflusse der Bundesstädte bequemen müssen, so war es eine schwierigere Aufgabe für den Vorort der ältesten Hanse im Auslande, den deutschen Kaufleuten von der Gildhalle in London, ihre Stellung im kaufmännischen Gemeinwesen anzuweisen, und die Interessen derselben mit der Heimat in Übereinstimmung zu bringen. Jene Hanse, für welche die Städte schon ein Jahrhundert früher gemeinsame Schritte zugunsten i h r e r Bürger getan, hatte bei Kölns versuchter Absonderung um die Mitte des Jahrhunderts wieder an selbständiger Haltung gewonnen, und sich über viele Hafenorte des östlichen und nördlichen Englands verzweigt. Daß die Gildhalle noch immer eine Körperschaft für sich bildete, erkennen wir erstens daran, daß sie Städte unter ihren Gliedern zählte, die zwar auf deutschem Reichsboden lagen, aber nicht in der Reihe der Städte erscheinen, welche die allgemeine deutsche Hanse umschloß. So umfaßte sie rätselhafterweiser den den Ort Dinant an der Maas und Sambre im Reichsstift Lüttich, dessen Bürger wegen Anfertigung von Metall-

Verhältnisse zu England.

Dinant in der Hanse.

geräten in Ruf standen. Schon i. J. 1329 hatten die
Dinanter von König Edward III. für sich eine besondere
Anerkennung erwirkt, mußten sich aber bald der großen
Gesellschaft angeschlossen haben, da i. J. 1344 der Ausspruch
des königlichen Kanzleigerichtes die Freigabe ihrer Güter
verfügte, welche in England zur Vergeltung der Mißhandlung
mit Beschlag belegt waren, die ein englischer diplomatischer
Unterhändler im Stiftssprengel Köln erfahren hatte. Als
Grund der Zurücknahme jenes Befehls wurde angeführt,
die Dinanter seien „Genossen der Gildhalle der Deutschen
zu London“, wie der Aldermann derselben urkundlich nachgewiesen hätte; diesem alten Recht zufolge, das schon i. J.
1320 Vollgültigkeit erlangt hätte, dürften ihre Güter wegen
Vergehen eines Dritten nicht in Beschlag genommen
werden.   Obgleich die Dinanter selbst im Besitze einer
besondern Halle auf oder an dem Stahlhofe erscheinen,
und i. J. 1369 einen überwiegenden Anteil an der vom
Könige den Kaufleuten abgeforderten Kriegssteuer entrichteten,
verschwinden sie bis auf einzelne Erwähnungen im XV. Jahrhundert aus den Listen sowohl der Hansestädte, als der Genossen
des Londoner Kontors. — Zweitens unterschied die englische Regierung streng zwischen den Genossen der Gildhalle zu London und den Städten der großen deutschen
Hanse, selbst denjenigen, welche als Gesamtheit sich die
Privilegien der Gildhalle erwirkt hatten, und aus denen
Bürger in London residirten.   Sie erkannte nicht die Berechtigung der Gemeinwesen an, sondern nur die der einzelnen
urkundlich aufgenommenen Kaufherren.   So liefen die
öffentlichen Verhältnisse wirr durcheinander.

Böse Händel der Art, wie mit den Dinantern, gab es
viele in Englands Städten und Gewässern, zumal bei dem
Höhestande des Krieges mit Frankreich.   Wir finden aber
nicht, daß die Bedrängten als Gesamtheit bei den Bundes-
orten Abhilfe oder Vertretung suchten.   Wir wissen, daß
(30. Juli 1352) Edward III. auf das lästerliche Geschrei der
Anhänger jenes in Sluys hingerichteten Engländers die Beschlagnahme aller in London und in sämtlichen Grafschaften
vorgefundenen Waren „der Kaufleute Alemanniens von der

Hanse" (!) mit Ausnahme zweier, denen er hoch verpflichtet war, verfügte. Die Beraubten waren sämtlich hansisch, zum Teil aus den Seestädten, erhielten aber nicht als solche, sondern nur auf die Erklärung ihre Güter wieder frei, daß sie mit den deutschen Kaufleuten in Flandern, welche die englische Nationalehre beleidigt hätten, also mit den aner= kannten hansischen Genossen, in keinerlei Verbindung ständen. Der König teilte dies dem Rate zu Hamburg besonders mit, welcher sich doch auf ein ursprüngliches Recht der Hanse berufen konnte. Wahren Ernst mögen wir je= doch in diesem Staatsschritte Edwards nicht erkennen, da die Maßregel Ausnahmen erlitt, nur wenige Tage Gültigkeit hatte und, wie es scheint, die Sache des leidenschaftheißen Volks dem Verlangen des Hofs nach Zufuhr von rheinischen Weinen aufgeopfert wurde.

Verschiedenes
Verhältnis
der Hanse
in England.

Waren Widersprüche derart ein klarer Beweis, daß beim Könige das Recht der deutschen Gildhalle mehr galt, als das des großen hansischen Städtebundes, und daß der deutsche Kaufmannsverein an der Themse nur seine engeren Interessen im Auge behielt, so nötigte auch nur Bedürftigkeit den siegreichen Träger der Kronen Englands und Frankreichs zu neuen und immer neuen Vergünstigungen an die Fremden, mochte der heimische Handelsstand auch noch so scheel= süchtig und erbost auf die reichen Günstlinge blicken. Denn dem Plantagent nützten die hansischen Rotschilde weit mehr als weltkundige Alchymisten, welche ihm jene berühmten Rosenoble aus künstlichem Golde verfertigt haben sollten. Wir kennen Edwards III. nachsichtige Gläubiger in Köln, andere deutsche Kaufherren, zumal die Klipping, später die vornehmsten Patrizier in Dortmund und Soest, besaßen seine große Krone und manches kostbare Juwel als Unter= pfand. Am höchsten galt aber bei ihm Herr Tidemann von Lymberg, der sogar namentlich von jener allgemeinen Be= schlagnahme hansischer Güter ausgenommen wurde. Wir finden letzteren mit einem andern Niedersachsen i. J. 1343 als Pächter der Hälfte der dem Könige bewilligten Abgabe von vierzig Schillingen für jeden Sack Wolle. Ja, ihm und den Klippingen wie einigen anderen Westfalen wurde

Gunst
Edwards III.
für die Hanse.

eine besondere Ausfertigung der hansischen Privilegien vom
Jahre 1346 zuteil. Er allein erhielt die Pachtung der
Zinnwerke des „Schwarzen Prinzen" in Cornwall. Wie
mögen nun nicht Ritter und vornehme Hofbeamte, Räte
des Königs, dem fremden Kaufherren verpflichtet gewesen
sein, da Edward diesem einen zwischen den Jahren
1348—1350 eine große Zahl Landgüter in sieben verschiedenen
Grafschaften auf tausend Jahre überlassen hatte! So
hohe Gunst und Unentbehrlichkeit einzelner Deutschen beim
königlichen Hause, die Dankverpflichtung für Überlassung
von Kriegsschiffen, Zufuhr von Waffen und Lebensmitteln
im großen Nationalkampfe, wirkten denn sehr förderlich auf
die Stellung der Gesamthansen in England zurück. Obgleich
sich keine Spur eines Vertrages mit den Hansestädten zum
Zweck des Krieges findet, wurden sie doch unter die „Alli-
ierten" der Krone gezählt, und galten die „Easterlinge" der
naiven Staatskunde der Engländer als eine besondere,
ihrem Könige verbündete Nation. Derselbe dankbare
Edward bestätigte darum i. J. 1348 den „deutschen Kaufleuten der Gildhalle zu London" alle älteren und kurzvorher
erlangten Freiheiten, besonders aber die geringe Abgabe von
drei Pfennigen vom Pfunde des Wertes der Güter, außer
den älteren „Kostümen", sowohl bei der Ausfuhr als bei
der Einfuhr. So sorgsam wachte die nationale Regierung
über die Rechte der Gäste, daß sie die Privilegien der Bürger
von London nur unter dem Vorbehalte der von ihr jenen
gewährten Freiheiten erneuerte! Beim Genusse solcher Vorzüge konnten die Seestädte sich wohl eine Art Selbständigkeit
der Gildhalle von London gefallen lassen, zumal der Eintritt
in dieselbe jedem hansischen Bürger gegen geringe Obliegenheiten freistand. Finden wir in den östlichen Häfen
Englands bis York hinauf überwiegend Kaufleute und
Schiffer aus den östlichen Seestädten, welche dorthin mit
Stockfischen, Heringen, Fettwaren und Fellen handelten,
auch früh schon als ausschließliche Frachtführer englische
Wolle, Häute und dergleichen nach Norwegen brachten,
so blieben die Kölner, so lange ihr überseeischer Verkehr
überhaupt dauerte, nebst den deutschen Kaufleuten in Brügge,

Die
Osterlinge
Englands
Alliierte.

den Bürgern aus Westfalens großen und kleinen Städten, doch die tätigsten in der eigentlichen Gildhalle.

Gegen die zweite Hälfte des XIV. Jahrh. gestaltete sich das Gesellschaftsleben der Deutschen an der Themse um so markierter, als die erste Aufzeichnung der Statuten beginnt, wenngleich dieselben durch das Herkommen schon längst Geltung gewonnen hatten. Wir schildern daher hier schon so anziehende, heitere und ehrenvolle Verhältnisse, mögen auch Einzelheiten erst dem XV. Jahrh. angehören.

Verfassung des Stahlhofs.

Die äußere Verfassung war noch dieselbe wie in Edwards I. Tagen, doch tritt allmählich der englische Aldermann zurück, wenn auch selbst der Major von London jenes Amt bekleidete und die jährlichen Ehrengeschenke empfing. Der „Justitiar aller fremden Kaufleute" in England, i. J. 1303 als Oberrichter angestellt, mochte nur für die anderen Nationen von Bedeutung sein. Er verschwindet um die Mitte des XV. Jahrhunderts mit dem englischen Aldermann aus der Gildhalle, welche in ihren eigentümlichen Vorrechten geeignete Mittel fand, sich für die der Allgemeinheit erteilten Privilegien zu entschädigen. — Doch beachteten die klugen deutschen Kaufherren die Pflicht jährlicher Gaben auf das gewissenhafteste. Wir finden: je höher die Abgaben an Geld, Fischen und sonstigen guten Dingen für die verschiedensten Staats, Hof und Stadtbeamten waren, desto geringer wurden im Verlauf der Jahrhunderte die Rechte und Genüsse.

Jene schriftliche Verzeichnung der Statuten hebt mit dem J. 1320 an und läßt uns den Hof noch in ungeschwächter Autonomie erblicken. Erst mit dem Anfange des XV. Jahrh. macht sich in den Willküren der bedingende Einfluß der Seestädte merklich, die dann, als das Kontor zu London und die Gemeine Hanse ineinander aufgingen, erst durch ihre Vermittlung und Sanktion den Beschlüssen das Siegel aufdrückten, oder auf Hansetagen die Kontorordnung feststellten. Schon in den ältesten Statuten, deren Strafbestimmungen noch nicht auf Geld, sondern auf Wachs zum Altardienste der Allerheiligenkirche lauten, kommt aber der Name „Stahlhof" vor, welcher noch von den Häusern, Buden und Kammern

Statuten und Bild des Stahlhofs.

der Gildhalle unterschieden wurde. Das Wort „Stahlhof“
unterliegt einer mehrfachen Erklärung; es läßt sich bald auf
Vorräte von Stahl (Eisen), welche wirklich in späterer
Zeit dort aufgehäuft waren, zurückführen; bald auf eine alte
Wägestätte am Hafen, Steelyard, bald auf das Stählen,
Stempeln mustergültiger Wollentücher; endlich auf das jetzt
ungebräuchliche Wort „Stallen“, welches zugleich „Waren
aufstapeln“ und „Beieinanderwohnen von Menschen“ bedeutet.
Wie sich außer Nowgorod das Wort „Skra“ nur noch in
Soest als Bezeichnung des Rechtsbuchs findet, so treffen
wir auch spät nur unter Soests Markthallen einen Stahl-
gadumb, sicher eine Verkaufsstätte, wo jedoch die un-
zünftigen Gemeindeglieder ihre Versammlung hielten. —
Auf das örtliche Verhältnis des Stahlhofes zur Gildhalle,
deren Namen jener, obwohl ursprünglich nur ein Teil derselben, verdrängte, und als Gesamtbezeichnung eines weitläufigen, umschlossenen und viel bebauten Raumes an der
Themse unweit der ehemaligen Downgate, galt, können wir
uns nicht einlassen. Er erscheint uns als Erweiterung der
älteren, engeren Gildhalle. Jener Turm, welcher sich auf
Abbildungen des Stahlhofs vor dem großen Brande (1666)
zeigt, mag nicht wie die Umfangsmauer von den Fremden
erbaut sein, sondern von der uralten Hafenbefestigung her-
stammen. Innerhalb dieses Raums bot sich das Bild eines
kleinen selbständigen Staates dar, und bewegte sich eine
eigentümliche Welt mit mönchisch-strenger Zucht und kirchlicher Färbung. In vielen Kammern und einzelnen Hallen,
in Packhäusern und auf Gängen wogte ein Gewühl von
Meistern und Gesellen auf mehr denn sechzig hansischen
Städten, mit aufgestapelten Warenvorräten beschäftigt,
welche entweder landwärts durch enge, sorgfältig gehütete
Pforten anlangten, oder vermittelst des ragenden Krans
auf der Strandseite aus zahlreichen, mannigfach gebauten
Seeschiffen gehoben wurden, die diesseits der Londonbrücke
an Seilen und Ketten bis tief in den Strom hinein hingen.
Früh schon faßte aber die Gildhalle nicht die Zahl der Gäste,
weshalb auch die Häuser der nächsten, sonderbar benannten
Gäßchen mietweise zur Aufnahme der Fremden dienten.

Jahrhundertelang bestand unter klösterlicher Zucht die gemeinsame Haushaltung, nur hatten einige altbevorzugte Gemeinwesen besondere Hallen inne. Die „Große Halle" war der Versammlungs- und Eßsaal der Kaufleute, die „Ratsstube" gehörte allein den Altermännern, welche hinter ihrem bühnenartigen Kontor (Computatorium) ernsthaft arbeiteten oder zu Gericht saßen. Der Turm war die Bewahrungsstätte der Briefe, Privilegien und wertvoller Dinge, die weite, steinerne Küche trug noch über Elisabeths Tage hinaus treu das altertümliche Gepräge, und wohlgepflegt grünte zwischen der eigentlichen Gildhalle und der Mauer von „Cosinslane" das Gärtchen, welches die gemütlichen Gäste mit Reben und feineren Obstarten bepflanzt hatten. Erinnerten spät noch der Garten mit den kühlen Sommerlauben, die verschiedenartigsten Räumlichkeiten, die festen Umfangsmauern mit den Waffenvorräten, die „Große Halle" mit Silber- und Zinngeschirr, Bechern und Kannen und sonstiger Ausstattung zum Schmuck, auch schon vor Holbeins sinnigem Meisterwerke an heitere und ernste Vorgänge früherer Jahrhunderte, so weilt mit ausschließlichem Behagen die Erinnerung bei dem Gebäude, welches bis zum J. 1381 dem Sir Richard Lyons, einem reichen Goldschmied und Sheriff Londons gehörig, nach manchem Wechsel der Gildhalle einverleibt war, um ihr zum Ausschank der „rheinischen Weine" an Ehrengäste und wohlgelittene Fremde zu dienen. Von des „Prinzen Hal" und Sir John Falstaffs Tagen an — (denn die Schenke „zum wilden Schweinskopf" und Cold-harbour, Heinrichs Residenz, nahe der Allerheiligen Kirche grenzten an das Kontor) — bis auf Lord Edward Herbert von Cherbury, den leibhaften Ausdruck der chevaleresken und pedantischen Bildung des Jahrhunderts Jacobs I. sah das „rheinische Weinhaus" im Stahlhofe bei festlichem Anlasse, in ernsten Geschäften und 'als freiwillige Besucher Englands merkwürdigste Männer, Bischöfe und Äbte, Lord-Mayore und Glieder des Königlichen Geheimen Rats, Kanzler, Kriegshelden und lustige Kapitäne, die ernsthaften Sendboten der Hanse, Lübecks, Kölns, Danzigs, Bremens, Hamburgs Staatshäupter,

Das rheinische Weinhaus.

den kecken Admiral des hansischen Diktators, Jürgen Wullenwewers, jenen Marx Meyer, welchen Heinrich VIII. mit der Ritterkette begnadigte. Auch William Shakespeares Gesellschaft, Londons fröhlichste Feinschmecker, ließen sich im „Stillyard" einen Trunk rheinischen Weins bei „geräucherter Ochsenzunge" und anderen guten deutschen Dingen behagen.

Statuten des Stahlhofs.   Vorstand der Gesellschaft blieb der deutsche Aldermann, welcher am Neujahrsabende mit zwei Beisitzern und den Neunern durch Wahlmänner in der Art aus jenen in London anders abgeteilten Dritteln erwählt wurde, daß jede Stadt gleichmäßigen Einfluß auf die Verwaltung ausübte. Jene zwölf Männer bildeten den „Kaufmannsrat" und setzten mit dem residierenden Kaufmanne, der zu solchem Zwecke auch aus den anderen Stahlhöfen und Faktoreien, zu Lynn Episcopi, Boston, zu York, aus den Häfen von Hull, Bristol, Norwich, Ipswich und Yarmouth herbeikam, die Statuten fest, „da die Städte von der Hanse vergönnt hätten, daß die Oldermannen des gemeinen Kaufmanns zu Brügge in Flandern, zu London und in andern Kaufstädten bleiben möchten bei der alten Gewohnheit, nach Gutdünken Ordinanzien zu machen." Seit dem ersten Drittel des XV. Jahrh. findet sich neben dem Kaufmannsrat als ansehnlicher Beamter auch der „Clerk" für Berechnung und schriftliche Ausfertigung. Die selbstbeliebten Gesetze, über denen jedoch in Klagefällen die Entscheidung der „Städte" stand, wurden nebst den Freibriefen jährlich in voller Versammlung, in der „Morgensprache", durch den Kaufmannsrat verlesen und enthielten neben allgemeinen hansischen Artikeln zwar nicht so bizarre, wunderliche Bestimmungen, wie die in Bergen, Nowgorod oder Malmoe galten, bezweckten jedoch gleichmäßig jene Abgeschiedenheit von der englischen Welt, unter welcher kaufmännisches Gedeihen allein möglich schien. Alle Residierenden, Meister und Kaufgesellen lebten ehelos oder zur Zeit ihres Aufenthalts im Stahlhofe unverheiratet; selbst nicht dem Hauswart war ein Weib gestattet. Die Übertreter der Hausordnung und der Sittenpolizei unterlagen schwerer Buße, die unnachsichtlich verhängt und gezahlt wurde, zumal wenn sich einer

Schmähworte erlaubte oder gar das Messer zückte. Wider=
spenstige gegen den Aldermann in der Morgensprache wurden
auch wohl durch den englischen Sergeanten herbeigeholt und
so lange eingesperrt, bis sie dem Rechtsspruche genügt hatten.
Um 9 Uhr abends schloß sich die Pforte, deren Schlüssel
ein Meister der Reihe nach zu bewahren hatte. Wer auf
seiner Kammer oder in Tavernen „doppelte" (würfelte),
wer ohne besondere Anfrage außerhansische Leute beherbergte,
der junge Geselle, welcher lose Frauen etwa verkleidet bei
sich einführte und dadurch ärgerliches Aufsehen bei den
Nachbarn veranlaßte, zahlte eine ansehnliche Buße, deren
eine Hälfte dem Angeber zufiel. Sauberkeit des Hofes
von allem Unrat, Mißbrauch der großen Halle durch Waren=
packerei, wie selbst in der St. Peterskirche zu Nowgorod
nicht ungewöhnlich, waren Gegenstände besonderer Gebote
und Verbote. Nicht einmal Fechten und Ballschlagen, etwa
in Gesellschaft englischer Freunde, war gestattet. Jede Be=
schädigung der Baulichkeit streng gerügt. Jeder Kaufmann
mußte in seiner Kammer vollen Harnisch von Kopf bis zu
Fuß und übliche Waffen, eine stählerne Armbrust, und später
ein Feuergewehr bereit halten, um auf Erfordern persönlich
das Bischofstor zu verteidigen. Die Kost war gemeinschaft=
lich, doch die Tafel der Meister und Gesellen in der großen
Halle getrennt. Ordnung und Anstand herrschten bei Tische,
und selbst fröhliche Trinkgelage ergingen sich unter gemessene
Vorschriften. — Die eigentlich hansischen Bestimmungen
unterschieden sich durch größere Unverbrüchlichkeit und strenger
gebotene Rechtlichkeit von denen anderer Kontore. Es
galt den besonnenen Kaufherren, die Gunst eines schwierigen
Volks, das an politischer und gesellschaftlicher Bildung mit
ihnen gleichstand, und welchem die Gäste nach alter Be=
rechtigung die natürlichsten Vorteile des Verkehrs entzogen,
nicht durch Leichtsinn, Mutwillen oder Betrug zu verscherzen.
Wir finden deshalb in unserer Zeit keine Spur jener ab=
scheulichen „Hänselung", wie sie noch die Kölner und ihre
Genossen in Friedrichs II. Regierungsanfängen an den
Lübeckern übten. Keine Andeutung jener rohen „Spiele", mit
denen in Bergen die physische Ausdauer und die Sinnes=

Gebräuche des Stahl=hofs.

festigkeit des armen Neulings unmenschlich erprobt wurde. Ähnliche Mißhandlungen hätten dem Deutschen die Achtung des Engländers unausbleiblich geraubt. Das Faktoreirecht wurde unter sehr leidlichen Bedingungen gewonnen; hansische Geburt, Bürgerrecht in einer Hansestadt, Freiheit von dienstbaren Verhältnissen, „daß einer frei auf seinen Füßen stehe," guten Leumund habe und für alles Bürgen stelle, endlich daß er nicht mit „außerhansischen" Gütern hantiere, waren die Haupterfordernisse. Der Aufzunehmende mußte einen „gestabten" Eid schwören: „der Deutschen Rechte helfen zu hüten nach seiner fünf Sinne Vermögen, kein Gut nach deutschem Rechte zu entfreien, das nicht in die Hanse gehöre, alles zu melden, was er, als gegen Recht, erführe und dem Rechte gehorsam zu sein." Ein mäßiger Schoß von Einfuhr und Ausfuhr, die Strafgelder und bestimmte häusliche Abgaben deckten die Unkosten des Kaufhofes, die Ehrengeschenke, mit denen die Klugen nicht kargten, sowie den Unterhalt der gemeinsamen Wirtschaft. Dennoch gebot das Kontor immer über bedeutende Summen und besaß früh einen Schatz von Silbergerät und Kleinodien.

Allgemeine hansische Bestimmungen. Als allgemein hansische, aber gewissenhafter beachtete Vorschriften heben wir hervor: die Strenge gegen entweichende Schuldner und solche, die ohne Schoßentrichtung über See zogen. Wertangabe der Fracht durch den Schiffer, Ausstellung des Pfundbriefes, Sendung des Schoßes aus den übrigen englischen Häfen nach London, das Verfahren beim Wägen, Probegültigkeit der Tücher und Gleichmaß derselben. Eifrig bemüht, ihre monopolistischen Einrichtungen gegen den natürlichen Widerstand des heimischen Gewerbefleißes, der Schiffahrt und der Handelstätigkeit der Engländer zu schützen, ordnete ein späterer Hansetag zu Lübeck an (1434), „daß kein Hanse eine Handelsgesellschaft noch ein Schiff mit einem Inländer gemeinschaftlich habe, und kein Hanse aus seiner Stadt Waren an andere als an in London residierende Hansen sende, Wein, Bier und Heringe ausgenommen. Der Tuchhandel, Englands wichtigster Verkehrszweig. unterlag der sorgsamsten Aufsicht. Wiederholt ward verboten, fremde Güter als hansische in England ein-

zuführen und so zu gerechten Beschwerden Anlaß zu geben.
Denn immer fürchtete bei ihrer Unkunde der deutschen Verhältnisse die Regierung, daß die Hansestädte fremde Städte
an ihren Privilegien teilnehmen ließen. Wachte die Gesellschaft streng darauf, daß kein Kaufmann den Königszoll zu
zahlen versäume, so ermessen wir anderseits den Wert,
welchen die Hansen auf Erhaltung ihrer Privilegien legten,
aus dem Verbote, ohne Genehmigung des Aldermannes einen
andern vor einem englischen Gerichte zu belangen, sich besondere Schutzbriefe zu erwirken, oder gar gegen das Recht
von den englischen Behörden sich Geld abdringen zu lassen.
Die letztere Bestimmung entstammt derselben Ansicht des
deutschen Bürgers, welcher scheinbar grausam den Mitbürger strafte, wenn derselbe, ohne auf die Hilfsverpflichtung
seiner Gemeinde, auf die Gesamtbürgschaft zu vertrauen,
für seine Person sich aus Räubergewalt losgekauft hatte.
In den Seelen unserer Vorfahren lag ein unbeugsamer
Trotz auf dasjenige, was sie als Recht erfaßt hatten.

Noch müssen uns die kirchlichen Verhältnisse unserer
Stahlhofsbrüder einen Augenblick fesseln. Das tiefe Gefühl
des Bedürfnisses nach einer höheren Leitung, die Anerkennung
einer göttlichen Vorsicht blieben besonders bei Seefahrern
und Kaufleuten rege, welche stündlich der Gefahr ihres Lebens
und ihres Gutes ausgesetzt waren. Wie deshalb die Hansen
auf größeren gemeinschaftlichen Reisen über See stets einen
Priester zur Begleitung wählten, einen solchen mit nach
Nowgorod nahmen, und, heimgekehrt vom ängstlichen Abenteuer, nie unterließen, vor frohen Gelagen den Heiligen
Dank zu spenden, ihre Kerzen anzuzünden, die Altarpriester
zu beschenken, wie z. B. selbst in dem jetzt so winzigen
Städtchen Attendorn die dortige St. Nikolausbrüderschaft,
„welche häufig in ihrer Kaufmannschaft nach dem Königreiche England fuhr“, i. J. 1328 eine besondere Kapelle gestiftet hatte. So betätigten die Hansen in der Fremde
ihren religiösen Drang durch Widmung eigener Altäre,
Messen, Kirchen und Spendung von Almosen. Wir kennen
die Kaufmannskirchen zu Nowgorod, Alt-Ladoga, zu Smolensk. In Wisby bestand die deutsche St. Marienkirche

Kirchliche Verhältnisse des Stahl-hofs.

schon seit 1225, an Schonens Küste gab es eine Menge geweihter Stätten und Kirchhöfe. In Bergen besaßen die Hansen gar drei Kirchen, von denen die St. Hallwards die angesehenste war, an anderen Orten wenigstens besondere Kapellen bei den Pfarrkirchen, oder eigenes Gestühle in denselben. Selbst im deutschen Brügge galt das Karmeliterkloster auch als Andachtsstätte der Residierenden. In London dagegen trat das Bedürfnis eines eigenen Gottesdienstes weniger hervor als im griechischen Nowgorod oder im skandinavischen Norden. Zwar findet sich auf dem Stahlhofe die alte bauliche Spur einer Kapelle, doch begnügten sich die Deutschen mit ihrer Kirchspielkirche, der zu Allerheiligen, der Größeren, oder „am Heu", jener alten Seemannskirche, wo der Fremde noch vor dem großen Brande in den bunten Farben der Fenster hinter sorgfältig schirmenden Drahtgittern den altertümlichen Reichsadler erblickte, und in den stets offenen Hallen an vier langen Reihen eines zierlich geschnitzten Gestühles, an eigentümlichen Emblemen, sowie an den deutschen Namen der Grabtafeln rings den Wänden entlang sich überzeugen konnte, daß er sich in der vielbesuchten Andachtstätte deutscher Landsleute befände. Auch wandten sich die Hansen fleißig an die Grauen Mönche unfern des Stahlhofes, jene beliebten Franziskaner, welche auch die fernsten Ansiedlungen der Deutschen zu begleiten pflegten, galt doch selbst der oft genannte Arnold, Thedmars Sohn, als erster Wohltäter der Grey-Friars. Dankbar vergalten auch die späteren jenen frommen Brüdern ihre geistliche Sorgfalt. Vor ihrem Gestühl zu A. H. brannten die dicksten Kerzen. Besonders St. Barbaratag ward mit künstlicherem Meßgesange gefeiert, und sodann der Pfarrer mit dem englischen Aldermanne, dem königlichen Türhüter der Sternkammer, stattlich auch mit dem Obste des Stahlhofgärtchens bewirtet. Am Frohnleichnamsfeste schlossen sich die Deutschen der großen Prozessionen benachbarter Gilden und der Stadtbehörden an und erleuchteten am St. Johannisabende (Midsummernight) wie an St. Peter und Paul nach altsächsischer wie englischer Sitte glanzvoll ihre Halle, zugleich sich der Lustbarkeit des fröhlichen Englands überlassend.

Zeigten unsere weltklugen Kaufherren sich altgläubig, andachtsvoll, so möchten wir doch kaum zweifeln, daß nicht gerade sie die wykleffitischen Lehren in die aufgeregte Heimat mitbrachten, weil wir schon vor der hussischen Bewegung in den Seestädten wilde Priesterfeindschaft ausbrechen sehen.

So verging dem Genossen des Stahlhofs unter Arbeitsamkeit bei reichem Gewinne, mönchischer Zucht und kirchlicher Frömmigkeit, auch unter gemütlichem Stilleben und landesüblicher Heiterkeit sein Aufenthalt am Strande der Themse. Immer auch nahmen die Fremden teil an öffentlichen Festen, an Aufzügen bei Huldigungen und wetteiferten in prächtigen Kostümen und bizarren Darstellungen mit Florentinern, Genuesern und Venezianern. Gewiß kehrte ein junger Gesell mit besseren Sitten und gebildeterem Sinne aus dem Stahlhof zurück, als die „Garpen" aus Bergens tobsüchtiger, wilder Genossenschaft. Zwar gab es auch selbst unter des gnadenreichsten Königs Schirm in London böse Tage, und keine hansische Orlogflotte, kein heiliger Schutzbrief schützte die beneideten Fremdlinge vor der jeweiligen Wut des englischen Pöbels. So sah es beim Aufstande Watt Tylers und der Landbevölkerung von Kent gefährlich um die Gildhalle (1381) aus, als ihr Nachbar, jener reiche Goldschmied und Sheriff Richard Lyons aus seinem Hause geschleppt und im nächsten Graben hingemordet wurde, als der Blutdurst der Rebellen die gehaßten Ausländer, Deutsche und Fläminge, bis in die Kirche verfolgte, und da erbarmungslos niederstieß, wenn ihr Mund die Wörter „cheese and bread" nicht echt angelsächsisch aussprach, aber die Mauern des Stahlhofes hielten stand. Dergleichen Schrecknisse trug gleichmütig das gewinnsüchtige, an Gefahr gewöhnte Geschlecht und sah bald die vom Könige verbürgte Sicherheit wiederkehren.

Ein kühner Sprung führt uns vom milden Ufer der Themse an die eisige Wolchow, um noch kurz den Zustand des dortigen Kaufhofes zur Zeit des großen Hansekrieges zu beleuchten.

Wenn da viel Recht ist, wo die Gesetzgebung sich am tätigsten zeigt, müßten wir den geordnetesten Zustand der

Der Kaufhof zu Nowgorod.

Dinge im Kontor von Nowgorod erwarten. Seit den Lübeckern gelungen war, Wisbys altberechtigten Einfluß auf jenen Stapelort zu schwächen, reihen sich Hofordnungen, in denen das lübische Recht vorwaltet, Skraen der zu Nowgorod weilenden Kaufleute, Zusammenfassungen der vereinbarten Beschlüsse in bezug auf den Gang des Verkehrs, auf Rechtsverhältnisse, Regelung der Frachtfahrten, Prüfung der Waren aneinander. Dennoch herrschte fast immer Unfrieden mit den Russen, verfälschten diese ihre Rohprodukte, Wachs und Peltereien, und wurden der beeidigten Schaugerichte ungeachtet mit deutschen Tüchern betrogen. Ihrerseits beharrten die Deutschen darauf, die Handelsgemeinschaft mit Walonen, Flämingen, Engländern zu verpönen, fanden aber an der eigenwilligen Politik des Ordens, welcher jetzt bis Narwa herrschte, nicht selten Widerstand. So hatten zur Zeit des Landmeistertums Goswins von Hereke (1347 bis 1360) „Oldermann und gemeine Kaufleute“ einen Lombarden, der sich in den Kaufhof geschlichen, desselben verwiesen, und infolgedessen verhaftete jener Ordensgebieter, als Geleitsherr, Kaufleute der deutschen Hanse, worüber die Rostocker sich empfindlich beklagten. — Der Krieg, welcher um d. J. 1368 zwischen der livländischen Ritterschaft und den Russen ausbrach, hatte zur Folge, daß die Vorsteher der Niederlassung mit allen dem Hofe gehörigen Sachen und Schriften ihre Zuflucht nach Dorpat nahmen.

Bereits früher war die Selbständigkeit des Nowgoroder Kontors so weit verschwunden, daß nicht länger der Oldermann von den ankommenden Sommer und Winterfahrern erkoren wurde, sondern die Abgeordneten der Städte einen Vorstand wählten (1346), der mit Übergehung der ehrgeizigen Riganer abwechselnd ein Lübecker und ein Wisbyer sein mußte. Schwere Strafbestimmungen, zum Teil neue, zum Teil Einschärfung früherer, füllen den Kodex. Wie den Vögten der vornehmsten Seestädte auf Schonen stand dem Oldermanne sogar das Recht über Hand und Hals zu. So dunkel die Nachrichten, waren die Verkehrsverhältnisse noch dieselben, der Hof die ausschließliche Warenniederlage und Marktstätte, von den Gästen in ein

zelnen Stuben bewohnt, nach ihrem Rechte geschützt, die
Haushaltung gemeinsam. Nur daß die Mittel, alte Verträge zu schützen, selten ausreichten bei der Eifersucht der
Nowgoroder auf ihre eigene Gerichtsbarkeit und bei ihrem
ewigen Hader mit den Landesfürsten. Dennoch aber stellte
das Monopol der zähausdauernden Deutschen sich immer
fester heraus, so lange nämlich überhaupt Verkehr möglich
war. Andere Nationen blieben vom russischen Handel
ausgeschlossen, und Deutsche zogen tief in Rußlands Inneres,
während die Russen sich seltener in Livland und in Wisby
blicken ließen. — Von der geschmeidigen Handelsgesellschaft
an der Wolchow war für die gemeinsamen Bundesinteressen
nicht Störung oder Widerspruch zu besorgen.

Fassen wir das bisher Erzählte zusammen: die achtung- Überblick.
gebietende Stellung, welche sich die Seestädte einmütig
unter Lübecks Vorgang im uneinigen Norden zur Zeit der
Wiedervereinigung Schonens mit Dänemark errungen hatten,
ihre kräftigen Wehranstalten, sowohl auf allgemeineren Verband, als auf die Nachbarbündnisse gegründet, die Unter-
ordnung sonst spröd unabhängiger flandrischer Hansen unter
die Seestädte, deren unabweislicher Einfluß die Wirren am
Kaufhofe zu Brügge entschied und die Grafen Flanderns
zur Anerkennung einer „deutschen Hanse" nötigte, ferner
den Triumph über Bremens Sonderpolitik, und den zahmen
Gehorsam einer so selbstwilligen Neiderin, die lenksamen
Verhältnisse des Stahlhofs, sowie des Kontors zu Nowgorod zu den Hansetagen, endlich die Achtung, welche die
Städte den Nachbarfürsten, die Furcht, welche sie dem
Raubadel eingeflößt hatten: so begreifen wir, daß gerade nach
Verlauf eines halben Jahrhunderts, seit Albrecht von Österreich das mühsame Werk der Hohenstaufenzeit im Innersten
erschüttert hatte, der deutsche **Kaufmannsbund** und **Lübeck**
sich selbst wiedergefunden, und sich fester wieder auf
ihre alten Grundlagen gesenkt hatten. War auch
die Zahl der Hanseglieder keineswegs geschlossen, so schien doch
ein Mächtiges für die innere Gliederung und für Voll-
streckung gemeiner Beschlüsse darin gewonnen, daß gelehrig
alle Zugewandten sich der **Einteilung in Drittel** fügten.

— Lübeck blieb trotz unaufhörlicher Fehden und Rüstungen
so reich, daß es i. J. 1359 vom Herzoge von Sachsen
die Stadt Mölln kaufen, i. J. 1363 Bergedorf als Pfand
an sich bringen konnte. Wie manches Geldopfer mag der
ehrgeizige Vorort seinem Berufe gebracht haben, um möglichst
alles nach allen Seiten zu vermitteln!

Fanden zwar die Hansetage wechselnd auch in andern
Seestädten statt, so sehen wir Lübeck doch wieder Tag
ausschreibend, wie ein halbes Jahrhundert früher. Der
Drang der Geschäfte vervielfachte aber die Zusammenkünfte,
deren Beschlüsse und Protokolle wie der Seestädte zu Rostock
(1359) noch lateinisch abgefaßt sind. Im Januar 1359
berief Lübecks Rat kraft der jüngsten Verabredung zu Rostock
alle vorigen Sommers in Lübeck vereinigt gewesenen Sendboten „der Städte, welche zur deutschen Hanse gehörten,“
um Johannis wiederum an die Trave, und tat solches zunächst den Freunden zu Rostock kund, um in der schwebenden flandrischen Sache ernstlichere Schritte vorzubereiten,
die Kosten zur etwaigen Sperrung des Noresundes zu bestimmen, auch die Maßregeln zur Verteidigung der Sicherheit der See zu vereinbaren, und forderte unbeschränkte
Vollmachtträger für alle Propositionen. Am Schlusse baten
die Ratsherren Lübecks, eine Abschrift dieses Briefes den
Städten der Mark, als zu dem Drittel der Rostocker
gehörig und mit den obwaltenden Händeln beteiligt, unter
ihrem Siegel auszufertigen, gleichwie sie solche den „Städten
Sachsens, Westfalens, Gotlands, „Kölns“, Preußens, Livlands und anderen“ durch ihren Eilboten gesandt hätten. —
Gleich nach Empfang solcher Aufforderung meldete Rostock
den märkischen Städten Pritzwalk, Kyritz, Berlin-Kölln,
Havelberg, Werben, Seehausen, Stendal, Gardelegen, Salzwedel und Perleberg den Verlauf der bisherigen flandrischen
Händel und den Beschluß der Seestädte, „alle gemeinen
deutschen Hansestädte um Johannis nach Lübeck zu berufen.“
Nach so systematisch vereinbarter Willensmeinung, welche
ihren Nachdruck aus der gesamten norddeutschen Bürgerwelt zog, indem gewiß nicht allein Rostock kleinere Gemeinwesen, sondern jede größere Stadt ihre „zugefügten“ berief,

Art der
Ausschreiben
zu den
Hansetagen.

wurden denn jene nachdrucksvollen Beschlüsse ausgeführt, welche i. J. 1360 die Herstellung des Stapels zu Brügge, jenen großen Triumph des deutschen Kaufmanns, zur Folge hatten.

Wie sollten nun nicht bei so wunderbarem Zusammengreifen der hansischen Interessen zunächst die Seestädte die Ereignisse des Nordens, Waldemars zum Gipfel aufsteigenden Bau mit unruhigem Auge begleiten? Die Herrschaft über das baltische Seetor, die vielbesuchte Verbindungsstraße zwischen den Ostseeländern und der Abendwelt stand jetzt wiederum bei Dänemark allein, dessen Danebrog gebieterisch auf beiden Seiten der Enge, von Helsingborg und Helsingör Königszoll fordernd herabwehte.

Es trat plötzlich wiederum ein Fall ein, der nicht durch Ausstoßung aus dem Bunde, nicht durch eine Handelssperre, oder durch kaufmännische Maßregeln eines allgemeinen Hansetages, sondern allein durch die Kraft vereinter Waffen zu entscheiden war.

Vierter Teil.

:: Vom Jahre 1361—1474. ::

Vom ersten großen Hansekriege
bis zum Frieden von Utrecht.
Höhestand der Macht und Blüte
der Gemeinen deutschen Hanse.

Verhandlungen der Seestädte mit Waldemar III. wegen der schonischen Privilegien. Waldemar erobert Wisby. 1361. Anfang des Krieges. Zustand des bürgerlichen Waffenwesens. Die Schützengesellschaften. Das Schießpulver. Erster unglücklicher Krieg. 1362. Waffenstillstände und trügerische Unterhandlungen. Dreijähriger Frieden. 1365. Innere Sorgen. Waldemar friedbrüchig. Die preußischen Städte. Bereitschaft zum zweiten Kriege. Vom J. 1360—1367.

"Sobald ihm Gott zu seinem Erbe Schonen verholfen", hatte König Waldemar III. noch im Feldlager von Helsingborg (10. Juli 1360) "auf Rat seiner Magen und Hauptleute", einen offenen Brief mit Königssiegel an den "gemeinen Kaufmann und die Seestädte", besonders an Lübeck ausgehen lassen, worin er in etwas befangenem Tone sicheres Geleit verhieß "für diejenigen, welche sein Land mit Frieden und Kaufmannschaft besuchen und ihm und den Seinen nicht schaden wollten." Schon aber folgten (seit Ende Juni) auf frühere höfliche Einladung die Ratssendboten der Seestädte dem unruhig umherziehenden Könige voll gespannter Erwartung und meldeten bedenkliche Vorgänge und die Zumutung des Herrschers, "ihm gegen Schweden zu helfen, mit ihnen einen gemeinsamen Münzfuß zu beraten", fleißig nach Hause. So ihm über Kopenhagen nach Helsingborg und dann nach Helsingör diensthöflich gefolgt, oft Zeuge der Verhandlungen im königlichen Rate, sahen sie doch ihr Hauptgeschäft, die Ausfertigung ihrer Freiheitsbriefe, noch immer hinausgeschoben, trotzdem sie sich zu einer Anerkennungssumme von 1200 M. Lübisch erboten. Zwar wurden Entwürfe nach Prüfung alter Briefe vorgelegt, früherer Händel nicht im Bösen gedacht, aber unterdessen sich Waldemar im neugewonnenen Schonen einrichtete, kamen die Sendboten nicht zum bündigen Abschlusse und brachten nicht ohne Grund besorgt nur die gesteigerten Forderungen nach Hause, wo denn um Pfingsten des nächsten Jahres (1361) Lübeck, Rostock, Wismar, Stralsund und Stettin sich einigten, in der Weise 4000 M. S. für die dänischen Freiheitsbriefe und sonstigen Unkosten zusammenzubringen, daß Lübeck ein Drittel, Rostock und Wismar das zweite, Stralsund und Stettin das dritte übernahmen. Wir

Marginalien:

Waldemar III. und die Seestädte nach Eroberung Schonens.

Übereinkunft wegen der Anerkennungssumme.

glauben schwerlich, daß den Bürgern an der See besonders sorglos zu Mute war, als mitten unter unerquicklichen Fürstenhändeln und trügerischen Landfriedenseinigungen die betäubende Kunde erscholl, Waldemar habe infolge geheimer Abtretung Magnus des „Schmatzers" nach Eroberung Borgholms auf Oeland Gotland, den ehrwürdigen Sitz des ältesten deutschen und nordischen Handels, den Hauptort des einen Drittels der Hanse mit Heeresmacht angefallen, in drei Treffen die Bürger Wisbys und deren Helfer, die Bauern, blutig besiegt, die freiwillige Ergebung der Geängstigten verschmäht und durch eine Mauerlücke nach Erobererweise seinen Einzug in die Stadt gehalten. Aber das Eigentum habe er nicht geachtet, sondern ungeheure Beute an Gold, Silber, Kirchengerät und köstlichen Waren davon geführt (Juli 1361). Wußte doch das Volksgericht zu erzählen, „vor dem Kriegszuge habe der König den Seinen verheißen, sie in ein Land zu führen, wo die Schweine aus silbernen Trögen fräßen."

Ist gleichwohl heutzutage Wisby ein halb offener Ort mit engen Gassen, spärlich bewohnten Steinhäusern und den Trümmern grandioser Kirchen, so dürfen wir doch nicht der Eroberung Waldemars allein so trübseligen Zustand beimessen. Es folgten erst die Zeiten der Vitalienbrüder. Noch Brauers köstliches Städtebuch aus dem letzten Drittel des XVI. Jahrh. führt uns ein treues Bild der nordischen Stadt vor, welches nach Soests und Dortmunds Muster bebaute Straßen, stattliche Kirchen innerhalb eines vollständigen, reich betürmten Mauernkranzes nachweist.

Wie dem nun auch sein mag: das Schicksal Wisbys, dessen deutsche Bürger in den Tagen, als nächtige Barbarei noch auf den baltischen Ländern lag, die ersten Seegesetze gegeben, einer Stadt, die, wenn auch nicht mehr Sitz jener unabhängigen Kaufmannsgesellschaft und nicht mehr ausschließlicher Mittelpunkt des russischen Verkehrs, dennoch eine altgesicherte Stellung unter der deutschen Hanse behauptete, erfüllte die deutsche Welt mit gerechter Erbitterung. Schon auf die erste Kunde vom Angriff auf Oeland (am

Greifswald, nach einem Kupferstich von M. Merian.

Greifswald, ursprünglich Grippeswalde, wurde 1241 neben dem 1199 gestifteten Zisterzienserkloster Eldena angelegt und kam 1815 an Preußen. Die heutige Kreisstadt im preußischen Regierungsbezirk Stralsund, am schiffbaren Ryckgraben, mit 22 778 Einwohnern (1895), hat noch jetzt eine Anzahl sehr interessanter, schöner und hoher spätgotischer Giebelhäuser, besonders am Marktplatz. Die Nikolaikirche ist 1300—1326 erbaut und hat einen kühnen Turm und ein 1883 hergestelltes prachtvolles Lutherfenster. Noch älter sind die frühgotische Marienkirche (Backsteinhallenbau) und die Jakobikirche, mit sehr altem Taufstein. Die Universität wurde 1456 gestiftet, ihr Besuch betrug 1893/94: 747 Studierende. Der Handel ist besonders lebhaft in Getreide, Holz und Fischen. Industrie: Schiffbau, Eisengießerei und Maschinenbau.

1. August 1361) hatten die Bürgermeister der Seestädte zu Greifswald sich versammelt, einen Tag auf den 29. August anberaumt und vorläufig bei Verlust der Güter und des Lebens verboten, Waren nach Dänemark und Schonen auszuführen, auch innerhalb ihres Gebietes alles dänische Eigentum mit Beschlag belegt. Als die entsetzliche Kunde sich bestätigte, die dadurch nicht gemildert schien, daß der Eroberer, jetzt König der „Dänen, Wenden und Goten", der gebeugten Stadt müßig ihre alten Freiheiten bestätigt habe (29. Juli), wurden schnell alle Streitigkeiten zwischen Lübeck, dem Könige Magnus von Schweden, seinem Sohne Haakon von Norwegen, welcher dem Unwillen seines Volkes die Vermählung mit Waldemars achtjähriger Tochter Margareta bereits aufgeopfert hatte, geschlichtet. Beide, Vater und Sohn, schickten, wie sie sich später rühmten, sogleich ihre Gesandten zu den Fürsten Deutschlands, um Hilfe gegen Dänemark zu werben, und schifften in Person nach Greifswald hinüber, wo am 7. September 1361 ein Waffenbund der wendischen Städte nebst Anklam, Stettin und Kolberg geschlossen wurde. Getümmelvolle Bewegung herrschte auf dieser Tagfahrt, auf welcher im Verein mit den Sendboten von Kolberg, den Ratsmännern der „anderen Seestädte", namentlich Kulms und Danzigs als Abgeordnete des Landes und der Städte von Preußen, Lübeck, Hamburg, Wismar, Rostock, Stralsund, Greifswald, Anklam und Stettin nochmals der Handel mit Dänemark und Schonen verboten, und bis Michaelis 1362 ein Pfundzoll auf die Warenausfuhr zur Bestreitung der Kriegskosten ausgeschrieben wurde. Am 8. Sept. ward die Kriegsfolge dahin bestimmt, daß die Könige 2000 Ritter und Knechte nebst Schiffen und aller Notdurft gerüstet zu Martini gegen „Waldemar und die Räuber auf Schonen, Oeland und Gotland" stellen sollten. Ferner verpfändeten die Könige der Hanse für die Kriegskosten ihre Landesschlösser, an deren Stelle die auf Schonen treten sollten, sobald man sich ihrer bemächtigt haben würde, und gelobten endlich, Schonen nie ohne den Rat der Städte zu verpfänden. Diese, unter denen auch Bremen und Kiel

Kriegsbund der Seestädte mit Magnus und Haakon.

Kriegsmaßregeln.

verzeichnet sind, machten sich dagegen anheischig, Lübeck
allein 6 Koggen und 6 Schniggen (Schuten) mit 600 Bewaffneten, mit Bliden und Sturmzeug zu stellen, Hamburg
zwei Koggen mit 200 Mann; Wismar und Rostock wie
Stralsund und Greifswald, zusammen ebensoviel als Lübeck,
Kolberg, Stettin und Anklam mit den „vöghen Städten,
die ihnen zu Hilfe gegeben sind,‟ dieselbe Zahl der Schiffe,
noch jedes mit einer Blide und den nötigen Meistern und
Arbeitern auszurüsten. Bremen stellte eine Kogge mit
100 Mann, und Kiel dessen Landesherrschaft eben einer
Verschwägerung mit dem schwedischen Königshause entgegen-
sah, fand sich bereit zu einem Schiffe von 40 Last mit
30 Bewaffneten und 10 Schützen. Ein Heer von 2780
Gerüsteten war eine Macht, welche die höchsten Landfriedens-
kontingente bei weitem übertraf. Auf der nächsten Versammlung ward jedoch, da der Herbst herannahte, der Angriff bis nach Mitfasten verschoben, treues Zusammenhalten
bis zur gemeinsamen Sühne angelobt, und endlich von den
Demminern, Stadern und „allen Städten und Kaufleuten
der deutschen Hanse‟ ihre alten Handelsfreiheiten in Norwegen gegen herkömmlichen Zoll bestätigt. Wäre Schonen
wieder im Besitz der Kronen, so war den Hansen auch das
Recht, dort Waffen zu tragen, der Groß- und Kleinhandel
und die Befugnis, auf jeder Vitte durch einen eigenen Vogt
nach lübischem Recht, jedoch nicht über Hals und Hand,
richten zu lassen, zugesichert.

So hemmte zwar der nahe Herbst, welcher gesetzlich
ja auch die Kauffahrt schloß, den Beginn der Fehde, und
obendrein brach haßwürdige Uneinigkeit zwischen Magnus
und Haakon aus, indem am 11. Nov. 1361 der Sohn
den Vater im Einverständnis mit den Reichsräten zu
Kalmar gefangen nahm. Dennoch aber wuchs zum Frühjahr
die Macht des Städtebundes und die Hitze des Kampfmutes.

Das heilige römische Reich kümmerte sich nicht um
das Gewitter, welches dem Norden dräute. Kaiser Karl IV.
stand mehr zwischen als über den Parteien, welche sich zur
verderblichen Begegnung rüsteten, zwischen dem reichsstädtischen
Bürgertume und dem Bunde der adeligen Gesell-

schaften und Landherren. Der erste Städtekrieg ließ
die kommenden Drangsale ahnen, Eberhard „der Greiner",
der furchtbarste Bürgerfeind, harrte seiner Zeit, Westdeutschlands Gemeinwesen blickten unruhig auf die Söldner-
banden, die „Engländer", welche nach dem Frieden von
Bretigny (1360) den Oberrhein mit ihrem Besuche bedrohten
und das Reichsoberhaupt selbst in den üblen Ruf brachten,
als habe es die bösen Rotten gelockt. Umfassende Landfriedensvereine gab es genug, aber so ungesühnt lauerten
die Parteien der Landherren und der Städter aufeinander,
daß gerade damals das beschämende Volkswort umlief:
„traue dem Landfrieden nicht!" — Wie bedeutungslos
war des Kaisers Freibrief für Hamburg v. J. 1359, kraft
welchem er der Stadt das Recht verlieh, See- und Straßenräuber auf dem Meere, der Elbe und in ihrem Gebiete zu
zu verfolgen! Um Lübeck kümmerte der „Böhmenkönig" Karl IV.
sich nur, weil es ihm Geld abwarf. Im J. 1350 hatte und Lübeck.
er die Reichssteuer der Lübecker, jetzt im Betrage von
1200 Goldgulden jährlich, an Waldemar überlassen, „bis
diesem 16,000 M. S. gezahlt wären," dann aber hatte
er dieselbe Abgabe dem Herzoge von Sachsen-Lauenburg
zugewiesen. Weiter erstreckte sich nicht des Kaisers Sorge
für die einzige Freistadt am Saume der deutschen Welt.
— Der Zustand der nächsten Binnenlande war gleichfalls
so zerrissen durch die Raubsucht des Adels, daß die tapferen
Gemeinwesen, die märkischen, braunschweigischen, westfälischen,
alle Kraft anwenden mußten, um für sich selbst zu bestehen,
und nicht daran denken durften, unmittelbar ihre Waffen
dem Streite um Ehre und Wohlfahrt des Nationalverkehrs
zu widmen. Die Vehme und Heimliche Acht sind die bittern
Früchte jener ungesegneten Zeit.

Daß nun aber die Seestädte dennoch nicht verzagten,
den großen Kampf mit der nordischen Krone aufzunehmen,
beruhte auf ihrem Reichtum und dem Kriegswesen, wie
es sich damals in sassischen und wendischen Ländern am
eigentümlichsten ausgebildet hatte.

In der Geschichte der „deutschen Städte" haben wir
nachgewiesen, wie in den späteren Jahrhunderten des Mittel-

Zustand des
Kriegswesens
in den
hansischen
Städten.

Schützen-
brüder-
schaften.

alters aus der verdunkelten heidnischen Vorstellung vom
siegreichen Kampfe des Frühlings als eines holden Knaben,
über den wilden tückischen Winter erstens die Maispiele,
Maiaufzüge, Maigräventümer hervorgegangen seien,
dann in Verbindung mit dem waffenfähigen Zunftwesen und
mit der kirchlichen Erwärmung der Zeit die Schützen-
brüderschaften sich in den Städten gestaltet hatten.
Zumal in allen Bürgergemeinden von Flanderns Grenzen
bis nach Preußen hinauf spielten so poetische und
prosaische Erscheinungen in einander. Bei der regellosen,
lebensvollen Freiwüchsigkeit bürgerlicher Dinge trat bald
der Charakter des Spieles in fröhlichen, geputzten „Mai-
ritten" der Ratsgeschlechter, bald die ernstere Seite einer
allgemeinen Volksmusterung, bald das fromme Gepräge
der kirchlichen Brüderschaft, bald wiederum die Waffen-
freudigkeit der Handwerkszünfte hervor, welche unter der
Obhut ihres Heiligen, entweder des St. Franziskus oder
Sebastian, oder wie in Soest des heiligen Patroklus, mit
ihren guten stählernen Armbrüsten um den Preis des Schützen
wetteiferten. Der vielbelobte Hochmeister des deutschen
Ordens, Winrich von Kniprode hatte besonders verstanden,
beim Kriegsaufgebote seiner Städte Danzig, Elbing, Thorn
in der Einteilung der „Maien" die poetische Bürgerlust
mit dem Bedürfnis der Landesverteidigung zu vereinen.
Aber auch überall in sassischen und oberdeutschen Städten
mußte der junge Bürgergesell mit erforderlicher Wehr und
mit gutem Harnisch versehen sein, um nach Zünften geordnet unter dem Zunftbanner zu erscheinen oder im gemeinen
Aufgebot dem Bannerträger der Stadt zu folgen. Gegen

Waffen-
ordnungen
der
Gemeinden.

die Mitte des XIV. Jahrhunderts finden wir überall besondere Kriegs- und Waffenordnungen, aus denen der streitbare Mut, die Ehrliebe selbst kleiner hansischer Gemeinwesen
wie Brilons, sich beredsam äußerte. Es gab, wie in Soest,
„umgehende Dienste", nämlich gesetzliche Bestimmungen,
welche und wie viele der wohlhabenderen Bürger als
„Kunstofler, Reisige, Glevenbürger" zum Aufsitzen bereit
sein mußten. In Stralsund waren blutige Bürgerunruhen
darüber entstanden, daß die niedere Gemeinde das Recht,

die Kriegsherren zu wählen, für sich ansprach. Am
geordnetsten erscheint aber seit alter Zeit das Waffenwesen
in Lübeck.

Wir verfolgen hier noch nicht, wie während der letzten
Hälfte des XIV. Jahrhunderts, (als nach den großen Siegen
auch in den Hansestädten ein übermütiges Junkertum aus
den reichen Kaufherren sich ausschied), die vornehmen
„Papagoyengesellschaften" sich absonderten. Diese
waren kaufmännische Schützengilden, welche unter
üppigen Festlichkeiten auf dem Artushofe, Tänzen und nebenbei
kirchlichen Obliegenheiten den buntbemalten fremdartigen
Vogel, welchen sie auf dem Weltmarkte zu Brügge kennen
gelernt hatten, von hoher Stange herunterschossen und durch
ausschließliche Genußsucht Ärgernis im Volke erregten.
Wir bemerken hier nur, daß zwar zu städtischen Nachbar-
fehden, zum Auszuge gegen die „Bodenstülper" und „Steggreif-
ritter" sich die bürgerlichen Wehranstalten vollkommen
ausreichend erwiesen, daß dagegen ein stehendes Landfriedens-
und Bundesaufgebot, ein Feldzug in ferne Gegenden, und
gar eine Orlogflottenrüstung sich nicht mit dem bürgerlichen
Behagen und dem fleißigen Leben der Kaufleute und Gewerb-
zünfte vertrug. Da es in Seetreffen noch nicht auf künstliche
Wendungen der Schiffe ankam, und noch nicht die wohl-
gezielten „vollen Ladungen der Breitseite" Entscheidung
brachten, vielmehr allein der turnierartige Kampf Bord an
Bord mit schweren Waffen, allenfalls mit Bliden und
großen Mauerarmbürsten, oder mit Schützen von den hohen
Kastellen und den geräumigen Mastkörben herab den Ausschlag
gab, so hatten die bedeutenderen Seestädte wie Lübeck,
Bremen, Hamburg, Rostock, Stralsund sich schon seit einem
halben Jahrhundert gewöhnt, aus dem armen, aber tapfern
Landadel und sonst waffenlustigen Gesellen schwergewappnete,
oft auch mit bedeckten Rossen versehene Söldner vertragsmäßig an ihren Dienst zu fesseln. Aus allen Archiven,
namentlich Lübecks und Bremens, liegen solche Bestallungen
vor. Wapener, Gewappnete hießen diese teuren
Söldner, die auch zum Landaufgebot bereit sein mußten.
Auf Orlogschiffen fochten in der Regel außer den

*Papagoyen-
gesellschaften.*

*Söldner-
wesen zum
Schiffsdienste.*

„Gewappneten" wohl nur die Schiffsführer, das Schiffsvolk und einzelne faustfertige Handwerker, wie die steten Begleiter des Kaufmanns, die Faßbinder, Zimmerer. Werden bei der Schiffsbemannung, (wie i. J. 1361 der Kieler) „Schützen" genannt, so waren es junge, kunstgeübte Bürger, welche um Sold den Zug mitmachten. Der Orloghauptmann, der Admiral, war dagegen immer ein hansischer Bürgermeister, ein vornehmer Ratsherr. Jene vollwüchsigen Mannesnaturen waren weitgewanderte, tätige Kaufleute von Hause aus, die mit gleicher Geschicklichkeit im Rate die Geister lenkten und zu Gericht saßen, als auf Hansetagen, Gesandtschaften zu fernen Fürsten, Ehre und Nutzen erwarben, endlich im Getümmel des Schiffstreffens unerschrocken die geübtesten Enkel der nordischen Seekönige, jener Wikinger, bestanden. Solcher Helden, in deren geräumiger Halle vorn unter der Türe des engen, hochgegiebelten Wohnhauses Helm, Harnisch und Schlachtschwert über Stockfischvorräten, Heringstonnen, Tuchballen und Bierfässern hingen, werden wir noch manche kennen lernen.

Söldnerwesen.

Bei Landfehden vermissen wir aber die lübischen Ratsherren und sehen Soldritter als „Vögte" an ihrer Stelle. In den Glanztagen des jungen Freistaates, bei Bornhövde und in der ersten Seeschlacht unter Führung „des biderben Degens", Herrn Alexanders von Soldwedel, waren gewiß noch Lübecks Bürger persönlich in den Streit gezogen, aber die Verpflichtung zum Waffendienste beschränkte sich in der reich gewordenen Stadt um so zeitiger auf Verteidigung der eigenen Mauern, als die kaufmännischen Geschäfte den besseren Teil der Bürger während des Sommers über See führten, und gesetzliches Herkommen auch kleine Gemeinwesen von der Heerfolge außerhalb ihres Weichbildes oder über eine Tagerast hinaus freisprach. So blieben denn in großen überseeischen Kriegen die Seestädte auf den freien Willen waffenlustiger Gesellen aus den vornehmeren Gilden oder auf Söldner angewiesen, hatten sie anders Geld genug, dergleichen selten zuverlässiges Volk unter ihr Banner zu locken, und „in der Stadt Farben" gegen den Feind zu senden.

In der Würdigung dieses Umstandes, daß Söldner den hansischen Städten für überseeische Kriege unentbehrlich waren, und daß die damaligen Mietlingsgesellschaften, die „Kameraderien", wie der arme Landadel, handwerksmäßig ihre trägen, gemessenen Dienste nur zu hohem Preise verkaufen und aus Gefangenschaft mit Entschädigung für jeden Verlust an Waffen, Pferden durch die Soldherren gelöst werden mußten, begreifen wir den Mut, die Verzweiflung an jedem anderen Mittel, welche allein so besonnene, alles berechnende Bürgernaturen treiben konnten, den Fehdehandschuh einem mächtigen Könige hinzuwerfen. Nur so begreifen wir die Niedergeschlagenheit, welche eintreten durfte, wenn ein Kriegsmißgeschick unerwartet alle Opfer verschlang. Die Karthager haben halbe Jahrhunderte lang die blutigsten, kostspieligsten Kriege geführt, aber sie waren ein Volk, ein Staat, sie geboten über unzählige Sklaven und über den Menschenertrag unerschöpflicher Länder. Die Venezianer beherrschten durch ihre Flotten das Mittelmeer, aber auch ihnen stand die kräftige Mannschaft unterjochter Provinzen und slavischer Küstengebiete zur Verfügung. Wie sonderbar und abweichend sind dagegen die Verhältnisse unserer deutschen Seestädte, die ohne Vasallen und Untertanen beschränkt auf ein paar Dörfer und Meierhöfe ihres Weichbildes, fast alle landesherrlich und darum vielfach gebunden, leicht beirrt durch ihre Fürsten dennoch ungeachtet der Abmahnung des Kaisers, des Reichs und der Drohung der Kirche so ungeheurer Dinge sich vermaßen! — Alle diese Mängel, Hemmnisse und Schwierigkeiten müssen wir im Auge behalten, um die Taten und Leiden, auch den jeweiligen Kleinmut, endlich die Erfolge jenes Bürgertums nach ihrem Werte abzuschätzen.

Aber auch eine zweite Veränderung war im Kriegswesen eingetreten, obwohl noch nicht in ihren gefährlichen Folgen erkannt. Die Erfindung des Schießpulvers und die Anwendung desselben zu den Donnerbüchsen geht zumal im Norden weit den bisherigen Angaben voraus. Wahrscheinlich zu Anfang des XIV. Jahrh. infolge der Maurenkämpfe im südlichen Spanien gelangte die neue

Erfindung des Schießpulvers.

Kunst des Feuergewehrs über Italien in oberdeutsche Städte
und ebenso zeitig auch in die Westsee. Die Bürger von
Metz, hart von ihrem Bischofe i. J. 1326 belagert, machten
den ersten in Deutschland bekannten Gebrauch von ihrer
„Artillerie". Dann hören wir, schon vor Crescys „Bombarden" von Mainzer „Feuerschützen" (1344). Zwar
mögen die in Braunschweig und anderen Kernstädten früh
erwähnten Schützen noch „Bogner" gewesen sein, aber
früh umschloß das Arsenal (von „Arnesch", Harnisch) die
sogenannte „Müserei", die Zurüstung zur mörderischen Kunst.
Wir wissen, daß Lübecks Rathaus i. J. 1358 durch Un-
vorsichtigkeit bei Bereitung des „Büchsenkrauts" in Flammen
aufging, und zweifeln nicht, daß unter den mancherlei
„treibenden Werken", Bliden und Geschützen, welche i. J.
1362 auf die hansischen Orlogschiffe geschleppt wurden,
sich versuchsweise auch Bombarden und Steinkugeln befanden, zumal kaum 20 Jahre später Schiffsdonnerbüchsen
erwähnt werden, und der naive Sprachgebrauch unter
„Müserie, Artillerie, Musketen" die älteren und die neueren
Waffenarten zugleich begriff.

Anfang des
Krieges.   Mit dem Maimonat d. J. 1362 segelte die städtische

Orlogflotte, dem Namen nach unter Führung jenes kriegs-
berühmten Ritters Heinrichs des Eisernen, Grafen von
Holstein, der auch des englischen Königs Dank durch tapfere
Dienste erworben hatte, in den Sund. Die Leitung der
lübischen Schiffe stand jedoch bei Johann Wittenborg,
dem lübischen Bürgermeister. Als jene schwedischen und normännischen Ritter und Knappen ausblieben, griff man
Seeland an, eroberte und plünderte zur Vergeltung für
Wisby Kopenhagen und führte selbst die Kirchenglocken nach
Lübeck. Bei der Verteidigung des Schlosses ward der
junge Königssohn Christoph durch einen „Steinwurf", (ob
aus einer Bombarde?) so schwer verwundet, daß er nach
langem Siechtum im nächsten Jahre starb. An Schonens
Küste gelandet, vernachlässigte Johann Wittenborg im Eifer,
das feste Helsingborg zu bezwingen, die Aufsicht über die
Flotte dermaßen, daß Waldemar am 18. Juli mit seinem
Schiffsheer herbeikommen und schnell 12 der größten han-

sischen Koggen erobern konnte, worauf die am Lande be-
schäftigten Städter, in Schrecken geraten, die Belagerung
aufhoben, um freien Abzug anhielten und mit hartem
Verluste an Gefangenen und Gütern heimkehrten. Herber **Niederlage**
Unmut lastete über den Hansen über so unerwarteten, **der Hanse.**
schimpflichen Ausgang, den allein die bundbrüchigen Könige
Schwedens und Norwegens verschuldet hatten. Fast jede
Stadt, schon arg betroffen bei Wisbys Fall, beklagte zahlreiche Gefangene, welche im neuerbauten Turme von Wordingborg, auf dem zum Hohne der Hanse eine „Gans"
stand, im Elend schmachteten.

Magnus und Haakon, inzwischen untereinander ausgesöhnt und nach Halmstadt gelangt, bangten vor der Zukunft und begehrten in den Stillstand aufgenommen zu
werden. Allein der Sieger erweiterte seine Eroberungen
gegen sie, und sie mußten obendrein ihren empörten Bundesgenossen am 28. Sept. 1362 Oeland mit Borgholm verpfänden, das inzwischen wieder in ihre Gewalt gekommen
war. Auch Wisby erscheint von den dänischen Bedrängern
erlöst, aber in ungewisser Lage.

Noch war den Hansen der Tag unbeugsamer Sinnes- **Kleinmut**
festigkeit nicht gekommen. Als Beweis mangelnder Ein- **und Waffen-**
mütigkeit trat sogar heraus, daß die „vöghen" (zugefügten) **stillstand.**
kleinen Städte wie Ribnitz, Grävesmühlen, Wolgast, Wollin,
Kamin, Greifenberg, Rügenwalde und Stolp unbekümmert
um das ganze, ungeachtet des Verbots den Verkehr mit
Dänemark fortgesetzt hatten. Sie, die „Gäste" wurden
deshalb von den Fischlagern in Schonen und dem Bürgerrecht in hansischen Städten ausgeschlossen. Ebenso kleinmütig als abhängig vom Markte zu Schonen gestattete man
dagegen den Dänen, gesalzenen Hering einzuführen, falls sie
eidlich bezeugten, „kein Hanse habe an ihrer Ware teil".
Ja, die Seestädte schlossen am 6. November mit Waldemar
einen Waffenstillstand, der von Martini bis in den Januar
1364 dauern sollte, den freien Verkehr wie vor dem Kriege
sicherte und den beiden nordischen Königen wie dem Grafen
von Holstein und den deutschen Helfern Waldemars den
Beitritt offen ließ. — Aber das Erlittene brannte den

Bürgern auf der Seele, die vier Seestädte ohne Greifswald berechneten ihren Verlust auf 258 000 M. Mit jedem Tage trat die Einbuße fühlbarer hervor und das Freikaufen der Gefangenen verschlang den Ertrag des Pfundgeldes, welches eigennützige Städte am liebsten für sich verwenden mochten. Die Schuld sollte zunächst der Orloghauptmann Johann Wittenborg entgelten, welcher gleich nach seiner Ankunft in Lübeck verhaftet und in den Turm geführt war. Umsonst sprachen auf den vielen Tagefahrten, welche in Stralsund, Rostock, Lübeck und Wismar gehalten wurden, Befreundete für den unglücklichen Mann. Seiner Würde als Bürgermeister verlustig erklärt, mußte er im folgenden Jahre mit dem Kopfe büßen. Obgleich nicht der Bund ihn angeklagt hatte, glaubte Lübecks Rat als strenger Zensor mit dem blutigen Beispiele am eigenen Verwandten vorangehen zu müssen.

Abfall
Haakons.
Margaretha.

Noch wußten die Holsteiner und Schweden nicht, ob sie in den Stillstand eingeschlossen seien, da geriet Elisabeth, Haakons Verlobte und Heinrichs des Eisernen Schwester, durch bösen Zufall in Waldemars Hand. Die Hansen sahen sich bald ganz verlassen, indem Haakon, vom Dänenkönige umgarnt, am 9. April 1363 zu Kopenhagen das Eheverlöbnis mit Margaretha, der nachmals so berühmten Stifterin der Union von Kalmar, vollzog.

Waldemars
Politik.

In Waldemars Hand lag es, dem ganzen Norden wiederum Frieden zu verleihen, doch darauf ging nicht sein Sinn. Er wollte die Umstände ausbeuten und blickte mit Genugtuung auf die Not der Städte, von denen Lübeck allein 78 000 M. S. für die Rüstungen und den Loskauf der Gefangenen verausgabt hatte. Dazu kamen Hungerjahre, schwere Winter, die Pest kehrte wieder. Doch vernahm man noch nichts von den lästigen neuen Abgaben, dem Sundzolle, welchen der deutsche Kauffahrer im Noresund entrichten sollte. Wie mochte Waldemar sich auch übereilen, einen gedeihlichen Zustand herzustellen, da alles sich zu vereinigen schien, seine Pläne zu begünstigen? Magnus von Schweden hatte für sein untreues Regiment den schmählichsten Lohn geerntet. Die Reichsräte, 24 an der

Zahl, welche er vertrieben, leiteten in Deutschland seine Entsetzung ein und trugen dem Sohne der Schwester desselben, Euphemia, und Albrechts von Mecklenburg, Albrecht, die schwedische Krone an. Vergeblich klagten die Seestädte, auf vielen Tagfahrten versammelt, abrechnend, richtend und strafend über Nichterfüllung der jüngsten Vertragsartikel, und Zurückbehaltung der Gefangenen. So weit änderten sich leise die Dinge, daß die Vereinten, unter denen sich jetzt auch Stargard zeigt, am 24. Juni 1363 ein Waffenbündnis mit den Mecklenburgern und den Holsteinern, beiden neuen Gegnern des schwedischen Königshauses, berieten und also schon daran dachten, mit allen nordischen Kronen den Strauß zu beginnen. Der Ablauf des Waffenstillstandes war nahe, noch suchte jedoch fürstliche Vermittlung auf Betreiben der behutsamen Greifswalder den Zusammenstoß zu hindern. *Albrecht von Mecklenburg in Schweden.*

Diese Zwischenzeit verstrich den Hansen scheinbar nur unter schwankenden Beschlüssen, unter kleinem Hader, lästiger Abrechnung und krauser, vielvermittelter Tätigkeit, wie aus den Rezessen der zahlreichen Tagefahrten hervorgeht. Sie machten aber mit Erfolg die wohltätige Schule der Not durch, und es gewann sowohl der Bund der Seestädte an Breite der Grundlagen, als die Allgemeinheit an Zucht und innerer Ordnung. Freilich war es auch kein kleines Werk, so entlegene Gemeinwesen der verschiedenartigsten landesherrlichen Verhältnisse und Beziehungen für den Fall eines neuen unausbleiblichen Krieges zu einem Sinne und Zwecke zu vereinigen, den Ertrag noch zersplitterter Kräfte einem Unternehmen zuzuwenden, welches engherzigem Vorurteile die Sache einzelner Seestädte dünkte. Der engere Bund mußte erst das preußische, livländische Drittel näher an sich heranziehen, ehe er auf die Westerlinge rechnen konnte. Doch gerade die mit verwandten Rechten ausgestatteten und auf gleiches Verkehrsgebiet hingewiesenen Sechsstädte Preußens schienen spröd oder unfrei zurückzutreten. So hatten dieselben zwar willig ihr Pfundgeld zur Bestreitung der Kriegskosten bereitgehalten und Elbing oder Danzig als Legestadt bezeichnet, fühlten sich jedoch, *Die Hanse während der Zwischenzeit.*

Die preußischen Sechsstädte.

Danzig an der Spitze, verletzt, daß ohne Rücksicht auf ihre Einbuße der dänische Stillstand eingegangen sei, verlangten Auskunft über die erneuerten Privilegien ihres „Drittels" und klagten, Beistand verweigernd, über jüngste Beschädigung durch den schnöd-gewissenlosen Dänen (Ende d. J. 1362). So begütigend die Bevollmächtigten der Seestädte antworteten und ihre einseitigen Verträge mit dem Ausbleiben der preußischen Boten entschuldigten, so blieb die fernere Erhebung des Pfundgeldes doch von dem Eigenwillen der Preußen abhängig, und es schien deshalb unerläßlich, sich mit dem Hochmeister zu verständigen, an den wiederum jene gebunden waren. Die Abgeordneten des Ordens sowohl als der Städte mußten somit zu einer Tagefahrt mit den Dänen nach Nyköping auf Falster (Anfang Mai 1363) geladen werden. Dorthin, wo Bertram Wulflam von Stralsund, erst seit 1362 Ratsherr, durch Entschlossenheit und diplomatisches Geschick hervorragte, um bald mit gleichbefähigten Amtsgenossen der anderen Städte großartig die hansischen Dinge zu leiten, hatte Waldemar anfangs nur seine Räte geschickt, stellte sich aber ein, als die Sendboten der Seestädte sich weigerten, zu ihm nach Wordingborg zu kommen, und überhäufte die Hansen mit Anklagen. Auf seinen Vorwurf, „der Hochmeister und seine Städte hätten Gut gegeben, um Dänemark zu verderben", erhielt er zum Bescheid: „das Pfundgeld habe allein dienen sollen, den Noresund zu des Kaufmanns Behuf zu friedigen." — Auf der nächsten großen Tagfahrt zu Lübeck (24. Juni 1363) fanden wir denn neben den Lüneburgern, welche wie die verarmten willigen Wisbyer ihr Scherflein zur allgemeinen Sache beigetragen hatten, auch die Abgeordneten aus Preußen im Namen des Hochmeisters, und die von Kampen, welche mit jenen in folgenreicher Befreundung standen. Schon merkten wir die gereizte, kriegerische Stimmung, es fehlte aber auch nicht an friedlichen Satzungen, wie über die Wahl des Oldermanns von Nowgorod, „der vor allem ein hansischer Bürger sein müsse." — Überraschend kam das Erbieten der Preußen, den Zoll von nächster Fastenzeit (1364) ab auf ein Jahr zu entrichten und den Hochmeister dahin zu

Tagefahrt auf Falster.

bearbeiten, daß im Falle des Krieges auch Beistand mit
Schiffen und Waffen geleistet werde; desgleichen verhießen
die Städte von Livland, durch Riga und Dorpat vertreten,
zwar nicht, wie man forderte, mit 6 Schiffen und 600
Gewappneten zu helfen, „weil ihr Land volksarm wäre",
doch die Hälfte davon oder 2000 M. S. zu stellen. Demnach wuchs die Hoffnung auf einen allgemeinen Kriegsbund,
obgleich auch Greifswald auf dem Tage zu Wismar (Ende
Juli 1363) sich mit Rücksicht auf seinen Landesherrn, den
Freund Waldemars, entschuldigte, und sich erst mit den andern
landsässigen Städten Anklam, Stettin und Stargard besprechen wollte.

Unter jener vergeblichen Vermittlung, welche die pom- Waldemars
große Reise.
merschen Herzöge zu Greifswald und zu Wolgast (November
1363) versucht hatten, reckten alle Vollmachtträger schon
mannhafter den Kopf in die Höhe. Und dennoch schien
der Dänenkönig die erbitterten Gegner in dem Grade gering
zu schätzen und an ihrer politischen Entschlossenheit zu zweifeln,
daß er im Nov. 1363 mit großen Geldsummen sein Reich
verließ, und von Wolgast, (wohin die städtischen Sendboten
sich begeben hatten), durch die pommerschen Herzöge gemahnt nach
fruchtloser Verhandlung eine Reise durch fast ganz Mitteleuropa antrat. Im Geleite Bogislaws V. zog er erst zu
kaiserlichen und königlichen Hochzeiten nach Krakau, dann
nach Prag, woselbst Karl IV. dem geehrten Gaste die jährliche Reichssteuer Lübecks wiederum anwies. Sorglos wegen
der drohenden Zustände des Nordens besuchte er sodann in
Avignon Papst Urban V., der auf seine Klage über „meu-
terische Großen und die hansischen Städte" drei Bischöfe
anwies, jene mit dem Banne zu bedrohen, und kehrte erst
im Spätsommer 1364 über Flandern und Köln in sein
den Räten anvertrautes Reich zurück.

So rätselhaftes Beginnen des sonst so berechnenden Kriegslust
der
Seestädte.
Politikers verfehlte seine Wirkung auf die Hansen nicht.
Die Kriegslust wuchs selbst bei den Preußen, obgleich sie
ihrer Hochmeisters noch ungewiß waren. Schon gingen
Briefe der Seestädte nach England, Flandern, Schweden,
Norwegen, Dänemark, Gotland und dem fernsten Osten

aus, daß mit Ablauf des Waffenstillstandes niemand durch
den Noresund schiffen dürfe, und der Kauffahrer aus dem
Westen zur Verbindung mit Deutschland sich der Elbe bedienen solle.   Schon dachte man an gemeinschaftliche
Wahl von zwei oder drei Kriegshauptleuten und an einen
bevollmächtigten städtischen Kriegsrat, und verabredete,
kühnen Raubschiffern Briefe zu erteilen, um auf Abenteuer
an die dänische Küste zu segeln.   Eine Gesandtschaft an
den Hochmeister war angeordnet.   Da scheiterte die Hoffnung auf den preußischen Beistand.   Schon vor ihrem
Städtetage zu Marienburg hatten unter Danzigs Siegel
die Sechsstädte ihre Besorgnis ausgesprochen, wegen Be-
fehdung des Ordenslandes durch Nachbarfürsten sich auf Dar-
reichung des Zolles beschränken zu müssen, hatten jedoch
ausgeklügelt, die Bürger von Kampen für i h r Geld zur
Stellung einiger bewaffneten Kroggen in den Noresund zu

Rücktritt der Preußen. veranlassen.   Jetzt nun um Neujahr 1364, gerade mit Ablauf des Stillstandes, meldeten die aus Preußen heimgekehrten
Boten, der Angriff der heidnischen Litauer hindere jene Städte,
tätig am bevorstehenden Kriege teilzunehmen, und eine
Handelssperre zu begünstigen.   Auch dürften sie nicht Frei-
beuter aussenden, zumal der König Vergleichung wegen der
Güter, welche dem Hochmeister oder dem Orden geraubt
seien, in Aussicht gestellt habe.   Von einer drohenderen Gefahr des Ordenslandes durch die Litauer verlautet jedoch
n i c h t s.

**Unent-
schlossenheit.**   Solche Vereitelung ansehnlicher Hilfe kühlte den
Kriegsmut wieder ab, zumal es beim Jahresabschluß eine
gemeinsame Ausgabe von 166,234 M. S. zu verrechnen
gab.   Man kam denn darauf zurück, die „Stehlbriefe"
gegen Dänemark zurückzuhalten, den fremden Königen seine
Not zu klagen und den Vollzug des Kriegsbündnisses mit
den Landherren (Mecklenburg und Holstein) noch bis Ostern
zu erstrecken, weil ja die Pommernfürsten wiederum Vermittlung angetragen hätten.   So war im Anfang d. J.
1364 weder K r i e g noch F r i e d e n, doch war die Fahrt
durch den Noresund bis Ostern verboten.   Die Bedenken
häuften sich; auf dem Tage der wendischen Seestädte im

März gaben kleinmütig die Hamburger die Unmöglichkeit
zu erkennen, jenen im Sunde zu helfen, weil sie vom Raubadel bedrängt würden. Im April weigerten sich selbst die
sonst rücksichtslosen Stralsunder, mit den Landherren einen
Bund ohne die mitsässigen Gemeinwesen einzugehen und verlangten Geleitsbriefe für ihre Herzöge und den Bischof von
Kamin, um mit den dänischen Räten über den Waffenstillstand zu unterhandeln. Kiel war zum Bunde mit den
Landherren bereit. Nur die Rostocker und Wismarer, obgleich sie den Wert des Friedens erkannten, beharrten auf
kriegerischen Beschlüssen. Aber selbst die Lübecker wollten
den Erfolg der Vermittlung der pommerschen Herzöge erst
abwarten. Wie viel weniger hatten die Bürger von Stettin
freie Hand? — Wiederum geriet die Versammlung in nicht
geringe Besorgnis, als aus Stralsund die Kunde einlief,
dänische Kriegsschiffe lägen zu einem Anfalle auf Rostock
oder einen andern Hafen im Grönesund (zwischen Falster
und Möen), darum blieb denn das Verbot der Schiffahrt
durch den Sund noch erstreckt.

Im Mai 1364 herrschte zu Lübeck dieselbe Neigung Schwankende
zum Frieden, den Barnim der Jüngere, Herzog zu Wolgast, Beschlüsse.
in Aussicht stellte, nur nicht bei den mecklenburgischen
Städten, deren junger Landesfürst nach Absetzung des ehrlosen Magnus (Februar 1364) auf dem Morasteine zum
Könige Schwedens erhoben war. Die Bundesbriefe blieben
darum unbesiegelt, denen auch Bremen beitreten sollte.
Nicht ohne Sorge erwartete man einen dänischen Angriff.
Am 22. Juni endlich brachten die beiden Barnime von Dreijähriger
Stettin und Wolgast nach einer Tagfahrt zu Stralsund Stillstand zu
und unter sehr merklichem Mißtrauen der Bürger einen Stralsund.
neuen Stillstand zwischen des „Königs und des Reiches
Ratgebern und den Städten der deutschen Hanse bei der
See" vom 25. Juli an bis auf Lichtmesse (2. Febr.) 1368
zustande, in welchem nur die früheren Handelsverhältnisse
hergestellt wurden, die Vermittler dagegen es auf sich nahmen,
die geforderte Verminderung der Schiffs- und Ausfuhrzölle
sowie andere Artikel beim abwesenden Könige durchzusetzen.
Mit einer Umständlichkeit und gegenseitigen Vorsicht, wie

man sie kaum der Diplomatie jenes Jahrhunderts beimessen möchte, wurden die nötigen Vorsichts- und Verwahrungsbriefe von den dänischen Räten, den vermittelnden Fürsten und den Bevollmächtigten des „gemeinen Kaufmanns der deutschen Hanse an der See" ausgefertigt. Nachdem Sendboten solches allen Städten verkündet und sie gewarnt hatten, nicht vor dem Anfange der Stillstandsfrist (25. Juli) durch den Noresund und nach Dänemark zu schiffen, auch Stade dem Vertrage beigetreten war, fehlte noch viel, daß die unsicher vermittelten Übereinkunftspunkte Vollgültigkeit erlangt hätten. Unzufriedenheit und Mißtrauen auf der hansischen Seite und böser Wille auf der königlichen verhießen dem kundigen Beobachter nur kurze Dauer des friedlichen Zustandes.

Wenn nun auch einige Ergänzungsurkunden zugunsten des schonischen Verkehrs der zwölf Städte ausgefertigt wurden, so erlangten sie doch nicht die geringste Genugtuung für erlittenes. Der dänische Zoll erfuhr keine Verminderung, die Hansen schienen froh sein zu müssen, daß noch alles beim alten bliebe. Ja, der Genuß in unvordenklicher Zeit gewonnener, dem bürgerlichen Rechtsgefühle ganz unentbehrlicher Freiheiten, wie von „Erdkauf" (Arfkop), die ungeschmälerte Erbschaft auf dänischem Boden gestorbener Hansebrüder, endlich selbst das Bergerecht gestrandeter Güter wurde, als gäbe es gar keine Vergangenheit, von ängstlich erneuten Stipulationen abhängig.

Zwischenzustände. Aber auch eine so leidige Schule erwies sich als Wohltat: die Städte mußten zur Überzeugung kommen, daß sie immer betrogen blieben, wenn sie ihre großen Streitfragen der Fürsprache, der Vermittlung und Entscheidung fürstlicher Vormünder überließen. Sie mußten lernen, ganz auf eigenen Füßen zu stehen, die Landherren höchstens als sorgfältig zu hütende Bundesgenossen zu betrachten, besonders Pommerns Herzöge, welche den Dänen ihren „Herrn" nannten, ganz aus ihrem Spiele zu entfernen. Auch dienten die ungewiß schwebenden Verhältnisse wohltätig dazu, in einer, wie wir sagen, konstituierenden Tätigkeit das Bedürfnis innerer, fester Verwaltungsregeln zu erledigen und die Zucht unverbrüchlicher aufzurichten.

DANTISCVM.

Dantzig.

Danzig, nach einem Kupferstich von M. Merian.

Danzig, einst eine mächtige Handelsstadt, ist seit 1. Juli 1878 mit 125 635 Einwohnern (1895) die Hauptstadt der preußischen Provinz West-preußen, Festung zweiten Ranges und wichtiger Handelsplatz. Sie liegt anmutig in fruchtbaren Niederungen und wird von der Mottlau durchflossen.

Als sich nun länger als ein Jahr die urkundliche Be- Unsicheres
Friedenswerk.
kräftigung des Stralsunder Vertrages vom 22. Juni 1364
hingeschleppt hatte, auch die bestimmenden Erklärungen
Dorpats für sich und die hansischen Nachbargemeinden Pernau und Fellin, die von Riga für Windau und Volmar,
endlich die von Reval angelangt waren (Sommer 1365),
besiegelten Lübeck, Rostock, Stralsund, Bremen, Hamburg,
Kiel, Wismar, Greifswald, Anklam, Stettin, Stargard
und Kolberg im Namen der übrigen „Seestädte der deutschen
Hanse" den Vertragsbrief am 30. Sept. 1365 und hän-
digten denselben zu Nyköping auf Falster dem Könige ein,
damit er, längst von seiner Rundreise aus Mitteleuropa
zurückgekehrt, durch Ausfertigung der Hauptakte (22. Nov.
1365) das Werk sanktioniere.

Schon auf der Tagefahrt, welche die Seestädte zu Feindliche
Stimmung.
Johannis 1366 mit den besonders berufenen östlichen Städten
Wisby, Riga, Dorpat, Reval, abhielten, ja selbst mit Vertretung der deutschen Gemeinde von Stockholm, — doch
ohne die Preußen, von denen wir nur einen Ratsherrn
Danzigs als Abgeordneten des Hochmeisters finden — machte
sich neben eifriger Betreibung innerer Angelegenheiten eine
gespannte Aufmerksamkeit auf den wirren Lauf der Dinge
im Norden bemerkbar, und die fünf alten wendischen Seestädte, durch Stettin verstärkt, berieten schon ein besonderes
Bündnis, falls eine unter ihnen von einem Fürsten angegriffen würde. Auch Graf Heinrich von Holstein klagte
ihnen die Unbilden, welche sein Haus durch Waldemar erfahren habe, der, nachdem sein Eidam Haakon die Krone
Schwedens an den Mecklenburger verloren hatte, eben, als
läge ihm die Sache desselben am Herzen, in Schweden
eingefallen war. — Von hansischen Geschäften, deren Zahl
ins Unendliche wuchs, bemerken wir, daß noch immer der
Streit über das Zugrecht der Urteile vom Kaufhofe zu
Nowgorod zwischen Lübeck und Wisby unerledigt war, daß
Wisby sich nicht mit den Städten seines Drittels in Liv- Innere
Sorgen.
land in bezug auf das Kontor zu Brügge einigen konnte,
daß der Genuß der hansischen Freiheiten, die Fähigkeit, in
Brügge, Bergen und Nowgorod Oldermann zu werden,

und das Recht, den Kaufhof an der Wolchow zu besuchen, vom hansischen Bürgerrechte abhängig gemacht wurde, endlich daß die Seestädte des lübischen und wisbyschen Drittels auf Klage des Kaufmannsrats von Brügge die Preußen ernstlich mahnten, sich der Verkehrsordnung am Zwyn zu fügen, dagegen aber auch den „gemeinen Kaufmann" zu Brügge gleich ernstlich bedeuteten, „ohne Wissen und Billigung sämtlicher Städte sich nicht beschwerliche Neuerungen in den Statuten zu erlauben." Dieselbe Warnung wegen „willkürlich gefaßter, weitaussehender, beschwerlicher und großer Beschlüsse", ging nach Nowgorod, sowie das Gebot, mit Russen nicht auf Borg zu verkehren. Organische Gesetze desselben Inhalts mußten sich auch die Oldermänner und Kaufleute der deutschen Hanse in Bergen gefallen lassen. Mit republikanischer Strenge und Vorsicht zog der Bund der Seestädte alle Fäden straffer an, welche ihn unter sich und mit den ausländischen Kaufleuten verbanden.

Bremens Zustände.

Die bedauernswürdige Lage, in welche gleichzeitig Bremen gefallen war, wo auch seit der Wiederaufnahme in die Hanse (i. J. 1385) innere Zwietracht, Furcht des städtischen Regiments, Trotz und Frevel bei der Menge fortgedauert hatten, veranlaßte dagegen die wendischen Seestädte nicht zu anderem Einschreiten als zu brieflicher Mahnung. Dort nämlich hatte der neue Erzbischof Albrecht von Braunschweig, ein üppiger, hochmütiger und ränkevoller Mann, von der Nachgiebigkeit des Rates eine ungebräuchliche Art der Huldigung erlangt, und das Volk einen mörderischen Aufstand erhoben, als ihm ein allgemeiner Schoß angekündigt wurde. Aber der Rat war mit Hilfe der Kaufmannschaft der Empörer mächtig geworden und hatte in furchtbarer Eile die Häupter hinrichten, die übrigen verbannen lassen (Sept. 1365). Unter unbeschreiblicher Verwirrung, Unordnung im Staatshaushalte, ritterlicher Gespreiztheit des neuen Bürgeradels, war es dann dem meineidigen, ehrgeizigen Welfen gelungen, im Einverständnisse mit einem befangenen Teile der Bürgerschaft sich um Pfingsten 1366 zur Nachtzeit der Stadt zu bemächtigen. Unter Mord und Brand entfloh der Rat, jubelten die Verblendeten über die wiedererlangte „Freiheit" und erkauften, das Regiment der Gemeinde allein anvertrauend, den Abzug des falschen Erzbischofs um hohe Summen und gemeinschädliche Abtretungen. So standen die Dinge, als der Hansetag sich mit der Ächtung der „Verräter" Bremens begnügte. Gleich darauf aber trat eine neue Wendung ein, indem der alte Rat mit Hilfe des Grafen von Oldenburg und seines Anhangs innerhalb der Stadt am 27. Juni 1366 Eingang gewann und durch grauenvolle Rache die erfahrenen Unbilden vergalt. Nach einer Fehde mit dem gehaßten Kirchenfürsten trat zwar äußere Ruhe, aber auch so allgemeine Erschöpfung und zumal solche Verdrossenheit der unterjochten Zünftler ein, daß Bremen in der glorreichen nächsten Zeit nur eine untergeordnete Rolle spielte. Auch Hamburg schien sein Interesse von der Allgemeinheit absondern zu wollen.

Inzwischen hatte Waldemars erfolgloser Angriff auf Schwedens erwählten König Albrecht, den nur die Angst vor dem Zorne des Volkes widerstandsfähiger machte, der Welt den Beweis gegeben, daß nimmer Ruhe vor dem Dänen zu erwarten stehe. Die Klagen über den schnödesten Friedensbruch, über offenbare Beraubung hansischer Kaufleute, welche der Sieger gering schätzte, vermehrten sich mit jeder Tagfahrt, so daß selbst die spröden Preußen bei den Seestädten auf einen Bund gegen die Könige von Dänemark und Norwegen dringlich antrugen, aber den vorwurfsvollen Bescheid erhielten: „hätten sie nicht im früheren Kriege ihren Beistand verweigert, so würden die wendischen Seestädte niemals mit Dänemark einen Frieden eingegangen sein." Solcher Vorwurf war klug genug berechnet. Inzwischen aber ordnete auf Antrag Lübecks, noch auf dem Rostocker Tage (Dezember 1366) die Versammlung ihre Sendboten an den dänischen Erzbischof, die Bischöfe und die vornehmsten Magnaten als Bürgen des Friedens ab und ermahnte die Herren in höflich-gemessener Sprache, den König zum Rechten und Billigen zu vermögen, „welcher von den Vitten der Seestädte auf Schonen bezahlte Gelder noch einmal erpresse, die Abgaben willkürlich erhöhe, und ihnen viele

Waldemars Friedensbruch.

Friedensmahnung der Seestädte.

Schiffsgüter geradezu rauben ließe, selbst Schiffbrüchige
nicht verschone." Hatte sich doch der Kreislauf der Dinge
so weit vollendet, daß der Erzbischof von Lund, uneingedenk
hundert Jahre alter kanonischer Bestimmungen, für die
Zwölfstädte nur aus „Gnaden und aus besonderer Rücksicht"
auf König Waldemar, das Strandrecht in seinem Sprengel
aufhob! Gleich schmählichen Anlaß zur Klage gab dem
Kaufmanne in Bergen Haakon, König von Norwegen,
Waldemars Eidam. Aber auch jetzt noch weit entfernt von
übereilten Beschlüssen mahnten die Seestädte den unverstän-
digen Herrscher, „Gott und seine Gerechtigkeit vor Augen
zu haben, ihre beschworenen Freiheiten zu bewahren." In
gleichem Sinne schrieben sie an Norwegens hohen Klerus
und Magnaten und warnten endlich den trotzigen Kaufmann in Bergen, mit den Normannen Frieden zu halten,
sie nicht als schwach und einfältig zu verachten, vor
allem aber bei harter Strafe, ihre „leichtfertige Zunge
zu hüten."

Schritte zum Kriegsbunde in Preußen. Doch alle Mittel der Güte, aller Ernst des Vororts
erwiesen sich vergeblich. So wurde denn von der neuen
Tagfahrt zu Rostock am Ende Mai 1367 Herr Alard,
ein sehr gewandter Ratsfreund aus Stralsund, nach Preußen
gesandt, um die Sechsstädte, falls sie auf Waldemars
trügerisches Erbieten Verzicht leisteten, zu gemeinschaftlichen
Maßnahmen einzuladen, dem Hochmeister den Einmut des
gemeinen Kaufmanns zur Erlangung ehrenhafter Zugeständnisse zu versichern und die jüngsten schweren Verluste durch
die Dänen zu melden. Alle Gemeinwesen wurden aufgefordert, ihre Bevollmächtigten nach Stralsund abzuordnen,
um möglichenfalls das Ersprießliche mit den Preußen und
denen von der Südersee zu vereinbaren, und alle Reisen
nach Dänemark und Schonen zu verbieten. Schon jetzt untersagte man die Ausfuhr von Kupfer, Eisen, Waffen, sowie
von Flaschen und Biergefäßen dorthin und nach Norwegen.

Tag zu Stralsund. Am Johannistage 1367 sehen wir denn in Stralsund
vor stattlicher Versammlung der Seestädte auch den Komtur
von Danzig und Ratmänner von Kulm, Thorn und Elbing als Bevollmächtigte des Ordens und der preußischen

Städte erscheinen. Treffliche Männer wurden nach Preußen abgeordnet, um die fernere Stellung gegen den König, das Verbot der Schiffahrt usw. zu beraten, auch mit Kampen und den Süderseeischen, Staveren, Harderwyk, Ellborg, Zierickzee, Amsterdam und Dordrecht, den „Englischen und Flämingen", sich näher zu verbinden. Bedächtig nahm man auf die Geneigtheit des Hochmeisters Rücksicht, erörterte die laute Beschwerde des Kaufhofs in Bergen über Haakons Ungerechtigkeit und erwiderte den dänischen Gesandten auf ihre Einladung zu einem Friedensgespräch: „zwar seien die Versammelten dazu nicht ermächtigt; doch würden sie die Beschickung des Sühnetags bei ihren Gemeinwesen beantragen; bäten aber die Königsboten, inzwischen ihren Herrn zur Vergütung seines offenkundigen Unrechts anzuhalten." Obgleich nun auch der Bischof von Ripen und vornehme dänische Ritter aufforderten, dem Rufe des Königs zu folgen, und einige Sendboten diese Verbindlichkeit auf sich nahmen, erklärten sich doch andere Städte auf dem neuen Tage zu Stralsund (29. Juli 1367) dagegen, weil Waldemars ausgestellte Geleitsbriefe nur auf vier Städte lauteten und auf Papier, zum Teil durchstrichen, geschrieben waren. Ferner weil die Beraubungen fortdauerten. Sie begehrten, da Dänemark von ihren Feinden wimmele, das Geleit durch Ritter des Königs. Überdies verboten sie bis auf die Heimkehr des Abgeordneten die Reise nach allen dänischen und norwegischen Küsten bei „Verlust der Ehre". Verkehr mit den Dänen sollte zwar in heimischen Häfen bis Weihnachten noch offen stehen, doch Waffen, Metalle, Salz, Hopfen und „Biergefäße" (Flaschen) ihnen nicht überlassen werden. Schon wurde eine allgemeine Tagfahrt nach Köln, wo die eigentümlichen Verhältnisse der Preußen, Westfalen und Süderseeischen ihren Mittelpunkt fanden, anberaumt, vorher sollten jedoch die wichtigsten Punkte mit den Preußen in Greifswald oder Stralsund beraten werden. Auch der Bund mit den Mecklenburgern und Holsteinern, den Landherren, welcher vielen Anstoß erregte, kam von neuem auf die Bahn.

Rasch schritt jetzt die längst vorbereitete Erweiterung des Bundes vorwärts. Der trugvolle König sollte erfahren, daß er es nicht mehr allein mit den wendischen Seestädten zu tun habe. Am 11. Juli 1367 mit den fremden Bevollmächtigten zu Elbing versammelt, verpflichteten sich Ratmänner und Schöffen der Städte von Preußen und jener schon genannten von der Südersee: „um in Zukunft solchen Schaden abzuwenden, welchen der König von Dänemark ohne alle Schuld und ohne Absage ihnen allen getan," einander auf der Fahrt durch den Noresund beizustehen, alle Gemeinschaft mit dem Könige und dessen Landen aufzugeben und sich nicht eher auszusöhnen, als bis allen gleiches Recht widerfahren sei." Ewig friedlos sei der Schiffer, Steuermann oder sonst jemand aus diesen Landen und Städten, der sich zum Könige halte oder ihm Harnisch zuführe. Auf nächsten Martinstag solle zu Köln mit Vollmacht beraten werden, die Sache stärker anzugreifen, falls es bis dahin nicht zur Sühne käme.

Solchen Rückhalts sicher, traten dann am 22. August 1367 die Sendboten der alten Seestädte zu Falsterbo dem Könige und seinen Räten fester vor Augen, vernahmen jedoch auf ihre bündige Klage nichts als Scheltworte, Vorwurf wegen des fälligen kaiserlichen Zinses und ältere ungehörige Dinge. Mannhaft verwahrten die Lübecker ihre Ehre, als er sie bezichtigte, ihre Briefe nicht als biderbe Leute gehalten zu haben, ließen sich auch nicht beirren, als er sie mit der Anklage vor dem Kaiser bedrohte. In weiterer Verhandlung forderten die Räte des Königs einen zweiten Vermittlungstag, aber die Sendboten erklärten sich darauf nicht bevollmächtigt, und als man sich endlich über die neue Zusammenkunft geeinigt, hatte inzwischen so energischer Kriegsmut die Seelen der bis dahin leidenschaftslosen, besonnenen Bürger erfüllt, daß selbst aufrichtige Friedensliebe von seiten des stutzig gewordenen Königs nichts fruchten konnte.

Die Konföderation zu Köln. Zustände Deutschlands. Vorbereitung zum Kriege. Ausbruch der zweiten großen Fehde mit Dänemark und Norwegen. 1368. Zahl der verbündeten Städte. Sieg der Hanse. Privilegien König Albrechts von Schweden. Frieden zu Stralsund am 24. Mai 1370. Dessen Folgen für die politische Geltung der Hanse. Waldemars Heimkehr und Tod. Vom J. 1367—1375.

Die Augen der ganzen Bürgerwelt Nord- und Mittel- deutschlands waren auf die große Tagfahrt zu Köln gerichtet. Dorthin rüsteten sich nach noch- maliger Vorberatung „über zwölffach erlittenes Unrecht", zu Stralsund und Rostock (Anfang September und im Oktober 1367) die wendischen Seestädte, zum Martinstag ihre vornehmsten, hochbevollmächtigten Ratssendboten zu schicken. Um das Geheimnis vor dem Auslande zu be- wahren, war jedem Gemeinwesen streng anempfohlen, „weder Mann noch Frau ohne Erlaubnis des Rates bis Ostern in die Fremde ziehen zu lassen". Wir sagen: die Augen der nord- und mitteldeutschen Bürgerwelt blickten auf Köln, weil die anderen Mitstände, zumal die süddeutschen, selbst der Kaiser und das Reich, sich jenen Vorgängen von so unübersehbaren Folgen ganz entzogen. Schwiegen nun auch allgemeine deutsche Zeitbücher, welche sonst gewissenhaft und ehrerbietig die armseligen Raufhändel der Fürsten und Herren berichteten, vom nationalen Kampfe gegen die Könige des Nordens, so kann es uns nicht befremden, daß die germanisch-romanische Weltchronik zu vor- nehm war, so reizloser, nicht mit dem Schimmer der Romantik umkleideter „Krämerhändel" zu gedenken, von denen selbst in Städten, welche tätig Anteil nahmen, außer dem Rathause und den Gildestuben wenig verlautete, und manche binnenländischen Gebieter keine Ahnung haben mochten. Mangelte doch den folgenreichsten Waffenereig- nissen der Deutschen im XIV. Jahrh. überhaupt das chevalereske Gepräge, jener Farbenglanz, welchen die Chronik des gefeierten Zeitgenossen Jean Froissart über die Taten der Franzosen, Spanier und Engländer verbreitete. Die Schlachten der deutschen Helden bei Ampfing, Gran- see und am Kremmerdamm traten dem Gedächtnis in gleich

Schweigen der Zeitgeschichte über den großen Hansekrieg.

unscheinbaren Hintergrund gegen die Felder von Crecy, Maupertuis, Halidonhill und Nevil-croß oder Tarifa, als die Persönlichkeiten Ludwigs des Bayern, Waldemars von Brandenburgs oder Barnims des „Kleinen" von Pommern gegen Edward von Windsor, Philipp von Valois oder Alfons XI. Fand darum ein Seifried Schweppermann keine Beachtung neben dem Schotten Douglas oder gar neben dem Connetable Bertrand von Guesclin, und schien die deutsche Adelsnatur von zu grobem Gepräge gegen die phantastische Ritterlichkeit Westeuropas, wie sollten die hausbackenen, nüchternen Ratssendboten von Lübeck und Stralsund als Diplomaten, die Gerharde von Attendorn, Bruno von Warendorp, die Wulflame als Admirale und Kriegsbefehlshaber in fernen Schlössern bei der Mitwelt einen Namen erlangt haben? Da leider auch die lübische Ratschronik durch den Schwarzen Tod unterbrochen war, wüßten wir nicht, daß Bruno von Warendorp an der Spitze von 1600 Lübeckern in der großen Fehde gefallen wäre und von seinen Mitbürgern hohe Ehren erfuhr, stände nicht noch im Chore zu St. Marien über seiner Gruft des Mannes Bildnis, Schild und Helm. — Es ist somit erklärlich, daß die spätere „Reichshistorie" in dickleibigen Bänden keine Stelle auch nur für beiläufige Erwähnung der wunderbaren Taten der Hanse übrig hatte. Aber gedankenlos vergaß auch die neuere Volksgeschichtsschreibung eine Arbeit der Väterzeit, an welche die Entscheidung für Jahrhunderte sich knüpfte, von welcher ungeheurer Umschwung ausging, während in gepriesenen Schlachtturnieren nur die unedle Leidenschaft sich austobte und nichts für allgemeine Gedanken, nichts für nationale Ehre und Wohlfahrt gewonnen wurde.

Zustand des Reichs. Der Kaiser. Mit wenigen Zügen schildern wir des Reichs und der unmittelbar verbundenen Länder Zustand in jenen Tagen, als die Ratsherren der Seestädte vorsichtig über Lüneburg, Hannover, Hameln, den „Hellweg" über Soest nach dem heiligen Köln ritten. Kaiser Karl IV. hatte den bösesten Leumund bei den Reichsstädten, denn man sprach laut davon „er selbst habe die verruchten Gäste, die Engländer unter dem „Springhirsch", dem Erzpriester Arnold, ins

Reich gelockt" (1365). Schmachvoll mußte sich das ge-
heiligte Haupt der Nation gegen solche Lästerung verantworten.
— Noch war der Ausbruch des grimmigen Hasses, welchen
Fürsten, Adelsgesellschaften und das freiere Bürgertum
gegeneinander nährten, durch des Lützelburgers wechselnde
Parteinahme verhindert. Graf Eberhard der Greiner von
Württemberg schien in rücksichtsloser Behandlung der
schwäbischen Freistädte das Vorbild Waldemars zu sein,
beide achteten gleich wenig das verbürgte Recht der Bürger.
Der Kampf zwischen Geschlechtern und Zünften dauerte in
Gemeinwesen der alten Verfassung noch fort und sah ge-
meinhin den Kaiser auf Seiten der Vornehmen. Fertig
mit einer neuen Beraubung am unfähigen Hause der
Wittelsbacher zur glanzvolleren Ausstattung seiner böhmischen
Erblande, schickte Karl IV. sich eben an, als Vogt der
Christenheit zur Herstellung der päpstlichen Gewalt nach
Italien zu ziehen. Der unvermeidliche Zusammenstoß der
deutschen Handelswelt mit den nordischen Königen vermochte
nicht die Aufmerksamkeit des für Händel des Reichs gleich-
gültigen Böhmenkönigs auf sich zu lenken.

Der Ordensstaat im Zenith seiner Entwicklung blieb
stets gewappnet zu neuen Zügen gegen die Litauer, und
stand am Vorabend der glorreichen Schlacht bei Rudau
(Februar 1370), während den Livländern und dem deutschen
Verkehr mit Nowgorod ein Krieg mit den Russen drohte.
Die geteilten Pommernfürsten lagen in sieglosen Fehden mit
ihren Nachbarn, den Herzögen von Mecklenburg, und mit
Otto dem Finnen, dem letzten Kurfürsten Brandenburgs
aus Wittelbachs Stamme, welcher eben auch die Niederlausitz an den lauernden Böhmen verloren hatte (1368).
Im Gebiete der Welfen steigerte die Fehdelust uneiniger
Herren den Trotz der Bürger, und mit dem Erlöschen des
älteren lüneburgischen Hauses (1369) brach eine neue, ungeheure Zerrüttung herein. In Westfalen, das noch zerrissen
von so vielen gleichmächtigen Grafen und Herren die
Beute eines armen, räuberischen Adels und der Tummelplatz zwistiger Bischofswahlen war, gestaltete sich, wie nach
dem Niederrhein zu der öffentliche Zustand so ganz unbe-

Zustand der nächsten Länder.

schreiblich wirr und gesetzlos aller Landfriedensbündnisse
ungeachtet, daß das Volk in seinem altsaffisch tiefen Rechtsgefühle zu jenem sonderbaren Heilmittel schritt, welches als
„Vehm" und „Heimliche Acht" bald der Schrecken ganz
Deutschlands wurde. Die hansisch verwandten Städte,
deren große Zahl wir bald kennen lernen werden, vermochten
darum nur durch mittelbaren Anteil der goßen Sache des
gemeinen Kaufmanns zu helfen.

Köln.   In Köln hatte unter der friedlichen Herrschaft der
letzten Erzbischöfe, Wilhelms von Gennep (1349), Adolfs II.,
und des alten Engelbrecht III. von der Mark (bis 1368)
das Geschlechterregiment sich zwar unangefochtener behauptet,
der tatsächliche Seehandel war aber mit dem allmählichen Versanden der Rheinmündung und bei dem un-
gehemmten Aufstreben der holländisch-friesischen Städte auf
Verwendung heimischer Kapitalien und heimischer Gewerbs-
erzeugnisse in flämischen und englischen Stapelorten beschränkt. Die Flagge der Kölner wehte nicht mehr auf
den starken Rheinschiffen im deutschen Meere, doch übten
die rheinischen Kaufleute noch großen Einfluß am Stahlhofe zu London und bildeten dort mit den verwandten
Städten ein eigenes Drittel. Den unhemmbaren Sturm
der Zünfte, zunächst der Weber, schienen die nächsten hansischen
Dinge im Gefolge geführt zu haben.

Lübecks   Dorthin nun an den Niederrhein, wo vielfach die
Klugheit.   Fäden des Verkehrs der westfälischen, preußischen namentlich
der holländischen und friesischen Städte zusammenliefen,
schien besonders deshalb Lübecks Politik die allgemeine
Versammlung berufen zu haben, weil es die Macht der
Osterlinge durch den Zutritt der Westerlinge ergänzen wollte
und die ehrgeizigen Reichsbürger zu locken hoffte, indem es
das Gelingen des großartigen Planes in ihre Hand legte.
Waren dann die Städte der Westsee (die seeländischen), die
von Holland und Friesland (die süderseeischen) gewonnen,
welche seit dem Aussterben des hennegauischen Grafen-
geschlechts mit Wilhelm IV. (1345) nach der unruhvollen
Regierung Margaretas, der Witwe Kaiser Ludwigs, und
unter dem schwachen „Ruwaard", Albrecht von Straubing

(1357—1404), ja selbst unter der wüsten Parteiung der „Kabbeljaauwschen und Hoekschen", an männlichfester Liebe zur Freiheit und kräftigem Handelsgeiste vor dem leidenschaftlichen Getobe der Fläminge und Brabanter sich auszeichneten, waren alle Westerlinge in den Kampf gegen Waldemar gezogen, der ja auch sie wegen ihres Verkehrs mit Bergen und auf Schonen sowie wegen ihrer unbestimmten Handelsfreiheit in dem Ostseegebiete überhaupt nahe genug anging, so sah die überlegene Klugheit des Vororts die vertragsbrüchigen Könige des Nordens zu den Füßen des gemeinen deutschen Kaufmanns.

Auf dem Gürzenich zu Köln hatten sich denn vom 11. bis 19. November 1367 die vornehmsten Sendboten der Seestädte des „lübischen Drittels" aus Preußen, von der Yssel, aus Holland, von der Südersee und aus Seeland versammelt, um die große Konföderation gegen die Dänen aufzurichten. Außer Lübeck, Rostock, Wismar, Stralsund als Ausschuß der „wendischen" sind namentlich aufgeführt Kulm, Thorn, Elbing, Kampen, Harderwyk, Ellborg, Amsterdam und Briel. Unter gewiß trefflichen Worten und Mahnungen zur Eintracht, wie sie etwa Herrn Gerhard von Attendorn, Herrn Bertram Wulflam aus dem Munde geflossen sind, die aber das Gedächtnis der tatkräftigen Zeit nicht aufbewahrt hat, kam man überein, „um mancherlei Schaden, welchen die Könige von Dänemark und Norwegen dem gemeinen Kaufmanne getan hätten und noch täten, ihre Feinde zu werden und einander treulich beizustehen." Die wendischen Städte mit den livländischen und ihrem Zubehör versprachen 10 Koggen je mit 100 guten Wappnern und jede mit einer Schute und einer Schnigge zu stellen, die preußischen 5 Koggen, die von Kampen eine Kogge und zwei Rheinschiffe mit 150 Gewappneten, die von Dordrecht, Amsterdam, Staveren, Harderwyk und „alle anderen von der Südersee" jede eine Kogge mit 100 Mann, die von Seeland zwei mit 200. Auf jeder Kogge mußten 20 Schützen mit vollen Waffen und starken Armbrüsten zu finden sein. Die westlichen Bundesgenossen sollten bei gutem Winde am

Konföderation zu Köln.

Palmensonntage 1368 aussegeln und am Marstrande, Norwegens Küste gegenüber, zur Fahrt in den Oresund sich sammeln, die wendische und preußische „Flotte" nach dem Osterfeste (9. April) sich am „Gellen" zusammenfinden, um sich mit den übrigen im Oresund zu vereinigen.

Die Orlogschiffe sollten unter ihrem Schutze alle Kauffahrer, die gleichfalls mit Bewaffneten besetzt waren, behalten, und keiner ohne Erlaubnis der Hauptleute weiter segeln dürfen. Ewige Friedlosigkeit bedrohte den Schiffer, Seemann oder die ledigen Leute, welche sich aus den Städten in den Dienst der Feinde begäben. Verhanset war jeder Ort der gemeinen deutschen Hanse, welcher sich den Beschlüssen entzog, geächtet, wer heimlich den beiden Königen Speise oder Waffen zuführe. Zur Bestreitung der Kriegskosten ward von Fastnacht 1368 an ein allgemeines Pfundgeld ausgeschrieben, und die Legestätte wie die Art der Steuer genau festgesetzt. Dann sollte am nächsten Johannistage ein allgemeiner Tag zu Lübeck abgehalten werden. In löblicher Weise verbürgten sich alle, die gewonnenen Vorteile und Freiheiten redlich zu teilen. Doch blieben die westlichen Städte und die preußischen frei von den Kosten, welche den wendischen vom Bunde mit Albrecht, König von Schweden, mit den Herzögen von Mecklenburg und den Grafen von Holstein etwa erwüchsen, wogegen sich die wendischen Seestädte ein Anrecht an Landeroberung allein ausbedingten. Gleichwohl ward von Ostern an ein Bund auch mit der städtischen Gesamtheit in Aussicht gestellt. — Unter anderen klugen Artikeln für alle nur denkbaren Fälle erstreckte man den Bund auch über die nächsten drei Jahre nach dem Frieden, um jedes einzelne Glied in seinem Rechte zu vertreten. „An ihrem Höchsten waren die bevollmächtigten Ratsmannen zu strafen, sobald sie beweislich eines der Stücke gebrochen hatten", die „Denkbriefe" schrieben sie auf gezackt ausgeschnittenes Pergament, um sie besiegelt am Johannistage einander auszuhändigen.

Rüstungen zum Kriege. Aus Köln zurückgekehrt und am 8. Dezember 1367 in Lübeck zusammengetreten, beriet jener Ausschuß der Seestädte die weiter nötigen Geschäfte mit Mecklenburg, die

Klagebriefe an Papst, Kaiser und andere Fürsten, die Sicherheit der Kaufhöfe, besonders des in Bergen, (welcher um Ostern geräumt sein mußte), die vertrauliche Korrespondenz, und kam überein, daß alle Fehdebriefe am 19. März in Lübeck seien. Die Stralsunder übernahmen es, diese Beschlüsse den Städten Stettin, Kolberg, Anklam, Hamburg, Stade, Bremen und Kiel zuzustellen, weil sie sich nicht in Köln eingefunden hatten.

Ihr Weihnachtsfest begingen die Kaufleute gewiß nicht so stille, wie die Verschworenen vom Rütli, denn es war der Bund der Seestädte mit den Bevollmächtigten König Albrechts von Schweden und dessen Blutsfreunden in Mecklenburg abzuschließen, in welchem wir denn auch Greifswald finden. Schon mit Anfang des Januar 1368 sehen wir die ruhelosen Sendboten und die Vertreter von Hamburg, Greifswald, Kolberg und Stettin in Rostock.

Verfolgte der ungeheure Ernst der Sache einen so geregelten Gang unter den gesamten Seestädten, so übernahm Lübeck allein drei Koggen mit 300 Wappnern, Rostock und Stralsund deren zwei mit 200, Wismar eine mit 100, die Hamburger die Ausrüstung einer, (jedoch vorbehaltlich der Entscheidung ihres Rates) und machten letztere sich anheischig, auch Bremen und Stade herbeizuziehen. Auch die Kolberger, Greifswalder und Stettiner, obgleich unter fürstlicher Mundschaft, waren nach Kräften willig, so daß der Anschlag der Gewappneten des engern wendischen Bundes auf 1000 stieg. Ging auch die Angelegenheit mit den Landherren ihren gemessenen Weg, so schweigen dennoch die vorhandenen Rezesse und Briefschaften über den Anteil der binnenländischen Hansestädte am allgemeinen Werke. Diese, schon längst nicht mehr im Besitze eigener Schiffe, bedienten sich zu ihrer Kauffahrt in den Häfen gemieteter Frachtschiffe und waren deshalb außerstande, Orlogschiffe zu stellen. Aber auch nicht einmal von Geldbeiträgen ist die Rede, welche sie jedoch geleistet haben müssen, da die vornehmsten unter den hansischen Gemeinwesen des Inlandes als „Mithelfer des Streits" in den Friedensschlüssen aufgeführt werden, und die Seestädte, zu jedem Opfer bereit,

Anteil der binnenländischen Hansestädte?

ihre erkämpften Vorteile gewiß nicht ohne Abrechnung
zu teilen Lust hatten. Ruht also ein Schleier über diesen
Verhältnissen, wie über manchen hansischen Dingen, so
erkennen wir nur eine gereizte Stimmung zwischen Lübeck
und Köln, dessen Schöffen und Ratsherren weiter nichts
taten, als am 22. November 1367 den Konsuln einer Reihe
verschiedenartiger Städte der See und des Binnenlandes,
(doch, soviel wir wissen, keiner westfälisch-rheinischen) zu
melden, „die Seestädte der gedachten Konföderation würden
über wichtige Dinge Boten an sie abschicken, welche sie
hiermit beglaubigten." Aber auch aus vertraulicher Korrespondenz
des „Ausschusses" der vier Seestädte mit anderen Binnenorten geht Umfang und Planmäßigkeit des nationalen
Kaufmannskrieges hervor.

Waldemar
stutzig.

Inzwischen war König Waldemar stutziger geworden
und hatte zwei vornehme Räte nach Lübeck, wo der Ausschuß an Lichtmeß 1368 wieder versammelt war, abgeordnet,
um die bedenklichen Händel auf eine neue Tagfahrt zu verweisen, indem er sich auch jetzt noch weigerte, die geforderte
Entschädigungssumme zu zahlen.

Als jene königlichen Abgeordneten drohten, „falls die
Seestädte den Tag ihres Herrn nicht annähmen, müßte derselbe es dem Papste, Kaiser, Herren und Fürsten und Freunden klagen", erwiderten die Vertreter der Städte: „auch sie
wollten dasselbe tun und hinzufügen: der König nimmt
uns unsere Schiffe und unser Gut binnen Friede
und Geleit und einer guten Sühne. Vergölten
wir ihm das, würden wir unsere Ehre wohl bewahrt haben". — Sonst wurde zu jener Versammlung

Bündnisse
mit den
Landherren.

zu Rostock infolge früherer Vereinbarung mit den Herzögen
von Mecklenburg, Albrecht und seinen Söhnen, Heinrich
und Magnus, mit den Grafen von Holstein und dem unzufriedenen Adel von Jütland der Bund zwischen den wendischen Seestädten, den gedachten Herren und dem Könige
Albrecht von Schweden auf zwei Jahre, zwischen den
Preußen und Westerlingen und den Fürsten auf ein Jahr
festgesetzt. Argwöhnisch ließen die wendischen Seestädte sich
von den Mecklenburgern die Schlösser Wittenborg und Rib-

nitz verpfänden und stellten ihnen dagegen Schiffe und
Lebensmittel zum Angriffskriege. Sodann wurde den Alder=
männern und den Kaufleuten der Deutschen zu Brügge
bündig angezeigt, daß kein Schiff aus dem Swyn und der
Südersee nach der Ostsee segeln dürfe, ehe die dortigen
Bundesgenossen ihre Flotte in den Noresund ausgeschickt
hätten. Auch dem Kaufmann in Bergen wurden gemessene
Verhaltungsmaßregeln bekanntgegeben und wurde er nament=
zur Waffenbereitschaft aufgefordert. — Ohne Übereilung
beendete man auf den Tagfahrten zu Grävesmühlen Ende
Februar und zu Rostock Mitte März die letzten Vorbe=
reitungen. Aber es herrschte solche Erbitterung gegen die
Hamburger, welche nur immer die Gefahr der Elbe vor
Augen hatten, daß man über die Verhansung derselben be=
riet, falls sie bei Verweigerung „gemeiner Hülfe" beharrten.
Unbeirrt las man die Briefe Kaiser Karls IV., der sich nach
einer Umreise ins Reich von Prag aus zur nutzlosen zweiten
Römerfahrt anschickte, ernannte die Orloghauptleute jeder Letzte
Stadt (Lübeck seinen wackeren Bruno von Warendorp und Zurüstungen.
Herrn Gerhard von Attenborn), vermehrte die Zahl der
Wappner auf den Schiffen, bei denen sich zur Führung
des Landkrieges unter je hunderten 20 Rosse befinden sollten,
bestimmte auch, welche Städte „treibende Werke, Katten
und anderes Gezeug" mitnehmen sollten, und bedrohte end=
lich „Vasallen und Ritter" der pommerschen Herzöge mit
Verlust ihrer Schlösser, würden sie es wagen, dem Dänen
Beistand zu leisten. Im Falle etwa auch die Landherren
sich gelüsten ließen, dem „Lehnsherrn" zu Hilfe zu ziehen,
übernahm Stralsund mit Greifswald, zur Abwehr bewaff=
nete Fahrzeuge in der Mündung der Peene aufzustellen.

Vor Ostern, das i. J. 1368 auf den 9. April fiel, Fehdebriefe
liefen die Fehdebriefe, wie verordnet war, in Lübeck ein und der
gingen an den König ab, der kaum jetzt die unermeßliche Städte.
Gefahr seines Reiches erkannte. Weil in faßlicher Weise
oder nach dem tatsächlichen Bestande des hansischen Kriegs=
bundes die Zahl der fehdenden Städte auf 77 angegeben
wurde, sollen sie dem Könige die derben, unköniglichen Worte
entlockt haben:

> Seeven und seventigh hensen
> hefft seeven und seventigh gensen,
> wo mi de gensen nich en biten,
> na der hensen frage ich nich en shiten.

Flucht Waldemars. Aber so vermessener, geringschätziger Worte ungeachtet schiffte Waldemar, wie er die Zahl seiner Feinde und den innern Unbestand in seinem Reiche erkannte, am Grünen Donnerstage (6. April) mit großen Schätzen aus dem Lande. Er bestellte seinen Marschalk, Herrn Henning von Putbus zum Vorsteher des Königreichs, ihm und den übrigen Reichsräten Vollmacht zur Unterhandlung mit den Seestädten hinterlassend, und schlich sich durch Pommern unter dem Schutze der Herzöge zunächst zu dem selbst ratlosen Wittelsbacher. Hinter dem frevlen Friedensbrecher ergoß sich der Jammer über sein preisgegebenes Volk.

Zahl der Städte. Wir müssen mit der Erzählung einen Augenblick innehalten, um den Bestand der kriegführenden hansischen Städte zu ermitteln. Schwerlich waren es 77 Städte, welche dem Könige absagten. Gewiß aber war die Zahl der an dem Kampf beteiligten oder denselben mittelbar unterstützenden viel größer. Denn die Erfolge der Jahre 1368—1370 sind nicht der Tat vereinzelter Seestädte zuzuschreiben, sondern dem kräftigen Willen aller nord- und mitteldeutschen Gemeinwesen, welche nur irgend der nordische Verkehr berührte. Als tatsächliche Teilnehmer des Krieges nennen wir den Urkunden gemäß folgende:

Zuerst die wendischen Seestädte Lübeck, Rostock, Wismar, Stralsund, zögernder Greifswald, Anklam, Kolberg, Stargard an der Ihna, Stettin. Als „vöghe" Städte waren ihnen zugewiesen Gollnow, Wollin, Greifenberg, Treptow, Kamin, Rügenwalde und Stolp, vielleicht auch Demmin und Wolgast von den pommerschen. Dem engeren wendisch-lübischen Drittel gehörten Ribnitz, Grävesmühlen. Dann schlossen sich, wiewohl gleichfalls säumig, Kiel, Hamburg, Stade, Buxtehude (?) an. Bremen erwirkte wegen seines heimischen elenden Zustandes einige Nachsicht. — Die preußischen Sechsstädte Danzig, Kulm, Thorn, Elbing, Braunsberg und Königsberg vertraten noch ungenannte Städte

Wismar, nach einem Kupferstich von M. Merian.

Die Stadt, deren Ursprung in das 12. Jahrhundert zurückreicht, ward 1649 mit der Herrschaft Wismar an die Schweden abgetreten und kam erst 1802 an das Herzogtum Mecklenburg-Schwerin, dessen zweite Handelsstadt sie jetzt ist. Vortrefflicher Hafen an der Ostsee, Knotenpunkt verschiedener Eisenbahnen, mit 18 244 Einwohnern (1895). Maschinenfabriken, Eisengießerei; Seehandel. Das Chor der Marienkirche wurde 1353 gewelbt. Die Nikolaikirche mit 40 m hohem Mittelschiff stammt im wesentlichen aus dem 15. Jahrhundert. Die Georgenkirche (auf dem Bild „Jurgen") ist eine kreuzförmige Basilika von schlanken Verhältnissen (Chor 14., Langhaus 15. Jahrhundert). Ein Hauptwerk deutscher Renaissance ist der Fürstenhof, 1552 (auf dem Bild „F. Palast"), ehemals Residenz der mecklenburgischen Herzöge, jetzt Sitz von Behörden. Im 13. Jahrhundert trat Wismar dem Bunde der Hanse bei und wurde trotz der Pest, welche 1376 10 000 Menschen hinraffte, eine bedeutende Stadt, geriet aber seit dem 16. Jahrhundert in Verfall. 1785 wurde hier der Geschichtsschreiber Dahlmann geboren.

des Hochmeisters, als welche nur ein winziges, jetzt adeliges
Städtchen, Landsberg, einmal zweifelhaft genannt wird.
Stockholm, Kalmar und Wisby mögen wir um so sicherer
dem livländischen Drittel beizählen, als der deutsche Fürst
Albrecht, König von Schweden, Bundesgenosse war, und
jener Städte Kern die Deutschen bildeten. Den vier livländischen Städten waren zugewandt: erstens den Dor-
patern Fellin und Pernau, wiewohl letzteres auch selbständig
erscheint, den Rigaern Wenden und Wolmar. Reval stand
für sich allein. Von den Westerlingen überhaupt waren
unzweifelhafte Mitkämpfer: Kampen, Harderwyk, Ellborg, Amsterdam, Briel, doch gleichberechtigt an der Frucht
des Sieges Dordrecht, Zierickzee, Staveren, Zütphen, Zwoll,
Hasselt, Deventer, Utrecht, Hindelopen, Arnemunden, Wieringen, Enkhunzen, zum Teil verschollene Orte, deren Naturverhältnisse sich im Laufe der Zeit geändert haben. Diese,
etwa 56, sind die See- oder Binnenstädte, welche sich
vermittelst eines nahen Hafens am Seeverkehre und am
Seekriege tatsächlich beteiligen konnten. Von eigentlichen
Binnenstädten beglaubigte Kölns Rat die Boten der
Seestädte bei Braunschweig, Hildesheim, Magdeburg, Hameln,
Hannover und Lüneburg. Als vertraut korrespondierenden
schrieb Lübeck i. J. 1368 außer den schon genannten
welfischen Gemeinwesen an Erfurt, Nordhausen, Goslar,
Halle, Hildesheim, Halberstadt, Einbeck, Göttingen, die
Stralsunder an Berlin, Pasewalk, Prenzlau, Brandenburg
a. d. H., Frankfurt a. d. O., Breslau, Guben, die Wismarer
endlich an Magdeburg, Perleberg, Pritzwalk, Havelberg,
Kyritz, Stendal, Gardelegen, Tangermünde, Salzwedel. Leider
haben wir nicht ein gleichzeitiges Umlaufschreiben an die
rheinisch-westfälischen Städte, welches von Köln ausgegangen
sein müßte. Doch finden sich in der großen Urkunde König
Albrechts von Schweden (1368) Köln, Dortmund, Soest,
Münster, Osnabrück als Genießer der Handelsprivilegien,
wiewohl nicht ganz sicher hervorgeht, daß sie am Kriege
sich tätig beteiligten, da auch „alle, die in der deutschen
Hanse sind", sich neben ihnen finden. In bezug auf
westfälische Städte bemerken wir, daß, wenn Soest in

die Reihe unmittelbarer Helfer des schwedischen Königs
gehört, die seiner „Sprache" zugewandten verkehrsrüstigen
Orte Brilon, Attendorn, Arnsberg, Balve, Rüthen, Gesecke,
Werl, Unna zum Teil Glieder der Schleswiker Brüderschaft, nicht übergangen werden dürfen. Aus Westfalen
und vom Niederrhein schweigt um 1360—1370 urkundliche Nachricht, gewiß nur zufällig über Andernach, Neuß,
Wesel, Emmerich, Duisburg, Koesfeld, Hamm, Paderborn,
Lippstadt, Herford, Minden, Lemgo, Bielefeld, Warburg,
welche früher oder später zur Hanse gehörten; ebenso wie
aus andern Dritteln über Nymwegen, Venlo, Rörmonde,
Middelborg, Bolsward, Arnheim, über die „überheidischen",
d. i. von Lübeck aus jenseits der „Heide" belegenen,
Nordheim, Uelzen, Helmstedt, Quedlinburg, Aschersleben,
Osterburg, Seehausen, endlich über die starke deutsche Ge-
meinde in Krakau, gewiß auch über Posen, wo das deutsche
Element schon im XIII. Jahrhundert sich festgesetzt hatte.

Verschiedene
Verhältnisse
zur Hanse.

So verschieden nun auch das Verhältnis dieser einzelnen zum Beschluß des Krieges und zur Mitwirkung an
demselben war, so viele außer dem Zusammenhange mit
den Tagfahrten standen, ist doch unbestreitbar, daß der
vermessene Dänenkönig den Angriff oder die Feindschaft
von weit über hundert deutschen Gemeinwesen zu fürchten
hatte, nämlich aller, „die in der Hanse waren".
Über die Einzelheiten haben wir nur dürftige Kunde, da
die lübische Ratschronik, durch den Schwarzen Tod unterbrochen, erst mit d. J. 1386 wieder anhebt.

Verheerung
Norwegens
und
Dänemarks.

Zur bestimmten Frist mit dem April 1368 aus
allen Häfen, welche das Eis offenließ, mit zahlreichen
bewaffneten Kauffahrern ausgesegelt, bedeckten die Orlogschiffe der Hansen das Meer nördlich und südlich vom Noresund, und die furchtbare Arbeit der Verheerung begann.
Die Westerlinge warfen sich mit zermalmender Gewalt auf
die Südküste von Norwegen, plünderten und verbrannten
des treulosen Haakon Städte und Ortschaften und führten
seine Schiffe hinweg. Angstvoll bat der König um einen
Stillstand, der ihm in Vollmacht der Hauptleute, welche
von ihrer Obrigkeit daheim Weisung erhalten hatten, im August

bis auf Ostern 1369 gewährt und später verlängert wurde,
vielleicht, daß er damals den Stralsundern wiederum seine
Kleinodien verpfänden mußte. Im Maimonat fiel die Strafe
auf das dänische Reich selbst. Kopenhagens Schloß ward
erobert, die Stadt geplündert. Die Hansen, um Johannis
1368 ordnungsmäßig in großer Zahl zu Lübeck versammelt,
waren einig, den Hafen durch versenkte Schiffe zu zerstören,
das Schloß aber noch nicht zu brechen, bis man andere
Festen gewonnen habe. Unmittelbar hintereinander bezwangen
sie Helsingör und Nyköping, auf der anderen Seite Falsterbo
und Skanör. Schutzlos mußte Seeland Raub und Mord
erfahren. Nirgends zeigte sich eine Spur kräftigen Widerstandes. Auch König Albrecht von Schweden säumte nicht,
als Bundesgenosse herbeizukommen, und vollendete die Eroberung der Städte Schonens, deren deutsche Gemeinden
sich gewiß nicht sperrten. Gleichzeitig griffen das jütische
Heer und die Holsteiner im Westen zu. Zerbrochen lag
Waldemars künstliches Werk schon nach wenig Wochen. *Eroberung des Reiches.*
Ruhig, ohne Prahlen und Triumphgeschrei überlegten die
Sendboten von 19 Seestädten zu Lübeck, was weiter zu
tun sei. Die Reise nach Schonen konnte fraglos jetzt freigegeben werden (Ende Juli), doch ward das Einsalzen auf die
Umgegend von Skanör und Falsterbo beschränkt und auch
dort ein Pfundgeld angeordnet, das man fortan auch den
Flämingen und Engländern zumutete. Zur Wahrung der
Eintracht forderte man die Besiegelung der Kölner Konföderation und drängte die Säumigen wie Kiel und Hamburg zum Anschluß. So mächtig war das Selbstvertrauen
des gemeinen deutschen Kaufmanns gewachsen, daß er dem
König Englands, dem Grafen Flanderns und den Städten
beider schrieb, ihre Kaufleute anzuweisen, sie sollten den
Verkehr nach Dänemark und Norwegen meiden. Was Edward III. antwortete, wissen wir nicht. Der Graf von
Flandern bedauerte, nicht die Freiheit zu haben, seinen Untertanen den Handel dorthin zu verbieten. Aufmerksam auf *Vorkehrmaß-*
die Vorgänge im Innenlande, wo Waldemar unruhig umher- *regeln in*
zog, beraumten die wendischen Vierstädte eine Tagfahrt mit *Deutschland.*
den Städten und Vasallen der Mark an. Auf den Ausschuß-

24*

versammlungen zu Rostock (Ende Juli) und Wismar (August 1368) handhabte man ernstlich die Zucht, bevollmächtigte die Kriegshauptleute in Norwegen und ordnete den Geschäfts= gang zu Skanör, auf dessen Markt jetzt das getümmelvollste Leben herschte. Die Ratsherren der einzelnen Vierstädte schrieben den sächsischen, thüringischen und brandenburgischen Städten sowie an Guben, Breslau und „nach Polen": „falls ihre Fürsten und Herren dem Dänenkönige Beistand zu leisten gedächten, sollten die Bürger fleißig dem entgegenarbeiten und bewirken, daß die Fürsten ihre gnädigen Gönner blieben", da sie, „Gott sei ihr Zeuge, für ihre und ihrer Mitbürger, sowie für aller Kaufleute Gerech= tigkeit, durch Not getrieben nach unzähligen Miß= handlungen die Abwehr ergriffen hätten". Als eine beruhigende Antwort aus Sachsen, der Mark, selbst aus Polen über die angeblichen Rüstungen ihrer Herren zugunsten Waldemars eingelaufen war, beschlossen die Abgeordneten auf dem allgemeinen Tage zu Stralsund (Ende Septemb. 1368), um zu verhindern, daß dem Flüchtlinge nicht seine „Schätze" aus Dänemark heimlich zugeschleppt würden, „daß alle Gemeinwesen in der „Bursprache" jedermann, Bürger oder Gast gestatten sollten, auf die heimlichen Geldzuträger zu fahnden". Was half dem geächteten Feinde des deutschen Bürgertums gegen die tausendfältigen Nachstellungen seiner Widersacher des Kaisers Geleit, des Papstes Gunst, der Fürsten Freundschaft?

Albrechts von Schweden Verleihung.

Schon war aber im Sommer 1368 eine schöne Frucht gemeinsamer Anstrengung geerntet. Albrecht von Schweden bestätigte als Herr von Schonen und kraft des Eroberungs= rechts über Dänemark am 25. Juli 1368 zu Falsterbo an eine große Zahl namentlich aufgeführter Städte der verschiedenen deutschen Küsten und des Binnenlandes jene Fülle der Freiheiten auf Schonen, in deren gewohntem Genusse Waldemars höhnender Vertragsbruch die nord= deutschen Bürger gestört und dadurch ihren nachhaltigen Zorn geweckt hatte. Wir heben nochmals hervor, daß als gemeinsame Bundesgenossen zum Kriege gegen Waldemar bezeichnet sind: jene acht wendischen Seestädte, die

preußischen Sechsstädte, die livländischen Vierstädte
und „alle unter beiden Meistern sitzenden", ebenso Köln,
Dortmund, Soest, Münster, Osnabrück, Braunschweig,
Magdeburg, Hildesheim, Hannover, Lüneburg, Stade, Hamburg und Kiel, ferner Utrecht, Zwoll, Hasselt, Deventer,
Zütphen, Ellborg. Endlich werden noch „alle, die in der
deutschen Hanse sind", im Privilegium mit einbegriffen.
Die Artikel handeln von den alten Freiheiten, vom Strandrecht, vom Bergerecht, von der Gefreiheit der Fischlager
auf Schonen, vom Gerichtsbanne des Vogtes, vom Schank-
recht auf den Vitten, von der Markt- und Verkehrsbefugnis
im großen und kleinen, vom Waffentragen des Kaufmanns,
von der jährlichen Münzerneuerung, von den Zöllen, und
was sonst den Gästen am Herzen liegen konnte. Aber
außer den genannten Städten erwirkten an demselben Tage
noch Amsterdam, Enkhuyzen, Wieringen, Briel, Harderwyk,
Kampen dieselben Rechte, ausdrücklich auch den Besitz besonderer Vitten mit genauer Anweisung des Raumes,
wie wir denn unter anderm wissen, das Albrecht von
Bayern und Ruwaard von Holland und Seeland i. J. 1391
den Schöffen und Ratsleuten Amsterdams seinerseits erlaubte,
ihren Vogt auf ihrer schonischen Vitte einzusetzen.

Inzwischen dauerte nach dem Beschlusse von Stralsund **Unausgesetzter**
der Bundeskrieg fort. Helsingborg wurde mit schweren Kosten **Krieg.**
belagert, und aus dem Pfundgelde wurde die hansische Besatzung in den eroberten Städten und Burgen unterhalten.
Hamburg, das noch nicht dem Dänenkönige abgesagt
hatte, schlüpfte mit Geldbeiträgen durch. Die Bremer
wurden wegen ihrer harten Verluste der Kriegsfolge für den
Winter überhoben. Nicht so die Kieler. Ehreifrig verpflichteten sich Preußens Städte, auch über Winter 200
Wappner im Heere zu unterhalten, über das besonders
Bruno von Warendorp und Thomas Morkerken walteten,
wenn sie auch unzufrieden ob mancher Rügen der „Herren"
daheim waren. — Das pünktlich eingegangene Pfundgeld
ward verrechnet und Wisbys Rücktritt unter schwedische
Herrschaft durch die Seestädte verlangt. Den mutlosen Bürgern
wurde, wollten sie sich nicht ein Herz fassen, mit Gewalt

und Verhansung gedroht. — Gleichmütig sahen die Sieger der Zukunft entgegen, denn groß war die Zahl ihrer vornehmen Gefangenen, unglaublich die Menge der Schiffe, welche nur Rostock aufgebracht und zum Teil verkauft hatte.

Steigendes Selbstgefühl der Städte.

Auf der nächsten gemeinsamen Tagfahrt zu Lübeck (11. März 1369) beharrte die zahlreiche Versammlung beim Waffenbunde, ja, mit so unglaublich gehobenem Bewußtsein, daß sie ähnliches festsetzten wie Großbritannien während des nordamerikanischen Krieges. „Ihre Beschlüsse müßten sowohl durch die Bundesverwandten, als auch durch die gesamte deutsche Kaufmannswelt gehalten werden." Solche Willensmeinung teilten sie nicht allein den Städten Westfalens, Sachsens, der Mark, sondern auch Flanderns, ja selbst Englands mit. Wenn wir ermessen, daß monopolistisch fast der Gesamthandel auf dem deutschen Meere in der Gewalt der Hansen war, so begreifen wir den Zwang, welchen keck unsere Städte dem Auslande auferlegten. — In der Erwartung des Falls von Helsingborg befahlen sie auf einer Versammlung am 3. Mai in Wolgast der pommerschen Residenz: „bei Strafe sollten alle Städte ihre Wappner beim Heere haben," obgleich schon von einem Anerbieten des umherirrenden Königs, zu Demmin zu unterhandeln, verlautete. Auf dem Tage von Lübeck am 13. Juli 1369 kam man überein: sobald eine Stadt die Kunde vom Falle Helsingborgs erhalten habe, solle sie durch Boten, welche weder Tag noch Nacht säumen dürften, die anderen unterrichten, damit sie sogleich ihre Steinmetzen sendeten, um die verhaßte Zwingburg von Kopenhagen zu brechen. Denn König Albrecht hatte sich im Vertrag dazu verstehen müssen, daß alle Beute in Schonen, Schlösser und Land, in ungeteiltem Besitze der Fürsten und Städte bliebe, selbst zwei Jahre länger, nach-

Helsingborg belagert.

dem ihnen die Kosten ersetzt wären. Darum betrieben sie nach Kopenhagens Zerstörung so nachdrücklich die Eroberung des stärkern Helsingborgs. Aber die Feste hielt sich tapfer. Deshalb wurde zu Stralsund die Fortsetzung des Krieges auch für das dritte Jahr beschlossen (21. Okt.), da inzwischen Waldemars einziger Helfer, der Markgraf Otto,

mit den Herzögen von Mecklenburg und von Pommern-
Stettin einen Waffenstillstand hatte eingehen müssen. Wie
viel leichter war jetzt der Krieg zu führen, nachdem König
Haakon gebrochenen Mutes um Frieden oder Stillstand
mit den Städten und Fürsten unterhandelte. Mit Ausnahme weniger Schlösser im dänischen Reiche gab es keinen
Widerstand mehr, und die Eroberer konnten mit Vorschub
der nordischen Untertanen allen Verkehr auf Schonen und
in Bergen für sich ausbeuten. — Aber dennoch atmete jene
Versammlung in Stralsund (Oktober 1369) dieselbe Kriegslust, als wäre noch nichts gewonnen. Sie ordnete an, um
Ostern 1370 mit aller Macht wieder im Sunde zu erscheinen, und bedrohte die Schiffahrt der „Butenhansischen"
nach Dänemark mit der unausbleiblichen Folge einer vor-
geblichen Neutralität, was aus Briefen nach Norwegen,
Flandern, England, Schottland, Schweden, nach Köln,
Westfalen, Sachsen und in die Mark ersichtlich ist. Zumal
Schonen betrachteten die Sieger als ihr eigen, die fremden
Nationen durften sich dort nicht blicken lassen. Selbst die
Kölner, welche sich Lübecks Beschlüssen nicht beugten, sahen
einer allgemeinen Feindschaft der Verbündeten entgegen, die
gleichwohl Ungebühr und Willkür des zuchtlosen Kaufhofs
auf Bergen nicht duldeten und die strengsten Gebote erneuerten.

Als nun der umherirrende König Waldemar, den wir
im Anfang d. J. 1370 gleich nach dem glorreichen Siege
des Ordens bei Rudau in Preußen finden, nichts zum
Frommen seines zertretenen Reichs ausrichtete, schritt mehr
mit bedenklicher Selbstberechtigung als infolge der königlichen
Vollmacht der dänische Reichsrat mit dem Reichsstatthalter
Henning von Putbus an der Spitze ein und unterhandelte
mit den Seestädten einen Frieden, dessen Inhalt bereits am
20. November 1369 vereinbart war, aber erst durch den
Beitritt des hohen Klerus und der weltlichen Großen Dänemarks am 24. Mai 1370 seine Gültigkeit erhielt. Nie
hat solcher Glanz über dem norddeutschen Bürgertum gestrahlt, als jetzt, wo der hochmütige Adel Dänemarks und die Räte eines Königs, der die Hanse so frech
mißhandelt und den gerechten Unwillen derselben so verächtlich

Friedenswerk
des
dänischen
Reichsrats.

Frieden zu
Stralsund.

abzufertigen gewagt hatte, in den Hallen jenes Rathauses, einem Denkmale bürgerlicher Sieghaftigkeit, mit den Sendboten aller Seestädte verhandelten. Noch um Lichtmesse 1370, während Waldemar die preußischen Seestädte durch Gewährung ihrer Forderungen vom Bunde zu trennen glaubte, hatten alle kriegführenden Städte von Livland bis nach Seeland hinunter die Kölner Konföderation erneuert, und alles auf dem Fuß der Fehde erhalten. Da besiegelten denn am 24. des Maimonats 1370 Henning von Putbus, der Erzbischof von Lund und die dänischen Bischöfe, eine große Anzahl dänischer Schloßhauptleute, Ritter und Knappen als Waldemars „Ratgeber" die Urkunde, kraft welcher sie in Vollmacht desselben mit den wendischen, preußischen, livländischen Seestädten und denen von der Südersee, unter welchen sich namentlich auch Arnemuyden findet, Köln, Hamburg und Bremen eingeschlossen, im ganzen mit siebenunddreißig eine Sühne anerkannten, und ihnen „wegen mancherlei Schadens, welchen dieselben in früheren Jahren erlitten, auf fünfzehn Jahre zwei Drittel des Ertrags aus den schonischen Schlössern und Vogteien Helsingborg, Elnbogen (Malmö), Skanör und Falsterbo zuwiesen, die Kirchenlehen allein ausgenommen, und zur Bürgschaft dafür ihnen auch Warberg in Halland mit allem Zubehör übergaben. Diese ewig denkwürdigste Bestimmung dagegen übertrug die Ohnmacht des dänischen Reichs auch auf die Zukunft und lautete wörtlich: „König Waldemar müsse diese Artikel mit seinem großen Insiegel besiegeln, wolle er bei seinem Reiche bleiben, und dasselbe keinem andern Herrn gestatten. Für ihn sollten es zugleich die Bischöfe, Ritter und Knappen tun, welche die Städte dazu ausersähen. Würde der König bei seinen Lebzeiten das Reich Dänemark einem andern Herrn gestatten, dann wollten die dänischen Gewährleister dasselbe nur mit dem Rate der Städte gestatten, und daß auch jener den Städten ihre Freiheiten besiegelt habe. Ebenso wolle man es halten, wenn der König mit Tode abginge, und keinen Herrn empfangen, als mit dem Rate der Städte und mit Besieglung ihrer Freiheiten." Eine

Reihe von Nebenurkunden setzte dann teils die künftigen Handelsverhältnisse fest, teils bedingten sie des Königs Untersieglung binnen einer Frist bis Michaelis 1371. Geschehe es nicht, so stände den Städten frei, ein halbes Jahr nach Ablauf der Frist den Frieden zu verwerfen. Anderseits aber sollte das Reich an die Sühne gebunden sein, auch wenn der König sie nicht besiegelte.

So wurde durch die herrliche Kraftentwicklung des norddeutschen Bürgertums die Suprematie der Hanse über Skandinavien erfochten. So wurde einem Grundsatze Geltung verliehen, kraft dessen bis in das XVI. Jahrhundert hinein bis auf den Fall von Jürgen Wullenwewer die Nachfolge der Kanute, Waldemare das Königreich Dänemark, Norwegen, ja Schweden in der Hand des Bürgerstandes, „die drei guten Kronen die Kramware der Hansen blieben." (Worte Gustav Wasas.) {.marginal Folgen des Friedens von Stralsund.}

Alles neigte sich zum äußeren Frieden, bis auf die Streitfrage wegen Schwedens Krone, welche die Städte nicht unmittelbar anging. Aber Norwegens Königen und dem bundbrüchigen Haakon sollten noch die schmachvollsten Zugeständnisse abgenötigt werden, ehe man ihm Ruhe ließ. Auf Tagfahrten zu Bahus (Ende Juni 1370) klagten die Sendboten, zunächst der wendischen Seestädte, wegen des Verfahrens Haakons i. J. 1362 und verlangten Ersatz. So viel der Beschämte sich zu rechtfertigen suchte, seine damalige Unerfahrenheit und Unmündigkeit vorschob, Gegenklage erhob, und besonders über die allerdings unleugbaren Ungebühren der deutschen Kaufleute in Bergen, deren freche Neuerungen, Gewalttaten und „Unstüre" ja selbst der Hansetag streng gerügt hatte, er focht für eine verlorene Sache, bis endlich am 1. Juli 1370 ein vierjähriger Stillstand geschlossen wurde, in dessen Urkunde wir außer den oft genannten Gliedern der Kölner Konföderation auch wiederum die kleinen süderseeischen Städte Hindelopen, Arnemuyden, Wieringen und Middelbruch verzeichnet finden. Rostock und Wismar, wegen ihres Landesherrn an dem schwedischen Kronstreite beteiligt, befanden sich in einer schwierigen {.marginal Frieden mit Norwegen.}

Stellung, wenn sie in Sühne mit Dänemark und Norwegen von den Herzögen zur Kriegshilfe für König Albrecht von Schweden gemahnt würden, und sollten in diesem Falle nur innerhalb der Landesgrenze gegen Waldemar dienen.

Albrecht von Mecklenburg. König in Schweden.

Doch schwand nach dem ersten erfolgreichen Angriff Haakons auf sein väterliches Reich die Gefahr eines allgemeinen Krieges, indem der deutsche Wahlkönig, erst vom Reichsrate zu lästigen Zugeständnissen genötigt und dann kräftiger unterstützt, durch solchen Widerstand den Norweger vermochte, sich mit der Freigebung seines Vaters Magnus und der Zusicherung gewisser Landeseinkünfte zufriedenzugeben (August 1371).

Da war denn auch die Zeit gekommen, daß Waldemar, nachdem er über vier Jahre Hilfe suchend in Deutschland umhergeirrt war, in sein entkräftetes aufgelöstes Reich zurückkehrte. Von seinem erfolglosen Besuche beim Hochmeister nach Prag geritten, wo Kaiser Karl aus dem italienischen Abenteuer im Januar 1370 angelangt war, erwirkte der unruhige Gast nur, daß das Reichsoberhaupt am 27. Juli 1370 mehreren Fürsten, dem Herzog Bogislav V. von Pommern, dem Markgrafen von Meißen und dem Grafen von Holstein auftrug, „diejenigen Leute, welche ihrem natürlichen Herrn treulos und meineidig geworden wären, vor sich zu laden und, falls sie schuldig befunden würden, in die Reichsacht zu tun" (!), und daß er ihm zum Ersatz jener streitigen Geldzahlung Lübecks eine Anweisung auf böhmische

Heimkehr Waldemars.

Zölle ausfertigte (November 1370). Nachdem Waldemar noch die verderblichen Händel des Markgrafen Otto von Brandenburg mit den Pommern zu vergleichen gesucht hatte, kam er (Sommer 1371) in sein Reich heim, von jetzt an mit eigensinniger Klugheit bemüht, dasjenige wieder zurecht zu flicken, was er in unbegreiflicher Vermessenheit zerschlagen hatte. Unweigerlich mußte er den Stralsunder Frieden bestätigen, was jedoch nur unter Aufdrückung seines Handsiegels auf einem Hansetage zu Stralsund am 27. Okt. geschah. Wogegen die Seestädte, mit Verrechnung des jetzt aufgehobenen Pfundzolls, mit der Herstellung gesetzlicher Ordnung in den Kontoren und mit der Friedhaltung des unsicheren Meeres viel beschäftigt, sich verpflichteten, die Schlösser und Gebiete auf Schonen, welche Henning von Putbus treu verwaltete, nach Verlauf von fünfzehn Jahren vom 24. Mai 1370 an, dem Reiche zurückzuliefern. Wir haben Waldemars weitere Tätigkeit nicht zu verfolgen und bemerken nur, daß er, als die Seestädte seine Bitte, ihm die vier schonischen Schlösser als sein väterliches Erbe wiederzugeben, wiederholt abgeschlagen hätten, den Stralsunder Frieden auch unter dem großen Staatssiegel ausfertigen ließ (Juni 1374) und als der letzte männliche Sproß der Estriden voll Lebensunlust und Zweifel im Oktober 1375 starb.

Tod Waldemars.

Drittes Kapitel.

Die Hansestädte im Genuß des Stralsunder Friedens. Die Bitten auf Schonen. Kaiser Karl IV. in Lübeck 1375. Anfang der Zunfthändel in hansischen Städten. Köln. Aufruhr zu Braunschweig. Verhansung. Zirkelbrüder in Lübeck. 1380 bis 1384. Schwäche der hansischen Politik. Wulf Wulflam von Stralsund. Tod Olavs V. 1387. Charakter der Zeit. Überall Anfeindung der Kommune. Schlacht bei Roosbeke, bei Sempach. Zustand Deutschlands unter König Wenzel. Der große deutsche Städtekrieg. Dortmunds Heldentat. Innerer Zusammenhang der Zeitereignisse. Vom J. 1370—1388.

Wir haben jetzt den Begriff des Wortes Hanse geschichtlich bis zu seinem höchsten Werte hinauf entwickelt und gesehen, wie dieses Wort, zuerst vom gotischen Bibelübersetzer als Bezeichnung für eine „Schar" überhaupt gebraucht, im Verlaufe von acht Jahrhunderten die Bedeutung einer engeren Gesellschaft, einer Gilde gewann, welche sich eine Abgabe, auch Hanse genannt, zur Betreibung gemeinschaftlicher Kaufmannschaft auferlegte, und wie endlich das durch Kaiser Karl d. G. verpönte Gildewesen, die „Verschwörung", sich als Verbrüderung bürgerlicher und kaufmännischer Interessen die Geltung einer bewaffneten, politischen Macht ertrotzte, wir sagen einer Großmacht im Norden, so wenig Kaiser und Reich davon Kenntnis nahm. Welch' unermeßliche

Hanse.

Umprägung des ursprünglichen Sinnes, in welchem der Gotenbischof die „Schar" der Häscher, die den Erlöser fing und verhöhnte, „Hanse" nennt, — bis auf die „Gemeine deutsche Hanse", welche in Waldemars III. Tagen dem Norden ihre Gesetze aufnötigte!

Das Maß des uns zur Verfügung stehenden Raumes gebietet, so innig auch die Geschichte der nordischen Königreiche mit unserm Gegenstande verbunden bleibt, uns nur auf die allgemeinste Andeutung jener Ereignisse zu beschränken, zumal dieselben der allgemeinen Staatengeschichte angehören. Wir werden deshalb überwiegend die bürgerliche Geschichte unseres Städtebundes, die wechselnden Verhältnisse seines vielverzweigten Verkehrs, seine gemeinsamen Beziehungen zum Reiche schildern, jedoch als Hintergrund uns immer die Gestaltung des Nordens vergegenwärtigen.

Der Verkehr auf Schonen. Der Verkehr auf Schonens Küste blieb noch eine Lebensbedingung der Seestädte, auf denen einmal die Kraft der Hanse beruhte, da sie nicht allein von dort den unerläßlichen Bedarf des mittleren Europas an Seefischen, besonders Hering bezogen und nach allen Seiten zum Umtausch der Einfuhrgüter aus Flandern, England und dem finnischen Meerbusen verbreiteten, sondern auf den monatelangen Märkten von Falsterbo und Skanör Gelegenheit fanden, die Erzeugnisse des heimischen und binnenländischen Gewerbes und Kunstfleißes nach den inneren dänischen Provinzen abzusetzen. Ein ähnliches Leben wie auf jener reizlosen, flachen Landzunge, welche an Schonens südwestlicher Spitze in die See ausläuft, konnte aber schwerlich ein zweiter Punkt der alten und der neueren Erdhälfte aufweisen. Hatte der launenhafte Wanderfisch seit der geschichtlichen Kenntnis der Ostsee in ungeheuren Zügen sich auch an Rügens und Pommerns Gestaden eingefunden, und hatte schon die Bevölkerung des slavischen Kolberg im XII. Jahrhundert bis nach Polen hin mit gesalzenem Hering Verkehr getrieben, so lockten doch seit dem Ende des XII. Jahr-

Das Fischerlager, die Witten. hunderts eigentümliche Naturverhältnisse den begehrten Fisch sowohl in unermeßlicher Menge als in vorzüglicher Güte an Schonens Küste. Darum finden wir von Anfang des

XIII. Jahrhunderts ab die Bürger der Seestädte so unab‑
lässig beschäftigt, in der Nähe der Schlösser von Falsterbo
und Skanör einen eigenen Raum zum Einkauf und zum Ein‑
salzen des Herings zu gewinnen. „Vitte“ nannte man eine
solche mit baulichen Vorrichtungen, Packhäusern und Waren‑
lagern versehene Ansiedelung, der auch nicht Räume zu
kirchlichen Zwecken fehlen durften, am wenigsten aber eine
ausschließliche Gerichtsbarkeit nach heimischen Gesetzen und
Sicherstellung der gewohnten bürgerlichen Rechtsverhältnisse.
Der Name Vitte haftet noch jetzt an fischreichen Uferstellen
der Ostsee. So heißt das Fischerdörfchen unterhalb der
ehemaligen Tempelstätte von Arkona, wo christliche Sachsen
sich selbst durch eine Abgabe an den Götzen Swantewit
die Erlaubnis zum Fischfange oder Fischhandel erkauft hatten.
Auf Schonen nun war besonders seit dem großen Stral‑
sunder Frieden der Zudrang aller Bürger von Preußens
Seestädten an bis über die Südersee hinunter vervielfacht,
und die schmale Halbinsel fast fußbreit ausgeteilt. Am an‑
sehnlichsten war die Vitte der Lübecker, unfern von ihr die
der Rostocker, Stralsunder und Wismarer sowie überhaupt
der älteren Seestädte. Diese nahmen denn wohl auch
kleinere Orte als Einlieger bei sich auf und ließen durch
ihren Vogt über die Zugehörigen Recht sprechen. Doch
galt am höchsten der Vogt von Lübeck, weil das lübische
Recht von den meisten beobachtet wurde. Wir wissen, daß
zeitweise manche Städte auch das Recht an Hals und Hand,
also den Blutbann übten.

Später drängten sich auch andere Städte hinzu und
steigerten während des Sommer‑ und Herbstfischfangs das
Gewühl ins unbeschreibliche, indem jede Stadt ihre Kauf‑
leute, Krämer, Handwerker, teils zum Einsalzen und Ver‑
packen des Fisches, teils zum Verschleiß der verschieden‑
artigsten Waren aussendete. Die preußischen Sechsstädte
saßen seit d. J. 1370 dicht an der Grenze der lübischen
Vitte und hatten auf der anderen Seite ein Stückchen
Uferrand frei. So könnten wir urkundlich nachweisen, wo
die einzelnen Städte von der Süder‑ und Westsee, Amster‑
dam und Kampen besonders, ihren Platz hatten. Oft

Die große Sommer‑messe bei den Vitten.

wurden von den verschiedenen Vögten selbständige Fischfangs-, Verkehrs- und Marktgesetze aufgerichtet, aber Streitigkeiten, blutiger Hader zwischen den bewaffneten Gästen und den Einheimischen fehlten nicht. Denn Herkömmliches wechselte oft, die Befugnisse galten nur zeitweise, und geldgierige, gewalttätige dänische Richter mißbrauchten häufig die schwankende landesherrliche Gewalt, steigerten den Erbzins für die einzelnen Buden und erhöhten die Abgaben für die Heringsschuten, Prahmen, Leichterschiffe und Wagen. — Aller Störung ungeachtet blieb Schonens Küste ein paar Jahrhunderte hindurch die Quelle des Reichtums und ein Mittelpunkt der Handelsinteressen aller beteiligten Gäste, bis diese bunte, wimmelnde Messe norddeutscher Bürger und dänischer Untertanen, welche letzteren bäurisch-groben Luxus sowie verfeinerte Lebensbedürfnisse teuer genug erkauften, und in einem verdorbenen Zeitalter selbst „fahrende Frauen" als sündliche Spekulation einzelner Kaufleute schiffsladungsweis landen sahen, nach dem J. 1425 merklich abnahm, indem der Fisch sich mehr in die Nordsee zog. Der Umschwung des kirchlichen Glaubens während der Reformation und die Erledigung des Fastengebots für Deutschlands größere Hälfte vollendeten denn bei der rätselhaften Verminderung des Fischfangs jene Öde, die jetzt das vergangene Leben kaum an versunkenen Grabsteinen erkennen läßt.

Tätigkeit der Städte nach dem Frieden. Die nächsten Jahre nach dem Großen Hansekriege vergingen unsern Städten nicht in behaglicher Ruhe, sondern unter der Sorge, die Zucht auf den Kaufhöfen herzustellen, die See vor dem Gewerbe der Piraten zu sichern, welche Dänemarks aufgelöster Zustand hervorgelockt hatte. Die Besetzung des Pfandgebiets auf Schonen zu sichern, die Gefälle zu ordnen, innere Unruhen zu überwachen, welche sich bald bedenklich ankündeten.

Kaiser Karl IV. und Lübeck. Im Oktober d. J. 1375 beherbergte Lübeck einen kostbaren Gast, Kaiser Karl IV., welchen die listige und gewaltsame Erwerbung der ganzen Mark Brandenburg über den unfähigen Otto, Kaiser Ludwigs Sohn (15. August 1373) zum Nachbarn des wendischen Städtegebiets gemacht hatte. Schon als der Lützelburger die Niederlausitz gewonnen hatte, verlautet von den Plänen des gepriesenen böhmischen Staatswirtes, er habe zu Prag einen Stapelort auch für die Kaufleute von Lübeck und Hamburg errichten und einen Arm der Donau in die Moldau leiten wollen, um den Warenzug aus Venedig mit dem hansischen Norddeutschland über seine reichgeschmückte Residenz zu vermitteln. Hindernisse der Natur und Gebietsverhältnisse traten dazwischen. Jetzt nun, als er alles Land von den Gesenken Mährens und dem Böhmerwalde bis nach Lenzen an der Elbe seinem Zepter unterworfen hatte und Tangermünde in der Altmark eine Lieblingspfalz geworden war, so oft der Herrscher freudig im Schaffen für sein Erbkönigreich und dessen einverleibte Teile in der Mark weilte, lenkte Deutschlands Norden seine tätige Aufmerksamkeit auf sich. Es mag nicht außerhalb seiner tiefen Berechnung gelegen haben, daß er die siegprangende Hauptstadt der hansischen Küste als der erste der Kaiser seit Friedrich dem Rotbart mit einem Besuche beehrte. Schon i. J. 1374 hatte Karl den Lübeckern umfassende Gnadenbriefe, dem Rate auch den reichsvogteilichen Blutbann erteilt, den derselbe freilich schon seit unvordenklicher Zeit übte. Jetzt nun kam der listige Alte unbekümmert um die Wirren des Oberlandes nach dem Vororte, wie es heißt, in der Absicht, die vorsichtigen Herren durch schmeichelhafte Hulderweisungen zu veranlassen, auf Kosten des Bundes mit Veränderung der bisherigen Verkehrswege seinem Erblande die nordischen Handelsverbindungen zu öffnen. Aber die Herren von Lübeck, welche eben im Sommer mit den wendischen Schwestern Abrechnung gehalten hatten, verstanden unter dem Scheine der tiefsten Demut solches Ansinnen abzuwenden und den hohen Gast mit ausgesuchten Ehren und köstlicher Bewirtung dennoch bei guter Laune zu erhalten. Ihn und seine Gemahlin nebst den vornehmen Welt- und Laienfürsten und dem Rittergefolge empfing der Rat, die Geistlichkeit und die „Zirklergesellschaft" am 22. Okt. 1375 vor dem Burgtore. Andachtsvoll küßte Karl im kaiserlichen Ornat das vorgehaltene Kreuz und ritt dann, vor ihm ein Ratsherr mit

Karls IV. Besuch in Lübeck.

den Stadtschlüsseln an einem Stabe und Herzog Albrecht
von Sachsen-Lauenburg mit dem Reichsschwerte, der ge-
plünderte Titularkurfürst Otto von Brandenburg mit dem
Zepter unter prächtigem Baldachin, den vier Bürgermeister
trugen, während zwei andere das Pferd am Zaume leiteten,
durch die schmucken Gassen erst zur Domkirche, dann in
seine Herberge.   Hinter ihm folgte die Kaiserin unter
gleichen Ehren.   Die bewaffneten Zünfte mit ihren Bannern schlossen den Zug, während die Frauen in reichen Gewändern sich zur Seite reihten, und sich Pfeifen und
Bungen (Pauken) in die kirchlichen Gesänge mischten. Zehn
Tage dauerten die Festlichkeiten, die Ritterspiele auf Kosten
der Stadt.   Nachts hing vor jedem Bürgerhause eine
Leuchte.   Auf das gnädigste unterhielt sich der Kaiser, obwohl in seiner Absicht getäuscht, mit den Ratsmännern,
welche bescheiden den Ehrengruß „Herren“ aus seinem
Munde ablehnten, mit dem er sie, „nach Ausweisung der
alten Register“ gleich den Konsuln von Rom, Venedig und
Pisa als „vornehme kaiserliche Räte“ auszeichnen zu
müssen glaubte.   Hinter ihm drein vermauerten sie, seltsam
genug, das Tor seines Abzugs auf ewig, damit niemand
die Stelle betrete, welche des Kaisers Fuß geweiht hatte.
Aber so klug der Rat sein Benehmen bewacht zu haben
wähnte, verschuldete doch der große Aufwand beim Empfang
des Reichsoberhaupts mit andern tiefer liegenden Gründen
jene Unzufriedenheit der Zünfte, welche sich zuerst i. J.
1380 bedrohlich äußerte.

Zunfthändel
in Lübeck.   Denn inzwischen hatte der Grimm der Zünfte über
Zurücksetzung beim Stadtregimente von Süd- und Westdeutschland her wiederum seinen blutigen Umzug durch den
hansischen Norden begonnen und Lübeck, das Kapitol der
Ratsaristokratie, von ferne umkreist.   Bald nach dem großen
Konföderationstage zu Köln, unter kaum geschlichtetem
Hader des Senats mit dem Erzbischofe, Pfingsten 1369,
hatte sich die reiche und mächtige Weberzunft erhoben,
begehrte Anteil an der Regierung eines Gemeinwesens, zu
dessen Blüte sie das meiste beigetragen hätten, und schüchterte
die Gebieter, „welche heut in adeliger Gespreiztheit tur-

Tangermünde, nach einem Kupferstich von M. Merian.

Die heutige Stadt liegt im preußischen Regierungsbezirk Magdeburg, an der Tanger und Elbe, und hat 9060 Einwohner (1895.) Sie ist merkwürdig wegen ihrer reichverzierten Ziegelbauten aus dem 14. Jahrhundert.

nierten und morgen Wein zapften und Gewand schnitten",
in dem Grade ein, daß sie eine Anzahl Ratsherren, als
beim Volke des Verrats bezichtigt, in den Turm legen
mußten. Dann erzwangen die Weber den Beschluß, die
Erbschöffen aus der Bürgermeisterbank zu stoßen und das
verhaßte Amt der Richerzechheit zu brechen. So herrschten die Zünfte unter dem Vortritt der Weber durch ihren
weiteren Rat von 50 Männern über den engeren Rat aus
den Geschlechtern fast anderthalb Jahre, als um Johanni
1370 die Zügellosigkeit der Weber die übrigen Zünfte nötigte,
sich loszusagen, und mit den Herren die Übermütigen blutig
niederzuwerfen. Denn in der „Weberschlacht" unterlagen die verzweifelt Kämpfenden den Geschlechtern und den
Brüderschaften, die das Stadtbanner vereinigt hatte. Nach
einem mehrtägigen Morden wurden 1800 Weber mit Weib
und Kind verwiesen, ihr palastartiges Zunfthaus zerstört,
aber das Junkerregiment nur für kurze Jahre wieder aufgebaut.

Als gleicher Widerspruch mit dem Geiste des Jahrhunderts behauptete sich zu Bremen eine wenn auch nicht
ausschließliche Ratsherrschaft unter dem Einfluß der jüngsten hansischen Ereignisse auf das erschöpfte Gemeinwesen,
welches, kurz vorher durch die Butjadinger Friesen besiegt,
umsonst die neue Patronin St. Hulpe (Hülfe) anrief.
Empfänglicheren, wir möchten sagen feuerhungrigen Zunder
fand der demokratische Geist in Braunschweig, dessen
zünftige Bevölkerung im lüneburgischen Erbstreite ihre Kraft
wieder kennen gelernt hatte. Wir wissen, die vornehmen
Ratsfamilien, nicht abgeschlossene Adelsgeschlechter, sondern
eine immer aus den angesehensten Gewerbetreibenden ergänzte
Altbürgergilde hatte sich seit dem blutig gedämpften
Aufruhr i. J. 1292 behauptet und ließ nur in der Gesetzgebung den Anteil der „Wittigsten" eines von ihnen
selbst erwählten Ausschusses zu. Lange hatte es in den
Gemütern gekocht, da fing das Bürgeraufgebot von Magdeburg im November 1373 die reichsten Patrizier Braunschweigs als Helfer des räuberischen Adelsgefolges Otto des
Quaden und das hohe Lösegeld, welches der Rat aus

Bremen,
Braun-
schweig.

Aufstand in
Braun-
schweig.

gemeinem Säckel für seine gefangenen Verwandten begehrte, faßte böse Gedanken an. Aber ohne weiteres überraschten
die „Herren" des Volks erwählte Hauptleute, die Gilde-
meister, ließen einige derselben hinrichten, was denn die Gemeinde zu solcher Wut entflammte, daß sie neun Bürgermeistern, in der ganzen Hanse hochgeachteten Männern, den
Kopf abschlug, den Rat aller vier Weichbilder — nur die
alte Wiek blieb gehorsam — absetzte und die Geschlechter
der Stadt verwies. Männer aus den Zünften, besonders
Gerber, „stolze, übermütige Leute," nahmen den Ratsstuhl
ein und brachten es dahin, daß ihre jungen Landesherren,
die Söhne Magnus II., sich mit ihnen „wegen der Schicht
zwischen dem alten Rat und der Gemeinde" sühnten (August 1374). Aber dessenungeachtet fahndeten die Ausge-
triebenen aus benachbarten Städten und mit dem Landadel
auf Person und Gut der Aufrührer und bewirkten schon
auf dem Hansetage zu Stralsund (Juli 1374) die Ausstoßung ihrer Vaterstadt aus dem Bunde sowie neue strenge
Gesetze „wegen Aufruhr der Bürger". Das Verbrechen der
Braunschweiger schien um so ungeheurer, als sie durch Send-
schreiben an andere hansischen Gemeinwesen nicht ohne Erfolg gleiche Unruhe geweckt hatten. Bis ins achte Jahr
trug die zünftig verwaltete Stadt die Anfeindung aller
Nachbarn. Im Jahre 1377 ward selbst Karl IV. ihr Fürsprecher, erfuhr aber, daß seine kaiserliche Einmischung in
eine Sache der inneren Bundespolizei und hansischer
Bürgerzucht nichts fruchte. Als alle Quellen des Wohlstandes versiegten, mußten sich die Braunschweiger der
demütigsten Bestrafung durch den allgewaltigen Kaufmannsbund unterwerfen.

Verbreitung
der Zunft-
händel.

Wenngleich Hamburg, von einem ritterbürtigen
Patriziate frei und nur durch reiche Handelsleute regiert,
einen Damm zu bilden schien gegen das Umsichgreifen der
demokratischen Bewegung, die i. J. 1376 sich dort ziemlich
schwachmütig regte, wie denn in der Elbstadt nur Ungehorsam
gegen den Erbherrn, Adolf VII., Grafen von Holstein
(1377), ein kräftigeres Bürgerelement spüren ließ, drohte
unerwartet die Säule wohlgefügter Ratsherrschaft, Lübecks

Regiment, zu wanken, welches so oft diktatorisch sein töd=
liches Urteil über zünftischen Aufruhr ausgesprochen hatte.
Die gemessenen Satzungen der Ratsköre Heinrichs des
Löwen, noch bis um die Mitte des XIV. Jahrhunderts
beobachtet, waren allmählich außer Übung gekommen. Jähr=
liche Ergänzungswahlen fanden nicht mehr statt, und dieselben
Männer, meist 24 an der Zahl mit Einschluß von vier
Bürgermeistern, pflegten unter sich jährlich nur die Rats=
ämter umzusetzen. Der Wechsel des wortführenden
Bürgermeisters und die Einteilung des Rats in drei
Drittel erinnerten an die gesetzmäßige republikanische Be=
weglichkeit des Stadtregiments. Der Rat war mit Ver=
höhnung der Statuten des Löwen ein ständiger, lebens=
länglicher geworden, wie zu Lübeck so auch in den andern
wendischen Städten, wo wir wie in Stralsund vier bis
fünf Bürgermeister finden. Solche Verfassung, in den
Tagen der Kriegsnot vom Volke geduldet, nahm immer
einen ausschließlicheren Charakter an. Denn im Vororte Die Zirkler=
hatte sich bald nach dem großen Siege in der Sicherheit brüderschaft
des Genusses aus reichen, altbürgerlichen Geschlechtern, in Lübeck.
welche wie die Pleskowe, Attendorn, Wulflam als hansische
Sendboten, Kriegshauptleute, Admirale und Statthalter auf
den schonenschen Pfandschlössern ihr Haupt über bürgerliche
Gleichheit erhoben, eine höchste Gilde, eine adelige
Stubengesellschaft, doch nach Maßgabe einer Kaufstadt,
gebildet, die „Dreieinigkeits=Brüderschaft“ oder „Zirkler=
gesellschaft“, auch „Junkerkompagnie“ genannt, deren
Gesellschaftsbuch sicher zu spät das Jahr 1379 als
Stiftungsjahr angibt.

Ursprünglich von neun „adeligen“ Männern mit dem
Abzeichen des güldenen Zirkels gegründet, versteckten sie unter
kirchlicher und gesellschaftlich=heiterer Färbung (die Brüder
versammelten sich zu Seelmessen und Almosen in ihrer
Kapelle bei St. Katharina, zum Gelage auf der Olavsburg)
ihre politische Richtung und wurden später ein besonderes
bürgerliches Kollegium. Auf ihrer Trinkstube verhandelten
sie Lübecks wichtigste Angelegenheiten, besprachen des Staats
innere und äußere Verhältnisse, welche sie in ihrem

Interesse um so gründlicher begriffen, weil sie, wenn auch nicht Kaufleute, doch Rentner und Erben kaufmännischen Reichtums waren. Ihr Kompagniehaus galt als Pflanzschule des Rats, welcher als des Kaisers „geborener Senat" den Kreis seiner Anverwandten mit Ausschluß selbst der Kaufleute und reicher Gilden, wie der Goldschmiede, immer mehr verengte. Man nannte die Stühle der neu erwählten Herren zu St. Marien „Zirkelstühle". Diese unvolkstümliche Anmaßung, welche durch kein Gesetz geheiligt war, ihr Vortritt bei öffentlichen Festen, der Gebrauch des silbernen Stabes bei Hochzeiten, erzeugten böse Gedanken im Volke, die blutig unterdrückt so oft wiederkehrten, bis der verhaltene Sturm auch dieses sonst um Lübecks Größe nicht unverdiente Patriziat niederwarf.

König Olav V. von Dänemark.

Ohne entscheidenden Anteil der Hanse, welche ungeachtet ihres Rechts vermöge des Stralsunder Friedens, und nicht durch die Verheißungen beider Parteien (Januar, März 1376) gelockt den Ausgang des Wahlkampfes abgewartet hatte, war aus den Söhnen zweier Töchter Waldemars III., dem Sohne der älteren, Ingeborg, und Heinrichs von Mecklenburg, Albrecht, und dem der jüngeren, Margaretha, und Haakons von Norwegen, Olav, durch der Mutter rasche Tätigkeit der gefährlichere Norweger zum dänischen Könige erkoren worden (März 1376). Noch zögerten auf dem Tage zu Stralsund (Johanni 1376) die Städte, besonders weil Rostock und Wismar sich auf die Seite ihres Landesherrn als Kronbewerbers hinneigten, den vom dänischen Reichsrat und den pommerschen Fürsten empfohlenen anzuerkennen. Als aber König Haakon, Olavs Vater, zu Kalundborg der Hanse größere Freiheiten in Norwegen zugesichert hatte, auch das Ehrenrecht, mit hoch aufgerichtetem „Topcastell" (?) in alle seine Häfen einzusegeln (14. Aug. 1376) einräumte, kam am 16. Aug. zu Korsör eine Vereinbarung zugunsten Olavs zustande. So war zwar der Friede von Stralsund in Kraft getreten, aber bedenklicher Zwiespalt im Herzen der wendischen Städte ausgebrochen, indem Rostock und Wismar die Partei des mecklenburgischen Prinzen unterstützten, und schon der Hansetag vom Juni 1377

„Friedenskoggen" ausrüsten mußte, um die Gewässer gegen Seeraub. Seeraub zu sichern. Was half der Besitz der Pfandschlösser auf Schonen und das Pergament der nordischen Könige, kraft welches die Heringsfischer nur an hansische Kaufleute ihre eingesalzenen Heringe verkaufen, die fremden Nationen nicht an der schonischen Küste verweilen durften, selbst der königliche Vogt sich nur einen Tag, um den Bedarf des Hofes zu beschaffen, dort aufhalten sollte, wenn Unsicherheit des Meeres, von Margaretha nicht ungern gesehen, und politische Wirren den Genuß so hoher Freiheiten unmöglich machten, und selbst das Pfundgeld wieder erneuert werden mußte (1378), um den Verkehr zu schirmen? — Auf seiner letzten Rundreise durch den deutschen Norden hatten die Lübecker dem Kaiser mit ihren „Donnerbüchsen" geholfen, das welfische Schloß Dannenberg zu zerstören, aber auch auf des Reichsoberhaupts Fürschreiben sich geweigert (Dezember 1377), die verhansete Stadt Braunschweig in Gnaden aufzunehmen, obgleich die Bürger klagten, „infolge der Friedlosigkeit fast leibeigen geworden zu sein." Als nun Albrechts von Mecklenburg Tod (Februar 1379) einige Ruhe verhieß, und Olav, nachdem sein Vater Haakon am 1. Mai 1380 gestorben war, unter Margarethas Vormundschaft als Herrscher von Norwegen galt, ließ es der Bundesvorort im achten Jahr der Ausstoßung Braunschweigs zur Versöhnung kommen. Durch Aussöhnung das Übermaß der Drangsale gebeugt, gelobten die Abgeordneten der Hanse mit der verhanseten Stadt auf dem Hansetag zu Lübeck (August 1381), Braunschweig. den neuen Rat zu entsetzen, die Aufrührer hinzurichten, die, welche von den Vertriebenen noch am Leben, sowie die Geschlechter in Ehren und Rechten herzustellen und zu entschädigen, eine Straffumme zu zahlen, eine Sühnkapelle an das alte Rathaus zu bauen, und endlich bei künftigen Zwisten von der Hanse Recht zu nehmen. Wie darauf vor zahlreichem Volke zwei Bürgermeister und acht Bürger Braunschweigs barhaupt, barfuß, in wollenen Gewändern, aus der Marienkirche in den großen Hansesaal gezogen waren (15. August) und fußfällig vor den versammelten Sendboten Abbitte getan hatten, wurde die Stadt wieder dem Bunde beigezählt. Dennoch blieb bei aller Demütigung der Gemeinde in

Braunschweig Annäherung an eine p o p u l ä r e Verfassung nicht zu verkennen und hatte wenigstens für die nächsten Geschlechter friedliches Gedeihen und rüstigen Waffenmut zur Folge.

Erster Aufstand in Lübeck. Solche Strenge vor den Augen der Hansekönigin gehandhabt, schien zu verbürgen, daß ähnliche Tumulte, wie ein Jahr früher zu Lübeck, unterblieben würden, denn damals hatte die Knochenhauerzunft im Bunde mit mehreren andern Gewerken drohend „unherkömmliche" Freiheiten gefordert, ward aber durch die Kaufleute noch im Zaume gehalten, welche in der Katharinenkirche einen Vergleich vermittelten, kraft dessen die Empörer zwar formal ihre gewerblichen Ansprüche aufgaben, die Anwesenheit zweier Ratsherren bei allen wichtigen Morgensprachen billigten, für den Dienst der Stadt bei Kriegszeiten oder anderen sorglichen Vorfällen 20 Pferde zu stellen gelobten, aber tatsächlich im Recht blieben. Als nun der Rat sich weigerte, einen „Brief", über den Vergleich aufzustellen, hatten die Zünfte sich zwei Tage darauf heimlich versammelt, fanden jedoch in der zum Überfall auf die Ratsjunker bestimmten Dezembernacht die Kaufmannschaft mit ihren „Gesellen", 5000 Bewehrte stark, und 400 „Patrizier" zu deren Hilfe gerüstet. Durch so nachdrückliche Gegenwehr entmutigt, gaben die Zünftler die Verhaftung der Unruhigsten zu. Ein Friedensausruf des Rats sowie die Verbürgung des jüngsten Vergleichs durch 24 Kaufherren schien nach einer Versammlung vor dem Dome die Eintracht wieder zurückgeführt zu haben. Aber auch der unnachsichtige Akt hansischer Bundespolizei gegen die Braunschweiger schreckte die mutigen Anführer der Zünfte nicht ab. Deshalb bemerken wir infolge des Argwohns und der Furcht **Erlahmung der Seestädte.** des Rats vor bürgerlichen Unruhen eine solche Lahmheit und Erschlaffung der Hansestädte, daß sie nach mehrjährigen Rüstungen gegen die Seeräuber — zum Teil dänische Edelleute, welche die Königin Margaretha nicht bändigen konnte oder wollte, dagegen Entschädigung verweigerte — zu Wismar 1382 eine schwachmütige Kapitulation mit den Seeräubern auf „Kündigung" schlossen! Ihr Vogt auf Schonen Wulf Wulflam hatte unter solchen Umständen einen gefähr-

lichen Stand und begehrte Erhöhung seines Gehaltes. Da
die Hansen vergeblich von der Königin die Bürgschaft des
Friedens forderten, und der Verlust preußischer Städte
durch dänischen Raub allein über hundderttausend M. S.
betrug, weigerten sie sich, ohne Vergütung desselben zum
nahen Termine die Pfandschlösser auf Schonen herauszu-
geben. In Sorgen, jene schönen Teile des dänischen Reichs
wieder zusammenzubringen, kam Margaretha selbst mit vielen
Drosten am 24. April 1384 auf den großen Hansetag
nach Stralsund und verhieß Abhilfe, aber das Reich der
Waldemare war so ohnmächtig, daß die Königin nur neun
schwachbemannte Schiffe aufbringen konnte. Unzufrieden
gingen die hansischen Sendboten auch von dem zweiten
Unterhandlungstage zu Falsterbo (8. Sept. 1384) und trafen
Anstalten, sich selbst auch gegen die dänischen Seeburgen zu
helfen, indem sie im Frühjahr 1385 Herrn Wulf Wulflam
und Peter Stromekendorp mit Schiffen, 100 Wappnern,
32 Bliden, „sechs Bombarden und sechs Tonnen Kraut"
ausrüsteten, um von Ostern bis Martini gegen das Raubgesindel zu kreuzen. Herr Wulf, Bertrams Sohn, der
reichste Mann an der Ostsee und hochangesehen bei allen
Fürsten des Nordens, das Haupt der heimischen Junker-
partei, erhielt gegen 5000 M. S. zum Piratenkriege,
freie Gerichtsbarkeit selbst über Hals und Hand und das
Anrecht über alle von den Seeräubern gewonnene Beute.
Schonens Schlösser standen unter ihm bis zur Rückgabe. —

Wie kam Stralsund, wenngleich in so starkem
Handelsverkehr, daß i. J. 1381 alle Straßen mit Waren
bedeckt lagen, und englische Schiffe draußen bei Hiddensee
die Leichterschiffe erwarten mußten, zur Übung solcher Hegemonie?

Rostock und Wismar hatten im zu eifrigen Verfolge
landesfürstlicher Interessen als Helfer des Titularkönigs von
Dänemark und des Wahlkönigs von Schweden sich miß-
liebig und bescholten von den wendischen Städten abge-
sondert. In Lübeck tobte der Mordteufel des Zunftaufruhrs
und schwächte die Rachgier des siegenden Patriziats, gleichzeitig die Furcht vor den Unterdrückten sowohl die politische
Kraft als die Einsicht. — Deshalb Stralsunds Hegemonie.

Am **17. Sept. 1384** sollte nach der Verabredung grimmiger Volksführer, eines Paternostermachers (Bernstein-drehers), eines Kürschners, Arnold von Soest, zweier Bäcker und zweier Knochenhauer, welche in heimlicher Eidgenossenschaft durch viele angesehene Standesgenossen sich verstärkt hatten, Lübecks gehaßte Ratsherrschaft gefällt werden. Während der Rat seine Morgensitzung hielt, sollte das in Brand ge-steckte Haus des einen der Verschworenen die Aufmerksam-keit der Stadt teilen, sodann ein Haufe holsteinischer Edel-leute sich der Tore bemächtigen, unter solcher Verwirrung vierzig der Entschlossensten den gesamten Rat ermorden, endlich die Häuser der Junker geplündert werden, und ein **zünftiges Regiment** beginnen. Aber einer der hol-steinischen Ritter wurde abends vorher ihr Verräter, sei es aus Gewissensangst oder aus adliger Abneigung gegen die Zunftherrschaft. Auf seinem Gaule unerkannt vor dem Hause des Bürgermeisters Johann Perseval haltend, be-gehrte er einen Trunk und offenbarte in Gegenwart des Sohnes des Stadtregenten, der eben im Rate saß, nicht einem „**lebenden Menschen**", sondern der geleerten Bier-schale das beschworene Geheimnis. So konnte denn vom Untergange bedroht der Rat mit den Kaufleuten und Pa-triziern die zweckmäßigsten Gegenanstalten treffen. Schar-wachen durchstreiften in der Nacht die stille Stadt, bemäch-tigten sich der Häupter der Volkspartei, warfen sie „ohne Leiter" in den Diebskeller und erzwangen durch die Folter das Geständnis des vielverzweigten Anschlags. Nur der Paternostermacher hatte die Geistesstärke, sich zwar schuldig zu bekennen aber sich lieber selbst zu erwürgen, als die Mit-verschworenen zu verraten. Einige entflohen glücklich, der Plan der Rache, wie es heißt, seit **vierzehn Jahren**, also seit dem großen Siege der Hanse und seit dem augen-fälligeren Junkertum vorbereitet, ward vereitelt. Mit so ent-setzlicher Blutgier verfolgte die Bürgeraristokratie ihre Wider-sacher, daß sie endlich des „**Schleppens, Räderns und barbari-scher Hinrichtung**" sowie der Gütereinziehung müde allen Schuldbewußten erlaubte, freiwillig die Stadt zu meiden. Jede Zunft mußte besonders dem Rate den Eid der Treue und des Gehorsams erneuen, sie krümmten sich unter dem Joche, bis einige zwanzig Jahre später der kirchliche Sturm das Feuer zur allgemeinen Brunst anblies.

Aber so düstere Vorgänge, denen die „Herren" durch billige Zugeständnisse oder durch Rückkehr zur Verfassung Heinrichs des Löwen leicht vorbauen konnten, verdüsterten den politischen Blick und hemmten die Tatkraft. Die verblendete Ratsgilde wollte lieber im engen Kreise ungeteilte Macht ausüben, als, die Rechte des Volkes anerkennend, mit der Kraft desselben über den Norden herrschen. — Schon am 11. Mai 1385 hatte Wulf Wulflam die schonischen Schlösser im Namen der 35 Seestädte ohne alle Entschädigung, jedoch unter Bestätigung der Freiheiten und vorbehaltlich der Rechsansprüche derselben, an König Olav und seine Mutter urkundlich überliefert. Allmählich schien in das verarmte, zerrissene Reich der Geist des Friedens und der Ordnung einzukehren und auch der Trotz des Adels sich zu beugen. Denn die nachdrücklichen Bestrebungen der Städte in Verbindung mit den Herzögen von Mecklenburg, mit Schwedens König Albrecht, welcher gern die Osterlinge zu einem Bund gegen Dänemark veranlaßte hätte (Juli 1386), brachen einige zwanzig Raubnester, während Herr Wulf zur See nicht feierte, und selbst kleine Städte Hinterpommerns unter Kolberg hansischer Leitung zur Steuer herangezogen wurden. Über solchen Ernst erschrocken, erwirkten dann nach einem Hansetag zu Lübeck, wo auch Margaretha erschien, eine Anzahl vornehmer Dänen zu Wordingborg am 28. Sept. 1386 einen vierjährigen Frieden unter Bürgschaft ihrer Standesgenossen. Aber eine förmliche Kapitulation mit den Seeräubern unter hansischer Mitwirkung, ein zahmes Abkommen der hansischen Themis mit geächteten Anfeindern jedes ehrlichen Verkehrs war als Bekenntnis der Schwäche nicht das rechte Mittel, die Zukunft zu sichern, wie sich alsbald ergab, als ein früher Tod den König Olav, Erben Dänemarks und König Norwegens, hinwegriß (3. August 1787), und Margaretha als Regentin beider Reiche anerkannt, nach Verwerfung ihres Neffen Albrechts von Mecklenburg, ihren Großneffen,

Rückgabe der Pfandschlösser.

den sechsjährigen Erich, den Enkel der Ingeborg, aus dem hintersten Winkel Pommerns zur nordischen Thronfolge berief.

Charakter der Zeit. So kam ein schweres Verhängnis auch über den deutschen Norden um dieselbe Zeit, als der lang gehinderte Zusammenstoß der lebenskräftigsten Elemente mitteleuropäischer Staaten erfolgte, und politische Unwetter, wie sie lange gebraut, sich in Frankreich, in Flandern, in England und im Deutschen Reich entluden. Die germanisch-romanische Welt fühlte sich einmal wieder als ein gleichbeseeltes Ganzes, mitleidig, gleichmäßig zuckend und spannkräftig in allen Gliedern.

Wir finden aber den Charakter der letzten Jahrzehnte des XIV. Jahrh. darin, daß die Gegensätze der Gesellschaft, welche zumal in Deutschland seit dem großen Zwischenreiche bemüht gewesen war, sich gegenseitig in Schranken zu erhalten und sich voreinander gegen Übergriffe sicherzustellen, jetzt offen den Vernichtungskrieg gegeneinander begannen. Unter König Wenzels ungesegneter Herrschaft (1378—1400) tobte auf Leben und Tod der Kampf zwischen dem reichsstädtischen Bürgertum und den Fürsten, welche mit dem störrigen Adel gemeinschaftliche Sache gegen den gemeinsamen Feind gemacht hatten, zwischen den hochalemannischen freien Bauerngemeinden und Habsburgs unduldsamer Ritterschaft. Die Bauern siegten bei Sempach (1386), bei Naefels (1388), aber die nicht schlechtere Sache der Bürger, der oberländische Städtebund, welcher überall unter zünftigem Regiment obendrein durch gegenkirchliches Streben den Zorn der „Pfaffheit" auf sich geladen hatte, **Der Städtebund unterliegt.** unterlag der Waffenmacht der vereinten Landherren und des Adels bei Döffingen und auf anderen Stätten planloser Feldzüge (1388—89). Die Oberdeutschen, nicht minder streitbar und ehreifrig als die Niedersachsen aber durch Wenzels gewissenlose Politik beirrt, nicht durch die Örtlichkeit ihrer Gebiete begünstigt wie die flottenmächtigen Hansen und die Bauern in Hochalemanniens Alpenpässen und Engtälern, vereinzelt und mangelhaft organisiert, hatten das Feld zwar verloren, jedoch nicht sich selbst. Sie blieben aufrecht, die große „Schuldtilgung" durch die Juden be-

gütigte mittlerweile den gegenseitigen Haß, und indem Fürsten
und Bürger einander an Macht ebenbürtig ihr Recht gegenseitig anerkannten, stumpften sich für jetzt die tödlichen
Gegensätze ab. Die hansische Welt, welche ihren großen
Streit mit den nordischen Königen glücklich bestanden hatte,
war nur in einem binnenländischen Gliede vom Angriff der
Fürsten und des Adels getroffen und sah auch hier, jedoch
ohne ihre schwesterliche Beihilfe, den altsassischen Bürgermut verherrlicht. Dortmund, der einzige noch reichs- Dortmund
freie Fleck auf roter westfälischer Erde, ward gleichzeitig und die Fürsten.
mit dem Anfall der oberländischen Fürsten auf die schwäbischen und rheinischen Städte von der Verschwörung fast
sämtlicher Landesgebieter zwischen Elbe, Main, Niederrhein
und Maas (an der Spitze den Erzbischof Friedrich von
Köln und den übelberüchtigten Grafen Engelbrecht III. von
der Mark) überzogen und erwehrte sich selbst von Soest und
den alten eidgenössischen Nachbargemeinden verlassen bis
tief in das zweite Jahrhundert hinein (vom Februar 1388
bis Spätherbst 1389) mit bewunderungswürdiger Ausdauer
und so todbereitem Mute seiner Bürger, daß die Widersacher
schimpflich von ihren Mauern abziehen mußten. So tätig
und schöpferisch die Dortmunder geholfen hatten, die ersten
Hansen an fernen Meeresküsten zu stiften, fühlte sich der
Hansetag vom Sommer d. J. 1388 dennoch nicht berufen,
der flehenden Schwester in ihrer Todesnot anders beizustehen,
als mit beileidsvollem, doch fruchtlosem Fürschreiben bei
den Fürsten. Wie hätten aber auch mit dem besten Willen
die Osterlinge der Stadt „an der Emscher" beispringen
können? Anderen hansischen und politischen Grundsätzen
folgten Lübeck und Hamburg in bezug auf das nahe Lüneburg,
das ja im großen Kriege gegen Dänemark sich fast als
Seestadt bewährt hatte. Nach beendetem Erbstreite wieder Lüneburg und
an die Welfen gewiesen, setzten die Lüneburger, dem Adel die Hanse.
längst ein Dorn im Auge, ihren ungnädigen Gebietern
Bernhard und Heinrich den rechtsbefugten Widerstand
entgegen und fanden bei Lübeck und Hamburg Hilfe, weil
deren Salzzufuhr durch Verschüttung der Delvenau bedroht
wurde (1396). Im Waffenstillstande 1397 erhielten

zwar die Bundesgenoſſen Genugtuung, die Bürger jedoch
mußten um hohe Summen den Frieden erkaufen. Solchen
Widerſpruch im Verfahren der Hanſe gegen Dortmund und
Lüneburg klären wir dahin auf, daß die weſtfäliſche Stadt,
zunächſt in ihrer politiſchen Freiheit bedroht, nicht das
tätige Mitleid des Kaufmannbundes aufrufen konnte, daß die
Störung des Salzverkehrs mit Lüneburg dagegen ein unmittelbarer hanſiſcher Kriegsfall war. Doch wechſelten
dieſe Prinzipien nach Zeit und Umſtänden.

Nicht ohne merklichen Einfluß auf die wendiſche See-
küſte war die Lage der Städte Brandenburgs, welche nach
kurzem Glücke unter Kaiſer Karls Zepter dem Kurfürſten
Sigismund zugewieſen allen landesherrlichen Schutz ent-
behrten. Berlin-Kölln war wegen Prieſtermißhandlung gebannt, uneinig und von der ſchamloſeſten Raubſucht des
Adels geplagt. Hanſiſche Beziehungen ſchimmern nur noch
zuweilen in Albrechts, des Schwedenkönigs Händeln durch,
aber unwiederbringlich war für einſt ſo blühende, gewerb-
reiche Städte der Glanz des askaniſchen Zeitalters, und jener
weitverzweigte Verkehr geſchwunden. Als Sigismund
i. J. 1388 die Mark an die andern Lützelburger Brüder
und Vettern, Johann, Procop und Jobſt verpfändete,
mußten ſich die Gemeinweſen, von gewiſſenloſen Gebietern ver-
ſtoßen und doch mit Abgaben bedrückt, gegen die Quitzows
und deren Spießgeſellen unbeneideter Berühmtheit mit
eigenen Waffen ſchirmen.

Nur auf nordöſtlicher Seite der hanſiſchen Welt ließ
ſich bürgerliches Gedeihen und innerer Wohlſtand nach-
weiſen, wenn ſich auch leider ſchon Unbehagen der mäch-
tigſten Handelsſtädte, wie Danzigs, über die Adels- und
Pfaffenherrſchaft und Unluſt der Kaufherren über die poli-
tiſche Bevormundung durch die Mönchsritter zeigte. Gleichzeitig entwickelte ſich bei der zünftigen Bevölkerung Groll
über die Vornehmtuerei der Junker in den „Artushöfen“
und über die ausſchließlichen Rechte der Großhändler und
Ratsfähigen. Herr Winrich von Kniprode, der Hanſen
gerechter Helfer bei gewalttätiger Verkümmerung des Verkehrs, und wenn auch keineswegs Schirmherr des Bundes,

so doch Vermittler (wie im Jahre 1379 in flandrischen Streitigkeiten) erlebte nicht mehr den Ausbruch ordensfeindlicher Gesinnung. Unter seinen Nachfolgern Konrad Zöllner von Rotenstein und Konrad von Wallenrod (bis 1393) wuchs der Preußen hansische Bedeutung und des Meisters hansischer Einfluß, aber auch der Widerspruch zwischen dem Geiste des Jahrhunderts und dem Ordensstaate: Die Taufe der letzten Heiden und die Vereinigung Polens und Litauens durch die Ehe Jagals mit der Erbin Ludwigs von Anjou bereitete der Hanse (1386) eine verhängnisvolle Zukunft.

Unter romantischem Gepränge offenbarten sich noch schärfer die Kämpfe der Gegensätze in den westlichen Staaten. In England erhob sich unter König Richard II., dem Nachfolger Edwards III. (1377), zwar nicht ein Kampf der Städte und des Adels, weil dergleichen die glückliche Verfassung jenes Reichs unmöglich machte, wohl aber ein Aufstand der Armen gegen die Reichen, durch die Predigt des Doktors von Oxford, John Wycliffe genährt. Der Dachdecker Wat Tyler und der Priester Jack Straw unterlagen als Herren Londons und des Towers, nicht jedoch des Stahlhofs, der Geistesgegenwart des jungen Plantagenet sowohl als dem Schwerte der Altbürger, noch mehr aber der Arglist. Der kühne Gottesgelehrte starb als Pfarrer zu Lutterworth (1384), aber seine Gedankenblitze zündeten in den fernsten Gegenden, nicht zuletzt an der hansischen Ostsee. In Flandern und den Niederlanden nahm die tiefe Erregtheit des Bürgergeistes wiederum die Form des Kampfes zwischen Adel und Volkspartei und mit zufälliger religiöser Beimischung die Form des Aufstandes gemeinheitlicher Freiheit gegen Fürstenwillkür an. Graf Louis de Male, auch Herr von Antwerpen und Mecheln, welcher i. J. 1360 so ehrenvoll für die Hanse den Streit mit Brügge ausgeglichen hatte, haderte nach längerer Ruhe mit seinen Städten, zumal mit der Gesellschaft der „Weißmützen" von Gent wegen eines Kanalbaues (1379), den er zugunsten der Brüggelinge unternommen hatte. Nach einer Schlacht zwischen den Gräflichgesinnten und den Weißmützen hatten die letzteren gesiegt und wählten darauf, durch Flanderns

Kampf der Gegensätze in England, Flandern und Frankreich.

Adel mit Hilfe der Brüggelinge hart bedrängt, den Sohn
des berühmten „Metbrauers" Jacob, Philipp von Artevelde
(Januar 1382) zum Volksoberhaupte. Dieser überfiel mit
einigen tausend verzweiflungsvollen Zünftlern den zeitweisen
Sitz der bürgerfeindlichen Partei Brügge, und erschlug
in der „Mordnacht" (2. Mai) 3000 derselben. Dann
zum Regenten des Landes erhoben, unterlag er mit der
Kraft des Volksaufgebots bei Roosbeke der Oriflamme,
welche König Karl VI. von Frankreich mit seinem Adel
gegen die „Vilains" entfaltet hatte (27. Nov. 1382). Der
Adel war gerettet, die Freiheit der städtischen Bünde nieder-
getreten. „Hätten die „Vilains" gesiegt, so würde
das Volk sich überall erhoben und die Ritterschaft
vertilgt haben," sagt der kundige Jean Froissart. Ähnliche entsetzlich blutige Ereignisse gab es gleichzeitig in Brabant, wütende Parteiung in Friesland. Als Nachwirkung
jenes Sieges der goldenen Sporen beugte sich im Januar
1383 auch die Stadt Paris, wo die Kommune sich gegen
den Steuerdruck aufgelehnt hatte. Im Blute der Fläminge
bei Roosbeke war das demokratische Aufstreben des französischen Bürgertums erstickt.

Was unter so ungeheuren Ereignissen der Brügger
Kaufhof erleiden mußte, deuten wir später an. Als sich
Englands junger König Richard II. ins Spiel gemischt
hatte, traf Karl VI. i. J. 1386 so ungeheure Maßregeln
zu einer Landung an dem Inselreich, „daß es kein Schiff
von Sevilla bis nach Preußen hinauf gab, welches nicht
für Frankreich in Beschlag genommen wäre."

Einfluß der Zeit auf den hansischen Norden. Dieser Gliederung gemeinbezüglicher Ereignisse und
deren Wechsel von Sieg und Niederlage reihen sich mehr
oder weniger in Verbindung mit der nachgewiesenen Ge-
dankenströmung der Tag von Sempach, der von Döffingen,
die bürgerlichen Unruhen in den wendischen Seestädten und
der Vitalienbrüderkrieg an.

Fassen wir nun das große Schisma der Kirche (1379)
und den Streit zwischen dem Stuhle von Avignon und von
Rom als eine gleichzeitige Spaltung des gesamten, schon
so zermürbten Gesellschaftszustandes von West- und Mittel-

europa auf, und wirkten jene allgemeineren Dinge auf
die eigentümlichen Verhältnisse unsers hansischen Nordens
hin, so konnte der Kampf politischer Prinzipien um die
schwankenden Vorstellungen von mein und dein über das
Recht des Besitzes und das Recht der Gewalt, die Begriffs-
verwirrung über den sozialen Wert des Erwerbes monopol-
süchtiger, waffenführender Kaufleute, unter dem Zweifel aller
kirchlichen wie weltlichen Autorität bei waghalsigen Strandbewohnern (denen die Erinnerung an das gepriesene Leben
der „Seekönige und allerweltfeindlicher Piraten" nicht ge-
schwunden war, vielmehr eben durch die unbefangenere Gewöhnung ritterlicher Raubgenossenschaften wieder auf-
gefrischt war) jene sonderbare Erscheinung hervorrufen,
welche wir jetzt als Vitalien- oder Gleichteilerbund **Die Vitalien-**
zu bezeichnen haben. **brüder.**

Viertes Kapitel. ⁚⁚

König Albrecht, Gefangener Margarethas. 1389. Vitalienbrüder. Verfassungs-
kämpfe von Stralsund. Macht des deutschen Ordens auf Gotland. König Albrecht
befreit. Stockholm von der Hanse besetzt und aufgegeben. Die Union von Kalmar,
1397. Politische Kurzsichtigkeit der Hanse. Köln 1396. Zustand der Kontore.
Nowgorod. Ereignisse in Brügge. Triumph der Hanse. Handelsverhältnisse zu
Frankreich und England. V. J. 1388—1400.

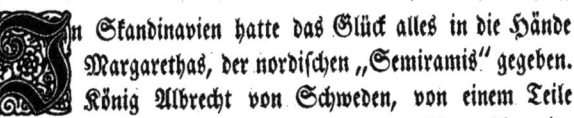

In Skandinavien hatte das Glück alles in die Hände **Verlauf**
Margarethas, der nordischen „Semiramis" gegeben. **der nordischen**
König Albrecht von Schweden, von einem Teile **Geschichte.**
der Reichsräte verraten, welche um zu herrschen, schon im
März 1388 der „Vormünderin" von Dänemark und Norwegen die Regierung angetragen hatte, hatte in Mecklenburg
und Pommern ritterliche Streitgenossen, aber nicht die
Städte für sich gewonnen, zumal die Verhändler der schwedischen Krone die staatskluge Margaretha bevollmächtigten,
die Hanse wegen ihrer Privilegien zu beruhigen. So
durch die kurzsichtige Politik des bangen Vororts, dessen
Altbürgermeister die Pläne der Königin offen begünstigte,

isoliert, verlor Albrecht am 24. Februar 1389 gegen
die beleidigte Frau in der Schlacht bei Falköping seine
Freiheit und schmachtete mit seinem Sohne Erich im Turme
zu Lindholm. Der größere Teil der schwedischen Festen
öffnete sich der Siegerin, nur die trotzige deutsche Gemeinde
zu Stockholm mochte nicht abfallen. Reichlich vergalt sie der
Schweden Haß und entledigte sich durch eine grausame
Tat ihrer gefährlichsten Widersacher. Unter der Leitung
des jungen Herzogs Johann von Mecklenburg-Stargard,
Neffen des gefangenen Königs, fuhr Stockholm fort sich
mannhaft gegen die Belagerer zu verteidigen, selbst als
ein Orkan die Flotte des alten Herzogs Johann (1390)
zerstreut hatte. Zur Befreiung des Verwandten traten
alle Fürsten und Vasallen Mecklenburgs in Rostock zusammen (Juli 1391), vertrösteten sich des Beistandes des
Hochmeisters von Preußen und fanden bei den Bürgern
Rostocks und Wismars so warme Teilnahme für das
Schicksal ihrer „angeborenen Landesherren", daß beide,
schon früher wegen ihrer Sonderpolitik in der schwedischen
Kronfrage anstößig, darüber ihre hansische Pflicht vergaßen. Denn da auch der zweite Versuch der Herzöge
zum Entsatze der bedrängten schwedischen Hauptstadt un-
Ursprung der günstig ablief, ersannen jene Städte ein Mittel, welches
Vitalien- für die ganze nordische Handelswelt die nachteiligsten Folgen
brüder. hatte und zur bedenklichsten Zeit die Fackel der Zwietracht
unter die so eng verbündeten wendischen Gemeinwesen
warf. Noch war der Seeraub unter dänischer Adelsflagge
im frischen Andenken, da erließen die Ratmänner Rostocks
und Wismars sowohl auf dem eigenen, als im nachbarlichen
Gebiete den Aufruf: „Alle diejenigen, welche auf eigene
Kosten und Gefahr gegen Dänenemark und Norwegen abenteuern wollten, um dort zu rauben und zu brennen, zugleich
aber die darbende Hauptstadt Schwedens mit Zufuhr und
Lebensmitteln zu versorgen, sollten sich bewaffnet bei ihnen
einstellen, wo man sie mit „Stehlbriefen" versehen und
ihnen die Häfen offen halten wolle, um ihren Raub zu
bergen und nach Belieben zu verkaufen." Zu gleicher Bestimmung öffnete auch Herzog Johann seine Häfen zu Ribnitz

Neustädter Tor in Tangermünde.

Nikolaikirche in Tangermünde.

und Gollwitz an der Insel Poel. — Auf so lockenden Ruf strömte alsbald eine Menge raublustigen, waghalsigen Volks zusammen und begann bei ehrenhaftem Vorwande sein Gewerbe unter dem Namen „Vitalienbrüder" (Viktualienbrüder), weil als Zweck ihrer Seefahrt Stockholms Versorgung mit Lebensmitteln galt. Zuerst i. J. 1392 wurde dieser fremde Name gehört, als bereits Edelleute aus den Nachbarlanden wie die Moltke, die Manteuffel, viel namhafte vom inneren Niedersachsen, selbst Dänen, Schweden sich an die Spitze der Raubgeschwader gestellt hatten, und wenn auch in Stockholm Stifter von Messen und Almosen, weder das preisgegebene, noch das befreundete Gut schonten. Denn Lust am gefahrvollen Abenteuer und Geringschätzung gegen die Krämer durchdrangen sich unter der Verwirrung aller Rechtsbegriffe mit jener altgermanischen Unart, auf eigene Faust zu leben. Die tollen Gesellen, von aller Gesellschaftsordnung losgesagt, nisteten sich in versteckten Häfen von Rowe, dem Gardeschen See in Hinterpommern, von Rügen an bis nach Frieslands Küsten ein, bildeten eine geschlossene Gesellschaft unter bestimmten Gesetzen, ganz nach dem Muster der ritterlichen „Sterner, Bengler oder Schlegler", nannten sich auch wohl Likedeeler (Gleichteiler), weil sie ihren Gewinn gleich unter sich verteilten. So wurden sie schnell die Geißel aller Handelsstädte. Nur Rostocks und Wismars Bürger fanden vor ihnen Schonung, sonst galt die freche Losung: „Gottes Freund und aller Welt Feind." — Als sich nun die bitterste Klage der Hanse, deren Bund der auswärtige Kaufmann kurzsichtig als Begünstiger des Frevels beschuldigte, gegen jene beiden Städte erhob, hatten diese uneingedenk gemeinschaftlicher Interessen schon i. J. 1391 gewagt, den Schwesterstädten wie den Preußen allen Handel mit den Staaten ihrer Feindin zu untersagen. Die „Vitalianer", Herren beider Meere, überfielen und plünderten Bergen (1392), verbrannten die Stadt, auch das Eigentum hansischer und englischer Kaufleute und führten den Bischof von Strengnäs gefangen nach Stockholm. Sie bemächtigten sich Gotlands, einverstanden mit dem Herzoge Johann.

(Randnotiz:) Rostocks und Wismars Hartnäckigkeit.

(Randnotiz:) Wisbys tiefer Verfall.

So tief war der Ruhm Wisbys, jener Gesetzgeberin des nordischen Seehandels, verdunkelt, daß sich in ihrem Hafen die Räuber sammelten und hinter ihrer Mauer, welche einst das ehrwürdigste Tribunal der Handelswelt umschloß, die unermeßliche Beute der frechsten Gewalttat bargen! — Englands mißgünstige Kaufleute, besonders die von Lynn, welche in Bergen ihre Niederlassungen eingebüßt hatten, beschuldigten die wendischen Seestädte als Mithelfer, und Margaretha, vielfach um Entschädigung angegangen, war so ohnmächtig, daß sie sich im April 1393 die Erlaubnis auswirkte, in Lynn drei Schiffe zum Schutze ihres Reichs zu mieten!

Auch Lübeck und Hamburg fanden auf Hansetagen kein Mittel, dem Unwesen zu steuern. Ganze drei Jahre unterblieb die Reise nach Schonen, was die halbe europäische Christenheit in den Fasten empfindlich verspüren mochte. Nur Stralsund war unter zeitweiliger Umgestaltung des Regiments stark genug, wenigstens seine Gewässer zu friedigen.

Stralsunds innere Kämpfe. Von Anklam aus, wo i. J. 1387 die unzufriedenen Zünfte der Fischer, Fleischer und Bäcker sich verschworen, ein neues Regiment einzuführen und den Rat als Verräter der bürgerlichen Freiheit an die Fürsten zu ermorden, (dann aber Herzog Bogislav VI., im nahen Wolgast Hof haltend, mit seinem Rittergefolge durch grauenvolle Strafexempel das Alte wieder befestigt hatte) war dessenungeachtet die Volksbewegung nach Stralsund übergesprungen. Grund zur Auflehnung mochte auch hier genug vorhanden sein. Der Reichtum herrschender Kaufleute, der Übermut „der Junker (der „Gecken“, welche in kurzen Wämsern bis zu den Lenden, in lang herabhängenden Ärmeln und mit Schnabelschuhen in Kirche und Artushof einherstolzierten), die Selbstüberhebung einzelner Familien, welche, wie die Wulflam, die gebieterische Stellung der Stadt in der Hanse allein für sich ausgebeutet und die Pfandgüter innebehalten hatten, erbitterten Volk und Alderleute, von denen allein die Gewandschneider als gesetzliche Vertreter der Gemeinde galten. So energisch der Rat dem ersten Ausbruch noch zuvorkam, mußte er dennoch i. J. 1388 und 1389 zwei Betraute der Volkspartei in den Ratsstuhl aufnehmen, deren einer durch ehrantastende Beschuldigung zum Mordversuche an einem Bürgermeister gereizt, auf dem Rade sein Tribunat büßte (1391), der andere, Karsten Sarnow, „nicht hochbeschlechtet in Stralsund, aber ein tapferer Mann", zum Bürgermeister erhoben wurde (1390), und den „Altbürgermeister", jenen entschiedenen, überreichen Bertram Wulflam, ins Gedränge brachte. Zur Rechnungsablegung über der Stadt Einkünfte seit 18 Jahren genötigt und junkerartigen Mißbrauchs der Stadtmittel bezichtigt, verweigerte Bertram gütliche Auskunft und wich aus Furcht vor der Volkswut oder aus beleidigtem Stolze mit seinen Söhnen, von denen Wulf eben mit Übertretung der Luxusgesetze üppige Hochzeit gehalten hatte, aus der Stadt (1391), um seine Anklage zu Rostock vor die Hanse zu bringen.

Jetzt nun erledigte Karsten Sarnow als Lenker des Rats die Gemeinde auch der Anhänger des Patriziats und gestaltete die Verfassung in der Weise um, daß (Weihnachten 1391 oder Ostern 1392) dem neuen Rate ein Ausschuß von 12 Alderleuten zugesellt wird, daß vier vom Rate nebst zwei Alderleuten den Stadthaushalt verwalten und kein Bürger ein landesherrliches Amt übernehmen sollte. Das Stadtwillkürbuch bewahrte diese Satzung einer gemäßigten Volksherrschaft, welche den Bürgern so freudigen Lebensmut einflößte, daß sie unter ihrem Meister Karsten Sarnow gegen die Räuber von Ribnitz auszogen, dieselben fingen und ohne Gnade enthaupten ließen. Wohl geschah es auch unter jener Erhebung des Volkes, daß ein großes Schiff der Stralsunder nach langem Kampfe sich eines Fahrzeuges voll solcher „Auslieger" bemächtigte. Da es an Raum zu deren Festmachung gebrach und da auch die in gewöhnlicher Art Gefesselten leicht die Mannschaft hätten überwältigen können, steckte man die gefährlichen Passagiere grausam sinnreich in Tonnen, deren oberer Boden durch einen Einschnitt nur den Kopf freiließ, und die „Eingetonnten" wie Waren aufeinandergestapelt zu mitleidloser Hinrichtung nach der Stadt brachte.

Populäre Verfassung in Stralsund.

Siege gegen die Seeräuber.

Aber die Wulflame ruhten nicht, ihre Rückkehr zu betreiben.   Als weder die Verwendung der Hansestädte, denen
der neue Rat mit Aufzeichnung aller Beschwerden gegen
die Ausgewichenen geantwortet hatte, noch die Fürschreiben
der Landesfürsten gefruchtet hatten, bewirkten dunkle Um-

triebe, daß Bertram Wulflam mit seinen Söhnen dennoch
i. J. 1393 wieder aufgenommen wurde, dagegen der wackere
Volksführer beim leichtgläubigen Haufen verleumdet und
von der hansischen Aristokratie als „Feind der Verfassung
und Anstifter großen Schadens" beschuldigt, am 28. Juni
1393 auf dem alten Markte enthauptet wurde.   Mit der
Rückkehr des stolzen Patriziats wurde zwar die populäre
Verfassung umgestoßen, die Aufzeichnung derselben im Stadt-
willkürbuche durchstrichen, aber gleich nach Bertrams Tode
(1394) ermutigten sich wiederum die Unterdrückten, brachten
das Andenken des unglücklichen Bürgermeisters Karsten Sarnow wieder zu Ehren und stifteten eine ausgebreitete Verschwörung an, welche auch drei Ratsglieder zählte, um die
Junker zu ermorden.   Nochmals jedoch unterlagen sie dem
Argwohn der Gegner (November 1394), und so schwankten
die Dinge, bis die wechselnde Blutherrschaft die ruhigeren
Bürger ermüdete und das Einschreiten der Landesfürsten
erleichterte.

War unter so unseligen Verhältnissen der Halt des
hansischen Bundes gelockert, so konnte man nichts nachdrück-
liches gegen die Vitalienbrüder ausrichten.   Ihre berühmtesten Hauptleute, die frechsten Räuber in der Westsee an hansischen, besonders preußischen, wie an englischen

Schiffen hießen Godeke (Gottfried) Michelsson und Klaus
Stortebeker (Stürzebecher), i. J. 1394 zuerst genannt.
Beide, von der niedersächsischen Volksmuse unvergessen, sind
im Laufe des XV. Jahrhunderts fast mythische Personen
geworden.   Wenigstens streiten sich um ihre Geburt und
Herkunft, ob Bauernsöhne oder Ritterbürtige, Rügen, Pommern, Mecklenburg, Oldenburg und der Bistumssprengel
von Verden.

Als die Mecklenburger, auf Tagfahrten ernstlicher an-
gefaßt, erklärten, jetzt weder Ersatz noch Wandel schaffen

zu können (1393) und die Klagen der Fremden und Einheimischen drohender wurden, auch alle Schiffahrt ruhte
oder die Kauffahrer gesetzlich nur in Geschwadern von zehn
Schiffen durch den Sund segeln durften, schien der Hanse
die Befreiung des gefangenen Schwedenkönigs unerläßlich.
Deshalb stellten die Sendboten der Seestädte und des Meisters Bemühungen
der Städte,
den König
Albrecht zu
befreien.
von Preußen und Herzog Johann von Mecklenburg in
Person zu Falsterbo (Ende September 1393) der Königin
die Zumutung, gegen Sicherheit den Gefangenen auf einige
Jahre freizugeben, um, im Falle man sich in dieser Zeit
nicht vergliche, denselben wieder zurückzuempfangen, oder
Stockholms Öffnung zu erlangen, das inzwischen unter dritter
Hand bleiben sollte. Aber Margaretha lehnte dieses Anerbieten, welchem besonders die hartgeschädigten Preußen Nachdruck verliehen, unter allerlei Vorwänden ab und betrieb
inzwischen die Belagerung von Stockholm mit verdoppelter
Kraft, dessen Drangsale jedoch auch mitten im Winter
(1394) die Ausdauer und die erfinderischen Kriegskünste
der fürstlichen Vitalienbrüder zu erleichtern wußten.

Erst der neue Meister von Preußen, Konrad von
Jungingen, Wallenrods Nachfolger (Herbst 1393), bahnte
im Verein mit seinen Städten, welche häufige Tagfahrten
in Marienburg oder Danzig zu halten pflegten, einen ernsteren
Gang wieder an, als bereits durch hansischen Beschluß aller
Verkehr mit Dänemark gesperrt war und Rostock und Wismar sich sogar von einem Angriff der Schwesterstädte bedroht sahen. Denn der Hansetag zu Lübeck (März 1394),
nicht gesonnen, nach dem Willen der Mecklenburger Dänemark zu bekriegen, gedachte bei Ausschreibung eines allgemeinen Pfundgeldes eine Wehrflotte von 35 großen Koggen
mit einer Mannschaft von über 3000 Gewappneten um
Pfingsten in See zu schicken. Die Städte Pommerns, von Rüstung
gegen die
Seeräuber.
denen Stralsund, zum Beweis wachsender Bedeutung, nur
eine Kogge weniger als Lübeck stellen sollte, auch Greifswald, Anklam, Wolgast, Demmin, Stettin, Stargard,
Gollnow, Garz, Greifenhagen, Damm (welche Orte
sonst nie als hansisch verwandt erscheinen), Kamin, Kolberg mit Rügenwalde, Stolp, Treptow, Greifenberg und

Wollin, wurden stärker herangezogen, und so nachdrücklich schien es gemeint, daß man den letzteren fünf „Zugefügten" Kolbergs zehnjährige Verhansung drohte, falls sie ihren Beistand unterließen. Auch auf die Beihilfe Kampens, Dordrechts, Amsterdams, Harderwyks, Staverens, auf die Süderseeischen und die Livländer glaubte man nach Maßgabe der Kölner Konföderation rechnen zu können.

Aber die preußischen Städte, so bundesgemäß ihre Äußerungen auf ihrer letzten Tagfahrt zu Marienburg gelautet hatten, trennten sich von der Ausführung kräftiger Beschlüsse, indem sie auf den früheren Plan zur Befreiung Albrechts zurückgingen und von den mecklenburgischen Städten das Versprechen, ihren Verlust zu vergüten, einseitig aus-wirkten. So zeigte sich denn nur die geteilte Kraft der Osterlinge im Sund, hatte aber dennoch die Folge, daß Margaretha, (weil Stockholm unbezwingbar schien, und die Vitalienbrüder eben selbst Malmö verbrannt hatten) fügsameren Sinn blicken ließ, zumal der Hochmeister und die Preußen mit Herzog Johann den beiden Städten näher getreten waren. Schon waren (August 1394) zu Helsingborg bei Anwesenheit der Königin die Unterhandlungen über die Hauptsache, Albrechts Befreiung, förderlich gediehen, als ein mörderischer Zwist zwischen Dänen und Deutschen in einem Wirtshause entstand. Der Stralsunder Bürger-meister, zur Königin geeilt, um sie als Richterin herbei-zuholen, wurde auf der Treppe des Schlosses von einem rasenden Dänen totgeschlagen, worauf die Ratssendboten und die andern Abgeordneten sich unverrichteter Dinge auf ihre Schiffe begaben.

Als aber die Klagen über Seeraub sich eher mehrten als minderten, die Preußen im Verfolg selbstsüchtiger Pläne unsere Seestädte nicht unterstützen wollten und Stockholm sich nicht beugte, mußte Margaretha der Hartnäckigkeit der Vitalienbrüder, den Forderungen der Hanse und der Mahnung des Hochmeisters, dessen Gesandte im vorigen Sommer durch den ordensfeindlichen Herzog Wartislav VII. von Stolp, Vater des Erben der nordischen Kronen, nieder-geworfen waren, endlich weichen. Zu Falsterbo einigten sich

(Marginalie:) Vertrag mit Margaretha wegen König Albrechts.

um die Osterzeit 1395 die Sendboten Lübecks, der anderen Befreiung
des Königs. wendischen Seestädte, der Preußen, des Hochmeisters und der Mecklenburger mit der Königin über die Grundlage des Vertrages, welcher dann zu Lindholm auf Schonen am 17. Juni zustande kam. Ein dreijähriger Waffenstillstand ward geschlossen, und der gefangene König auf diese Zeit mit seinem Sohne freigegeben, um inzwischen am gänzlichen Frieden zu arbeiten. „Erfolge derselbe nicht, so kehrt der König, für welchen sieben Städte Lübeck, Stralsund, Greifs= wald, Thorn, Danzig, Elbing und Reval sich verbürgen, entweder in seine Haft zurück, oder zahlt das Lösegeld von 60,000 M. S., oder tritt der Königin Stockholm ab," welches deshalb der Besetzung der Städte vertraut blieb. Nachdem ferner Rostock, Wismar und Stockholm sich verpflichtet hatten, ihre Häfen dem Seeraube zu ver= schließen, über die Art der Besetzung der letzteren Stadt und die Beisteuer zum Unterhalt derselben das nötige ver= abredeten, endlich dem König Albrecht mit seinem Sohne der Besitz eines Teils von Gotland mit Wisby zugesichert war, stellten die Städte beim Empfange Albrechts die Bürgschaftsurkunde am 26. September 1395 zu Helsingborg aus, und die erfreuten Gefangenen kehrten nach fast siebenjähriger Haft in die Freiheit zurück. Schon zu Anfang des August= Stockholm
von den
Städten
besetzt. monats hatte, namens der Städte und des Meisters, Hermann von Halle, Ratsherr von Danzig, mit gehöriger Kriegsmannschaft Stadt und Burg Stockholm besetzt und Huldigung eingefordert.

Daß der Hochmeister eine so entscheidende Rolle in Stellung des
Hochmeisters. der Schlichtung jener Händel spielte und daß die preußischen Städte die Bewachung des Unterpfandes der Ruhe im Norden zunächst übernahmen, lehrt uns: Lübeck und das wendische Drittel, durch innere Furcht und äußere Händel zugleich geschwächt, standen zeitweise im Abnehmen, und der Schwer= punkt des Bundes schien nach dem Ordensstaate hin= zuschwanken. Lübeck selbst, außerstande, seine Angehörigen auch nur auf der Landstraße zu schirmen, mußte im J. 1393 zu dem illusorischen Hilfsmittel schreiten, bei König Wenzel, dem alles feil war, ein Pergament zu erkaufen, „kraft dessen kein Lübecker Bürger die an einen Straßenräuber oder Befehder ausgestellte Verschreibung und Gelobung bei Verlust der Ehre und einer Strafe von 15 Mark lötigen Goldes einhalten solle." Der enorme Kostenaufwand, durch Schiffbarmachung der Delvenau und Steckenitz die Flußverbindung mit der Elbe bei Lauenburg, und somit auch mit Lüneburg, herzustellen (1390—1398), jener Plan, welcher die Fehde mit den Welfen (1396), später mit den Mecklenburgern und Lüneburgern hervorrief, läßt uns die Hansekönigin in sehr bescheidener Tätigkeit und in Sorge für ärmliche Binnenschiffahrt erkennen. So tadelnswert von hansischem Standpunkte aus Rostocks Eifer für die landesherrliche Familie erscheinen mußte, zeigten die Bürger doch auch in eigenen Dingen mehr Energie als die vornehmtuenden Lübecker. Denn als Herzog Bogislav VI. von Pommern-Wolgast, mit Stralsund wegen der Wulflame gespannt und verführt durch die Beute, welche den Mecklenburgern als Schutzherren der Vitalienbrüder zufiel, eine bequeme Stelle am Strande zu einer Art selbständigen Seeverkehrs ausersehen hatte und zwischen dem schmalen „Fischlande" und dem waldreichen Dars beim Dorfe Arenshop unweit Ribnitz Hafen und Burg angelegt hatte, zogen die Rostocker aus Handelseifersucht oder, weil sie die Mitbewerbung des fürstlichen Vitalienbruders nicht mochten, i. J. 1393 mit tausend Wehrhaften aus, brachen den „Burgfrieden" in den Grund und vereitelten durch Verdämmung des „Tiefs" die Anlage eines „allzunahen" Hafenortes.

Rostock zerstört Arenshop.

War durch Albrechts Freigabe und Stockholms Eröffnung dem Treiben der Seeräuber jeder Vorwand genommen, und galt es ihnen Kampf auf Leben und Tod, blieben sie anders beim Handwerk, so erblicken wir doch kaum eine Frucht der vereinzelten Bestrebungen Hamburgs, Lübecks, Stralsunds und Bremens und der preußischen Städte, die See zu friedigen. Ja, die in ihren Schlupfwinkeln Aufgescheuchten verbanden sich kecker mit ihren Genossen auf dem Festlande, verbreiteten sich bis in den finnischen Meerbusen und bis nach Spanien hin; ein

Verteilung der Vitalienbrüder.

anderer Haufen nistete sich im Oldenburgischen, besonders
in Ostfriesland ein, und fand an den dortigen Häuptlingen
bereitwillige Helfer, wie es denn bei aufgelöster Zucht nirgends
an Hehlern fehlte, „um die freventliche Beute erklecklich
zu verschleißen." Jetzt wurden den Englandfahrern
Godeke Michelssson und Klaus Störtebeker erst recht bekannt, während unter dem Schutze Herzog Erichs von
Wisby aus andere Haufen die preußischen Städte nötigten,
ihre kostbaren Wehranstalten zu verdoppeln (1397).

Alle einzelnen Unternehmungen, mit so unbarmherziger
Strenge auch die Preußen wie Stralsunder, Lübecker und
Hamburger gegen die „Allerweltsfeinde" verfuhren, brachten
keine dauernde Frucht, so lange man sie nur auf der See
verfolgte und nicht auch ihre Schlupfwinkel auf dem Lande
bezwang. Während nun die wendischen Städte ermatteten
oder ihre Kräfte zersplitterten, mühsam durch Friedenskoggen
die Kauffahrt schirmten und dennoch die häßlichsten Vorwürfe von seiten der Fremden hinnehmen mußten, schritt
der Hochmeister energischer dazu, Gotland, von wo die
Anhänger Albrechts von Schweden durch Margarethas
Unionspolitik gereizt auf Gelegenheit lauerten, Vorteile
über jene Krone zu gewinnen, mit einem Schlage unschäd-
lich zu machen. Ohne weitere Verabredung mit dem Der Hochmeister erobert Gotland.
schlaffen Bunde rüstete Konrad von Jungingen zu Danzig
eine treffliche Flotte aus (März 1398), landete bei Landskrona, einem Hauptsitze der Vitalienbrüder, überraschte unter
müßig angeknüpften Unterhandlungen mit Herzog Johann
von Mecklenburg die willenlose Stadt Wisby, ließ alle
Räuber, deren man sich bemächtigte, hinrichten, und unterwarf, „zur Sicherheit des gemeinen Kaufmanns", die
ganze Insel, „bis auf weitere Vereinigung mit König
Albrecht", dem Rate und der verwilderten Bürgerschaft den
Genuß ihrer Freiheiten und Rechte verheißend. Die Wohlfahrt seiner Städte im Auge (denn die versprengten Flüchtlinge schweiften überall umher), und um durch einen Rechtstitel die beleidigte Königin Margaretha zu entwaffnen, brachte
der Meister das Anrecht, welches der ruhlos umherirrende
Titular-König an der Insel besaß, (November 1398) als

Unterpfand an sich. Auf jenem Haltepunkte altnordischen Verkehrs schien sich so eine deutsche Seemacht bilden zu wollen.

Mit den nächsten Dingen vollauf beschäftigt, ohne sicheren Rückhalt auf die fremden Kaufhöfe, vor allem aber mißtrauisch gegen die eigenen Staatsangehörigen, die, wie in Stralsund, Hamburg und in anderen wendischen Orten, das Joch der Aristokratie knirschend ertrugen, bemerkten der Vorort und der Ausschuß der wendischen Seestädte nicht, daß sich das folgenreichste Ereignis des Nordens vollzogen hatte. Die kluge Margaretha hatte geräuschlos erlangt, daß dem jungen Erich von Pommern, Erben von Norwegen, erst in Dänemark, dann am 11. Juli 1396 auf dem Morastein in Schweden gehuldigt wurde. Sie vollendete ihr, menschlicher Voraussicht nach weniger chimärisches, Werk, als eine Vereinigung Nord- und Süddeutschlands ist, indem sie, mit den Reichsräten aller drei Königreiche zur Krönung ihres Großneffen in Kalmar versammelt, am 13. Juli 1397 die Urkunde des innigen Vereins der nordischen Kronen, die Kalmarer Union, ans Licht gab. Die Hanse, ohne von ihrem Rechte Gebrauch zu machen, schaute gedankenlos drein und ahnte nicht, daß es ihre mühsame, vom sittlichen Standpunkte viel bescholtene Aufgabe für ein sturmvolles Jahrhundert sein würde, ein Band zu trennen, welches sie, nicht gewitzigt durch die jüngste Vergangenheit, unter ihren Augen festschmieden gesehen hatte. Wir wiederholen es: nicht die Furcht vor den Seeräubern, nicht die Sorge für die Herstellung kaufmännischer Interessen im Auslande stumpfte den politischen Scharfblick der Kaufherren ab, wohl aber ließ jene Angst der Ratsaristokratie vor der Rache des unterdrückten, zünftigen Volks die Kraft des Staates nicht zusammenfassen. Noch in der Osterwoche 1398 erging ein Gebot, „niemand, der Aufruhr in einer hansischen Stadt erregt habe, unter sich zu dulden, es sei denn, daß er dafür leiden wolle." Bei so ungroßmütigem Selbstverzicht konnte der Hochmeister zu einer herrschenden Macht in der Ostsee, welche die Osterlinge für sich angesprochen hatten, zum Besitz einer Flotte

Union von Kalmar.

Politische Schlaffheit der Hanse.

Der deutsche Orden Nebenbuhler der Hanse.

sich aufschwingen, obgleich er in Preußen nur über einen Hafen, den Danziger, gebot. Gingen der Mönchsritter Handelsinteressen zwar noch mit den hansischen überein, so waren doch scharfe Widersprüche denkbar, indem der Orden von seinen hansischen Städten unabhängig, bereits einen erklecklichen Eigenhandel mit Flandern, England, selbst mit Frankreich trieb. Die hansisch-lauen preußischen Städte konnten ihren Vorteil darin finden von der „gemeinsamen Hanse" getrennt, sich dem fürstlichen Meister enger anzuschließen.

Noch besaßen die sieben Städte Stockholm. Aber die Anhänger Albrechts, welcher vergeblich auf dem Hansetage zu Lübeck (Septemb. 1397) über den Friedensbruch Margarethas, „daß sie einen König in Schweden eingesetzt", geklagt hatte, gingen damit um, sich durch Verrat oder Gewalt der schwedischen Hauptstadt zu bemeistern. Offener zog auch Herzog Johann, auf Krieg gegen Dänemark bedacht, die Vitalienbrüder wieder an sich, und begehrte sogar von Preußen Zufuhr und Öffnung der Häfen. Da glaubten die Seestädte zur Vermeidung neuen Krieges ihr Unterpfand aufgeben zu müssen, zumal die Frist von drei Jahren verflossen war, und der Unterhalt der Besatzung Stockholms den Beteiligten schwer fiel. An den Vertrag von Lindholm gemahnt, aber außerstande, das hohe Lösegeld zu erschwingen, was seinen Absichten am förderlichsten gewesen wäre, fügte sich dann König Albrecht dem Unvermeidlichen, nachdem er selbst bei hansischen Binnenstädten, wie in der Mark Hilfe gesucht und seine Freunde, die Hansen, beweglich gebeten hatte, „ihn nicht zu verlassen." Die Städte führten mit den Preußen ihr Kriegsvolk ab, und Margaretha hielt am 29. Septemb. 1398 ihren Einzug in Stockholm. Hatten die Osterlinge nun freilich für jahrelange Verluste keine Entschädigung gewonnen, so betrachteten sie doch die gleichzeitige Bestätigung ihrer Privilegien durch K. Erich und die mühevoll erlangte Wiederaufnahme von Wismar und Rostock in die alten Gerechtsame als Gewinn. Denn ein wendischer Städtebund war wiederum möglich. Retteten die Osterlinge und die mit ihnen verbundenen Schwestern ihre

Eröffnung Stockholms.

Handelsprivilegien in den drei Reichen glücklich ins XV. Jahrh. hinüber, und spielten die einzelnen Städte und die gesonderten Vereine, wie die preußischen, eine achtunggebietende Rolle im Norden, so ließ doch die Gesamthaltung derselben nicht verkennen, daß, wie im deutschen Oberlande, die bürgerliche Machtentwicklung in den Scheitelpunkt getreten sei. Die Union der nordischen Krone stand aufrecht. Es gärte ein böser Geist im Schoße der Gemeinwesen. Gegen die Piraten war ungeachtet erneuter Bemühungen mit Tagefahrten und kostspieligen Rüstungen, auch in Verbindung mit Margaretha, kein „Pompejus" aufgetreten, um der Schmach und dem Verderben ein Ende zu bringen. Sehen wir nun, wie in der Zwischenzeit seit dem Siege v. J. 1370 die Verhältnisse der drei anderen großen Kaufhöfe sich gestaltet hatten und wie die Dinge im Westen lagen.

Russischer Handel.

Der Hof zu Nowgorod.

So dunkel und zusammenhanglos die Nachrichten über den hansischen Verkehr nach Rußland lauten, so vielfach derselbe auf dem Seewege gestört werden mußte und so oft, wie in den Jahren 1373, 1386, 1387, 1389, 1391, von Gesandtschaften nach Nowgorod, von der Absicht, den Hof nach Dorpat zurückzuziehen, die Rede ist, „weil die Russen den Deutschen große Ungelegenheiten" verursacht hätten, dauerten die Kaufhöfe zu Nowgorod, zu Pleskow unter der früher geschilderten Verfassung fort, und der Landfahrer scheint sich sogar bis nach Moskau gewagt zu haben. Denn die zähen Deutschen ließen sich keine Kosten verdrießen, und auch der Gesamt-Hanse blieb der russische Verkehr so wichtig, daß sie keine baren Auslagen scheute, um durch persönliche Vermittlung, Geschenke, Bestechung alles wieder ins Gleiche zu bringen. Die russischen Ausfuhrartikel waren noch dieselben. Als Einfuhr macht sich besonders Tuch und zwar das begehrte flämische bemerklich, dann bei fortgeschrittenem Kunstfleiße der Engländer das englische, welches auf mancherlei Schleichwegen, selbst auf englischen Schiffen, in die nordöstlichen Häfen eingebracht wurde. Als der volkswirtschaftliche Meister Winrich von Kniprode mit Erfolg bemüht war, den Verkehr der preußischen Städte nach allen Seiten zu fördern, verlangten

auch diese die Befugnis, als hansisch nach Rußland zu
handeln, und suchten dorthin die leichten, groben Tücher zu
vertreiben, welche als „polnische" über Thorn aus den deutschen
Gewerbestädten in Polen eingeführt wurden. Allein die livländischen Städte mit Wisby, so lange Gotland überhaupt
noch tätig war, und die eigentlichen Osterlinge strebten da-
nach, den Zwischenverkehr mit dem Hofe von St. Peter für
sich zu behaupten, wenngleich sie dem waghalsigen Landfahrer selbst aus Westfalen den Weg ins Innere Rußlands
nicht verbieten konnten. Gegen das Ende dieses Zeitabschnittes,
als auch zwischen dem Meister von Livland und dem Bischof
von Dorpat Fehde herrschte und letzterer sich mit den „Ungläubigen" verband, andererseits Margaretha von Finnland
aus mit den Russen in Kampf geriet und die Vitalienbrüder allen Verkehr unsicher machten, treffen wir die Russen
sogar einmal wieder im selbständigen überseeischen Handel
und ihre Schiffe in Wismar. Vermauerten die Bürger
von Reval aus Furcht vor einem feindlichen Angriff drei
Stadttore, so war gewiß zeitweise auch der Hof von St. Peter
versperrt. Aber so unvermeidlich solche Störungen und so
vielfach beim Tauschhandel die Klagen über Betrug der
Russen sowohl als der Deutschen waren, wurde doch immer
von beiden Seiten wieder eingelenkt, da man einander nicht
entbehren konnte, und die Hanse brachte mit Ausschluß
anderer Nationen auch ihr russisches Monopol ins XV. Jahrh.
hinüber. Wachte doch die Eifersucht der Deutschen selbst
darüber, daß nicht Fremde bei den Russen Gelegenheit
fänden, die Landessprache zu erlernen, welche zu jenem Geschäfte unerläßlich war. — Während am Schlusse des XIV.
Jahrh. die gemeine deutsche Hanse sich merklich wieder gelockert
hatte, und wir wieder die Binnenstädte gar wenig auf Hansetagen finden, bereitet sich im Kölnischen Drittel eine
bürgerliche Umgestaltung vor, welche die rheinische Königin
bald mit kräftigen Impulsen durchdrang. Kölns Mitwirkung an den großen hansischen Angelegenheiten vermißten
wir bisher, weil das Gemeinwesen an denselben Übeln krankte
als der Vorort der Osterlinge, und sich deshalb überwiegend
auf den flandrischen, niederländischen und englischen Verkehr

Zustände im Westen. Fall des Patriziats in Köln.

beschränkte. Da vollzog sich i. J. 1396 das Unvermeidliche, die Volksherrschaft, die sich schon im „weiteren Rate" geltend gemacht hatte. Unfrieden der Stadt mit dem Erzbischof bahnte den Weg. Im Sommer 1392 entsetzte die Gemeinde die Schöffen ihres Amtes und der Bürgermeisterwürde als des Einverständnisses mit dem lauernden geistlichen Gebieter verdächtig. Unter Umständen, welche an florentinische Vorgänge erinnern, wurden die Geschlechter, ihres Anhalts an König Wenzel ungeachtet, als gegen die Freiheit der Stadt verschworen, teils hingerichtet, teils im offenen Kampfe wie die Overstolzen erschlagen, teils mit Einziehung ihres Vermögens verbannt. Die Brüder-

Neue populäre Verfassung Kölns. schaften in Köln, „Gaffeln" genannt, nahmen die ganze Staatsgewalt an sich, lösten die Richerzechheit auf, trennten die Schöffenbank vom Rate und zogen beide Räte in einen zusammen. Das alte Rathaus der Geschlechter wich dem neuen Bürgerhause. Am 14. September. 1396 trat der Transfix- oder Verbundbrief ins Leben, und gründete das Stadtregiment auf die 22 Zünfte, in dem man die zurückgebliebenen Altbürger nötigte, den einzelnen Tribus sich anzuschließen. Wir enthalten uns einer näheren Auseinandersetzung, in wie kluger, ernster Weise das Volk seine Freiheit sicherte, und deuten nur an, daß sechsunddreißig „Zunftherren", aus den Gaffeln jährlich erwählt, mit den dreizehn „Gebrechsherren" das Regiment bildeten, die zwei Bürgermeister aus der ganzen Gemeinde erkoren, aber noch der der Aufsicht der Bannerherren unterlagen und zu wichtigen Geschäften obendrein unmittelbar aus den Zünften die Vierundvierziger berufen mußten. Volle vier Jahrhunderte bis zum Sturz alles Alten in der großen französischen Revolution (1796), dauerte diese populäre Ordnung der

Kölns hansische Richtung. Dinge, die, wenn auch später ein bürgerliches Patriziat, jedoch ohne politische Vorrechte aus den Abkömmlingen der Bürgermeister erwuchs, und der reichen Rheinstadt bis in die zweite Hälfte des XV. Jahrhunderts eine entschiedene hansische Richtung selbst zur Beruhigung Lübecks verlieh. — Dortmund und Bremen ausgenommen, wo auch nach dem päpstlich sanktionierten neuen Statut (1391) betreffs der

Wahl des Rats aus der Bürgerschaft sich eine Aristokratie oben erhielt, waren alle niederrheinischen und westfälischen Gemeinwesen zünftig regiert. —

Daß in den Tagen drohender Neugestaltung des Nordens und des frechsten Treibens der Vitalienbrüder auch die Seestädte des Westens, die friesischen und holländischen als Hüter der gemeinsamen Sache und auf den Wehrflotten sich weniger bemerkbar machen, also auch hier das Band der kölnischen Konföderation locker erschien, erklären hinlänglich die blutigen Zerwürfnisse, welche in den Staaten Albrechts von Bayern, des Grafen von Hennegau, Holland und Seeland und der Herren von Friesland ausgebrochen waren. Die westfriesischen Städte versagten dem „Herzoge Ruwaard" den Gehorsam, während in seinem Lande die Parteiungen der „Vetköper" (Reichen) und der „Schieringer", des ärmeren, freiheitsliebenden Volks, tobten, gleichwie in Holland die „Sökschen und Kabbeljauwschen". Um die inneren Fehden der Holländer und Seeländer nach außen zu leiten und zugleich den Tod des Grafen Wilhelm IV. (1345) zu rächen, rüstete Albrecht i. J. 1396 ein ungeheures Heer, der Angabe nach von 180,000 Einheimischen und Fremden, auf 4000 großen (!) und 400 kleinen Schiffen. Sicher fanden sich auch Vitalienbrüder aus den östlichen Meeren versprengt in jenem Orloge, dessen Streitkräfte die Kritik auf etwa 40,000 Mann, 444 holländische, 300 seeländische, gewiß sehr mäßige Fahrzeuge, zurückführt. Aber die Friesen wollten lieber sterben, als sich ergeben. Blut floß in Strömen, und die Züge, welche Wilhelm VI., Albrechts Sohn, in den Jahren 1398 und 1399 wiederholte, hatten nur den Scheinerfolg, daß Staveren und Gröningen sich unterwarfen und huldigten. Albrecht starb i. J. 1404 und hinterließ seinem Sohne eine machtlose Herrschaft über Friesland. Aber Wilhelm VI., mit Philipp und Johann, Vater und Sohn doppelt verschwägert (1385), bahnte dann die burgundische Herrschaft in den Niederlanden weiter an, welche die verhängnisvolle Trennung der Westerlinge von den Osterlingen mit sich führte. Wie wenig konnten demnach schon unter der Anfechtung

Bürgerliche Kämpfe in Holland und Friedland.

der letzten Jahre des XIV. Jahrhunderts die Süderseeischen für die Gemeine Hanse tun, zumal dieselbe ihre Kauffahrt in die Ostsee längst mit scheelem Auge verfolgte?

Flandern und der Stapel zu Brügge. Entzogen die Wirren an der Südersee den Osterlingen so streitbare Bundesgenossenschaft, so verkümmerten die oben schon angedeuteten Ereignisse und der Kampf politischer Prinzipien in Flandern und Brabant den Genuß des einträglichen Zwischenverkehrs, bereiteten aber noch die letzten Triumphe, ehe das Haus Neuburgund seine „königliche" Macht auch dort aufbaute.

Philipp von Burgund, Herzog von Flandern. Graf Ludwig de Male, mit französischer Hilfe bei Roosbeke der blutige Unterdrücker der flämischen Volksfreiheit, war i. J. 1383 gestorben und hatte seinen Eidam, Philipp von Burgund, „den Königssohn von Frankreich", zum Nachfolger, dessen versöhnlichere Natur im Jahre 1388 einen Bürgerkrieg beendete, welchen Englands und Frankreichs Einmischung zu einem allgemeinen gemacht hatte. Der Weltmarkt von Brügge und am Swyn, zumal die hansische Niederlage, hatten unter solchen Umständen unbeschreiblich gelitten. Alle Frucht jener heiligen Verträge v. J. 1360, welche die Übergriffe der flämischen Kommunen und die Selbstsucht der Hansen glücklich verglichen hatte, mußte dahinschwinden, indem unter wildem Bürgerkriege nicht einmal die allgemeinsten völkerrechtlichen Beziehungen in Geltung blieben. Bitten um Schadenersatz und Abhilfe waren vergeblich. Doch finden wir im Jahre 1386 auf dem großen Hansetage zu Lübeck Abgesandte von Burgund sowie der Städte Gent, Brügge Ypern, welche das Geschehene entschuldigten und zur Beendigung des wirren Streits um eine in Flandern anzuberaumende Tagfahrt anhielten. Aber die Hanse, gewöhnt, nur in einer befreundeten Stadt zu unterhandeln, schlug Köln vor. Als weder zu Dordrecht noch zu Antwerpen ein Mittel der Sühne gefunden wurde, und flämischer Stolz sich sträubte, nach Lübeck zu kommen, bewarb sich die Hanse unter der Hand um die einstweilige Residenz in Dordrecht, mahnte ihre Genossen zur Vorsicht im flandrischen Geschäfte und untersagte endlich 1388 allen Verkehr mit Brügge und

Antwerpen, nach einem Kupferstich in Merians „Topographia Germaniae Inferioris".

ANTWERPEN

Antwerpen (flmut Werf, Am Werf) erscheint schon im 10. und 11. Jahrhundert als Hafen- und Handelsplatz. Während der Kreuzzüge war es eine der reichsten Städte Flanderns, seine höchste Blüte erreichte es aber in der Mitte des 15. Jahrhunderts und im Anfang des 16. Jahrhunderts, wo eine vielseitige Industrie begründet wurde und der Geldhandel und die Börse Antwerpens hohe Bedeutung erlangten. Zugleich blühten Künste und Wissenschaften, die berühmtesten Baumeister und Maler (van Dyck, Rubens, Matsys u. a.) schmückten die Stadt mit ihren Werken. Damals zählte die Stadt über 100000 Einwohner, der Wert der jährlichen Einfuhr stieg auf 130 Millionen Mark, 500 Millionen Goldgulden waren im Seehandel angelegt, 4500 eigene Schiffe hatte sie in See, etwa 500 Fahrzeuge liefen täglich ein und aus, während 2000 Frachtwagen in jeder Woche aus Deutschland, Frankreich und Lothringen anlangten. Es galt das Sprichwort: „Die Welt ist ein Ring und Antwerpen der Diamant darin." Diese Blüte wurde durch den Abfall der Niederlande vernichtet. Bei der Wichtigkeit der Stadt, in welcher die Reformation zahlreiche Anhänger zählte, suchte bereits 1566 die Statthalterin Margarete von Parma bei Gelegenheit des Bildersturmes, während dessen nur Wilhelm von Oranien ein gräßliches Blutbad verhinderte, sich Antwerpens zu versichern. Zu den Festungswerken, die Karl V. 1546 hatte anlegen lassen, ließ dann Alba 1567—72 die starke Zitadelle erbauen. Die spanischen Söldner, welche ihren Lohn nicht empfingen, richteten am 4. November 1576 ein furchtbares Blutbad (die spanische Furie) in Antwerpen an, wobei das Rathaus und 600 Bürgerwohnungen in Flammen aufgingen und über 10000 Bürger erkauft oder erschossen wurden.

Flandern überhaupt, ebenso mit Mecheln und Antwerpen, Wanderung des Stapels unter Wiederholung aller energischen Verbote v. J. 1358, nach auch wegen des Vertriebs flämischer und brabanter Tücher. Dordrecht. Dem einmütigen Beschlusse zufolge wanderte der deutsche Stapel im folgenden Jahre wieder nach Dordrecht und richtete sich gemäß den Privilegien Herzog Albrechts dort ein. Das Verbot des Verkehrs ward auch auf Frankreichs Küste als einer mit Burgund befreundeten ausgedehnt. Von westlich der Maas zu beziehenden Gütern blieben nur Bay=salz, Wein von Poitou und Wolle von Calais, das seit 1347 unter englischem Szepter stand, für die hansische Einfuhr erlaubt. Dem Schaffner des deutschen Ordens allein ward gestattet, für den Bedarf des hoch=meisterlichen Staates weißes Tuch aus Mecheln (zu den Ordensmänteln) zu kaufen und das Geschäft mit Bernstein in Brügge und auf brabantischen Märkten zu betreiben, eine Vergünstigung, welche der Hochmeister wahrscheinlich garnicht in Frage stellte.

So nachdrücklichem Ernst, zugleich mit einer Sperre des Handels nach Nowgorod, zu erklären, dient die Hal=tung der Hanse zurzeit des dänisch=schwedischen Krieges, vor der Schlacht von Falköping, als noch nicht Rostocks und Wismars Vitalienbrüder den Verband schwächten. Die beabsichtigte Folge blieb auch diesmal nicht aus. Schon auf der Herbsttagfahrt zu Lübeck (1389) sehen wir ge=schmeidige Abgeordnete des Herzogs von Burgund und der flandrischen Städte, welche Schadenersatz im Betrage von 11,000 Pf. Grote, ferner zur Genugtuung für die Schmach deutscher Kaufleute, die man zu Gent, Brügge und Sluys beraubt und gefangen hatte, die Stiftung dreier Vikarien als hansische Lehnware angelobten, feierliche Abbitte im Namen des Landes vor der großen Versammlung bei den Karmelitern verhießen und sich anheischig machten, den Klagesachen einzelner beschädigter Kaufleute ihren Gang zu lassen.

Aber so überraschend solche Willfährigkeit Flanderns Sühnversuche vergeblich. war, gleichzeitig, als auch Rußlands Großfürst und Now=gorod glimpflichere Saiten aufgezogen hatte, legte dennoch die Hanse ihrerseits einen Entwurf der Freiheiten vor, welche sie gehalten wissen wollte und verzögerte dadurch die Aussöhnung auf mehrere Jahre. Als den Flämingen so hoch geschraubte Bedingungen nicht behagten, beharrte sie unwandelbar fest bei ihren Beschlüssen, strafte alle Übertreter und ließ die einzelnen Städte ihren Schaden genau berechnen, aus dessen Verhältnis wir entnehmen, das namentlich Lübeck, Köln, Salzwedel, Hamburg, Lüneburg, Dortmund, die preußischen Sechsstädte, Dorpat, Gotland, ferner Braunschweig, Magdeburg, Stralsund, Bremen, Münster, Reval, Kolberg, Greifswald, Osnabrück, Göttingen, Wesel am flandrischen Kontor lebhafte Geschäfte machten.

Sieg der Hanse und und Rückkehr des Stapels.

Auf einer neuen Tagfahrt zu Hamburg, welche die Fläminge i. J. 1391 nachgiebiger beschickten, entsagte zwar die Hanse einzelnen nicht recht beweisbaren oder verjährten Forderungen, verlangte dagegen, daß jetzt hundert ehrbare Personen der Städte und des Landes dem nach Brügge zurückkehrenden Kaufmanne bei den Karmelitern öffentliche Abbitte täten, zehn ehrbare Männer nach St. Jago de Compostella, und vier nach dem heiligen Grabe wallfahrten sollten. Die Gewährleistung des Vertrages, dem eine Bestätigung und Erweiterung aller früheren Privilegien zur Seite ging, unter anderm, daß den hansischen Schiffen ohne Abgabe die Kette vor dem Hafen von Sluys, die landesherrliche Sperre, eröffnet werden sollte, erfolgte auf dem Hansetage zu Lübeck i. J. 1392, worauf nach Empfang der Hälfte der Entschädigungssumme zwei verordnete Ratsmänner, Herr Heinrich Westhof von Lübeck, Haupt des Patriziats und Bewunderer der Unionsstifterin nebst Johann Hoyer von Hamburg, noch vor Schluß des Jahres im feierlichen Zuge die noch zu Dordrecht residierenden Kaufleute mit 150 Pferden den vergnügten Brüggelingen wieder zuführten, und der beschämende Akt der Abbitte bei den Karmelitern vor offener Tür erfüllt wurde. Auch der Streit Antwerpens und Mechelns wegen Tuchverfälschung ward mit Kölns und Dortmunds Hilfe zu Gunsten der Hanse ausgeglichen, und so sehen wir kurz vor der Störung

des Seeverkehrs durch die Vitalienbrüder den Kaufhof zu
Brügge von neuem Glanze umleuchtet.

Zurzeit der höchsten Blüte des Kontors mochte
dasselbe 300 residierende Kaufleute und Faktoren hansischer
Häuser zählen, welche bei der mehrmals gezeichneten klöster-
lichen Zucht in Brügge weilten, aber dennoch unter den
heiteren, genußsüchtigen, reichen Fläminingen sich üppige
Sitten aneigneten und mit kaufmännischer Erfahrung zugleich Burgunds bizarre Trachten und anstößige Lustbar-
keiten in ihre ehrbare Vaterstadt heimführten, auch wohl
vornehm tuend die welschen Ausdrücke unter das Volk ver-
pflanzten, die das sassische Idiom mit Ablauf des XIV. Jahrhunderts sogar in der Poesie, wie im ältesten „Reinecke
Fuchs", unleugbar verrät. Die eigentlichen hansischen
Bestimmungen über die notwendigen Geburts- oder erworbenen Eigenschaften eines Residierenden, das Verbot der
Handelsgemeinschaft mit „Butenhansen", die Stellung des
Oldermannes und des Kaufmannsrates zu den Brüdern und
zum Auslande waren dieselben wie am Stahlhofe. Jener
Vorstand übte aber auch für allen westlich über den Swyn
hinausgehenden Verkehr der Hansen eine Oberaufsicht, ein
„Generalkonsulat", bis nach Frankreich hin und ließ sich
auf allen großen Hansetagen vertreten, wie er denn mit
Lübeck in beständiger Verbindung stand, wohin auch die
Berufung in Handels- und verwandten Streitigkeiten ging.
Die Ausgaben des ansehnlichen Stapelortes konnten nicht
durch die fallenden Geldbußen und den einfachen Waren-
schoß gedeckt werden. Deshalb gab es denn vielfache
Klagen, da jedes westwärts gehende Schiff, die England-
fahrer ausgenommen, zu Brügge anlegen und seinen Schoß
entrichten mußte, und auch die Landfahrer ihre Waren auf
den Zwangsstapel senden mußten. Als sogenannte Venthe,
nicht stapelpflichtige Güter galten: Wein, Bier, Hering,
Korn, Teer, Nutzholz. Stapelgüter waren die schweren,
wie Wachs, Metalle, besonders Kupfer, das aus Ungarns
Bergwerken über Polen und die Ordensstädte nach Flandern
ging, Häute, Pelze, Fettwaren, Wolle, Flachs, Hanf,
Werg, Leinen und dergleichen. Der Stapelzwang sicherte

dem Einzelnen den Genuß der Privilegien und schützte vor Betrug, namentlich im Tuchhandel, da kein flandrisches Laken ohne Prüfung des Kontors in die Hansestädte geschickt werden durfte. Wir begreifen die Wichtigkeit des flandrischen Marktes, wenn wir uns erinnern, daß fünf=

zehn fremde Nationen kompagnieartig angesiedelt ihre Güter in Brügge anhäuften, und die Hansen großenteils das Er= gebnis ihres nördlichen und östlichen Verkehrs und ihres heimischen Gewerbefleißes, als da sind die Erträge des nordischen Fischfangs, Bergbaues und der Viehzucht, der Wälder und Landeskultur Preußens, Livlands, Polens und Rußlands, Schiffbauholz, Peltereien, Hanf, Flachs, Pech, Teer, Asche, Wachs, Honig, Mehl, Häute, Fettwaren, Wein, Linnen, Metallgerätschaften, ferner Englands Wolle, Zinn und Leder, gegen flandrische Tücher, levantische und italienische Waren, Seide, Baumwolle, Südfrüchte, feine Gewürze, Reis und andere Güter des Wohllebens aus= tauschten, welche letzteren ihnen besonders die Venezianer boten. So vermittelte das flandrische Kontor als eine Hauptschlagader der Hanse überwiegend auf hansischen Schiffen gewinnreich die Bedürfnisse eines halben Weltteils. Brügge erhielt sich auf dem Gipfel, bis Burgunds könig= gleiche Herzöge mit der Freiheit ihrer Städte auch die Siegel der hansischen Privilegien zerbrachen.

Ungeachtet des auffallenden Mangels an urkundlichen Privilegien und an Erwähnung auf Hansetagen muß doch der Verkehr mit Frankreich, soweit der nationale Kampf zwischen den beiden Kronen es zuließ, im letzten Drittel des XIV. Jahrhunderts lebhaft gewesen sein. Wir kennen zwar nur einen allgemeinen Schutzbrief König Karls VI. für die Hanse v. J. 1392, erfahren aber einerseits von der un= mittelbaren Einfuhr französischer Weine in die Ost= und Nordseehäfen, anderseits, daß der junge Valois i. J. 1385 bei seinem Napoleonischen Invasionsplane auf England „alle Schiffe an seiner Küste von Sevilla bis von Preußen" her in Beschlag nahm. Wir haben endlich Zeugnisse von der überaus ehrenvollen Beziehung, in welcher der preußische Ordensstaat mit Frankreichs Herrscher stand. Als Ver=

mittlerin so räumlich entlegener Interessen diente aber die
ritterliche Begeisterung, welche in den Tagen, als der
Gottesstreit mit den Ungläubigen im heiligen Lande außer
Übung gekommen und die osmanischen Türken erst am
Saume der romanisch-slavischen Welt erschienen waren,
Frankreichs, wie Englands mutige Chevalerie jährlich zur
„Ehrentafel" des Hochmeisters nach Preußen und zu
den Zügen gegen die heidnischen Litauer führte. Fast keiner
der Helden des englisch-französischen Krieges hat in Froissarts
und Chaucers Zeiten versäumt, seine adeligen Waffen in
jenem Streite für Christus zu weihen, nochmals wirkte
der kirchliche Eifer für gedeihliche Anknüpfung und
Förderung des kaufmännischen Verkehrs. Diesen genoß
aber besonders der Bund jener preußischen Sechsstädte. Als
im J. 1378 französische Seeräuber aus den Häfen der
Normandie und Picardie 24 hansische Schiffe, unter ihnen
mehrere preußische, aufgefangen, geplündert und deren Mannschaft ermordet hatten, ward der Oberschaffner des Meisters
neben den klagenden Sendboten Lübecks und Elbings ehrenvoll empfangen, ein strenges Gericht befohlen und das ge-
raubte Gut wieder herbeigeschafft. Aber so bereitwillig der
Valois zu nachdrücklichen Befehlen an seine Admirale und
Behörden in den Hafenstädten war, so machte doch die
Verflechtung des französisch-englischen und flandrischen Krieges
auch die im allgemeinen gastliche Schiffahrt der Hansen
an Frankreichs Küsten zu einem gefahrvollen Unternehmen.
Es mag unter der Oberaufsicht des Kontors von Brügge
eine hansische Faktorei in Bordeaux damals nur vorübergehend bestanden haben.

Über hansischen Verkehr nach Spanien und Portugal verlautet im XIV. Jahrhundert nur so abenteuerliches,
daß wir es nicht erwähnen, und das Baysalz hansischer
Einfuhr nicht bis auf seine Quelle verfolgen können. *Spanien, Portugal.*

Erschwert der Mangel an Nachrichten aus romanischen Ländern die Veranschaulichung hansischer Bezüge, so
macht wiederum die Fülle urkundlichen Materials, welche
wir über England besitzen, es fast unmöglich, das Wider-
sprechendste in einem Bilde zu vereinigen. Hier schienen *Verhältnisse zu England.*

fast alle Leidenschaften und Interessen, Haß und Gunst, Ehre und nationale Wohlfahrt, Sitte und Herkommen, Gesetz und Rechtlichkeitsgefühl, Neid und Gewaltsinn, Gewinngier und Notdurft, Stolz und Furcht einander dauernd zu bekämpfen, und jede nationale Begegnung von vornherein auszuschließen zu müssen. Dennoch hat gerade das hansische Privilegium im mächtigen Albion alle anderwärts erworbenen überdauert. Eine so rätselhafte Erscheinung mag denn wohl nicht auf Zufälligem, sondern auf innerer Notwendigkeit beruhen.

Wir kennen den Stahlhof zu London mit seinen Nebenfaktoreien an Englands Ostküste. Wir kennen die Verbindlichkeiten der Könige, ihre fast ungerechte Vorliebe für die reichen Kaufleute, denen auch Richard II. ihre Privilegien, namentlich den allgemeinen Freibrief Edwards I. vom J. 1303 erneuerte. Waren die Osterlinge doch auch seine Bundesgenossen. Wir wissen, daß der Mayor und die Kommune von London jede außerordentliche Beisteuer der eingebürgerten Ehrengäste als eine freiwillige dankbar anerkannten (1369), und daß die klugen Stahlhofbrüder möglichst allen Anstoß vermieden. Aber dennoch gab es auch unter der Wohltat jedes kurzen Friedens im Norden und Westen zwischen den beiden rührsamen, nach Ausdehnung ringenden Handelsmächten, der Hanse als altgeschulter privilegierter Meisterin und ihrer vermessenen Schülerin, so unzählbare Anlässe des erbittertsten Streites, daß nur die abgehärteten, gleichmütigen Naturen unserer Vorfahren behaglich unter Zusammenstoß der Art ausdauern konnten.

Überlegenheit der Hanse im norwegischen Handel. Die Gefahr vor Wat Tylers blutdürstigen Rotten war vorüber, da gelang es der umsichtigen und dreisten Diplomatie des Kaufrats vom Stahlhofe, den Engländern in guter Weise den schon so oft verkümmerten, aber nie ganz unterbrochenen Verkehr nach Bergen noch enger zu beschränken. Es verstanden sich im J. 1383 Oldermann und Kaufmannsrat von Bergen dazu, den Landsleuten an der Themse einen Schoß zur Bestreitung der Lasten des Hofes abzutragen, weil beide, an unmittelbaren Verkehr mit nordischen Produkten nach England gewöhnt, und an die Ausfuhr englischer Wolle und anderer Erzeugnisse nach Bergen, ein **gemeinsames** Interesse verfolgten. Den Vergleich besiegelte unter anderen der oberste Aldermann des „gemeinen Kaufmanns", Sir William Wallworth, mehrmals Mayor von London.

Schon während der erneuten Kriege mit Frankreich (1364—1377) und später hatten englische Seeräuber ihrer nationalen Abneigung gegen die zudringlichen Fremdlinge so weit Luft gemacht, daß selbst der Hochmeister, so dankbar er sich der englischen Ritterschaft verpflichtet fühlte, nahe daran war, alle englische Schiffahrt zu verbieten, jedoch sich noch beschränkte, englisches Kaufgut in Danzig und Elbing mit Beschlag zu belegen. Darauf reihten sich Tagfahrten und Gesandtschaften aneinander, indem englische Kaufleute, noch nicht die **Gesellschaft der Advanturierier** unter dem Namen des heil. Thomas von Becket, doch einzeln in großer Zahl an der Ostsee und selbst an Schonens Küste sich eingenistet hatten. Repressalien der widervölkerrechtlichsten Art wurden von beiden Seiten geübt, und dann doch immer wieder das altgewohnte Verhältnis hergestellt, wie i. J. 1388 besonders mit den **preußischen** Städten, welche die englischen Tücher, sowie die Engländer das preußische Getreide benötigten. Allerdings forderte die englische Staatswirtschaft, durch die Stimme des Gewerbestandes hart bedrängt, das **gegenseitige** Recht für den englischen Kaufmann in hansischen Hafenstädten, oder mindestens, daß diese nicht grundsätzlich **schlechter** gestellt würden, als die Deutschen in England. Aber wir bemerken zur Zeit nur in den preußischen Städten lebhaften Zudrang der Engländer, besonders in Danzig und Elbing, wo ihnen König Richard II. das Korporationsrecht im heutigen Sinne erlaubte, und wo doch gerade die Beschädigungen und Kränkungen, welche die englischen Gäste erfuhren, am häufigsten der Leidenschaftlichkeit des englischen Kaufmanns zur wildesten Vergeltung Anlaß gaben.

Im J. 1389 waren zeitweise die schleppenden Händel auch der übrigen Hansen, als getrennt von den preußischen, beseitigt worden. Noch i. J. 1391 hatte Richard II., auf

(Randnoten:) Störung des Handels durch England.

Preußen.

die Bitten der „Kaufleute der Hanse Alemanniens" mit Beistimmung des Parlaments diese von den neuen Auflagen und Kostumen, „welche einige königliche Städte den Fremden auferlegten, namentlich von zwei Schillingen für jede Last Heringe, Pech, Alaun (?), Asche, von jedem Hundert Nutzholz zwei Pfennig", und von anderen Plackereien, als den „Charten und Privilegien" derselben entgegenlaufend, freigemacht, als der böse Geist des Mißtrauens und der gehässigsten Anklage der Engländer gegen die Hansen neue Nahrung durch Taten empfing, welche, richtig aufgefaßt, zur Verherrlichung unerbittlich strenger Strafgewalt des Bundes dienen konnten. Die Vitalienbrüder schonten nämlich am wenigsten die in den nordischen Wirren ganz unbeteiligten Kauffahrer. Weil nun die beiden wendischen Seestädte Rostock und Wismar in nächster Beziehung zu ihren privilegierten Räubern standen und diese i. J. 1392 bei ihrem Angriff auf Bergen nicht allein die Häuser dänischer Untertanen verbrannt, sondern auch die hansische und englische Niederlassung geplündert und zerstört, englische Schiffer ersäuft, auch bald darauf Godeke Michelsson und Klaus Stortebeker den Engländern sich furchtbar gemacht hatten, so erhoben besonders die Kaufleute von Lynn lästerliches Geschrei. Boshaft oder unwissend beschuldigten sie die Hanse als Urheberin jener Greueltaten, trotzdem gerade unsere Städte und die Preußen unter des Hochmeisters Leitung mit schonungslosem Nachdruck jene Feinde aller Gesellschaftsordnung verfolgten. Als Klage und Mahnung an verbürgte Freiheiten nichts gegen die Bedrückung der hansischen Kauffahrt, gegen erhöhte Kostumen half, schritten zunächst die Preußen zu ernsthaften Repressalien, nahmen in Danzig und Elbing wiederum die englischen Tuchvorräte fort, und verboten i. J. 1397 die Einfuhr aller englischen Tücher auf englischen Schiffen. Wie auch dieses Mittel nicht fruchtete, entschloß sich der Meister i. J. 1398, dem Könige von England allen Vertrag und alle Verkehrsverbindung aufzukündigen.

Merkwürdig erscheint der Stahlhof zu London wenig berührt von so häßlichen Verhältnissen. Unter dem Höhe-

stande nationaler Abneigung gab sich der Oldermann mit
dem Kaufmannsrate wie im behaglichsten Frieden der harm-
losesten Aufmerksamkeit auf hauspolizeiliche Gesetze hin, verbot, „in der Gildhalle Waren aufzustapeln, in der Kauf-
halle unhansische Leute zu beherbergen, zu fechten oder Ball
zu schlagen, oder gar im Gärtchen des Stahlhofes Früchte
zu brechen, seien es Birnen, Äpfel, Weintrauben oder
Nüsse.“ — Als der unglückliche Sohn des Siegers von Aussöhnung unter Heinrich IV.
Crecy, Richard II., Krone und Leben an Heinrich von Lan-
caster (IV.) verloren hatte (1399), bestätigte der neue
Herrscher im Oktober desselben Jahres den Kaufleuten der
deutschen Hanse umständlich alle Privilegien seiner Vorfahren
bis auf Edward I. hinauf. So erledigte sich auch dieser
Hader zugunsten der Fremden, wenngleich Heinrich IV.
„auf Ansuchen seiner Kaufleute“ eine Erklärung ausstellte,
daß diese in Deutschland ebenso günstig zu behandeln
seien, wie jene in England. Zugleich verlangte er,
daß der Hochmeister und die fünf Seestädte im Sommer
1400 vor seinem Geheimen Rate durch Bevollmächtigte
erscheinen sollten, „um sich über die den englischen Untertanen zugefügten Beleidigungen zu verantworten“, und forderte endlich ein Verzeichnis der zur Hanse gehörigen Städte.
— Das neue Jahrhundert nahm zwar den Streit, besonders auf Verhetzung der Kaufleute von Lynn, zugleich aber
die ungeschwächten hansischen Privilegien hinüber. Die
zähen Hansen, durch zeitweise Plackereien nicht beirrt, führten Gegenstände d. Ausfuhr und Einfuhr.
nach wie vor englische Wolle, ungepreßte, ungeschorene und
ungefärbte Tücher, Zinn und Leder unter der geringen Abgabe nach Osten und Westen, brachten dagegen die bekannten
Naturprodukte der östlichen Länder, auch deutsche Fabrik-
waren, endlich, wie die Kölner, Rheinweine, die Preußen den
Ertrag ihrer Getreidefluren. Von Landstädten beteiligten sich auf
hansischen Schiffen neben Köln am tätigsten Dortmund,
Soest, Münster, Braunschweig und Magdeburg.

In Schottland besaßen die Hansen keine besonderen Schottland.
Privilegien, gleichwohl Handelsverbindungen, die jedoch
während der ewigen Kriege mit England am häufigsten durch
Seeraub unterbrochen waren.

So kräftig darauf im XV. Jahrhundert der englische Aktivhandel sich aufschwang, behauptete die Hanse doch noch bis in die Tage Sir Thomas Greshams, Francis Drakes, der Forbisher und Sir Walter Raleighs ihre Überlegenheit, wenn auch nur auf Grund der Rechtlichkeit der englischen Regierung und vergilbter Pergamente. Ja der Utrechter Frieden, unter dem Kampf der beiden Rosen durch hansische Streitbarkeit erfochten (1474), verbreitete noch einmal nie gesehenen Glanz über den Stahlhof und jene Kaufmannshallen, welche dann des jüngern Holbeins Hand in den Tagen der Tudors mit Meisterwerken schmückte. Bishopsgate, der Behütung tapferer deutscher Kaufleute anvertraut, erhob sich noch einmal in sinniger Pracht, um noch spät die Stadt des beginnenden Welthandels und unser versunkenes Geschlecht an die Taten der Altvordern zu mahnen.

Schluß des ersten
:: Bandes. ::

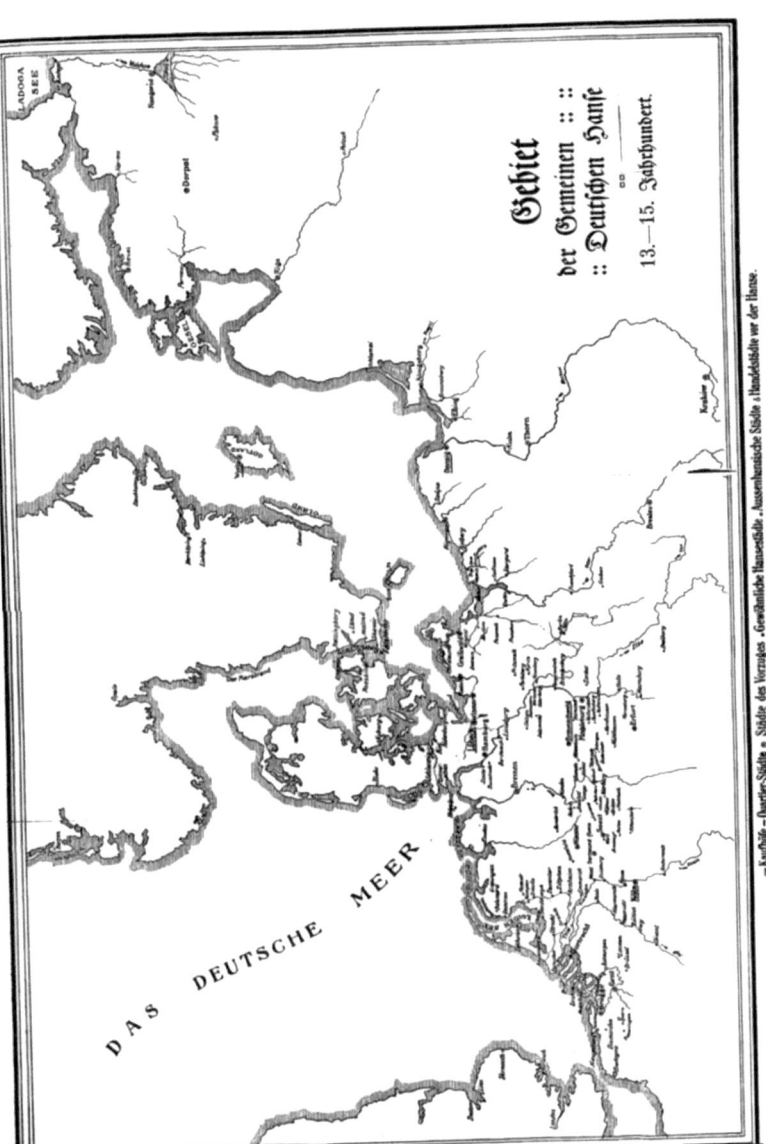

Gebiet
der Gemeinen :: ::
:: Deutschen Hanse
∞
13.–15. Jahrhundert.

— Kaufleute – Quartier-Städte ⊙ Städte des Vorzuges ⊚ Städte ● Gewöhnliche Hansestädte ⊛ Auszerhanseatische Städte ⊙ Handelsstätte vor der Hanse.

DEUBACH & LINDEMANN. MAGDEBURG · LEIPZIG.